消费帮扶助力乡村振兴典型案例（2023年）

国家发展改革委地区振兴司　指导
中国国际工程咨询有限公司　编写

人民出版社

前　　言

2023年是全面贯彻落实党的二十大精神的开局之年，是实施“十四五”规划承上启下的关键一年，也是巩固拓展脱贫攻坚成果同乡村振兴有效衔接的关键之年。2023年1月，《中共中央　国务院关于做好2023年全面推进乡村振兴重点工作的意见》提出，深入开展多种形式的消费帮扶，持续推进消费帮扶示范城市和产地示范区创建，支持脱贫地区打造区域公用品牌。同期，国家发展改革委办公厅印发《关于组织开展2023年“消费帮扶新春行动”的通知》，要求抢抓2023年春节、元宵节等消费旺季契机，进一步激发脱贫地区和脱贫群众内生发展动力，支持欠发达地区特色产业发展，进一步促进居民消费提质升级。9—11月，国家发展改革委牵头组织2023年“消费帮扶金秋行动”，要求各地不断扩大消费帮扶帮销助销脱贫地区产品和服务规模，全面发挥消费帮扶促进乡村全面振兴、加快实现共同富裕的政策功能，更加注重通过末端消费促进前端供给侧提质增效，建立健全常态化消费帮扶的组织动员体系。

一年来，各部门、各地区大力实施消费帮扶，围绕消费帮扶“帮销、促产、疏浚、解困”四大政策功能，紧密结合自身实际情况，积极探索消费帮扶新渠道、新路径，拓宽农产品上行外销渠道，提升了农产品流通销售服务水平，推动了脱贫地区产业发展，促进了文旅休闲等服务业提质增效，涌现出了不少好做法、好经验、好模式。为推介典型、交流经验，进一步凝聚工作合力，国家发展改革委商请有关部门和地方选送了

2023年度消费帮扶助力乡村振兴好经验、好做法，委托中国国际工程咨询有限公司研究梳理出一批具有复制推广价值的典型案例，并作集中推介。

在国家发展改革委地区振兴司的指导下，中国国际工程咨询有限公司进一步深入挖掘典型案例的特色亮点，将相关案例汇编成册，供各方参考借鉴。本书在编写过程中，得到了全国消费帮扶重点企业联盟、中国国家铁路集团有限公司，特别是中国铁道科学研究院集团有限公司等单位的大力支持，在此一并致谢。

编　者

2024年11月

CONTENTS

目 录

综合帮扶篇

行业帮扶篇

东西协作篇

定点帮扶篇

综合帮扶篇

拼多多"农云行动"实现"产消直连" 助力乡村振兴*

案例单位：上海寻梦信息技术有限公司

拼多多自2023年年初发起"农云行动"，围绕解决农村地区产品上行外销的痛点难点堵点，采取有力措施，拿出真招实招，进一步推动畅通物流渠道、降低物流成本。

一、针对三大痛点，提出解决办法

（一）培育"新农人"

山西运城面临电商产业人才短缺、物流基础设施不完善的情况，"农云行动"有针对性地推出具体扶持举措。拼多多在福建霞浦举办培训交流会，为百名当地年轻"新农人"详细讲解平台最新运营逻辑，助力当地海带、紫菜、海参、黄鱼等产业更好地数字化上行。"农云行动"为江苏各大湖区的近百位商家和蟹农讲解开店入驻方式、运营细节以及新的活动玩法，带动更多"新农人"盘活大闸蟹生意经，扩大线上销售规模，推动大闸蟹标准化、品牌化、数字化发展。

（二）标准化品控

拼多多通过持续优化抽检、店铺评分、售后监测、消费反馈等系列措施保障品

* 推荐单位：中央网信办。

店，完成"从0到1"的起步。

云南蓝莓2023年大丰产

图片来源：上海寻梦信息技术有限公司供图。

（二）需要以优势资源投入打造供应链

"农云行动"集中投入优势资源，助力产地解决销售、人才、品控和品牌等难点痛点，打造了全新农副产品供应链。

（三）需要以农产品销售夯实县域经济

坚持农产品"零佣金"策略，在全国优选地标农产品、区域品质农货，通过专区推介、地标宣传、尝鲜直播、流量扶持等方式，向平台9亿消费者进行推介，助力农户丰产增收、农产带提质增效。

（四）需要变"产销对接"为"产消直连"

拼多多集中投入优势资源，打造更具韧性和竞争力的数字化农产带，助力农产带升级"产销对接"为"产消直连"，不断优化中间补两头，让利农民和消费者，以消费帮扶助力乡村振兴。

构建消费帮扶品牌
打造消费帮扶的腾讯之路*

案例单位：腾讯科技（深圳）有限公司

腾讯用8年时间探索了一条全新的消费帮扶之路，将“帮扶”变成人人可参与的“向善实践”，植入到企业文化之中。2023年，腾讯累计直接为帮扶村庄创造消费收入超4500万元，其中农产品销售收入约1160万元，文旅收入约120万元。

一、“小鹅爱乡村”

2021年6月，一封名为“小鹅爱乡村”的员工暑期夏令营征集邮件从腾讯志愿者协会的邮箱发出。邮件发出后3天报名满团，6周时间43位来自腾讯的客人造访大崇村龙布屯，为其创造直接餐饮食宿和服务收入近10万元。此后，“小鹅爱乡村”成为腾讯人暑假遛娃的热门路线，年年爆满。

二、“龙布日出”分红机制

2020年4月，腾讯响应号召，结对帮扶河池市都安县大崇村。腾讯基金会捐款500万元，以设计机制，激发村民内生动力为目标，打造“龙布日出”品牌，为大崇村提供可持续发展方案。首笔捐资200万元建设集装箱“龙布日出”客栈，赠予

* 推荐单位：中央网信办。

大崇村合作社，以文旅项目打开脱贫局面。项目团队辅助村庄激活僵化的农民专业合作社，将固定资产折算为股份分配给全村416户村民，让全体村民变股东，在参与村庄共建的同时共享发展成果。同时，面向腾讯内部，以合作社为经销商，打造"大崇有礼助农礼包"，"买都安，卖腾讯"，当年创造可分红利润10万元，村集体分得5.1万元用于本村公共事务及产业发展自我造血；全体村民以户为单位共享4.9万元分红收益。2022年大崇村村集体累计创造可分红利润超过84万元，支持了大崇村积分制分红、产业发展以及公共建设。

三、"鹅厂丰享节"

2022年9月23日，正值全国第五个中国农民丰收节，一封面向全体员工的邮件从腾讯薪酬福利部的邮箱发出，腾讯为这一天赋予了独特的内涵：它将成为腾讯员工专属的福利日，被命名为"鹅厂丰享节"。每年这一天，腾讯员工可以在"鹅民公社"中为自己和家人选择一份产地直供的农产品福利，"无肉不欢丰味包""缤纷水果丰味包""坚果点心丰味包"等，这是一份由"耕耘者振兴计划"参训学员为全体腾讯人供货的助农礼包。学员无论是以村支书为代表的村集体经济法人，还是合作社、家庭农场主，或是具有显著联农带农性质的本地企业，都有机会把自家优质农产品呈现在全体腾讯员工面前。在腾讯团队的陪伴下，他们学习如何将产品打造成商品、如何借助电商销售、如何做好售后服务、如何讲好产品故事，跨越数字鸿沟。至2023年，腾讯已有超过10万人次与耕耘者们分享收获，2023年"鹅厂丰享节"福利发放后，员工复购订单近100万元。

四、"为村耕耘者市集"

为满足消费者复购需求，为村耕耘者团队借助微店平台，为耕耘者学员搭建了"为村耕耘者市集"小程序。上架的农产品全部来自"耕耘者振兴计划"学员，都是服务村集体经济的合作社，有联农带农为小农户提供社会化服务的农民专业合作社，承担新品试种、为小农户成长提供专业示范和服务的家庭农场，联农带农特征突出，种植、推广高品质、高附加值农产品的农业公司作为供应商，产地直销，没有中间商赚差价。“为村耕耘者市集”，是腾讯推动消费帮扶助力乡村振兴的重要举措，它不仅是面向城市消费者的电商平台，更是一个面向“耕耘者振兴计划”学员的电商实训平台，辅助各村优质产品经营者了解进入电商平台的资质和要求，并指引、陪伴他们逐步达到标准，从如何制作商品详情页开始，到成功上架，推广销售，辅助乡村产业经营者跨越数字鸿沟。截至2023年12月，“为村耕耘者市集”已汇聚来自全国17个省30个地市州的农特产品，超660个村庄直接受益。

五、“耕耘者振兴计划”

2021年，农业农村部与腾讯签署“耕耘者振兴计划”战略合作协议，由农业农村部指导、腾讯出资，政企合作共同组织实施，腾讯在3年内投入5亿元，面向乡村治理骨干和新型经营主体带头人开展免费培训，线上覆盖100万人、线下培训10万人，并为学员免费开发能学以致用的数字化工具。截至2023年12月，腾讯累计投入资金超1.37亿元，在全国31个省（自治区、直辖市）组织719期培训班，培训总人数超6.9万。2022年，在农业农村部指导下，中央农广校、腾讯、智慧零售、叮咚买菜在上海联合组织全国蔬菜、水果合作社和家庭农场学员产业研学专班，6位学员与叮咚签订意向合作备忘录，实现大宗农产品产销对接。2023年，在国家乡村振兴局指导下，中央农广校、腾讯、新疆维吾尔自治区乡村振兴局和喀什地区乡村振兴局共同组织，面向喀什地区举办电商专题培训班，218名学员参训，其中4.2万份农产品直供“鹅厂丰享节”，销售金额超过100万元。

腾讯已经成立可持续社会价值事业部，专设“为村发展实验室”，持续思考和实践数字乡村、消费帮扶的结合，将始终不遗余力，用互联网探寻乡村振兴的答案。

新消费平台购物节聚力助推乡村振兴*

案例单位：中国电信集团有限公司

为全面学习贯彻党的二十大精神和习近平总书记关于"三农"工作的重要论述，拓宽脱贫地区农副产品销售渠道，释放央企内部员工消费市场潜力，助力乡村振兴，中国电信于2023年7月31日至8月6日举办"央企消费帮扶聚力行动之中国电信新消费平台购物节"，聚力40家中央企业、157家上下游合作伙伴，共同支持乡村特色产业的发展壮大。

一、央企"带货"精选农产品，构建长效帮扶机制

本次聚力行动是中国电信汇聚国资央企力量，携手推进乡村振兴、深化消费帮扶的一次全新尝试，采用线上线下相结合的方式。线上方面，共为30家中央企业开设消费帮扶专馆，累计上架帮扶地区农特产品1199种，12家中央企业上架商品超过20种，活动页访客数达20.7万人。线下展销方面，活动为包含中国电信在内的33家央企与中国电信定点帮扶的广西田林县、四川盐源县、四川木里县、新疆疏附县以及对口支援的西藏边坝县、青海久治县在现场搭建38个展位，集中展示展销近1000款乡村振兴商品，组织3场集中巡馆活动。各展位现场负责人以合作洽谈、直播带货、平台对接、员工内购等方式，面向央企、合作伙伴和平台用户推荐各类名优特产品。此外，购物节还结合了各地农货产地特色、历史传承、自然风貌，提炼出"十最主题"特色商品，如"海拔最高""全球最大""历史最久"，用户在选购特色商品过程中，还能了解特产背后的风土人情。

* 推荐单位：中央网信办。

中国电信作为移动支付现代产业链链长单位，与各家央企合作，打造翼支付新消费电商平台，以数字化运营手段，面向更广泛的消费者推荐特色农产品。平台累计注册用户数超过 5.4 亿，App 月均活跃用户数超 3500 万户，连接商户超 658 万户。截至 2023 年年底，已与 23 个省 146 个县、38 家央企开展生态合作，上架 SPU 数达到 5 万，累计交易额近 6 亿元。

二、畅通"农特"产销链，探索乡村振兴特色路径

在为期 7 天的购物节中，中国电信充分发挥移动端精准营销及服务链下沉优势，以流量曝光、物流售后等全流程数字化运营能力为支撑，面向广大消费者提供线上下单、送货上门的农特优品便捷购物体验，帮助农产品拓宽销路。用户可在中国电信 App、翼支付 App、小翼管家 App、天虎云商 App 以及各央企融媒体渠道参与活动。此外，中国电信匹配 300 万元营销成本，以商品价格让利的形式开展营销活动，累计发放消费券 17 万张。线上成交金额 2371 万元（翼支付平台成交 1265 万元、天虎云商平台成交 1106 万元）。

中国电信在 2014 年率先在央企中建设消费帮扶专属电商平台"天虎云商"，帮助农产品"出村进城"。截至 2023 年年底，"天虎云商"全面对接全国 31 个省（自治区、直辖区）1700 余家单位的消费帮扶集中采购需求，累计接入农副产品 1600 余款，年销售额近 40 亿元，每年开展消费帮扶专题直播 120 余场，累计观看人数超 1800 万。

三、输出电商运营能力，构建农村电商发展新模式

本次购物节期间，中国电信创新"县长代言+企业互动+现场试吃"的直播模式，首次实现中国电信"三平台"（央企消费帮扶平台、天虎云商平台、翼支付平台）联动直播，直播观看人数突破 20 万人次，3 小时直播交易金额超 200 万元。

近年来，针对脱贫县农副产品品牌包装差、电商运营人才缺等困难，中国电信先后选派专业电商团队数百余人次深入帮扶地区，进行"开店+农产品组织+品牌包装+物流+销售"全流程面对面指导，累计开展电商技能培训 500 余场，培育农村

中国电信新消费平台购物节

图片来源：中国电信集团有限公司供图。

电商人才 8000 余名，帮助农户开设网店 1300 余个，有效突破农村电商发展瓶颈。

四、发挥合作伙伴优势，共筑消费帮扶新生态

本次活动，中国电信联合中粮集团、中国煤炭科工、中盐集团、中国通号、中国中铁、中国国新和央企消费帮扶电商平台 7 家单位共同参与购物节直播互动，展销现场近 200 家上下游合作伙伴、供应商参与现场合作洽谈交流。邀请经济日报、中新社、中国网、经济参考、人民邮电报等 9 家中央主流媒体及新媒体“大 V”记者现场参加启动仪式，累计在学习强国、新华社、中国经济网、新浪网、搜狐网、网易新闻、澎湃新闻、凤凰新闻、知乎等平台发布活动稿件 87 篇。

近年来，中国电信对内发动 40 万员工通过员工福利、爱心购买、行政后勤采购等方式购买农副产品。对外利用积分商城、“欢 go”等平台，吸引全网 3. 5 亿电信星级用户及广大网民参与消费帮扶，并与国家电网、建设银行等合作伙伴开展销售合作，累计帮助销售超 2. 1 亿元。

中国电信自 2002 年起承担 4 个县定点帮扶、2 个县对口支援以及 1248 个村的

帮扶任务，始终把乡村振兴作为重大政治责任，把消费帮扶作为带动脱贫地区群众增收致富，促进特色产业提质增效，激发振兴发展内生动力的重要途径。2022年，中国电信依托新消费平台、天虎云商电商平台等渠道直接购买和帮助消费脱贫地区农副产品2.46亿元。下阶段，中国电信将充分发挥网络信息化能力优势、电商数字平台优势、产业链合力优势，通过搭建央企消费帮扶生态联盟，激发农产品消费市场活力，高质量助力乡村振兴！

多措并举促消费　齐心合力助增收*

案例单位：农业农村部信息中心

近年来，农业农村部信息中心积极组织农村电商骨干人才培育、全国“土特产”推介活动和品牌公益帮扶等活动，扎实推进消费帮扶工作，取得显著成效，逐步走出一条以“培育人才促振兴、培育产业促发展、培育品牌促影响”的消费帮扶创新路。

一、推进消费帮扶的主要做法

（一）人才振兴强基础，农村电商助增收

一是开展电商专题培训。2023年，在农业农村部人事司、市场司的悉心指导和有力协调下，部信息中心承办5期中组部、农业农村部农村实用人才带头人农业农村电子商务专题培训班，组织全国17个省份的新型农业经营主体负责人、益农信息社负责人、农村创新创业带头人以及脱贫地区农业品牌帮扶县品牌建设带头人等500名学员参加培训。其中，有193名学员来自全国“832”脱贫县，45名学员来自国家乡村振兴重点帮扶县和农业农村部定点帮扶县。

二是举办线上专场活动。在2023年度全国农民手机应用技能培训周中，牵头承办“农产品直播电商营销实操”线上专场培训活动，重点围绕“三农”综合信息服务、主播专业技能提升训练、企业数字营销能力建设等内容，由专业人员进行实操指导、案例分享和经验传授，提升农民数字素养与技能，开展农产品直播电商营销，实现农产品优质优价，促进乡村产业发展，带动农民增收。

---

* 推荐单位：农业农村部。

三是聚焦脱贫地区举办专场培训。贯彻落实中央一号文件关于支持脱贫地区打造区域公用品牌的有关要求，在市场司指导下，继续开展脱贫地区农业品牌帮扶行动，着力提升脱贫地区农业品牌打造能力和水平。在湖北省恩施州来凤县和咸丰县开展品牌帮扶，牵头举办“脱贫地区农业品牌帮扶——品牌建设与电商发展培训服务活动”，共有来凤县、咸丰县及周边3个市、5个县共100余名学员和基层同志参加培训。通过品牌帮扶，支持脱贫地区培育一批品牌电商建设运营人才和电商主播，宣传一批帮扶品牌和品牌产品，对接一批农商项目落地。

（二）扎实开展2023全国“土特产”推介活动，推动特色产业高质量发展

一是组织“土特产”网络推介。认真贯彻落实习近平总书记关于“土特产”发展和品牌建设的重要指示精神以及中央一号文件部署，按照农业农村部办公厅《关于做好2023年中国农民丰收节有关工作的通知》的要求，部信息中心会同部食物与营养发展研究所共同主办“品尝乡土味道　传承农耕文明——2023全国‘土特产’推介活动”。活动自2023年8月启动以来，累计向全社会推介175款“土特产”（其中，47款来自全国“832”脱贫县，6款来自国家乡村振兴重点帮扶县），宣传推广“土特产”全网浏览量累计超3亿次。

二是开展“土特产”线下推介。2023年12月在云南大理市成功举办2023全国“土特产”集中推介活动，设计“1+1+7”系列活动（即1场集中推介活动开幕式，1场“土特产”大集，数字科技、现代供应链、品牌、金融、农文旅融合等7个研讨交流会），盘点展示了全国“土特产”发展的新气象新成效，交流分享了各地推动“土特产”发展的做法和经验，研讨谋划了深入推进“土特产”发展的方向与路径。据统计，共有来自全国402家企业740多种名优“土特产”参加展示展销，邀请到14个国家乡村振兴重点帮扶县和农业农村部定点帮扶县免费参展，签约金额达3000万元。

（三）积极开展品牌公益宣传，提升脱贫地区农业品牌知名度和影响力

一是组织公益宣传。依托中国农业品牌公共服务平台、中国农业品牌微信公众号视频号、中国乡村资讯App等平台开设公益宣传专栏，为部里20个品牌帮扶重点县做好品牌公益宣传，全年累计发布资讯7000余条。

二是开展媒体宣传。联合新华网宣推“元阳梯田红米”“阿克苏苹果”等区域

公用品牌，制作海报及宣传视频；助力“元阳梯田红米”“来凤藤茶”等走进央视，参加央视总台“丰收中国”融合传播行动。

三是引导地方宣传。编制发布《农产品区域公用品牌互联网传播影响力指数研究报告（2023）》《2023来凤藤茶互联网传播影响力指数报告》等，引导政府部门、社会组织、农业企业等积极利用电商平台、新媒体平台等加强区域特色农产品推广和营销。通过多渠道、多途径开展品牌宣传，推动农产品区域公用品牌建设。

二、做好消费帮扶的经验启示

（一）立足单位职能，确定帮扶目标

深入学习贯彻落实习近平总书记关于继续大力实施消费帮扶工作的重要指示精神，按照党中央、国务院部署要求，切实提高政治站位，严格落实农业农村部党组关于促进事业单位高质量发展的部署要求，立足本单位职能，进一步聚焦主责主业，将帮扶工作融入年度单位重点工作中，统筹谋划、制定方案目标，全面推动消费帮扶工作不断取得新成效。

（二）理清帮扶思路，落实帮扶措施

积极参与脱贫地区帮扶工作，以开展农村电商人才培育为抓手，将电商培训与脱贫地区农业品牌帮扶行动相结合，通过向脱贫帮扶县倾斜名额，为帮扶县培养农村电商带头人，助力帮扶县等产业提档升级。同时，以“土特产”推介活动为契机，邀请脱贫县参与“土特产”推介活动或共同举办专场活动，通过活动促进脱贫地区特色产业高质量发展，实现农业增效、农民增收，逐步走出一条以产业发展推动消费帮扶的创新道路。

（三）发挥新媒体力量，扩大帮扶宣传

在传统平台和网站宣传基础上，充分利用官方App、公众号、视频号、抖音号等新媒体力量，灵活采用各种网络宣传推广形式，加大帮扶地区农业品牌宣传推介力度，形成网络宣传矩阵，持续提升帮扶地区特色农产品知名度和影响力，助力全社会形成消费帮扶热潮。

建立订单农业模式
夯实群众增收致富根基*

案例单位：陕西省留坝县

2023 年以来，留坝县立足生态资源优势，坚持将产业发展作为巩固拓展脱贫攻坚成果同乡村振兴有效衔接的有力抓手，探索建立了“政府+龙头企业+村集体经济组织+农户”的“四位一体”订单农业模式，构建起产供销结合、“以销定产”的完整产业链，实现了产业发展联农带农全覆盖，彻底解决了长久以来农业产业发展中的问题和隐患，在实践中摸索出了一条适合留坝县情的产业振兴道路。

一、探索订单农业模式的主要做法

（一）政府主导

一是定方向。全面调查分析资源禀赋和市场需求，确立“四养一林一旅游”长中短相结合的主导产业发展方向，明确干什么的问题。

二是聚要素。政府聚合资金、政策、土地、制度等生产要素，集中人、财、物投入选定的主导产业，控制种源，解决企业、合作社或者农户单家独户无法解决的问题。

三是做品牌。政府先后拿回了香菇、土蜂蜜、西洋参、猪苓等 5 个国家农产品地理标志和 6 个国家地理标志集体商标，打造了一批名优农产品品牌，大幅提升了“留字号”农产品在全国的影响力和知名度。

* 推荐单位：农业农村部。

四是管市场。制定生产管理标准，严厉打击假冒伪劣、以次充好等破坏市场秩序的行为。建立农产品质量安全追溯体系，健全县、镇、村三级农产品质量安全监管网络，从源头上保证了农产品质量安全。

五是强科技。以技术服务单位为主体，政府购买服务为补充，内引外联科研院所专家，培养企业技术力量、乡土人才、科技带头人为基础，实施全方位、全过程的技术服务，为产业发展提供强大科技支撑。

（二）企业主体

推进产业振兴，必须坚持市场导向，强化营销帮扶，推进产销对接。

一是强化示范引领。通过贷款贴息、项目扶持、投资参股、政策优惠等方式，扶持引进鑫科、山城等10个龙头企业，分门别类地解决全县“四养一林”农产品生产和销售问题。

二是延伸产业链条。在产品加工、包装等方面下足功夫，提升研发创新力、市场竞争力。

三是畅通销售渠道。发挥龙头企业优势，解决农户难以直接对接大市场、参与市场竞争的难题，拿上“金字招牌”农产品跑市场、拿订单，拿到订单再组织生产。

（三）村集体经济组织衔接

把小农户组织起来共同进入大市场、从事经济活动，实现村集体和农户“双增收”。

一是打造基地。承接政府各类代建项目，组织建设产业基地，为生产者提供基本条件。建成各类产业基地210个，基地资产确权到村集体，群众、企业有偿使用，实现保值增值。

二是组织生产。对接龙头企业，拿订单→分解订单→组织生产→产品收购→交付订单，督促执行农产品生产标准，获得企业支付管理费（合同额的3%），作为村集体积累为群众分红。

三是带农增收。基地由能人大户有偿使用，租赁费作为集体收入。通过自主经营、抱团发展、基地务工、入股托管等形式，把全县100%的脱贫户和82.6%的农户镶嵌在“四养一林”产业链上，彻底改变了个体农户单打独斗的生产方式，极大地提高了农民的组织化程度。

（四）农户参与

作为个体生产单元，农户只需按照订单完成生产任务就可以确保收入。

一是通过"三统一分"模式把个体农户绑在产业链上。推行"三统一分"（统一种苗、统一技术、统一销售、分户管理）生产方式，由龙头企业为农户提供种源、技术服务及产品销售，将简单易行的日常管理交由农户来做，达到分工协作、提高效益的目标。

二是通过民主议事制度让户户有分红。制定《留坝县农村集体经济组织收益分配办法》，提取公积公益金30%，剩余70%为群众分红，累计为群众分红1400万元。

三是通过制度设置确保脱贫人口受益。推行"以工代赈"模式，凡是承包、领办项目的能人大户，雇佣劳动力中的脱贫人口所占比例不得低于30%，实现由能人大户带动抱团发展的目的，保障了脱贫人口受益。

二、订单农业模式的经验启示

在这种订单农业模式中，将生产要素适度聚集，政府、龙头企业、村集体经济组织、农户四个环节各司其责，形成了"合理分工、风险共担、利益共享"的经济共同体，使产业发展有方向、农民有奔头、稳定增收有保障，为实现乡村振兴奠定坚实基础。

（一）必须以发展富民产业为重点

立足自身实际，科学确定"四养一林一旅游"主导产业，将"四养"作为短期产业，中药材种植作为中期产业，全域旅游作为长期产业，构建起长中短相结合的产业发展体系，建立农户致富增收的长效机制。

（二）必须有效降低发展产业风险

抢抓PICC定点帮扶机遇，通过帮扶资金购买食用菌、土鸡、生猪等特色产业保险以及三大粮食作物保险，进一步规避和承担了农产品生产及销售中的所有风险。群众只要按时、按要求做好最基本劳作就能旱涝保收。

（三）必须提高群众组织化程度

充分发挥村集体经济组织的作用，既遵循市场规律，又运用经济手段调节各种关系，保障广大群众是最大的受益者。尤其是在“订单农业”模式下，把农民绑在产业链上，为农民提供全方位服务，带领分散经营的小农户抱团进入大市场。

鼓起“钱袋子” 丰富“菜篮子”*

案例单位:安徽省亳州市谯城区

近年来,安徽省亳州市谯城区多渠道、多元化实施消费帮扶,帮销脱贫地区特色农副产品和旅游服务,持续带动帮扶对象增收致富。

一、优化供给,打造品牌提质效

着眼提升农产品质量,着力打造有产品竞争力的优质品牌,深挖地区特色资源,打造“皖美农品”金招牌。

一是培优绿色产品。依托国家、省级重点龙头企业在示范区发展集约化绿色种苗产业,集成项目、资金、技术力量,在示范区创建规模化种植、标准化生产、机械化加工、品牌化销售、产业化经营的标准化示范园区,实现产品生产经营数据可互通、源头可追溯、质量可保证,全面提升产品质量、安全、生态效益水平。

二是聚焦品牌创建。鼓励支持农业龙头企业与种植大户、家庭农场、合作社等开展紧密合作,建立标准化生产基地,支持注册中国“驰名商标”等品牌商标,强化中药材地理标志产品保护。亳白芍、亳菊、亳丹皮、亳花粉获得国家地理标志农产品登记保护,亳菊、亳丹皮、亳花粉获评省级区域公共品牌,“占元牌”面粉获评企业品牌,“骏璨哈密瓜”“观蔬莴笋”获评产品品牌。

三是强化品牌推介。加强谯城区优质农产品宣传推介,聚焦乡村重点产业发展,借助合肥农交会、上海农交会以及长三角绿色农产品生产加工供应联盟等平台,坚持强龙头补链条、兴业态、树品牌,帮助优质农产品走出去,不断巩固拓展脱

* 推荐单位:农业农村部、安徽省发展改革委。

贫攻坚成果，带动更多农民群众增收致富。

二、共庆丰收，活跃市场促消费

结合“中国农民丰收节”组织各类促消费活动，加大特色农产品集中推介力度，有效激发消费活力。

一是集中展示帮销。2023 年，谯城区成功承办了“中国农民丰收节亳州市主场”活动，开展群众庆祝丰收联欢、乡村美食品鉴、丰收节金秋消费季等系列活动，组织生产加工企业、农民合作社、家庭农场等 130 余家经营主体参加优质农产品展示展销，让优质农产品走进千家万户。

二是电商直播助销。依托谯城区融媒体中心，通过抖音、快手、微信等平台，开展“庆丰收 · 促和美”特色农产品直播带货活动，对谯城区苏赵梨、阳光玫瑰葡萄、立德红薯粉丝等地方特产、非遗产品等农产品生产加工企业等 20 余家企业（团体）50 余个品类谯城特色产品开展线上推介。

三是旅游服务推介。9 月举办“享丰收 · 和美乡村游”惠民月活动，先后举办 30 余项系列活动。推出生态休闲游、红色游等乡村精品旅游路线，制定谯城区民宿、农家乐等相关旅游企业餐饮和住宿优惠政策，共接待乡村旅游 2 万余人次，帮销旅游服务 75.5 万元。

三、拓展渠道，放眼世界谋销路

积极开拓销售市场，千方百计拓展农产品销路。

一是强化对接合作。谯城区抢抓长三角一体化发展国家战略机遇，积极对接长三角主销区，打造对接长三角绿色农产品供应基地，加快农产品供应链建设，下大功夫做好“粮头食尾”“畜头肉尾”“农头工尾”增值大文章，全力打造长三角重要的“粮袋子”、“菜篮子”和“大厨房”，统筹运营全区优质农产品对接长三角销售，有效解决全区蔬菜瓜果等优质农产品销售问题。

二是搭建国际平台。每年 9 月 9 日在谯城区举办国际（亳州）中医药博览会和全国（亳州）中药材交易会，集中展示中医药产业发展最新成果，推介本地优质中药材产品，弘扬中医药文化、促进中医药发展和推动国际中医药合作交流。

三是做优电商销售。深入发掘电商销售特色及消费风潮，大力发展以花草茶为代表的药食同源大健康产业，将电商销售作为花茶产业主战场，目前谯城区共有花草茶生产企业600多家，花草茶品种1000多个，各大电子商务平台销售的花草茶类产品90%以上来自谯城区，年产值达90亿元。

四、人人参与，实实在在解民忧

聚焦滞销难题，发动多方参与，有效防范化解滞销风险。

一是当好“指导员”。充分发挥基层农技人员体系作用，落实包村联户制度，组织农技专家深入调研，走访脱贫户、脱贫村，指导农业技术，分析市场趋势，及时预警可能存在的滞销风险，指导帮助农民合理选择发展产业。

二是当好“联络员”。组织党员干部开展暖心走访，了解是否存在销售难题，帮助对接加工企业、商超，引导辖区内的农民合作社、家庭农场发展“订单农业”，让农产品不愁销路。

三是当好“采购员”。积极响应消费帮扶倡议，统一采购脱贫村特色农产品作为工会福利发放。同时，单位食堂在年度采购预算内，同等质量且能够满足单位需求的情况下，优先采购帮扶重点产品。

“五个协同”推进消费帮扶助力乡村振兴*

案例单位：湖北省恩施州

近年来，湖北省统筹协调持续推进武汉市恩施州对口帮扶工作，深入推进杭州市恩施州对口合作，以“五个协同”为重点，探索助农增收、产销对接新路径。恩施州通过“832平台”4年累计线上销售额达65.11亿元，占全国销售总额的16.06%，位居全国地市州前列，恩施州8个县市均位列全国县市交易额前10名。

一、“五个协同”及成效

（一）坚持“政府+市场”协同，激发企业帮扶热情

坚持统筹谋划、高位推进，用好政府、市场“两只手”，以消费帮扶助力产业振兴、企业发展。

一是完善工作机制，集中攻坚力量。继续将消费帮扶工作专班列为全州24个重大项目重点工作推进工作专班之一，明确工作目标、强化调度机制，确保责任到单位、工作到个人，压紧压实、全面推进。

二是加强统筹谋划，明确工作重点。印发《2023年恩施州消费帮扶工作方案》，持续落实消费帮扶每月要情通报的工作推进机制，确保消费帮扶工作高效有序进行。

* 推荐单位：农业农村部、湖北省发展改革委。

三是释放政策红利，激发企业潜力。推动政策惠企，连续3年印发消费帮扶企业奖励方案，综合评定相关企业销售额、绿色有机农产品认证、进限纳统、品牌推广、帮扶成效等情况后，对排名靠前的企业进行奖补，3年累计奖补1100万元。

四是优化市场环境，完善商品质量监控。强化动态监测，加强对产品质量、价格的抽查监督，对搞“数字帮扶”、弄虚作假、不诚信企业进行严肃通报，对失信供应商实行退出机制和黑名单制度。

（二）坚持“州内+州外”协同，内外兼修开拓市场

坚持深耕本地市场与拓宽外部销路相结合，多层次挖掘市场潜力。

一是强化州内政府采购工作落实。州内各级工会继续按照不低于40%的比例、各级财政预算单位及国有企业食堂年度预留份额继续按照不低于50%的比例在“832平台”采购恩施州农副产品，同时鼓励党员干部、职工家属带头消费。

二是多措并举挖掘对口城市市场潜力。深耕武汉市场，汉恩两地携手推进产销对接，在汉举办“恩施‘硒’物 江城品味”产销对接活动，现场签订意向采购订单3000余万元。

三是深化杭恩对口合作。组织全州30余家优质企业1000余种单品参加“稳增收 树品牌 促振兴”——2023年浙江对口消费帮扶集中展销平台启动仪式。恩施黄牛肉、恩施土豆、恩施腊肉、恩施大米等特色产品获得大家青睐。

（三）坚持“线上+线下”协同，乘“云”搭台助力营销

坚持线上线下同步发力，探索农产品销售新路径。

一是突出线上“云销”。引导企业通过脱贫地区农副产品网络销售平台（“832平台”）拓展销路，截至2023年11月，线上销售总额17.82亿元，位居全国地市州第一。引导企业入驻抖音、京东、东方甄选等头部电商平台，参与产品促销及恩施直播助农专场活动。

二是突出线下“展销”。借助湖北省优质农产品展销中心省级平台，集中推介恩施玉露、富硒土豆等特色农产品，进一步提升品牌影响力，扩宽产品销路。积极组织多家企业参与多种形式产销对接活动，与大型国企、学校、超市进行“农企对接”“农校对接”“农超对接”。

三是突出产品“直销”。在武汉市创建评选恩施土特产专卖店45家，搭建特色农产品平台窗口，促进恩施优质正宗土特产品进武汉。在恩施城区建设“832平台”

线下社区店5家，努力打造质量可靠、供应稳定、价格合理、源头可溯的供应链体系。

（四）坚持“保障+服务”协同，补齐短板助力发展

坚持完善基础设施和提升服务水平双管齐下，补齐流通环节短板弱项，打通农产品上行“最初一公里”。

一是完善仓储物流设施。累计建成恩施市、宣恩县产地仓1个，合作建设武汉市销地仓3个，杭州市恩施州消费帮扶销地仓1个，为恩施州农产品提供集散、溯源、销售推广、物流追踪等服务，有效保障终端市场供应。

二是加强人才培训。连续3年联合多部门对8县市“832平台”供应商开展电商业务培训20余场、3000余人次，培训内容包括电商平台运营操作、短视频制作运营、农产品品牌营销等，提升电商从业人员电商理论水平和实际操作能力，培养农业商业带头人。

（五）坚持“树典+宣传”协同，打造恩施特色品牌

坚持树立典型与扩大宣传并重，带动恩施优势特色产业发展，提升恩施农产品品牌美誉度。

一是加强战略合作，努力打造示范样板。恩施州人民政府与中国供销电子商务有限公司签订《争创消费帮扶示范城市和产业帮扶示范州项目合作协议》，打造全国首个地市级产业帮扶示范州，围绕深化消费帮扶、产销对接、物流体系打造、运营提升、服务提升等方面，结合恩施州特色优势主导产业，以州域公用品牌“恩施硒物”为统领，构建“1+8”品牌矩阵。

二是加大宣传力度，提升品牌影响力。在央视投放“恩施硒茶”广告，主动联系湖北日报、湖北电视台、农村新报、恩施日报、恩施电视台等媒体，全方位多角度宣传报道恩施州消费帮扶及品牌创建工作。

二、推进消费帮扶的经验启示

（一）既要争取和落实好帮扶政策，也要强化“造血”功能

近年来，恩施州消费帮扶专班积极贯彻落实党中央、国务院和省委、省政府对

口帮扶、革命老区重点城市对口合作等决策部署，在武汉市、杭州市等城市大力支持下争取到了一系列帮扶及合作资金，不仅在农产品推介推广、电商人才培训上发力，更注重基础设施项目建设，完善仓储物流设施、加强数字化平台建设、开设线下店铺，为恩施农业产业发展提供长期“造血”功能。

（二）既要练好“内功”增强竞争力，也要打造品牌提升附加值

恩施自然条件独特，生态环境优良，被誉为“世界硒都”“华中药库”“烟草王国”“鄂西林海”，得天独厚的自然环境、历史悠久的土家文化孕育了优质的特色农产品。近年来，恩施州推进全域绿色化、标准化生产，进行全过程质量管控，产品兼具特色与品质。要做好产品深加工，延长产业链，开展多种形式产销对接，多渠道宣传推广，多层次品牌创建，提升产品影响力和附加值。

加快推动“河北净菜”进京助力京津冀高质量协同发展*

案例单位：河北省商务厅

“河北净菜”进京在突破入京车辆限制、统一标准认定、享受绿色通道政策、注册图形商标、拓展终端渠道等多方面取得突破性进展，成为落实京冀党政代表团互访达成协议的重要成果。

一、开展基础工作，突破难题瓶颈

（一）突破了进京“最后一公里”

针对“河北净菜”运输车辆进京难、末端配送不畅问题，河北省领导与北京5位分管市领导积极沟通协调，省商务厅会同省交通厅积极对接北京市商务局、北京市交通委，推动北京市专为“河北净菜”进京车辆配给“京籍”通行证1000张，并给予车证随报随批、不限行驶范围、享受绿通政策等多方面特殊待遇，解决了“河北净菜”进京“最后一公里”的运输难题。

（二）注册了“河北净菜”区域公共品牌

针对“河北净菜”没有统一品牌，北京市场认知度不高问题，首次设计了“河北净菜”标识，取得了《河北净菜标识》版权证书。会同省市场监管局多次与国家知

* 推荐单位：商务部。

识产权局和商标局沟通，完成了“河北净菜”商标注册，标志着河北在全国率先拥有了省域净菜公共品牌。

（三）实现了团体标准京津冀通用互认

针对“河北净菜”没有统一标准，质量无法保障问题，首次制定了《河北净菜》《河北净菜加工规范》《河北净菜配送规范》三项标准，明确了“河北净菜”是由河北省供应并经过选摘、清洗、整理加工的鲜活食用农产品统称，提出了河北净菜的质量标准要求。指导京津冀三地商业联合会共同推广三项标准，在全国率先实现河北净菜标准的跨省市通用互认。

二、完善物流体系，开展产销对接

（一）开展配送体系建设

支持河北物流集团在京设立了河北净菜（北京）物流有限公司，为“河北净菜”进京车辆提供保障服务。支持河北农速源冷链物流公司在京设立了统仓共配中心，为“河北净菜”进京提供展示、仓储、物流等公共服务。与美团达成共识，推动“河北净菜”纳入美团城市配送体系。

（二）搭建产销对接平台

举办“河北净菜”进京直通车首发仪式，推动物美、大润发、四季顺鑫等商超与河北部分地区建立产销合作关系。推动石家庄市、承德市、唐山市、衡水市、沧州市等地在北京新发地、全国农展馆等地开展“河北净菜，北京好菜”产销对接活动，推动河北净菜企业、产业合作社等与北京市商超、院校、机关团体等达成多项合作意向。依托河北首衡集团、北人集团集成平台，在京组织“河北净菜”暨老字号名优特产展示展销活动。

（三）畅通供需直供渠道

会同省供销社对接全国供销总社，依托中国供销商贸流通集团、河北乡间货的等供销直供平台，拓展“河北净菜”销售渠道。与北京市学校基建后勤管理事务中心对接，推动“河北净菜”直供大专院校食堂。与北京市国资委对接，依托首农、首旅、首钢等京企渠道，推动“河北净菜”直供驻京机关团体。帮助企业与中国农业发展集团所属的北京中农食迅供应链管理有限公司精准对接，拓展“河北净菜”在部队、央国企等单位的终端销售渠道。

（四）推动多方合作发展

与农业农村厅在推荐区域公众品牌等方面建立合作关系，共同宣传推广“河北净菜”品牌。推动中小企业、种植户与中快餐饮集团、善做善成教育科技（天津）有限公司合作，依托中快和善做善成供应链平台，进一步加大“河北净菜”在京津院校的占有率。

三、立足行业发展，强化企业帮扶

（一）政策赋能，推动产业发展

省政府与商务部加强沟通对接，重点协调“河北净菜”进京工作，推动将“河北净菜”进京纳入县域商业体系建设、生活必需品保供支持范围。

（二）技术赋能，降低流通成本

帮助河北乡间货的、定州鲜洁农业、河北农速源等企业完善网络销售平台，推动企业承接更多“河北净菜”配送业务。对接中外运河北物流公司，大力推广冷链物流、信息管理等新技术。

（三）金融赋能，增强企业动力

与中国农业银行河北省分行等金融机构进行了深度对接，签订《全面战略合作协议》和《“河北净菜”进京战略合作框架协议》，研究制订“河北净菜”在京宣传推广方案，为全省净菜生产、加工、配送、仓储企业提供授信、低息等金融政策支持。会同中国农业银行河北省分行共建“河北净菜”进京信息管理系统，将优质河北净菜企业纳入系统管理，以信息化管理助力“河北净菜”发展提质增效。

（四）媒体赋能，增强品牌形象

制作“河北净菜”公益宣传片，在北京电视台及河北电视台等主流媒体播出，打造“河北净菜，北京好菜”好口碑。推动与北京广播电视台深度合作，充分利用“新春走基层”、“新闻报道”和“京津冀之声”等栏目及北京社区资源，帮助净菜企业共同做好“河北净菜”进京宣传工作。推动“河北净菜”入选河北广播电视台《首届公益品牌盛典》，推介“河北净菜”品牌。《河北日报》发表“河北净菜”何以热销北京市场系列报道，从好政策、好品质、好机制三个方面培树“河北净菜”好口碑。

“河北净菜”开通进京直通车

图片来源：河北省商务厅供图。

融合农文旅、贯通产加销“游购乡村”系列活动带动乡村经济快速复苏*

案例单位：文化和旅游部资源开发司

2023 年春季，文化和旅游部联合商务部、国家乡村振兴局、全国妇联共同指导开展“游购乡村　好物迎春”游购乡村系列活动。整合行业协会、新闻媒体、短视频平台、电商平台、线上旅游平台（OTA）、导航地图等社会力量，指导各地文化和旅游部门，持续开展专题宣传推广、宣传视频展播、公益直播带货等活动，加大对乡村农文旅产品的传播推广。

一、聚焦群众需求，丰富文旅产品供给

文化和旅游部印发《关于开展“瑞雪红梅　欢喜过年”——游购乡村系列活动的通知》，发布活动主题口号、官方标识和主视觉，指导各地文化和旅游行政部门立足春节、元宵节等节假日及春季文旅消费特点，持续开展特色鲜明、品质优良、类型丰富的乡村旅游产品推广、文化传播、消费惠民活动，形成统一品牌形象和传播推广合力。活动启动仪式现场连线联合国世界旅游组织第二批“最佳旅游乡村”广西大寨村和重庆荆竹村、全国乡村旅游重点村内蒙古锡林郭勒盟太仆寺旗边墙村，展示当地游购乡村现场活动热烈氛围。河南信阳大塆村“大塆印象”系列文创、山东青岛西海岸礼物、新疆和田美玉香馕产品等全国 20 多个省（自治区、直辖

* 推荐单位：文化和旅游部。

市)的 170 余件(套)文创产品、手工艺品和特色农副产品在启动仪式上亮相展示,多角度呈现乡村旅游助力新时代乡村全面振兴的实践成果。文化和旅游部网站首页上线全国乡村旅游精品线路专题。中国文化传媒集团、央广传媒集团、人民日报视频客户端“视界”、央视频大屏端、抖音等平台推出宣传专区和主题页面,开展乡村旅游宣传视频展播,累计播放量超 1850 万次。微博平台的有关活动信息传播全网受众超 1.6 亿人次。

二、创新消费场景,加强市场落地转化

活动凝聚社会力量,推动线上流量的线下消费转化,有效带动农文旅产品销售,传播乡村美景和品质好物。央广传媒集团依托新媒体和媒体零售等产业集群,活动期间有效净销售额近 4 亿元,订单量超过 50 万单。美团开设游购活动专题,线上访问量超 1400 万人次。携程推出系列活动的主题页面,联动携程度假农庄等相关产品,推广 31 个省份共 62 条精品线路。百度地图上线的游购乡村主题地图 143 个点位搜索总量 96.8 万。高德地图上线“瑞雪红梅　欢喜过年”全国乡村旅游精品线路专属地图,共有 44.8 万人导航前往地图推荐的 68 个全国乡村旅游重点村。乡村旅游和购物成为人民群众欢度佳节、踏青赏春的热门消费选择。

三、活动持续发力,带动行业迅速复苏

各地持续开展游购乡村系列活动,极大丰富春季乡村文旅产品供给,提升春季乡村旅游人气,有效推动市场快速复苏。北京市以“京郊过大年”为主题,重点推荐全国乡村旅游重点村以及周边温泉、美食、滑雪、年俗等旅游资源,吸引北京市民到乡村过大年。春节假期北京市乡村游累计接待游客 134.1 万人次,营业收入 1.62 亿元。全国乡村旅游重点镇湖北省五山镇举办第十届年俗文化节,年货销售额达 2000 万元,有效提高了村民收入。江苏省举办“瑞雪红梅　欢喜过年”游购乡村系列活动——“乡村游礼”赶大集年货节江苏专场公益活动,60 余家参展农企带来了乡村土特产、乡村农副产品、乡村文创产品等共计 300 余种。全国乡村旅游重点村江西省高陂村通过“拾年味 · 赏年俗——农民画里寻新年”等活动吸引了

广大游客前来游玩。

四、行业活力涌现，文旅融合加速推进

市场需求的火爆带动了乡村旅游业态创新，各地为满足消费者多元化、个性化需求，积极探索乡村文旅深度融合，促进乡村旅游体验多元化、深度化。云南老达保村挖掘民族音乐文化，在村寨内打造了老达保快乐拉祜风情实景演出，演员均是当地村民，保持原汁原味的民族生态风情。安徽肥东县花田·侨乡里民宿主探索运用传统原料进行创新创造，用废弃渔船改造成书架、捕鱼的竹竿改造成吊顶、用传统船桨做椅子靠背，打造兼具地方特色和主人个性的主题民宿。据监测，2023年一季度全国306个乡村旅游监测点接待总人数达575万人次，接待总收入为24.5亿元。

广袤的乡土中国，山水美景千姿百态、民俗文化多姿多彩、风土物产各有千秋。乡村旅游联结城乡、凝聚合力，日益成为融合农文旅、贯通产加销的融合产业、富民产业、幸福产业，为各方面社会力量参与乡村全面振兴打开了窗口、创造了舞台。文化和旅游部将继续深入挖掘乡村文化和旅游资源，发挥文旅融合优势，持续打造“游购乡村”系列活动品牌，充分发挥乡村旅游的辐射带动作用，为稳增长扩内需促消费、全面推进乡村振兴贡献积极力量。

谱写消费助力乡村振兴的新时代“核舟记”*

案例单位：江苏省文化和旅游厅

近年来，江苏省文化和旅游厅、吴中区舟山核雕村聚焦国家级非物质文化遗产代表性项目光福核雕的保护传承和创新发展，把握时机，顺势而为，立足非遗资源禀赋，发挥政府引导作用，提升非遗产业基础，创新消费帮扶方式，围绕一颗小小的橄榄核，做足非遗消费助力乡村振兴的大文章。

一、党建领航，构建帮扶助力的非遗人才体系

多年来，舟山核雕村培育出宋水官、周建明等一批国家级非遗代表性传承人，陈素英、须培金等一批省市级非遗代表性传承人。充分发挥非遗传承人示范带头作用，秉持“红色党建引领传统文化发展”的创新理念，依托行业协会成立舟山核雕行业党支部。构建“先锋引领、条块联动、多方协同”的工作机制。

开展“核心价值”领航工程，评选“党员先锋岗、巾帼创业岗、青年创优岗”，有效形成先锋示范、服务为先的党建凝聚态势。聚力打造“人才会客厅”党建引领主阵地，线上线下搭建了本地乡土人才、慕名到访游客、党政及社会各界人士的互动交流平台。

更好凝聚非遗青年人才，成立了吴中区青年手艺人协会香山分会，以党建“红心”引领工艺“匠心”为驱动、以传承非遗手工艺为共同追求，组织青年手艺人积极参加中法文化论坛、苏州文创峰会、苏州工艺美术非遗精品澳门特展等活动，打造

* 推荐单位：文化和旅游部。

“青·匠心”文创品牌，为非遗消费高质量可持续发展注入了活力。

构建文化交融综合服务平台，积极与苏州博物馆、苏文投等优势资源对接，将核雕制作表演、作品巡展、技艺传承等深入博物馆、企业、学校及各地文化活动中心。常态化与苏州工艺美院等院校合作，开展研学互鉴，持续释放人才创新活力。

联合“核新青年”“能工巧匠”“合舟共济”等党员志愿服务团队，以“支部+行业协会+艺术联盟+志愿团队”的服务模式，组织开展工艺传承系列活动，建成一支持续推动消费助力工作的坚强队伍。

二、产业赋能，打造帮扶助力的非遗消费载体

舟山核雕村积极引入社会力量参与推动非遗产品规模化发展，有力提升非遗消费帮扶助力乡村振兴的潜力和动能。先后建立村委、文化部门、市场主体等多方联动机制，成立蓝园舟山文旅产业园项目管理委员会，依托江苏蓝园资本力量和招商运营团队资源优势，打造核雕产业多元发展矩阵。重点打造“蓝·苏核精雕”创意产业园。该创意产业园前身为舟山工艺厂，于2022年改造升级而成，建筑面积约1700平方米，以核雕文化创意产业为核心，以丰富的旅游、休闲业态为配套，致力于建设集贸易集市、电商平台和“网红”经济特化于一体的核雕非遗产业基地，不断丰富业态层次，汇聚非遗消费新动力。

立足舟山核雕村优质的非遗资源、景观资源和农业资源，启动“舟山村核雕”集体商标注册保护工作，同步推进核雕行业协会换届。积极开展新媒体电商党员和主播人才“双向培育”工程，通过组织举办“‘非遗+电商’——工艺文化人才线上营销主题讲座”“舟山核雕线上雕刻大赛”等直播培训班及赛事，抓实人才培训，推动电商产业不断升级，为核雕传承保护和产业发展注入强劲动力。目前，舟山核雕村已集聚16个专业直播团队、80余名专职网络主播，实现电商年销售额超5000万元，占全村总产值的20%。

三、彰显文化，做优帮扶助力的非遗消费环境

舟山核雕村以持续扩大消费为目标，以构建舒心、安心、放心消费环境为抓手，

狠抓基础设施和公共服务设施优化提升。充分尊重场地的历史格局,改造新建核心街区建筑 2180 平方米,翻新建筑立面约 1000 平方米,在充分彰显苏式传统风貌的同时,融合现代的生活生产方式。同时以菜单式选择的方式积极鼓励街区商户个性化设置、微调或选择店招店牌字体样式,在基本统一格调中凸显个性与不同,进一步美化街区景观。

完善基础设施,累计翻新路面 730 米,新建停车场 5 处,改造提升 2 处,可提供停车位 300 余个。增补美饰景观绿化,并鼓励商家自发式地对门前景观绿化进行改进。

主动融入“香山 · 帮”基层治理新模式,建立“综合行政执法+企业+商户”的三级互动模式,对街区市容秩序、垃圾分类等工作进行科学统筹,通过巡查管理、商户座谈等相结合的方式,舟山核雕村全域自觉履行市容环卫责任。

坚持乡愁情怀留根,打造产业集聚新阵地的基本原则,以原有生态布局为基础,打造“富有非遗内涵,融合本土香山帮建筑风格的特色原生态乡村”,规划了“一轴两带四区”,即一条文化轴,一条滨水景观带、一条山林生态景观带,核雕文化展示区、核雕艺术体验区、古街休闲体验区和禅意区,实施景观绿化、核雕工坊、核雕艺术馆、桃园小筑、风情街、居民房屋立面改造等 20 多个项目建设,高起点、高标准打造“中国核雕第一村”,消费环境得到翻天覆地的变化。

四、富民增收,非遗消费帮扶助力取得显著效果

如今的舟山核雕村,总经营面积达 5.3 万平方米,各类工作室、陈列室 500 余个,核雕直接从业人员 3200 多人,带动包装、礼盒、礼品袋等相关产业就业岗位 1000 余个,180 多户村民几乎家家户户从事核雕及相关行业。2023 年游客接待量约 18 万人次,全村总产值超 2.5 亿元,形成了一条较为成熟的文化产业链。

多措并举激活乡村振兴"新动能"*

案例单位：四川大学华西医院

四川大学华西医院充分发挥医疗"国家队"的优势，着眼长远，以激发内生动力为重点，通过多措并举实施消费帮扶，持续推进四川省凉山州昭觉县等地区产业发展。

一、坚持院级统筹协调，推进消费帮扶工作落实

四川大学华西医院深入贯彻落实国家关于消费帮扶工作的决策部署，助力巩固脱贫攻坚成果，将乡村振兴工作纳入医院重点工作，召开党委常委会专题研究部署帮扶工作并赴昭觉县等帮扶地区考察、调研，修订乡村振兴管理办法消费帮扶方案，并初步形成征求意见稿，设置专项资金，积极投入政府采购脱贫地区农副产品等消费帮扶工作。四川大学华西医院还建立了消费帮扶工作组，由主管院领导负责，党委办公室牵头，财务部门、工会、膳食中心、设备物资部等多部门协调配合的工作机制，确保消费帮扶工作有序开展、顺利完成。

二、多部门合力推进，做实做细消费帮扶任务

四川大学华西医院消费帮扶工作组多部门联动，由专人负责，持续推动消费帮扶任务做实做细。牵头部门负责协调推进消费帮扶整体工作，制订年度帮扶计划，

* 推荐单位：国家卫生健康委。

督促指导相关部门落实工作要求。设备物资部、膳食中心、临床营养科负责选购农副产品的具体工作,及时反馈采购份额执行进展和问题。财务部积极跟进产品采购进度,提前制订资金支付计划,及时完成款项支付、采购数据统计监控等保障工作。工会加强产品宣传,在职工服务部设立帮扶地区产品专柜区,全院职工积极参与支持。审计处依照国家有关法律法规及上级部门与医院的相关制度,全程参加消费帮扶产品采购工作,对全过程进行规范监督与风险管理,确保消费帮扶采购活动合规有序。

三、消费帮扶多措并举,激发乡村振兴"新动能"

(一)"832 平台"引领,推动消费帮扶创新高

四川大学华西医院依托"832 平台",聚焦政策支持范围,科学制订年度农副产品采购计划,合理制定预留采购份额。优先对口帮扶地区,选购特色农副产品。2023 年医院通过"832 平台"采购凉山昭觉县等脱贫地区农特产品累计金额达 500 万元,占年初预算份额的 416.32%,超额完成全年平台采购任务。

(二)"医院+龙头企业+农户"模式,促进帮扶产业发展

四川大学华西医院聚焦重点帮扶地区,创新性采用"医院+龙头企业+农户"模式,即医院综合考虑全院实际采购需求,并且结合帮扶地区产业特点,与当地龙头企业签订消费帮扶协议,以高于市场价从帮扶地区农户手里采购农产品,促进农户增收。医院、企业、帮扶地区农户三方共赢,实现产业牵引,助力消费帮扶可持续化开展。

目前,四川大学华西医院与四川乐山马边彝族自治县、广元苍溪县、南充营山县、宜宾屏山县等地区签订协议,供货品类包括茶叶、菜籽油、干菌类、鸡蛋等农副产品近百余种,广泛应用在教职工食堂、临床营养科等,2023 年累计采购金额达 1000 余万元。

(三)各级各类展销活动,多元化助推消费帮扶

四川大学华西医院积极参加四川省发展改革委、乡村振兴局等多部门组织的

“消费帮扶新春行动”，膳食中心和临床营养科在活动期间，运用“832 平台”和单位内部采购的方式帮销农产品。医院驻昭觉县跳坝村工作队还组织协调昭觉县 6 家农特产品企业以及帮扶村合作社参加四川大学帮扶地区“扎根基层热土，助力共同富裕”农特产品展销会，把当地特色农副产品如黑珍珠苦荞茶、菌汤包、高山玫瑰花、昭觉蜂蜜等带到四川大学进行展销。

（四）“以购代捐”持续推动消费帮扶

为促进帮扶脱贫地区农产品与市场需求有效对接，帮助当地形成持续增收、互利共赢的消费长效机制，按照帮扶地区需求，四川大学华西医院在日常的工作中，在职工服务部持续以“以购代捐”的方式支持脱贫地区农产品销售，为广大职工带来更多产品上的选择，助推乡村振兴。

（五）牵线搭桥，实现多渠道消费帮扶

四川大学华西医院定点帮扶驻村工作队积极牵线搭桥，助力帮扶脱贫地区与相关企事业单位签订消费帮扶协议，通力协作，促进当地农畜产品销售，实现产业牵引。2023 年度，帮助昭觉县跳坝村农户销售土豆、牛羊肉等产品。

通过以上举措，结合对口帮扶地区特色，2023 年医院总计对脱贫地区采购金额达 1600 余万元。通过稳定的采购需求持续激发脱贫地区发展生产的内生动力，促进乡村产业振兴。

大力实施消费帮扶，是巩固拓展脱贫攻坚成果、全面推进乡村振兴的重要举措之一，四川大学华西医院将继续实施消费帮扶，为巩固脱贫攻坚成果，实现更高质量、更具成效的乡村振兴贡献华西力量。

数字经济出实招　消费帮扶见实效 让山里的“好农品”变成 互联网上的“畅销货”*

案例单位：中国人民银行

中国人民银行定点帮扶陕西省铜川市宜君县、印台区，在筑牢系统内单位采买“主阵地”的同时，以“政企共建同推”助力消费帮扶的模式，开辟互联网消费帮扶“新渠道”，通过系统化构建“六新”模式，充分发挥数字经济及电商平台优势资源，持续助力两县区农产品销售。

一、构建消费帮扶“新模式”

中国人民银行持续做好系统内的帮扶工作，鼓励各级工会及系统内干部职工直接采购帮扶地区农产品。积极发挥金融系统合力，协调联系工福科技，持续向总、分行及各金融机构、支付宝、公益中国平台推介帮扶县区农副产品名录，通过工福云 App、云闪付 App 等销售农特产品，协调人保财险直采两县区农特产品。逐步将直接购买帮扶地区农产品的传统消费帮扶模式，引导为运用“互联网+”的新型消费帮扶模式。2023 年度，中国人民银行直接采购农产品 312 万元，帮助销售农产品 460 万元。

* 推荐单位：中国人民银行。

二、打造电子商务“新体系”

中国人民银行引入阿里巴巴，在宜君县建成全国第一个县级“菜鸟乡村农产品上行中心和共配中心综合体”智慧物流体系，有效解决了乡村流通的“最后一公里”难题，实现了对全县物流快递收发网点的智能化管理和双向物流提速降费，建成直达西安的“物流高速公路”。会同宜君县政府开展县乡村三级电商公共服务体系建设，先后建成县级电商运营中心 1 个、镇级电商服务所 10 个、村级电商服务站 80 个，同步建成县、镇、村物流中心，设立 10 个镇级、117 个村级快递收发站点，建立“电商企业+电商服务站+合作社+脱贫户”联农益农模式，优先为脱贫群众提供代买代卖、快递收寄等服务，并通过设立电商助农专区，优先采购、销售脱贫群众农特产品，定期为农村电子商务服务站点提供“一对一”专业团队指导，实现了镇村服务站点“四有（有人员、有技术、有业务、有收入）”全覆盖。

三、发挥数字经济“新优势”

积极拓展销售渠道、搭建活动平台，助推宜君农产品走向全国。深耕农村电商发展，先后引入“寻找远方的美好”项目，结合宜君剪纸非遗文化，为宜君农产品设计富有文化气息的新包装，升级提升溢价，打造宜君品牌；联动淘宝丰收节、双十一等电商销售节点，结合宜君特色举办本地直播带货活动，持续通过“芭芭农场”“百县百品”“助农频道”“土货鲜食”等阿里生态渠道，扶持本地电商发展，助力宜君苹果、玉米糁、核桃销售。为促进农产品上行，扩大宜君农产品知名度和品牌影响力，还依托宜君老蜂蜜丰收季，宜君县开展“网红宣传促销售，助力乡村产业振兴”电商宣传活动，2023 年丰收节，宜君县玉米糁、苹果脆片冲上淘宝天猫全国类目排行榜第一名。2023 年电商销售额达 2.2 亿元。

四、挖掘特色农业“新产品”

从农产品到农商品，持续创品牌，推动产业新升级。结合本地农特产品“延链、补链、强链”的发展思路，以“宜君玉米”“宜君核桃”等宜君本地地理标志产品等特色产品为基础，助力本地商家打造“宜君老玉米系列产品”“花椒核桃锅巴”等深加工品。2023 年，中国人民银行与阿里巴巴在调研市场需求的基础上，引导企业对农产品进行商品化改造，新增苹果脆片、核桃枣仁派、甑糕等新品，仅阿里、蚂蚁助力宜君电商产品销售额破 300 万元。

五、培育数字乡村“新农人”

着力打造以懂农业、爱农村、爱农民的新型职业农民队伍为主体的电商队伍，积极动员本地网红主播利用短视频、直播带货的方式为宜君特色产品做宣传，构建产业振兴发展新格局，以实现增收致富为目标，大力培育电商营销人才，助推特色产品“走出去”，为乡村振兴提供源源不断的发展动力。电商从业人员从 2016 年的 110 人增加到 2023 年的 1000 余人，全县从事网络平台的电商市场主体达到 200 余家，涌现出“养蜂新农人陈硕士”“电商一姐苹果杨”“村播达人刘笑朋”等能人典型，实现了每村一名电商人才、一个电商商户。

六、激发人才队伍“新潜力”

针对电商“零经验”的传统农人，组织开展电商云课堂、直播培训等，把思路、方法、工具带给老乡并通过百县百品助农行动免费为脱贫县小微农创客提供实训阵地，多方面提升其运营技能。数字赋能，不仅有效培育拓展了县域经济发展的新动能和新空间，还为当地创造数字就业机会，促进产业融合发展和城乡要素双向流动，取得了良好的成效。

持续升级消费帮扶平台 助力脱贫地区产业发展*

案例单位：中国人保集团

中国人保建设并运营了消费帮扶平台。依托中国人保内外部用户流量与科技运营能力，不断延伸帮扶领域，持续加大帮扶力度，大力拓宽脱贫地区农副产品销售渠道，践行金融央企的使命担当。

一、工作举措

一是建设运营消费帮扶平台，积极开展科技助农。中国人保消费平台具备移动端商城、PC 端商城、农企运营平台、业务管理平台等模块，自 2021 年 9 月上线，面向人保内部机构员工、外部客户提供完整的线上电商购销服务。平台依托微信小程序、商品库存管理、平台订单管理等核心技术能力，实现了农产品上架、流通、销售、服务等环节的全面线上化，建立了农产品信息数据库、完备的搜索查询功能，优化了农产品的采销环节，打通农产品出山“最先一公里”与进城上桌“最后一公里”，让“乡下货”走向“大城市”。

二是推动平台农产品标准化建设，激发帮扶县农业生产内生动力。依托消费帮扶平台收集的客户采买需求及建议，中国人保制定并不断修订《消费帮扶平台农产品引入办法》作为平台标准，持续扩大帮扶销售产品品类与规模。中国人保结合各帮扶县区位和地理优势，深挖特色农产品，精心选品，通过科技赋能实现了

* 推荐单位：中国人民银行。

1500余款上架、流通。中国人保组织发动各子公司工会、食堂、员工、外部客户积极通过平台购买脱贫地区农产品，形成了“以销定采”的消费帮扶模式，极大促进了脱贫地区农企农户产品种植养殖的自身动力，通过上述助农工作的开展，大幅提高农副产品质量水平。以中国人保定点帮扶的陕西省留坝县为例，通过“以销定采”稳定的采买量，在驻县帮扶干部的协同下，中国人保与留坝县形成了订单化定制种植模式，帮助留坝县进一步扩大了油菜花、大豆、水稻的种植面积。促使留坝县往年在中国人保定点四县中销量排名落后的情况得到了有效改善，促进留坝县农产品销售实现了一定幅度的增长，带动了农民群众扩大农业生产的内生动力。

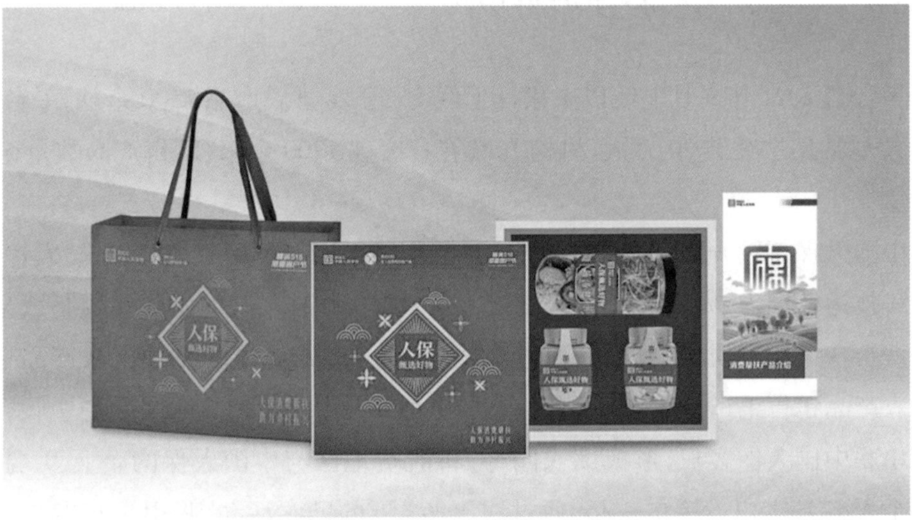

中国人保帮助定点帮扶县设计的农产品精品礼盒

图片来源：中国人保集团供图。

三是开展多种形式助农宣传，扩大消费帮扶社会影响力。为积极响应中国人民银行助农行动的倡议，体现人民保险责任担当，中国人保组织各级机构认真学习中国人民银行“消费帮扶新春行动”“消费帮扶金秋行动”活动精神，积极组织开展行动，调动各方面消费帮扶工作积极性，挖掘消费潜力，营造“人人皆可为、人人皆愿为、人人皆能为”的浓厚氛围。中国人保加大对脱贫地区特色农产品及文旅资源宣传推介力度，通过短视频发布、公众号推文，扩大宣传覆盖范围，扩大消费帮扶的社会影响力。中国人保充分利用创新发布会、机构主要职场，组织开展线下推荐会等方式的宣传活动，在推荐会现场摆放特色农产品、派发活动宣传单页，现场引导外部客户及内部员工进行下单购买，帮助了近年来受到疫情及恶劣天气影响的农户农企最大限度获得更多关注和流量。通过采用线上及线下相结合的方式积极扩大宣传范围，大力号召全体员工及外部客户积极参与到消费帮扶活动中来，积极购买帮扶地区的农副产品。在直播电商快速发展的时代创新平台运作模式快速搭建中国人保助农直播间。开展江西吉安县“阳光味道，玫瑰清香”、陕西留坝县“探秘秦岭，寻味留坝”等多场次助农直播活动，全方位展示帮扶县在乡村振兴过程中翻天覆地的变化，进一步扩大消费帮扶的社会影响力，持续为乡村振兴工作发挥积极作用。

二、中国人保消费帮扶平台助农成效及价值

平台自 2021 年 9 月上线以来累计上线 15 省 51 县农产品 1500 余款，平台内外部个人 C 端用户突破 20 万人，机构 B 端客户突破 1200 余家，已售产品数量逾 260 万件。

中国人保持续升级消费帮扶平台，一是围绕国家乡村振兴战略要求，发挥中国人保科技运营能力，做好平台运营支持工作，保障中国人保巩固脱贫攻坚成果，推动消费帮扶工作提质增效；二是通过“以销定采”模式稳定脱贫地区农产品销量，拓宽农产品销售渠道，不断提升农企农户电商水平，带动脱贫地区增产增收；三是平台串联中国人保客户，形成助农闭环，将脱贫地区与中国人保的企业 B 端用户以及个人 C 端客户连接在一起，通过线上+线下的助农活动，吸引聚集客户流量，在为帮扶对象扩大帮销规模的同时，增强中国人保客户黏性和品牌认同感。

乡村振兴路，浓浓人保情。中国人保牢记央企责任，坚决落实党中央、国务院关于乡村振兴工作各项决策部署，在中国人民银行的悉心指导下继续携手帮扶地区干部群众，踔厉奋发，勇毅前行。

以“五助力”深化消费帮扶成效*

案例单位：中国民生银行

中国民生银行在大力采购和帮销河南滑县、封丘县等脱贫地区农产品的基础上，不断创新工作方式方法，通过助力打造品牌、助力品质提升、助力开拓市场、助力直播带货、助力物畅其流等“五助力”，增强脱贫地区内生发展动力和农产品市场化竞争力，深化消费帮扶成效，推进乡村振兴。

一、点面结合，助力打造品牌

（一）打造农产品“拳头”品牌，发挥示范带动效应

中国民生银行整合自身多年来积累的丰富的文化艺术资源和项目运营经验，结合河南滑县的资源禀赋，中国民生银行引入中央美院专业团队，对当地面粉、金银花、山药等农产品进行整体性创新升级，成功推出“滑县面粉”、“茶观本草”花茶、“铁棍山药”等特色产品，让原来“土味”浓厚的农产品，变身为“潮味”十足的特色产品，通过艺术赋能，带动当地产品销售、产业发展和农民增收。

（二）打造农产品区域公共品牌，扩大联农带农覆盖面

中国民生银行引入外部专业市场团队，深入调研分析河南滑县农产品品牌建设现状，帮助打造区域公共品牌——“滑州优农”。目前，“滑州优农”旗下已经打造了熟食、粮油副食、茶饮三大品类共10余项产品，包括道口烧鸡、牛肉、面粉、面

---

* 推荐单位：中国人民银行。

条、杂粮、金丝皇菊等。

二、品种优化，助力品质提升

中国民生银行联合中国农业大学，在滑县设立教授工作站，建立产教融合创新实验基地暨滑县小麦“民生田”200 亩，种植“农大 761”等优质中强筋小麦新品种，打造“育—繁—推”为一体的新型农业发展模式。

河南滑县“民生田”种植的优质小麦喜获丰收

图片来源：中国民生银行供图。

三、整合渠道，助力开拓市场

（一）引入电商平台，扩大农产品销路

中国民生银行依托系统内各单位食堂、工会福利等渠道，以及上级部门组织的消费帮扶金秋行动等活动，持续做好脱贫地区农产品采购和帮销工作。同时，中国

民生银行整合自身及客户资源，先后向帮扶县引入民生电商、民生农场、“832平台”、浙江广电“好易购”等电商平台，助力帮扶县开展农产品生产品控、营销推广、线上销售等工作，不断拓宽农产品销路，提高当地农产品企业和合作社的专业度和盈利能力，提升农产品市场化竞争力。

（二）开发美食地图，扩大农产品影响力

民生MA+艺术赋能计划依据河南滑县非物质文化遗产名录及相关文旅资料，通过数据地点化、信息地理化、知识地域化综合集成手段，设计开发滑县非遗艺术地图平台。该平台有效地展现了滑县深厚的文化内涵和丰富的文化吸引力，以数字手段推动滑县农文旅融合发展，扩大滑县农产品影响力。

四、创新形式，助力直播带货

（一）引入专业团队，开展电商直播带货示范

2023年农民丰收节之际，中国民生银行联合浙江广电“好易购”，组织“庆丰收促和美”助力滑县乡村振兴丰收节电商直播活动，精选滑县优质农产品上架“浙里云购”电商平台，直播2小时在线观看人数达4.2万。通过举办直播带货示范，带动当地群众关注、尝试、参与直播带货。

（二）捐建基础设施，打造电商直播带货基地

在河南封丘县，中国民生银行捐赠专项资金，支持当地建设“民生·封丘特色产品文创馆”，围绕当地四大金字招牌，融入宋元历史及非物质文化遗产，将产业与文化相融合，实现“党建+时间轴+历史文化+非遗+特色产品+直播”六位一体功能，为县域农产品培育、农产品上行、工业品下行、商贸双向物流等提供支持，进一步促进助力封丘电商业务做大、做强、做精。

（三）开展各类培训，培育电商直播带货人才

做好电商直播带货，人才是关键。在河南封丘县，中国民生银行支持开展培训，累计培训电商直播从业人员902人次。在河南滑县，中国民生银行引入浙江广

电中国蓝主播学院举办滑县直播电商助农培训，当地160余名电商主播参加。

五、金融赋能，助力物畅其流

（一）智慧电商，为县域电商插上“科技+金融”的翅膀

为更好地支持封丘电商产业发展，中国民生银行为该县捐建“智慧电商”平台，一方面，整合县域电商大数据，为电商经营者和管理部门提供决策数据，让电商经营和管理更科学；另一方面，推出面向电商企业的“电商贷”产品，通过金融力量助力电商企业发展。

（二）振兴贷，探索解决农户融资难题

中国民生银行为河南滑县捐建“数字滑州”乡村振兴平台，整合县域涉农大数据，打通数据壁垒，形成乡村振兴数据库，并创新推出普惠“振兴贷”产品，将低成本金融资金引入滑县。截至2023年11月末，累计服务滑县农户32户，发放贷款2056万元。

（三）出口e融，让农产品出口更顺畅

2023年7月，中国民生银行推出面向中小微出口企业的全流程线上化授信产品——“出口e融”。在山东，“出口e融”产品为蔬菜、水果等农产品出口贸易企业解决了融资难题。截至2023年11月，“出口e融”产品累计向970家中小微企业提供信贷支持，累计发放贷款2.79亿元。

（四）民生易租，让农产品流通更顺畅

中国民生银行附属机构民生金融租赁有限公司创新推出“民生易租”商用车租赁业务，助力车主购买卡车从事物流运输业务，改善当地的物流运行体系，壮大运输力量，进而畅通城乡物资双向流通的渠道，也畅通了农村产业融合发展的经脉，为农产品的销售提供了源源动力。截至2023年11月末，“民生易租”业务已经覆盖了全国832个脱贫县中的635个，累计投放资金95.17亿元，服务车主2.47万户，投放卡车4.1万辆。

除在中国民生银行定点帮扶县——河南滑县、封丘县开展消费帮扶外，中国民生银行系统内还有19家分行定点帮扶19个省的23个村（镇），通过食堂采购、组织帮销等方式，积极在当地开展消费帮扶工作。据统计，2023年中国民生银行累计采购和帮助销售脱贫地区农产品近5000万元。

消费帮扶的国网样板*

案例单位:国家电网

国家电网有限公司(以下简称“国家电网”)组织开展帮扶农产品进食堂、进工会慰问品和职工爱心订购活动,开发“慧农帮”电商平台,探索订单农业、康养旅游帮扶模式,2018 年至今,累计完成消费帮扶超过 19 亿元,其中 2023 年完成消费帮扶 7.99 亿元。

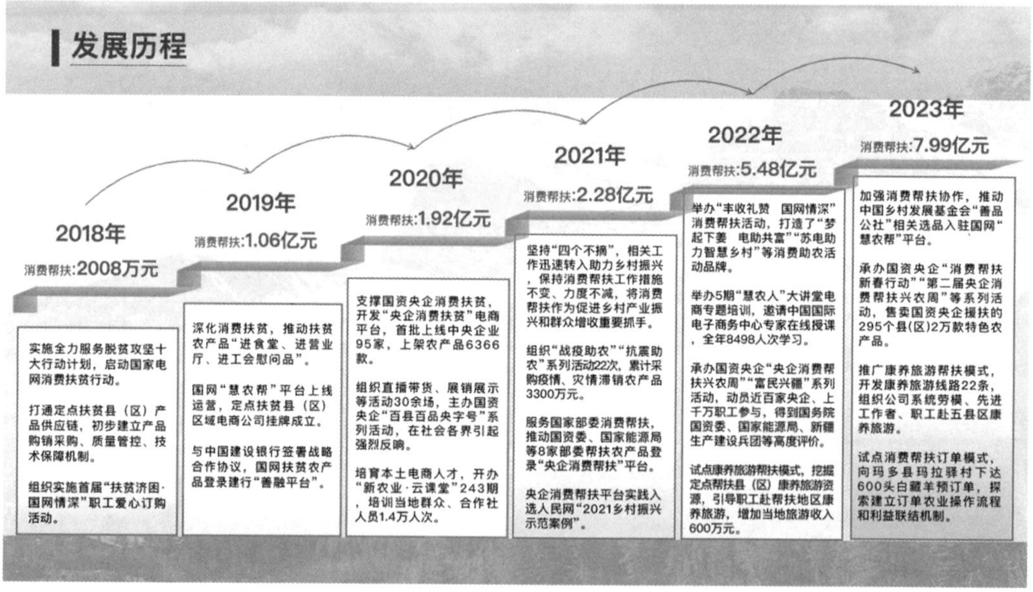

国家电网消费帮扶工作发展历程

图片来源:国家电网供图。

* 推荐单位:国务院国资委。

一、机制牵引，消费帮扶谱写乡村振兴“大文章”

国家电网始终将消费帮扶作为其助力乡村振兴的重点工作，每年对消费帮扶任务进行量化分解，并纳入关键业绩指标考核，国家电网系统后勤食堂、工会积极购买帮扶地区农产品，在“慧农帮”“i 国网”“爱如电”等平台开展爱心订购，引导鼓励国家电网广大干部职工奉献爱心，形成“人人皆可为、人人皆愿为、人人皆能为”的浓厚氛围。

二、组织保障，高位推动夯实举措见效“强堡垒”

国家电网领导在青海玛多县调研期间，走访脱贫户尔金次排时询问其家里养殖藏羊的销售情况，要求通过消费帮扶等方式支持玛多牦牛、藏羊养殖加工产业发展。国家电网领导在湖北长阳县调研期间，专程调研了国网“慧农帮”长阳线下体验店，指导消费帮扶工作，要求深入开展多种形式的消费帮扶，持续推进消费帮扶示范区创建，支持湖北长阳县打造区域公用品牌。

三、发展为要，一县一业开出特色产业“致富花”

国家电网向定点帮扶县(区)累计投入产业帮扶资金 1.3 亿元，支持各县区立足本地资源。在新疆，国家电网帮扶和田地区策勒县发展肉苁蓉、尼雅黑鸡等特色种养殖业，打响“阳光一家亲”助农品牌，开发核桃油、枣仁派等 16 种特色产品，助农规模达 3782 万元。在四川，国家电网支持凉山州喜德县发展百合、中草药种植产业，成立专业农业公司，擦亮“彝兴”“丽火”特色品牌，销售规模达 1833 万元。在甘肃，国家电网支持当地壮大花椒产业，向帮扶的专业合作社捐赠花椒色选机、烘烤机等，助农 770 户，每户年均增收 1000 余元。在陕西，国家电网线下布设“陕电百村超市”17 家，打造“汉产优选”帮扶品牌，策划“助力乡村振兴 · 一路光明同行”系列展销活动 15 次，销售规模 4400 万元。

四、人才蓄力，培育第一资源领航本土“雁群飞”

乡村振兴，关键在人。送教下乡点亮“一盏灯”。聚焦培育人才第一资源，释放“雁群效应”，国家电网高度重视帮扶地区本土电商人才培养，每年安排专项资金，为当地群众和村干部提供技术技能培训。2023 年，“国网兴农学堂”“慧农人电商培训”等课程内容实用，专家云端直播、线下授课等培训形式多样，当地群众 3000 余人受益。依托“慧农帮”平台，国家电网开设专门电商学堂，为入驻商户和群众提供视频教学服务，视频累计点击量超过 100 万次。

五、科技赋能，锻造平台优势激活电商“强引擎”

高质量推进消费帮扶，要在“质”上做文章，在“链”上下功夫。数智赋能实现服务能力跃升。2019 年，公司投入 1000 万元，开发建设国网“慧农帮”消费帮扶电商平台，支撑公司定点帮扶、对口支援的“四县两区”和国家电网系统 1630 个帮扶村在线展示和销售特色农产品。截至 2023 年年底，平台入驻商户 249 家，上线农产品五大类近 4200 款，交易规模超 6 亿元。

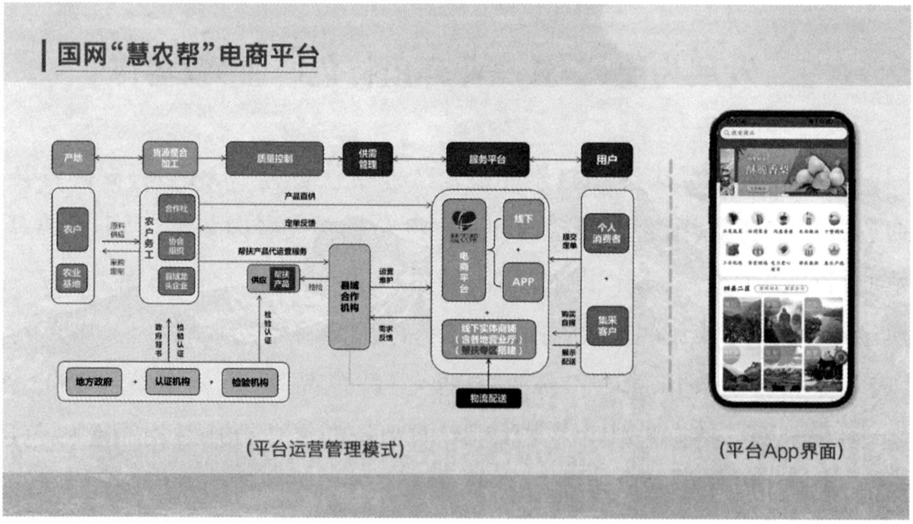

国网“慧农帮”电商平台

图片来源：国家电网供图。

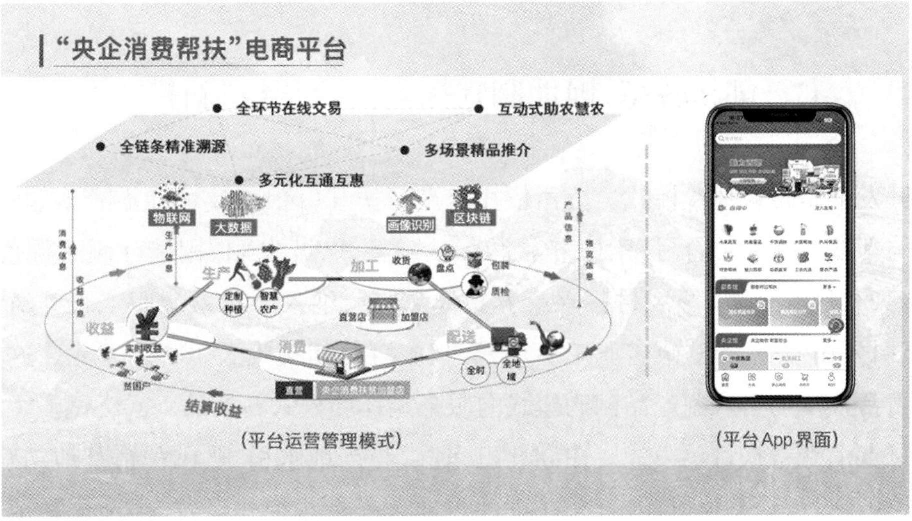

“央企消费帮扶”电商平台

图片来源：国家电网供图。

开发平台聚合央企携手惠农。“央企消费帮扶”投入运营3年以来，平台已建成8家部委馆、92家央企馆、18家地方馆，为来自中央单位定点帮扶县（区）的2万款农产品提供了展示销售平台，帮销规模突破18亿元。平台全新构建“185”智能服务生态，打造中央企业消费帮扶统一平台和品牌，实现“品质管控、在线交易、超级物流、线上结算、产品溯源、积分通兑、直播带货、电商学院”八大核心功能。

六、拓展渠道，丰富载体唱响消费帮扶“协奏曲”

统一品牌，央企消费帮扶创纪录。乡村振兴战略全面实施以来，公司坚持“四个不摘”，在做好自身消费帮扶工作的同时，主动承担央企消费帮扶行动。2023年8月，在国务院国资委的指导下，公司主办第二届“央企消费帮扶兴农周”活动，活动汇聚100家中央单位2万余款特色农产品，采购金额13.6亿元，帮销金额4.4亿元，刷新了央企消费帮扶专项采购纪录，形成了“百家央企齐动员，千万职工同参与”的热烈氛围，“央企消费帮扶兴农周”已成为中央企业助力乡村振兴的金字招牌。

七、创新转型，因地制宜探索消费帮扶“新模式”

开发消费帮扶体验模式。公司依托定点帮扶县（区）丰富的旅游资源，将关爱职工与帮扶工作相结合，探索康养旅游帮扶新模式，开发“长阳清江画廊深度游”“神农架林区6日游”等乡村振兴康养路线22条，纳入公司系统职工康养清单目录，吸引公司系统1600余名职工参加，贡献旅游等相关收入700余万元。这是公司消费帮扶从助力农副产品网购模式向服务型体验模式转换的一次尝试。

试点消费帮扶订单模式。在湖北巴东县，与当地水稻、核桃种植基地结对，公司单位下达订单，基地以需定产，在推动当地合作社规模化经营、标准化种植等方面发挥了良好的示范作用；在青海玛多县，建立“公司+村集体+农户”利益联结机制，以订单形式购买当地白藏羊600只，为村集体增收140万元。通过该订单，公司完善了生鲜产品屠宰分割、检验检疫、冷链物流等工作流程，为下一步大范围生鲜产品消费帮扶铺平了道路。

下一步，国家电网将继续贯彻落实党中央国务院决策部署，在国家发展改革委、国务院国资委的领导下，进一步加大消费帮扶力度，强化帮扶农产品品质把控和品牌打造，健全消费帮扶联农带农机制，做好“央企消费帮扶”“慧农帮”平台运营，全力办好第三届“央企消费帮扶兴农周”活动，推广“康养旅游”“订单农业”等新模式，支持帮扶县区培育壮大特色产业，以实际行动为推进乡村全面振兴作出新的更大贡献。

多措并举促增收　消费帮扶助振兴*

案例单位：华润集团

华润集团在做好定点帮扶江西广昌县、宁夏海原县和对口支援福建清流县各项工作的同时，还在全国革命老区和脱贫地区捐建希望小镇。2023年，华润通过“四个结合”的消费帮扶模式，在脱贫地区大力开展消费帮扶工作，并初步形成了“三个一批”帮扶效果，累计购销农产品超过17.4亿元。

一、四个结合

一是坚持线上与线下相结合。2023年，华润充分协调整合各方资源，积极搭建线上与线下相结合的新消费场景，为脱贫地区农特产品提供精准销售平台和渠道。在线上，华润充分利用央企消费帮扶平台App，统筹26家下属单位在传统节假日、“兴农周”、“迎春行动”和“聚力行动”期间加大采买力度，通过央企消费帮扶平台采购农产品。2023年华润万家线上平台销售脱贫地区农产品总金额达1.6亿元。在线下，华润积极参加国务院国资委组织开展的“兴农周”以及其他央企开展的消费帮扶活动。同时，华润还联合招商局集团在深圳组织开展“共享收获，同助振兴”央企消费帮扶聚力行动，线下参与活动的中央定点帮扶单位共27家，累计采购额度超3000万元。

二是坚持生产与销售相结合。华润万家和华润三九将农产品种植与销售有机结合，在脱贫地区建设了多个农产品种植生产基地。华润万家积极开展“焕乡计划”，有效确保脱贫地区农产品“产得出来、卖得出去”。华润三九则以中药材种子

* 推荐单位：国务院国资委。

种苗基地建设为核心，以中药材规范化种植建设为重点，采取订单农业按需采购和种植基地合作等模式开展消费帮扶。

三是坚持投资与帮扶相结合。华润医药和华润江中充分结合自身优势、业务需求和产品特点，坚持“用一流的药材做一流的产品”，“从最贫困的地区采购最地道的药材”，将业务投资与消费帮扶有机结合。华润医药下属企业东阿阿胶股份有限公司每年向甘肃陇西、渭源、岷县及河南社旗等脱贫县采购中药材上亿元。华润江中则紧紧围绕“帮销、促产、疏浚、解困”各环节，通过多举措、多渠道、多平台在吉安市新干县、定西市陇西县等20余个已脱贫区县采购中药材原料，与20多家中药材供应商签订采购合同，仅2023年就采购3000余万元。

四是坚持品牌与渠道相结合。华润万家、华润五丰充分利用自身优势，形成了“以品牌促销售，以销售带宣传”的强大合力。华润万家自2015年开始与广昌县农产品企业——抚州嘉新正食品有限公司合作，打造“润之家”自有品牌，根据全国的市场需求数据，推动产品线从初加工农产品向深加工市场趋势商品升级。自2012年以来，华润在其第二个定点帮扶县——海原县，先后捐赠超过4亿元帮扶打造肉牛养殖产业。

二、主要成效

自2002年系统参与定点帮扶以来，华润在消费帮扶领域开展了一系列积极探索和尝试，形式不断多样、内涵不断丰富、模式不断创新，帮助建设了一批基地、打造了一批品牌、帮扶了一批产业。

一是建设了一批基地。华润万家已在脱贫地区建设了11个农产品种植基地，“万家焕乡基地”已完成认证3家，包括云南蓝莓基地、赣南脐橙基地、佳木斯玉米基地等。华润三九全面布局道地药材标准化种植基地，旗下昆药集团先后在67个种植基地建设中，带动种植户进行白及、厚朴等42种道地药材种植。东阿阿胶则与甘肃5000亩党参种植基地和河南1000亩地黄种植基地建立了全面帮扶合作关系。

二是打造了一批品牌。华润万家已帮扶广昌县打造出“润之家”茶树菇、“润之家”莲子，帮扶海原县打造出“润之家”小米、“润之家”牛肉制品等自有品牌。

三是帮扶了一批产业。在华润万家的大力帮扶下，贵州赫章县鸡蛋产业、江西广昌县白莲产业、宁夏海原县肉牛产业、陕西延安苹果产业等都已经成为当地的支柱产业，仅单品年销售额就达千万元。东阿阿胶全力帮扶甘肃省陇西县、临洮县、舟曲县等脱贫地区发展党参种植产业，仅2023年采购党参等中药材金额便超过1.2亿元。

三、经验启示

一是必须坚持不忘初心，以人民为中心开展消费帮扶。华润在开展消费帮扶工作的过程中，无论是直接采买农产品，帮扶建设农产品基地，还是打造农产品品牌，本质上均以增加农民收入为核心内容，无不体现着以人民为中心的基本原则。

二是必须坚持精准识别，因地制宜开展消费帮扶。精准识别、因地制宜、科学规划，不搞"一刀切"，对全面推进乡村振兴至关重要。华润在帮扶各地建设农产品生产基地的过程中，始终坚持根据各地自身资源禀赋、生产生活方式和民俗民情的实际情况，科学制定产业帮扶方向，既保证了基地建设符合实际，又体现了当地特色。

三是必须坚持久久为功，以咬住青山不放松的精神开展消费帮扶。长期以来，华润始终坚持因地制宜、科学谋划产业布局，增强内生发展动力。华润积极邀请专业种植机构，规范基地用药范围和种植技术，完善源头采收标准；华润大力开展专业技术人才培训，培养农民品牌意识和市场意识，提高现代农民的综合素养和能力。

接下来，华润将继续深入学习贯彻习近平总书记关于乡村振兴的重要论述，按照党中央、国务院的统一部署，进一步强化政治担当，激发奋斗力量，坚持以消费帮扶作为重要抓手，以建设农产品基地、打造农产品品牌、帮扶农业产业作为重要举措，不断探索创新消费帮扶新模式。

构建全产业链消费帮扶体系助力全面推进乡村振兴*

案例单位：中国联通

中国联通履行社会责任、构建消费帮扶体系、助力乡村振兴，着力打造“以产业定帮扶项目、以消费促产业发展、以发展促乡村振兴”的完整链条。近年来，中国联通累计向帮扶地区拨付无偿帮扶资金14.54亿元，帮助定点帮扶县扶持壮大龙头企业13家、成立大型农业合作社5个、建立帮扶车间12个；帮助培训基层干部、乡村振兴致富带头人和专业技术人员近10万人次；组织开展各类消费帮扶活动10余次，组织购买和帮助销售帮扶地区农产品超6.8亿元。

一、精心选育产业，壮大特色产业链

坚持把开展消费帮扶与助力产业振兴结合起来，积极从产业链视角谋划布局帮扶产业，着力打造“以产业定帮扶项目、以消费促产业发展、以发展促乡村振兴”的完整链条。

（一）立足特色资源

一是深入落实产业帮扶政策，积极做好“土特产”文章。紧紧依托定点帮扶县农业农村特色资源，因地制宜选取册亨糯米蕉、饶河大米和黑蜂、康保亚麻籽、沽源藜麦作为重点扶持产业。二是充分发挥联通独特的数字技术优势，积极帮助孵化

* 推荐单位：国务院国资委。

建设农村电商平台，培训培育农村电商“网红”和直播人才，指导帮助农民通过视频直播销售农产品，大力促进农村电商蓬勃发展。

（二）扩大种植规模

加大资金、技术、人才等方面的支持，支持帮扶地区推进特色产业规模化种植、生产和产品加工，促进形成规模效应。近年来，中国联通累计投入产业帮扶资金超过3.4亿元，安排实施产业帮扶项目近50个，重点扶持的特色产业都取得了很大发展。

（三）壮大产业链条

在积极帮助帮扶地区发展第一产业的基础上，积极支持延长、拓展、壮大产业链条，因势利导推动特色产业全产业链发展。在册亨县，投资建设了3个大型糯米蕉标准示范基地，配套建设了复合饮料、香蕉片、有机化肥等系列深加工生产线，建成了集种植、管护、采摘、销售、加工、旅游于一体的糯米蕉全产业链。在饶河县，帮助建设创业电商培育机构和农村电商服务基地，打造“中蒙俄”“一带一路”沿线特色商品直播间，带动周边特色网店1373家、农产品销售超过500种。在沽源县，帮助建成集藜麦品种选育、示范繁种、规模种植、初级加工、精深加工于一体的全产业链条，成为华北地区种植规模最大、加工设备最先进的藜麦生产加工基地。

二、大力拓展渠道，畅通市场销售链

聚焦做好特色产品产销对接和解决销售堵点难点问题，通过线上线下结合、内部外部联动、上游下游贯通，大力拓宽农产品销售渠道，着力构建全方位立体式农产品销售网络。

（一）线上线下结合

线上，充分发挥中国联通数字技术优势，多渠道多形式推介销售帮扶地区特色农产品。自主搭建和运营“联通助农商城”，重点支持国家乡村振兴重点帮扶县和中国联通定点帮扶县农产品销售。目前，“助农商城”共上架了覆盖全国83个县108家供应商的3800余款产品。线下，充分发挥中国联通分支机构点多面广、员工人数众多、用户规模大等优势，通过现场展销、食堂品鉴、实地参观集采、营业网点展卖等方式，推动当地农产品进会场、进食堂、进家庭、进社会。

（二）内部外部联动

坚持把统筹整合内部资源和有效调动社会力量联动起来，努力画好消费帮扶的“最大同心圆”。对内，统筹整合全集团近30万名员工的消费资源，通过单位集采、食堂采购、员工个人购买等方式，深入开展消费帮扶活动。在2023年第二届央企消费帮扶兴农周活动中，共有7.5万联通员工参与购买帮扶地区特色农产品；所属二三级企业共有239家单位通过线下订单方式集中采买。对外，开放“助农商城”对外统一接口，推动“助农商城”与“央企消费帮扶平台”、招联App、京东商城等全面对接，通过加强异业合作，建立面向全国的兴农惠农服务体系。同时，通过联合举办农产品展销会、规模订单采购等方式，动员组织公司战略合作伙伴参与消费帮扶活动。

（三）上游下游贯通

坚持把产业链上游种植加工、中游仓储运输、下游终端消费贯通起来，全面畅通农产品市场流通链。产业链上游，协助帮扶地区开展选种、育苗、种植等工作，帮助选好种、育好苗、种好田。同时，以特色产业示范基地为抓手，通过扶持壮大龙头企业、农业合作社等，助推产业规模化、标准化、品牌化、可持续发展。产业链中游，加强通信网络、城乡道路、存储物流、电商平台等基础设施建设，助力提升特色产业可持续发展能力。产业链下游，对接终端市场需求，做好消费帮扶活动开展、产品质量管理、售后服务跟踪等，促进农户生产、企业加工、客户营销和终端消费连成一体、协同运作。

三、打造品牌名片，提升产品价值链

聚焦做优产品品质、打造品牌名片，坚持把加强产品质量管理和深挖产品价值属性结合起来，持续提升帮扶产品的知名度、美誉度和市场影响力。

（一）深挖价值属性

坚持把重点扶持产业与地方历史、文化、地理独特性结合起来，深挖产品价值属性，帮助帮扶地区认定了册亨糯米蕉、饶河大米、康保亚麻籽、沽源藜麦等一批“三品一标”品牌。

（二）强化品质管理

一是以产品质量安全管理为重点，严把消费帮扶产品“入口关”。建立并严格落实供应商引入审批制度，实行消费帮扶产品名单制管理。建立健全产品质量监控机制、溯源机制和上下架机制。二是以拓展产业增值空间为重点，助推特色化、多样化产品开发，提升产业附加值。运用大数据建设实时数据仓库，进行用户精准分析，支撑企业精准开发营销。

（三）打造地方名片

坚持把深化消费帮扶和提升地方形象结合起来，帮助帮扶地区打造具有地方特色的“烫金名片”。一是依托媒体加强产品品牌宣传。2023 年 1 月 10 日，央视 1 套《晚间新闻》专题报道了中国联通定点帮扶的河北省沽源县石头坑村藜麦产业和农村电商直播。2023 年 10 月 9 日至 15 日，央视 17 套《共富经》栏目连续 5 期节目专题报道册亨糯米蕉、饶河大米和黑蜂、康保亚麻籽、沽源藜麦产业。二是创新策划地方形象宣传。2022 年“中国农民丰收节”期间，创新策划开展中国联通定点帮扶县推介活动。通过线上联合直播、短视频、VR、小程序等形式，超过 200 万人观看开幕式直播。

上下联动培育产业发展新动能 内外协作激发消费帮扶新活力*

案例单位：中国核工业集团

中国核工业集团有限公司（以下简称“中核集团”）全系统累计结对帮扶地区覆盖20多个省，40多个县，70多个村。2023年，全系统内购买脱贫地区农产品金额4444.28万元，帮助销售脱贫地区农产品金额2.07亿元。

一、巩固上下联动格局，培育产业发展新动能，为供给侧提供系统化服务

打造消费帮扶发展优势，核心在质量和特色。中核集团一方面保证质量，把绿色、生态、优质的农特产品送出去，不断积聚品牌“硬实力”；另一方面，加大对不同地区、不同人群消费市场的研究，做好农产品包装宣传等工作，增强品牌“软实力”，为乡村振兴注入强劲动力。

一是因地制宜，帮扶优势产业发展。中核集团深入调研4个定点帮扶县情况，结合当地资源禀赋，在重庆石柱县打造香（三星香米）、甜（中蜂）、苦（黄连）、辣（辣椒）、莼（莼菜）特色产业，“三星香米”成功通过重庆名牌农产品认证，获得重庆名牌农产品称号，获评重庆十大好吃大米，3000亩有机示范基地产值突破2200万元，带动2058个农户实现稳定增收；在宁夏同心县运用“以奖代补”“中核集团+村党组织+致富带头人+脱贫户”模式发展滩羊、肉牛养殖，辐射带动8个村集

* 推荐单位：国务院国资委。

体经济发展，受益群众达7700户，旱天岭村肉牛存栏达到3800头，成为全县唯一的村集体“千头肉牛养殖基地”，村集体资产总额近5000万元，预计利润将达到100万元；在陕西旬阳市建成辣椒全产业链，稳步提升辣椒产业附加值，“旬阳红”辣椒实现了标准化、规模化、品牌化的全产业链融合发展，在17个镇合作社推广种植辣椒20000亩，惠及3000户10000多名群众，户均获纯收益4000元；在陕西白河县倾力支持茶叶、辣椒、光皮木瓜等一批村集体经济组织持续壮大，仅定点帮扶的顺利社区集体经济年产值就达近600万元，促进村集体增收58万余元。

二是多措并举，提高帮扶产品质量。中核集团利用自身优势，为帮扶产业建立管理体系、质量保证体系。集团下属标准化所免费为帮扶企业提供食品安全体系认证服务；帮助重点帮扶产业项目新建现代化厂房，购置先进设备，提高产品质量；广泛合理利用核技术，为部分帮扶产品提供辐照服务；协调战略合作单位为帮扶产品做质量评估检查服务，为消费者提供放心农产品。

三是创新思路，倍增产品附加净值。中核集团与西南大学合作，聘请农业专家现场指导石柱三星香米生产，“稻田养鸭，一地双收”大幅提升农户收益；投资建设黄连、辣椒等良种培育基地，保证农产品产量达标、品质优良；资助莼菜生产龙头企业进行生产研发，推出莼菜饮料、莼菜面膜等产品，不仅提升了产品价值，也受到市场广泛欢迎，收获一致好评。

四是统筹资源，保障产品无忧配送。中核集团在推动当地农特产品集约化、规模化、标准化和品牌化生产的基础上，充分发动帮扶干部作用，主动协调当地政府提前组织重点商户做好集中采购的相关工作预案，并与各线上平台深度合作，鼓励和支持脱贫地区民营物流配送公司发展，大幅缩短中间流通环节，打通农产品上市的“最后一公里”，切实保障消费者权益，有效提升顾客满意度。

二、深化内外协作机制，激发消费帮扶新活力，为需求侧提供个性化服务

一是领导率先垂范参与，引领消费帮扶新浪潮。2023年，中核集团累计组织央企消费帮扶聚力行动、兴农周活动、美食节活动、帮扶地区产品品鉴和展销活动11次，相关单位超过1万名干部职工现场参与，有力提升了帮扶产品在集团内部的知名度和美誉度。

二是挖掘市场平台潜力，构建消费帮扶联动体系。在定点帮扶“1+1+3”对口联络机制的基础上，设立帮扶爱心专柜专门销售帮扶产品，成功实现消费帮扶常态化。此外，中核集团先后组织各成员单位工会主席、青年干部等到定点帮扶县参加培训班，让定点帮扶、食堂采购的有关负责同志到农产品种养现场参观，走进农产品加工厂，近距离观察绿色帮扶产品生产过程，实地体验帮扶产品质量，为员工能买到放心的帮扶产品服下“定心丸”。

三是深化产销对接途径，拓展消费帮扶新渠道。中核集团积极承办国资委主办的“航空大爱　核力同行”消费帮扶活动，汇聚32家央企、100多家供应商，展销550余种地方特色农产品和手工艺品，开创联办促消费帮扶活动的先河，促成累计认购和采购2800余万元。此外，在线上市场，与央企消费帮扶平台、“832平台”、本来生活开展全方位合作，主动探索“电商平台+专业合作社+基地单元”的直销模式，补齐脱贫地区电商服务短板，依托线上平台带动帮销超1亿元。

四是多维联动广泛宣传，提升产品市场影响力。中核集团帮扶产品在包装上用心设计，部分帮扶产品外包装采用中核集团文化元素，如在纸箱上印有中核集团卡通形象“核宝”、将帮扶礼包命名为壹“核”心意等，打造高端帮扶产品的品牌形象；策划相关产品产销推介专场活动，提升优势特色农产品市场美誉度。

涓流共汇，足以涌成江河；绵力齐聚，定能众志成城。中核集团将坚决贯彻落实党中央、国务院重要部署，加大协同和资源优势共享，深化拓展消费帮扶举措，以供需精准对接的强大合力，推动形成消费帮扶“人人皆可为，人人皆愿为，人人皆能为”的良好氛围。

培育糯稻全产业链
扶农增收助力乡村振兴*

案例单位：四川省叙永县

四川省泸州市叙永县聚焦特色粮食产业品种优化、品质提升、品牌打造，充分发挥农业龙头企业的引领作用，完善生产、加工、销售、助收全链条消费帮扶举措，努力探索出一条以糯稻产业消费帮扶助力乡村振兴的新途径。叙永县“清凉洞”糯稻种植专业合作社被评为国家级农民合作社，惠及3500余户脱贫户，取得了糯稻种植区人均年收入2.3万元、村集体年均收益20万元的助农成效。

一、保护种质资源，优培高产糯稻品种

（一）守护糯稻种质资源

实施种业振兴行动，育种本地糯稻种质资源圃15亩，采集保护野生、濒危及本土糯稻品种17个，其中14个品种入选国家资源库。四川省水稻研究所、四川农业大学定点2个专家组，安排17名党员管理糯稻种质资源，坚决守好粮食安全“基因库”。

（二）联盟创新育种攻关

成立糯稻产业科技创新战略联盟，建立糯稻科技试验示范基地，联合四川农业

* 推荐单位：国家粮食和物资储备局。

大学、四川大学、四川轻工业研究院等院校，已完成“川糯优 8316”品种审定，开展“糯两优 900”品种审定，亩产突破 1000 斤，攻克糯稻高产核心技术。

（三）建设优质糯稻基地

落实最严格的耕地保护制度，叙永县高标准编制《糯稻现代农业园区规划》，将糯稻种植历史悠久的马岭镇、龙凤镇、江门镇、天池镇纳入园区规划范围，建成糯稻种植基地 3 万亩，辐射规模化种植面积达 7.5 万亩，其中核心种植基地 7500 亩。糯稻集中连片种植面积和产量居四川省县域首位，叙永县糯稻现代农业园区获四川省“三星级现代农业园区”称号。

叙永县糯稻现代农业园区

图片来源：四川省叙永县政府供图。

二、管理优化激潜能，做“强”糯稻品质

（一）全方位整合，提高糯稻产量

整合高标准农田建设、扶贫开发、支农资金等 20 多个涉农项目，投入财政资金

1.2亿元,建成高标准农田1.3万亩,新改建宜机作业道路304公里,通信基站11座、水网33公里,实现水电路气信“五网通”,覆盖糯稻种植区4个乡镇、9个脱贫村、3563户脱贫户。盘活闲置村级小学资产,建设智慧农业指挥中心、机械化农事服务中心,配齐农业机械设备200余台,实现全程机械化种植,通过农田规模化、耕作机械化、服务标准化,推动糯稻产量平均提高15%,糯稻种植区年产量达6000万斤。

(二) 立体式改进,提升糯米品质

重点培育以马岭粮油食品有限公司为代表的糯米加工企业,支持企业改造低温烘焙、防尘防爆自动化加工生产设备,优化工艺流程,提升糯米粉口感,实现年加工糯稻1万吨,年产值1.2亿元。泸州市粮食监测与物资储备中心全程为糯米产品研发提供检验技术支持。

(三) 多渠道增收,调动农民积极性

推广“企业+基地+专业合作社+农户”订单农业,发展糯稻专业合作社11家,入社农户1283户。利用东西部扶贫协作项目资金,通过田地入股、返聘务农、收益分红等方式,加快土地集中种植,提高参股农民种植积极性。创建市级粮食收购信用保证基金,支持以每斤1.7元的高价收购糯稻,较最低收购价高0.41元。“清凉洞”糯稻种植专业合作社被农业农村部评为国家级农民合作社,糯稻种植区人年均收入达2.3万元,村集体年均收益20万元,实现助农增收稳定脱贫。

三、创新引领提效能,做“响”糯稻品牌

(一) 项目引领,夯实糯稻产业

市、县发展改革(粮食和储备)部门建立党员联系重点项目机制,将糯稻产业项目纳入重点项目,争取四川省粮油产业高质量发展示范县项目和粮食品种品质品牌提升项目资金1500万元,以及农发行专项贷款2000万元,夯实糯稻产业发展基础。

（二）拓展市场，提升品牌价值

一是扩大宣传助“销”。组团参加了国际农产品交易会、全国粮油展销会、绿色食品展销会、农博会等，与浙江、福建等 20 余个地区商家达成合作意向金额 2.8 亿元，推动“清凉洞”牌糯米系列产品走向全国市场。

“清凉洞”牌水磨糯米磕粉参加四川糖酒交易会

图片来源：四川省叙永县政府供图。

二是线下接力促“销”。落实工会经费消费帮扶，协调单位食堂、鼓励干部职工购买“清凉洞”牌糯米系列产品；开展“消费帮扶新春行动”“丰收节金秋消费”“爱心年货暖冬行”等采购帮扶活动，激发广大群众采购热情，定向销售量达 1000 吨以上；深耕西南市场，在川渝滇黔四省（市）建立“清凉洞”牌糯米系列产品直营店 500 余个，年均销售量达 4000 吨以上。

三是电商赋能活“销”。积极推动“消费帮扶”上网，探索“互联网+粮食”销售模式，入驻淘宝、京东、拼多多、“832 平台”等热门网购平台，推动“清凉洞”牌系列产品销往全国各地，年均销售量达 2000 吨以上。

（三）延伸业态，推动农旅融合

加快产业深度融合，以“稻梦空间”为主题，打造集“观光农业+乡村旅游+人文研学”于一体的糯稻主题文化体验区，配套建设田园书屋、稻田小火车、乡村民宿等 12 个消费场景，举办“川南稻田音乐美食嘉年华”等系列活动，每年吸引游客 5 万人次，实现年均营业收入 1000 万元以上。

打造消费帮扶“新窗口”拓展对口帮扶“新空间”*

案例单位：江苏省苏合农副产品展示展销中心

江苏省苏合农副产品展示展销中心有限公司（以下简称“省农展中心”）是集展示展销、电商运营、食材配送、农超对接、直播带货、公共服务配套于一体的“一站式”农产品流通综合服务平台。省农展中心积极发挥消费帮促采购平台作用，努力打造对口支援协作合作“新窗口”，拓展消费帮扶“新空间”。2023 年，省农展中心“鲜丰汇”平台销售额达 1.82 亿元。

一、擦亮展示展销优质“新窗口”

省农展中心深入贯彻供销合作总社和省委省政府消费帮扶有关要求，落实省社与各帮扶地区签署的战略合作协议，积极搭建脱贫地区农副产品展示销售、品牌发布优质“窗口”。开设青海、陕西、新疆伊犁、新疆克州、拉萨、甘肃、内蒙古、宁夏、西藏等 21 个农副产品特色展馆，2023 年馆内销售总额超 8000 万元。坚持以展促销，以协作带发展，大力开展省外脱贫地区和省内重点帮扶地区、经济薄弱村特色农产品宣传推介，丰富销售形式，拓展销售渠道，确保农产品卖得出、卖得快、卖得好，助力农民持续增收致富。2023 年，省农展中心承办了“2023 长三角供销合作社名优农产品展销会”“江苏名优农产品进上海暨‘鲜丰汇’金秋购物节”“‘供销年货大集’消费帮扶新春行动”“‘拉萨好物’产销对接会”“吉林省大安特色名优

* 推荐单位：全国供销合作总社。

农产品推介会”等20余场活动，进一步提升特色农产品知名度和美誉度，为脱贫地区农产品进入江苏市场提供了重要的展示窗口，构建起便捷、畅通、稳定的流通渠道。

长三角供销合作社名优农产品展销会

图片来源：江苏省苏合农副产品展示展销中心供图。

二、打造消费帮扶“云平台”

省农展中心运营的“鲜丰汇”消费帮促采购平台，由省社和省乡村振兴局联合打造，省委省级机关工委、省财政厅和省总工会共同支持，是江苏省乡村振兴消费帮促中心的线上销售渠道。“鲜丰汇”平台自2021年10月上线以来，深入挖掘产品资源，突出地域特色，开设了青海、甘肃、宁夏、内蒙古、西藏、新疆伊犁和克州等产品专区，持续对硬件、软件进行双优化，做到用户感受好、产品类目全、帮扶地区齐，累计上架商品14201款。2023年9月，平台线下零售渠道“鲜丰市集”正式开放，省农展中心设立的21个主题馆、16个展柜的千余款产品面向普通消费者销售，进一步拓宽了脱贫地区农副产品销售渠道。

三、培育壮大消费"新引擎"

省农展中心依托全省供销合作社系统资源优势，积极筹划、主动出击，建设了"初心之选"直播基地，设有10个共享直播间，包含6个标准场景直播间和4个烹饪场景直播间。联合各专业多频道网络（MCN）机构、展馆，整合抖音、快手、花椒等头部直播平台"网红"资源，合力共建农副产品新经济上行"高速路"，共享直播带货美好品质生活。2023年4月22日，省农展中心承办"青春迹·助未来"——2023江苏省第二届乡村振兴直播电商技能大赛，58支大学生直播战队共同助力销售助农产品，发掘培育涉农电商销售青年主播，推动省内经济薄弱地区优质农特产品和省外脱贫地区优质农产品网络销售。直播基地启用以来，累计开展直播带货助农销售活动500余场，实现网络销售额超1亿元。

四、扩大消费帮扶"朋友圈"

省农展中心持续加大宣传推广力度，做优企业品牌形象，不断拓展消费帮扶工作成效。利用举办名特优农产品展销推介活动和展会时机，邀请中央、省地级主流传媒及新媒体进行报道，积极宣传开展消费帮扶，扩大脱贫地区特色优质农副产品销售渠道的重大意义，吸引全社会力量共同参与。2023年9月，省农展中心发起关于助力新疆果品销售的《倡议书》，号召广大单位、企业和社会爱心人士积极参与到援疆销售行列中来，有效促进新疆特色优质果品顺畅销售，助力新疆果农增收致富。通过不断壮大参与消费帮扶的"朋友圈"，破解脱贫地区农副产品"养在深山人未识"的难题，营造多方力量集聚，人人皆愿为、人人皆可为、人人皆能为的浓厚消费帮扶氛围，推动形成消费帮扶的强大合力。2023年，省农展中心援疆产品销售额超4000万元。

下一步，省农展中心将紧紧围绕江苏省社构建"一体"（现代经营服务体系）+聚焦"两业"（农业社会化服务和农产品流通）+打造"三网"（农业社会化服务网、农产品流通服务网、农产品冷链物流骨干网）的发展思路，统筹整合全省供销合作社农产品生产服务、冷链物流、销售渠道等资源，发展"省级运营平台+区域配送中心+直供基地"的直供配送模式，建设从田头到餐桌的全程标准化可溯源的供销放心农产品直供配送体系，保障重要农产品有效供给和质量安全，促进小农户与现代农业发展有机衔接，不断拓展消费帮扶"新空间"。

以“三链同构”推动消费帮扶提质增效*

案例单位：嘉兴市供销合作社

近年来，浙江省嘉兴市供销合作社立足供销合作社系统优势，从生产、供应、消费三个方面，着力提升消费帮扶质效，持续擦亮消费帮扶嘉兴经验“金名片”。2023年全年帮扶脱贫地区销售农产品金额近80亿元。

一、构建“生产链”，强化消费帮扶产业引领

一是建立帮扶基地。支持全市供销合作社系统龙头企业、农产品市场、连锁商超、电商企业等，在脱贫地区建立区域化、专业化农业直采基地，采取“农户+农民合作社+龙头企业”的模式，大力发展订单农业，助力当地农产品标准化、规模化种植，有效提升脱贫地区农产品附加值。截至目前，已在新疆、四川、云南等地建立农产品基地110万亩，助力青红脆李、蓝莓等脱贫地区农产品对接全国大市场。

二是推广数字应用。借鉴“浙农服”在浙江省成功推广应用经验，结合脱贫地区实际，为脱贫地区开发启用一批数字化为农服务平台，助力当地农业降本增效、农民增收致富。在四川省茂县打造“茂农服”平台，通过数字化管理、订单式运作、市场化销售等，进一步提升茂县农产品在长三角地区的知名度和影响力，相关做法入选第四届“全球减贫案例征集活动”最佳案例名单。

三是加强交流互访。围绕互信互利、合作共赢原则，不断加强脱贫地区人才支援和资金支持。嘉兴市供销合作社党委委员、理事会副主任赴四川省阿坝州黑水县挂职3年。嘉兴市供销合作社领导班子成员先后3次前往黑水县考察调研消费

* 推荐单位：全国供销合作总社。

帮扶工作，累计向当地援助产业帮扶发展基金 30 万元。定期组织系统内经营大户、产业农合联会员单位赴脱贫地区农产品原产地进行产销对接，提供技术指导，有效帮助解决当地农产品销售瓶颈。

二、畅通“供应链”，健全消费帮扶流通网络

一是发挥市场优势。依托“华东第一果市”嘉兴水果市场“桥头堡”作用，推动新疆、四川等脱贫地区农产品特别是优质特色果品无障碍进入市场，实现“西果东送”。支持各大消费帮扶果品产区在嘉兴水果市场设立流通办事处和经营点，实现“技术培育、规范种植、运输包装、品牌打造”一条龙帮扶，在嘉兴水果市场开设消费帮扶专区、专柜 300 余个，全年消费帮扶金额达 77.9 亿元。

二是加强品牌培育。积极开展脱贫地区农产品市场调研，做好品牌培育保护和标准制定工作。帮助四川“金狐狸”“大拇指”“安顺达”耙耙柑、新疆“阿克苏”苹果、新疆“詹天意”“三贵”香梨等品牌在长三角地区打开销路，交易量逐年攀升。不断加强帮扶地区品牌的保护工作，针对“库尔勒香梨”商标，嘉兴水果市场与巴州库尔勒香梨协会签订《库尔勒香梨地理标志证明商标保护战略合作协议》，有力维护库尔勒香梨市场秩序，切实保障基地果农、市场经营户、广大消费者等多方利益。

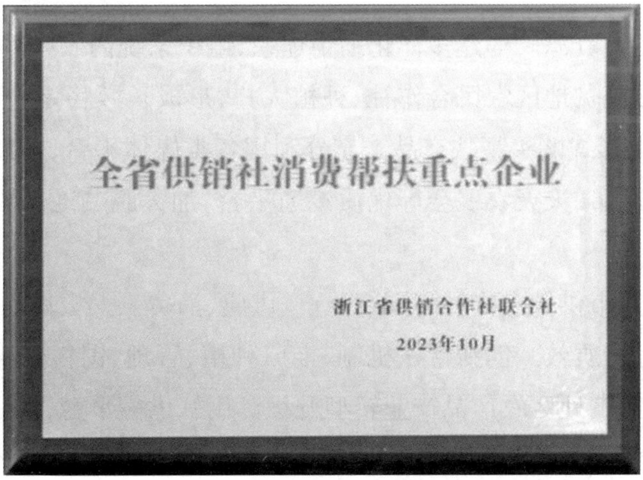

嘉兴水果市场入选全省供销社消费帮扶重点企业

图片来源：嘉兴市供销合作社供图。

三是提升服务水平。利用嘉兴水果市场搭建平台，为脱贫地区优质农产品举办多场推介会，2023年与脱贫地区签订销售战略合作协议30余份。打造省际服务中心，为省外客商提供“一站式”“全链条”进场服务。进一步完善全市供销合作社系统“市—县—镇—村”四级冷链物流体系，加速打造市级冷链交易产业园项目，大幅提升东西部农产品流通服务水平。

三、延伸“消费链”，推动消费帮扶走深走实

一是强化组织领导。将消费帮扶作为市供销合作社重点工作，组建工作专班，统筹推进消费帮扶各项工作。充分发挥考核“指挥棒”作用，将“加强与脱贫地区产销对接，进一步扩大农产品销售额”等工作任务纳入市对县工作业绩考核，进一步提升全市供销合作社系统开展消费帮扶工作的使命感和责任感。指导系统内农产品市场制定出台帮扶举措，对脱贫地区农产品进场交易给予优惠政策，提高产品市场竞争力。

二是激发电商活力。推动脱贫地区农产品上网销售，进一步拓宽销售渠道。与四川省阿坝州松潘县共建电商产业园，完善农村电商公共服务运维体系，松潘县电商指数稳居全州前三。推出消费帮扶大数据管理平台，目前纳入平台的脱贫县已达115个。发布“832脱贫县帮扶指数”，直观体现脱贫县农产品交易行情和消费帮扶成效。

三是借助各方资源。构建多样化助销体系，组织系统内农产品市场、连锁商超等流通主体对接脱贫地区农民合作社、种植大户，形成长效稳定合作机制，鼓励采取“以购代捐”的形式购买帮扶产品。充分利用各类媒体平台，借助系统内嘉供保生鲜超市、江南超市、天天农展会等优质流通平台，加大脱贫地区农产品品牌展示和宣传推介。

下一步，嘉兴市供销合作社将围绕生产、供应、消费三大板块同向发力，进一步提升消费帮扶综合质效。创新帮扶机制，推广种植、管理、销售全生命周期社会化服务理念，推动脱贫地区农产品产业转型升级。用好供应平台，持续发挥嘉兴水果市场消费帮扶主力军作用，不断扩大结对帮扶“朋友圈”，提升脱贫地区农产品在长三角市场的品牌影响力。发展零售新业态，推进消费帮扶专区、专柜全域布点和功能改造提升，进一步拓宽脱贫地区农产品销售渠道。

打造“太行山货进联勤”消费帮扶品牌助力老区全面推进乡村振兴*

案例单位：郑州联勤保障中心

郑州联勤保障中心立足冀豫太行山区实际，发挥联勤资源优势，积极创新思路举措，探索实施“太行山货进联勤”消费帮扶活动，推动特色农副产品进军营、进部队、进食堂，有效促进老区群众增收致富。

一、坚持军地联动，协作建立“组织主导、机制保障”体系

太行精神和联勤传统有着共同的血脉基因，军政军民鱼水情谊有着深厚的历史传承。为推动消费帮扶走深走实，中心积极协调当地党委、政府，围绕畅通渠道、扩大规模“双目标”，对接 7 个帮扶村销售需求，研究制定推进机制，着力打通政策落地“最后一公里”。

科学论证计划。发挥联勤业务特有优势，组织采购、供应、卫生等职能部门深入调研，对农副产品品种、产量、质量等 6 个关键指标全面摸底，根据周边部队需求，联席论证规模采购可行性，刚性制订采购计划，量化年度采购任务，切实做到农户有需要、部队可消纳、产品成规模、质量有保障。量身定制模式。结合所属部队单位类型多样、伙食保障方式各异、消费采购渠道不同等实际，明确“单位定向直购”“配送公司代购”“倡导个人网购”3 种采购模式，做到采购流程标准化、结算方式规范化，为部队组织实施采购提供政策保障。

* 推荐单位：中央军委政治工作部。

固化长效机制。建立中心机关、帮扶村、帮扶单位三方联席议事机制，定期组织年度购销签约仪式，稳固产销关系，明确各方权责，逐步优化采购、物流、结算等环节，确保工作规范有序。

全面加强监管。帮扶单位会同当地市场监管部门，建立有效监督体系，完善价格监管、卫生监督、联合监察等3项措施，定期组织市场调查，严格把好农副产品质量关、价格关、卫生关，实现军地双赢互惠。

二、发挥联勤优势，探索构建“区域联合、就近组团”模式

针对中心单位分布地域广、人员相对集中，消费需求稳定、数量规模较大等特点，统筹所属单位、保障部队采购需求，建立区域组团、省域筹措机制，初步形成5省2市6个区域联合组团格局。

打造“示范组团”。按照试点先行、逐步推开的思路，中心指定冀西南、豫西北3个帮扶单位牵头，按照就近就便原则，联合医院、仓库等12个区域单位，建立3个8000人规模的消费组团，供需对接定量采购4个帮扶村的核桃、芋头、牛肉等7种特色农副产品，2022年以来金额近90多万元，消费规模较往年扩大6倍。

孵化“潜力组团”。推广运用成熟模式，联合15个区域单位，新建冀北、陕南、津西3个3000人规模的消费组团，拓展采购3个帮扶村蔬菜、杂粮、蜂蜜等9种农副产品，推动采购规模再翻一番。

借力“平台组团”。探索将帮扶村特色农副产品上架“军队湖北省副食品区域集中筹措平台”，形成湖北省驻军平台组团采购模式，有效拓宽消费帮扶渠道。

三、实施集约管理，全面贯通“精准服务、兜底保障”链路

在消费组团规模采购基础上，注重前端销售拓渠道、中间服务节成本、末端兜底保效益，最大限度地挖掘市场潜力，提升消费帮扶质效。推行网络化助销。协助村办企业、农村合作社、个体商户在淘宝、抖音等电商平台上架特色农副产品，利用中心公众号、融媒体发布产品购买链接，广泛动员、倡导军队人员及家庭采购，持续扩大消费群体，有效提升消费帮扶参与度和影响力。

打造一站式服务。推动组团单位主动到帮扶村田间地头开展“帮采摘、帮分拣、帮运输”活动，着力压缩物流、冷链、包装等销售成本，减少水果、蔬菜等生鲜食品销售损耗，打通新鲜农副产品直通官兵餐桌“六小时快捷通道”，增强农副产品市场竞争力和抗风险能力。

坚持兜底式清仓。针对农副产品易受极端天气、市场行情影响，将相关产品纳入兜底采购范畴，出现产品滞销时，由对应帮扶组团集中采购、兜底清仓，为群众排忧解难，2023 年实现 2 个帮扶村零外销、2 个帮扶村零滞销。

四、挖掘太行资源，逐步形成“品牌牵引、产业拉动”效应

开展消费帮扶以来，中心在持续扩大规模的基础上，立足帮扶村实际，把握市场经济规律，发挥带动、辐射效应，积极探索规模化消费帮扶拉动产业升级的路子。

打造农产品特色品牌。充分发挥当地资源禀赋，做精做强传统产业，对于西关村的牛肉、赞皇县的核桃、薄壁镇的芋头、杞县的大蒜等特色农产品，指导帮扶村扩大生产规模、提升产品质量，加大宣传力度，待成熟后逐步向区域内保障单位推广，持续扩大产品消费群体，力争赢得口碑、形成品牌。

推动集体化经营模式。在规模消费帮扶的带动下，按照“公司+农户”“合作社+农户”的经营思路，先后成立 6 个农村合作社，带动 3 个食品加工企业，创造 30 多个就业岗位，持续壮大帮扶村集体经济，实现脱贫群众在家门口就业增收，分享产业发展红利。

开掘上下游一体产业链。做大做强特色产业，有效拉动上下游关联产业发展，筛选 10 余种具有市场前景经济作物进行选种，帮助培育、孵化牛羊养殖、核桃板栗深加工、生态采摘旅游等产业集群，给予人才、技术、设施支持，建设集产供销于一体的链路，以产业振兴带动乡村发展。

打造“巾帼好品”集群品牌 塑造消费帮扶新优势*

案例单位：山东省妇联

2023年，山东省妇联培育“巾帼好品”品牌，扶持发展巾帼电商，搭建产销对接平台，提升“巾帼好品”辐射力和影响力，形成“妇联组织搭台、‘巾帼好品’加持、巾帼企业参与、群众广泛受益”的消费帮扶新格局。

一、培育“巾帼好品”集群品牌，启动消费帮扶新引擎

坚持以品牌化发展为抓手，把培育壮大“巾帼好品”品牌作为促进消费帮扶的切入点，提升形象，扩大影响，以好品质成就好品牌，以好品牌赢得好市场，推动消费帮扶提档升级。发挥妇联组织优势，在全省开展寻找“巾帼好品”活动，严格标准、规范程序，从产地种植、产品质量、带动就业妇女人数等环节层层把关，优选区域特色明显、产品质量可靠、带富作用突出的农特产品2100多种，以高质量供给创造更多市场需求。充分利用各级各类宣传资源和传播手段，多层次、多角度、多渠道开展“巾帼好品”宣传报道。集聚一批有较高的影响力和认知度，拥有一定的社会影响力和市场号召力的女主播、优秀供应链企业负责人、巾帼先模人物、知名媒体人等社会知名人士，作为“巾帼好品”公益推荐官、“鲁姐带货”公益主播，为“巾帼好品”代言，挖掘亮点、讲好故事、树好形象，提升社会知名度和认可度，打响高品质、有口碑、能带富的“巾帼好品”金字招牌。组织科研院所专家、品牌专家深入

* 推荐单位：全国妇联。

田间地头、生产销售一线帮助新型农业经营主体、“巾帼好品”生产企业，开展助农助企服务活动 468 场次，让众多“巾帼好品”成为“爆款好物”，赋能众多“妇字号”企业农特产品真正成为群众放心买、爱心购的理想消费品，扩大了消费帮扶“朋友圈”。

二、扶持发展巾帼电商，拓展消费帮扶新渠道

立足“巾帼好品”优质资源，充分发挥“互联网+”带动消费帮扶的乘数效应和巾帼电商联通线上线下、生产消费、城市乡村的独特作用，推动“巾帼好品”借巾帼电商云端“出圈”、巾帼电商借“巾帼好品”品牌 e 路畅通，共同激活消费帮扶的“一江春水”。举办巾帼电商发展大会，命名巾帼电商就业创业基地，与抖音、快手、微信视频号等平台服务商签订战略合作框架协议，借助平台影响力，加大“巾帼好品”销售支持力度。实施“女致富带头人培训工程”，着眼于电商人才梯队培育及储备，链接培训资源，汇聚优秀师资，面向有电商发展意愿的普通妇女、普通电商从业妇女、成熟电商创业妇女等不同群体，开展分众化、梯队式的巾帼电商人才培训，让更多妇女会经营网店，能直播带货，不断壮大巾帼电商“带头人”队伍，助销更多“巾帼好品”，全省开展巾帼电商培训 810 场次、培训妇女 6.3 万人，培育巾帼公益主播 2155 人。举办巾帼电商大赛，参赛选手携“巾帼好品”参赛，在挖掘优秀巾帼电商人才的同时，以赛代培、以赛促训，组织专家团队开展营销服务，“手把手”传授网络营销、快递物流、商品拍摄、电商客服等电商营销技巧，提升巾帼电商发展能力，促进“巾帼好品”与电商新业态销售渠道深度融合。

三、搭建产销对接平台，增添消费帮扶新活力

发挥“联”字优势，突出重点领域，强化市场合作，广泛搭建平台，推动产销对接。搭建区域协作帮扶平台，将消费帮扶作为东西部协作和对口支援的重要内容，发挥比较优势，促成受援协作地农业合作社与山东大型商超、龙头企业建立长期稳定购销关系，签订合作协议 5 个，签约金额近 1 亿元。搭建文旅消费帮扶平台，找准商品流通与文旅市场的结合点，打好“巾帼好品”和“巾帼乡村旅游”牌，开展“巾

帼乡村旅游·黄河行”“畅游齐鲁　乐购乡村”特色活动，推出乡村旅游精品线路，发布乡村旅游系列宣传片，借助山东广播电视台等主流媒体力量，推介特色乡村 75 个、特色巾帼民宿 39 个，宣传推广巾帼乡村旅游目的地 20 多个，帮销特色“巾帼好品”500 余种，挖掘了消费帮扶新潜力，培育了文旅消费新亮点。搭建线上线下展销平台，建设巾帼好品馆、举办年货节、组织展示展销活动，以“线下展销+线上直播”的方式，常态化开展“巾帼好品”推介，举办“巾帼好品展”271 场次，开展直播助农活动 2113 场次，帮销“巾帼好品”价值 2286 万元，惠及妇女 11.5 万人。2023 年，还将在山东省官方指定唯一的区域农业公共品牌自主平台——齐鲁农超平台打造“省+16 市巾帼好品馆”，进一步加大对“巾帼好品”的支持力度，为开展消费帮扶集约更多资源，搭建更大舞台。

下一步，山东省各级妇联组织将持续整合资源，当好桥梁纽带，立足妇联职能，动员更多力量，继续大力实施消费帮扶，持续促进脱贫地区产品和服务消费，助力巾帼电商产业发展，带动妇女群众增收，为巩固拓展脱贫攻坚成果、打造乡村振兴齐鲁样板贡献智慧和力量。

发挥美团零售业务优势
助推小农户与大市场有机衔接*

案例单位：美团公司

美团充分发挥零售平台业务优势，以消费帮扶为重要抓手，通过组织农民丰收节、产地优质农产品供应商培训等活动，为地方特色产业发展数字化赋能。

一、智力帮扶与产业帮扶有机结合，助推农产品上行

美团积极尝试智力帮扶与产业帮扶的有机结合，于2023年启动“产地优质农产品供应商培训”，助力新农人，打造新农商。项目围绕区域组织供应、产后处理、冷链流通、品牌经营等重点领域、关键环节分主题开展培训，以提升农产品产地流通组织化、集约化、标准化水平。同时依托培训载体举办产销对接活动，推动“小农户”与“大市场”有机衔接。截至2023年年底，已培训逾2000名优质农产品供应商，600余家供应商与美团零售业务建立合作关系，带动农产品销售额近13亿元，助力农产品上行。

美团旗下美团优选、小象超市等零售业务通过基地直采等方式，推动优势主产地的农产品与全国市场高效对接，有力带动产地农产品上行和农业产业发展。美团优选采取“今日下单+次日自提”的模式，为社区家庭用户精选高性价比的蔬果、肉禽蛋等品类商品。上线3年多来，美团优选积极建设适合生鲜农产品上行的冷链物流体系、商家服务体系和生鲜链路标准体系，不断加强产地合作，推动各地特

* 推荐单位：全国工商联。

色生鲜农产品销往全国城乡市场。目前已覆盖 25 个省,2000 多个市县,建立 100 余个中心仓,3000 多个网格站。

针对部分产地供应商在分拣、包装、仓储等相关供货能力不足的问题,美团优选在各个中心仓附近配套部署了协同仓和加工仓,建立商家服务团队和全国产地统采统销团队,帮助产地供应商提升与市场对接能力。以山东章丘大葱为例,以美团优选为代表的社区电商渠道,已承担了章丘大葱约 15%的线上销量。章丘区王金村里约 70 多家农户因电商基地直采受益,每年带动农户种植收益增长 300 多万元,因大葱生产和分拣等产生的就业增收超 400 万元。

二、平台流量赋能农产品销售,助力农民增收

美团零售业务每年借助“网购节”、“中国农民丰收节”和“年货节”3 个大型的网络购物节日及重要促销节点,携手平台数万商家,举办多种促销展销、采销对接、直播带货活动,为平台生鲜、粮油等农产品提供更多曝光机会和流量。

2023 年农民丰收节期间,美团联动平台超 130 万商户,通过美团优选、小象超市、美团闪购等零售业务,开展线上生鲜农产品及米面粮油促销专题活动,为农产品提供超 40 亿次曝光,上线超 100 万款商品,销售额将近 40 亿元,累计为消费者提供 6 亿元优惠补贴。美团多条业务线积极开展“喜庆丰收、共促消费”线上促销及直播活动,并通过首页弹窗、首页侧边栏及搜索词等多种方式宣传推介丰收节活动,极大丰富了消费者的选择,同时为农产品上行提供渠道。美团优选、小象超市等业务先后参加山东济宁、新疆北屯、福建福州、云南昆明、黑龙江佳木斯、甘肃等省市政府组织的产销对接活动,助力当地农产品通过美团平台销往全国各地。

内蒙古乌兰察布四子王旗的“戈壁羊肉”获得自治区名特优新农产品认证。为因地制宜、突出特色,美团提供线上化销售渠道与当地企业积极开展合作,结合四子王旗在现代种养业和乡土特色产业上的优势,推动和建立了羊肉制品、葵花籽等优质农产品在美团的线上化销售模式,并通过营销活动等多样化举措为重点帮扶地区农产品引流。

三、联合打造农产品品牌，提升市场竞争力

农产品品牌打造也是美团乡村振兴助力现代农业发展的重要一环。脱贫地区农业规模小、产业链条短，质量效益偏低，农业品牌杂而不亮，市场竞争力不强。美团充分发挥平台自有品牌效应优势，在品牌打造、生产加工、供应链建设、数字化销售运营等多个环节与脱贫地区企业深度合作，全产业链拓展增值空间，提升农业质量效益和竞争力。

2022 年起，美团旗下自营零售品牌“小象超市”在全国启动了“本地尖货”项目。在地方政府指导下，通过产地直采、供应链建设、流量扶持等方式，帮助本地特色农产品擦亮品牌名片，确保本地消费者尝到“第一口鲜”。2023 年，北京密云水库鱼、庞各庄西瓜，上海南汇 8424 西瓜，广州南沙的新垦莲藕、南沙番石榴、从化砂糖橘，广东肇庆高要罗氏虾，广州增城鲜进奉荔枝等多地特色农产品均已纳入小象超市“本地尖货”，产品销量及品牌知名度均有所提升。如庞各庄“头茬西瓜”上市当周累计售出约 3 万颗，比 2022 年同期增长 80%以上，密云水库鱼更是借此新开拓了即时零售市场。这些区域农产品不但做到了成熟采摘，而且能在一天内完成产销全链路，让用户和农户同时获益。目前仅生鲜一项，美团买菜就有超过 450 家直采供应商，接近 400 家直通基地，超过 100 家数字化生态产地。

以消费促产业，以产业促发展。美团零售业务致力于持续探索“土特产”的创新路，助销特色农产品走向大市场。未来，美团也将继续发挥数字经济优势，不断加大消费帮扶的规模和力度，推动特色农产品从产地走向全国，进一步提升农业数字化能力，同时通过“产地优质农产品供应商培训”等项目，扶持更多懂农业、懂电商的“新农商”，助力小农户有效衔接大市场，让更多农户分享产业增值收益。

打造消费帮扶长效机制
让农产品插上互联网的“翅膀”*

案例单位：天津伍创集团

天津伍创集团建立起集“生产基地、品牌打造、物流运输、人才培育、营销矩阵”五个环节于一体的现代流通体系，形成了产业循环发展、产业融合、基地直采及农产品线上销售的消费帮扶长效机制。

一、打造一批农特产品生产基地，推进标准化、数字化生产

一是建设农特产品生产基地，选取聚集度较高、关系国计民生的粮食和重要农产品，建设标准化农产品生产、加工基地，打造集约化加工链条。引导龙头企业牵头，鼓励农民合作社、家庭农场和广大农民积极跟进，形成广泛的利益联合体。实行“伍创+龙头企业+合作社+基地+农户”的订单农业产销模式，建设一批现代农业全产业链标准化基地、果菜菌茶标准园、畜禽养殖标准化示范场和生态养殖示范区。

天津伍创集团采取企业、合作社集中经营与社员分散自主经营相结合的模式，通过统一收购的方式，打造了 7 万余亩现代化种植基地和 11.2 万头标准牛羊养殖基地，实现总产值 3.67 亿元，惠及 2 万余户家庭，带动 2000 多人次村民就业。

二是实施农场数字化标杆建设工程。在实现规模化、集约化、机械化生产的基础上，进一步加大农业生产数字化改造力度，推动环境测控、水肥调控、航空植保等

* 推荐单位：天津市商务局、天津市发展改革委。

智能农机装备与技术在种植业耕种管收各环节的广泛应用。目前，已建成数字化标准种植基地3000亩。

二、培育一批农特产品品牌，注入产业融合发展活力

一是紧扣当地县域农业特色，结合市场“八大体系”中的品牌体系，打造了一批区域公共品牌，如刀郎臻品、金凤泽普、来陇去麦、藏乡天祝、关陇一品、灵韵碌曲、好吃河州、丝韵莎车等。这些品牌提高了市场认可度，获得了更好的市场价值。

二是聚焦西部农业现代化，通过“多品类区域公用品牌+单品类企业品牌”的发展模式，重点围绕食用菌、蔬菜、牛羊、水果、大米、中药材等农业特色优势产业，打造毛小白牦牛肉、麦积花牛苹果、岷县中药材、靖远滩羊肉、合水黄花菜、兰州百合等单品类企业品牌，实现资源利用高效化、品牌传播多元化、区域价值集成化，进一步提升农产品附加值。

三是加强宣传推介，强化品牌培育。通过线上与线下相结合的方式，开展农特产品推介活动和开设线下体验馆，打响特色品牌。将“品牌化战略”作为助力乡村振兴的有效举措，推动为农服务与品牌建设相互促进。

三、建设一批三级物流中心，破解两个“物流一公里”难题

天津伍创集团通过建设麦积、合水、碌曲等14个县级物流分拣中心，构建起了覆盖城乡、辐射区域、直达全国的三级物流网络。同时，培育引进了10家三方物流企业，开通了10多条专线和次日达快递专线，实现了物流效率的大幅提升。此外，天津伍创集团还因地制宜地打造了“快递物流+邮快合作+农村电商”的新模式，实现了“资源共享、服务同网、信息互通”的新格局。

四、孵化一批电商网红达人，缓解就业难题

一是成立天津伍创数字电商学院，鼓励农户开设网店、成为网红、销售“土味”

产品。探索校企联合帮扶新模式，引入高校美工设计团队，免费为农产品包装提供创意支持。通过专业的电商技能培训，提升帮扶地区青年的电商创业创新综合技能，推动新媒体电子商务与农产品、乡村旅游等产业的有效融合发展，为帮扶地区增收共富“造血赋能”。

二是结合乡村振兴战略，与人社、乡村振兴等部门共同开展各种技能和创业培训，全面提升劳动者职业技能水平和就业创业能力，累计培训超过4.8万人次。

三是在培训后提供具有针对性的就业岗位信息，鼓励就近就业创业，并适时跟踪一次性创业补贴和创业带动就业补贴等人社就业创业政策的落实情况。截至目前，已成功孵化创业人员800余人，带动就业人员5697人。

五、搭建一个销售矩阵，畅通农副产品流通渠道

天津伍创集团创新经营模式，实现线上线下联动，全方位拓展农产品销路。

一是推动线上线下融合发展。在运营天猫、淘宝、京东等平台的基础上，开通快手、抖音等直播平台账号，开发线上分销渠道，构建了12个平台联动的电商体系。

二是邀请主播为西部农产品“圈粉”。天津伍创集团陆续举办了多场活动，包括“全国农商互联暨乡村振兴产销对接大会”“京东+芬香·抗疫助农甘肃专场”等，累计开展产销对接、电商直播助农活动达825场，累计销售额达2.3亿元，共有500余款农产品参与直播。

三是积极推动直播电商产业发展。打造了天津、杭州、新疆等地的直播共享基地，为西部县（市）提供专业的直播培训和专场直播带货服务，大力推动协作地区农业直播电商发展。

四是持续开展消费帮扶行动。通过市场化方式，推动消费帮扶产品进入商超农贸市场、机关、工厂、学校医院、园区等场所。同时，支持天津大型企业与协作地区的政府、企业、合作社建立合作关系，打通东西部供应链，进一步强化多方产销联系。截至目前，累计已有50多款消费帮扶产品进入市场，销售额高达8000多万元，惠及了2000多名农民，为促进东西部地区的经济发展和农民增收作出了重要贡献。

五是汇聚各方力量，多措并举构建消费帮扶新格局。公司积极响应国家号召，

深入开展消费帮扶活动。广大职工也积极参与，以购代捐、以买代帮，消费帮扶商品价值达上百万元，取得了显著成效。

天津伍创集团始终秉持公益助农的初心，打造消费帮扶长效机制，引领帮扶地区农产品进入市场，助力农户增收，有效整合产品资源，推进产品的标准化、品牌化和市场化进程。

实施“消费+N”帮扶模式助力消费帮扶提质升级*

案例单位:天津市南开区

天津市南开区创新消费帮扶新业态、新模式,探索出了“消费+园区”“消费+产业”“消费+科技”“消费+文旅”等“消费+N”的帮扶新模式。

一、激发市场活力,打造“消费+园区”帮扶模式,补足消费帮扶新链条

一是借助电商平台力量,打通农牧产品流通瓶颈。南开区抢抓机遇,自2017年开始助力环县电商产业发展,累计投入1700万元与环县合力共建电子商务产业园。通过助力园区建设推动了环县建成村级电子商务服务点和物流服务站点185个,发展网上销售企业256家,个体网店1250家,带动300多个种植养殖合作社共计10000余户群众增收致富。2023年,环县电商产业园吸引了以古耕农夫为代表的28家企业入驻,其中“环乡人”农产品区域公共品牌作为县区级农业品牌位居全国百强榜第17位,环县羊肉入选成为冬奥会和人民大会堂合作品牌,全年实现网络零售额5.1亿元。

二是依托资源优势和产业基础,聚焦主导产业打造区域性优势特色农业产业集群。在南开区结对的庆城县,围绕苹果产业发展,积极助力庆城苹果产业品牌建设,与庆城县共建现代苹果产业园。依托西北农业科技大学等资源载体,累计投入

* 推荐单位:天津市商务局、天津市发展改革委。

650 万元，在人才、资金等方面助推苹果试验示范站建设，有效加快了苹果新品种研发进度，相继推出“瑞阳”“瑞雪”等苹果新品种，打靓了“庆阳苹果”区域公用品牌和“庆州壹品”县域公用品牌，进一步拓宽了庆城苹果销售渠道，实现农民增收。庆城全县苹果种植面积达到 25 万亩，年产量约 24 万吨，是全国苹果生产的重要基地之一，超 6000 户果农家庭收入中仅苹果收入就突破了 5 万元。

二、深耕资源禀赋，打造“消费+产业”帮扶模式，增强农业发展新动力

一是建立健全产业合作联动机制，畅通津甘产销渠道。南开区加大与夏河县雪顿乳业公司合作力度，积极引导天津优农链科技有限公司成为雪顿品牌京津冀总代理商，扩展了销售渠道，提升了产品竞争力。同时，通过东西部协作资金消费帮扶奖补等方式，累计为雪顿乳业注入资金近百万元，提高企业的竞争力和市场份额，2023 年雪顿乳业实现销售收入 1.1 亿元。针对庆城县肉羊养殖分散、品种退化等问题，南开区累计投入财政帮扶资金 4000 万元，撬动社会资本 5000 万元，与庆城县共建现代化肉羊“育繁推”一体化产业园。引入国内肉羊育种领军企业——奥群牧业，通过胚胎移植、人工授精等技术，对引进的澳白、杜波等新品种进行品种改良。目前，肉羊存栏量已达 2 万余只，有效促进当地肉羊产业提质增量、群众增收致富。

二是动员激励企业自觉联农、主动带农，支持甘肃优势特色产业发展。用好庆城县“岐伯故里”资源优势，南开区积极动员区属医疗机构采购庆城县庆阳同泰神州科技发展有限公司的中药材 1000 余万元，投入财政援助产业帮扶资金 100 万元，促进企业由采购商向生产型企业转变，并推动同泰神州投资 4000 万元新建现代化中药材生产基地，通过中药饮片生产项目建设促进庆城县中草药产业发展，助力当地形成中药材生产、收购、加工、销售“一条龙”的经营模式，为庆城县经济发展添砖加瓦。

三、发挥科技优势，打造“消费+科技”帮扶模式，增加消费市场新支撑

一是以科技创新促进农业发展方式由增产向提质方向转变，提高农产品市场

竞争力。南开区投入财政帮扶资金50万元，支持环县伟赫乳业公司依托研发团队，通过科技研发，延长常温酸羊奶保质期至6个月，解决低温酸羊奶必须2℃—6℃保存且保质期时间短的弊端，填补了此类产品的市场空白。

二是多方协作制订科技帮扶方案，加速科技成果转化，形成优质高效的现代畜牧业产业体系。南开区积极对接天津农科院畜牧兽医研究所，充分发挥帮扶资金的引导作用和农科院的技术资源优势，持续3年投入科技帮扶专项资金300万元，针对夏河县畜牧业高质量发展中存在的“卡脖子”技术问题，在夏河县实施牦牛藏羊高效育种提升项目。有了先进技术的支撑，夏河县的牦牛系列农产品瓶颈问题得以解决，市场竞争力大幅提高，促进牦牛产品在全国市场热销。

四、推动交流互鉴，打造“消费+文旅”帮扶模式，拓宽消费帮扶新思路

一是拓展消费帮扶范围至乡村文旅品牌建设，促进群众增收多元化。南开区投入帮扶资金500余万元助力环州故城4A级景区建设，把裕固族文化和环州故城的宋文化完美融合，打造“环州故城—中国羊肉养生城”文旅品牌和“中国羊谷·善美环州”产业品牌，让全新的环县羊业“羊”帆出海、名“羊”八方，重新“羊”名立万。自开业以来，累计接待游客231万人次，旅游收入达到7亿元。

二是挖掘乡村人文价值，推动文化相关产业发展，深化优秀农耕文化的创造性传承和利用。支持天津首家以消费帮扶为主题的特色餐厅——“遇见甘南·相约夏河”体验式主题餐厅落户南开区，成为南开区与夏河县深化东西部协作和支援合作工作、持续巩固脱贫攻坚成果的又一新亮点。“遇见甘南·相约夏河”主题餐厅采用藏式装修风格，让市民沉浸式体验到藏式风情，推广了夏河县特色旅游市场。

消费帮扶，一头连着欠发达的结对乡村，一头连着东部的广阔市场，是推动脱贫攻坚成果同乡村振兴有效衔接的重要途径。天津市南开区以串链、补链、强链为抓手，挖掘津甘双方资源禀赋和比较优势，积极探索消费帮扶的新模式，形成互利共赢良性互动，为消费帮扶提供天津智慧，为乡村振兴贡献天津力量。

消费帮扶“小步子”乡村振兴“新路子”*

案例单位：河北省易县

近年来，易县立足于京津冀协同发展的大格局，坚持政策支持与市场运作相结合、线上平台与线下渠道相统一，打造“政府引导、企业主导、市场运作、全民参与”的“1+N”消费帮扶新模式。通过“三股风”“四场景”“五个新”织绘消费帮扶产销两旺，488 款易县帮扶产品走入千家万户，销售额达 1.4 亿元，构建消费帮扶新格局。

一、乘势而上，“三股风”提升消费帮扶增收活力

易县是山区农业大县，依托优渥的自然环境和淳朴的人文环境，以抓亮点、出精品、增效益为主线，在规模化、标准化、品牌化、产业链建设等方面下功夫，在乡村振兴战略基础上，借助“三股风”融合带动促增收。

“巢状市场”沐春风而兴。早在 2010 年，易县人民政府联合在易县坡仓乡桑岗村调研工作的中国农业大学叶敬忠团队，携手推出“巢状市场”帮扶模式，“以购代扶”直接面对社区消费者，使买卖双方获益，是易县消费帮扶的初期探索，共辐射带动周边 6 个乡镇 20 多个村发展，直接带动 800 个贫困户增收。

“农文旅+”乘顺风而上。坚持面朝京津、联动雄安，加快构建“2+1+3”特色产业体系，文旅促消费彰显发展活力。加强旅游宣传推介，开通全省首条京冀旅游专

* 推荐单位：河北省发展改革委。

线，举办 2023 年乐享易县全域旅游千万惠民消费季暨“春暖花开　香约河北”春游易县活动，以及樱桃节、板栗节、易县首届乡村旅游美食节、烤全羊技艺大赛等节庆活动，央视《非遗里的中国·河北篇》在易县太行水镇拍摄，《人类的记忆——中国的世界遗产》《大河之北清西陵》在清西陵拍摄，《大美中国·览夏》在易水湖取景拍摄。

“减灾助农”应暖风而动。2023 年洪涝灾后，创先举办易县消费帮扶林果产品推广暨独乐乡减灾助农产销对接会、北京新发地产销对接会、易县农产品走进长安区产销对接会等，引导消费者直接购买林果产品，让“小果子”撬动“大发展”；易县县委、县政府积极与河北建工集团对接灾后重建帮扶工作，向建工集团推荐易县产品，“消费帮扶金秋行动”发挥关键作用，真正暖到农民“心坎上”。

二、多点发力，“四场景”擦亮消费帮扶“金名片”

易县县委、县政府高度重视消费帮扶工作，列支专项资金开展消费帮扶系列活动，深挖消费潜力，多维融合打造“四+”消费场景，助力消费帮扶持续发力，擦亮易县消费帮扶“金名片”。

打造“品牌+”消费场景。以树立易县农产品形象为主线，培育打造“易州印象”区域公共品牌，召开大规模品牌发布会，30 多家媒体发布报道，“两品一标”总数达到 10 个，成功创建省级农产品质量安全县。磨盘柿、富士苹果、李子、鲜桃通过了绿色食品认证，优质特色农产品有力促进农产品上行。

打造“平台+”消费场景。创新消费场景，以推介区域产品、助力区域经济发展为重点，以易水湖—狼牙山—太行水镇景区特色产业为试点，打造高质量、促消费、助发展放心消费特色产业场景，助推消费提升。2019—2023 年，易县共组织 26 家企业入驻“832 平台”，上架产品 488 款，开展产销对接会 20 余场次，带动销售额达 3 亿元。

打造“媒体+”消费场景。充分发挥各类传播平台在产销助农、品牌强农等方面的作用，持续开展全媒体、立体式宣传格局，打造“媒体+消费帮扶”“短视频、直播+特色农产品”等消费帮扶模式，让手机成为新农具，让直播变成新农活，开辟了农民增收新途径。

打造“资金+”消费场景。联合县域内大型商超、金融机构、生产企业，采取“政府资金补贴、商家让利促销”的方式，举办“易县消费嘉年华”活动，带动县内大型商超销售易县农特产品。

三、凝聚合力，“五个新”织绘消费帮扶产销两旺

打造“私人定制”新模式。策划开展“我在乡下有亩田”活动，征集有特色、有规模的优质农特产品基地30个，推出农特产品、农旅产品、文创产品20余款，与20余家优质农特产品基地合作，集中推广销售农特产品6万余斤；按一年四季组合优选消费帮扶礼包，面向京津保雄市场包装推介，推行“定制消费、以购代捐”，强化消费帮扶的精准性，扩大普惠性。

启动“五个一百”新工程。自2019年起，以北京海淀区对口帮扶易县为契机，搭建消费帮扶“政府牵线、产销对接”的带货模式，全力推进农产品企业、农户与大型商超企业、高校科研机构、电商平台建立对接合作。启动实施“五个一百”工程（打造一个产品代言百人团、拍摄一百条农产品推介视频、组织一百场带货直播、优选一百款优质农产品、推进一百场产销对接）、“消费帮扶 七进行动”（进机关、进企业、进医院、进学校、进社区、进展会、进部队）。

开拓“直播带货”新媒体。联合全县自媒体协会、电商公共服务中心、食品协会等，组织开展带货直播活动，在保定市电商带货公益直播周擂台赛产销对接会活动中，易县易水砚、易州印象、瑞熠天等品牌入选“直隶臻品”。

搭建“帮扶销售”新平台。在北京搭建了新发地、海淀区分中心锦绣大地、北京铁路局快运商城“易县馆”、通州双创中心4个销售平台，在石家庄市长安区设立易县消费帮扶展销中心，现有易县11家企业100余款帮扶产品入驻，与首衡集团签订战略合作协议，产销对接黏合度进一步增强，影响力进一步扩大。

接续“易县三节”新传承。“易县三节”分别为柿子节、樱桃节、认领牛岗苹果树。自2016年以来，易县连续6年举办“柿子节”，易县磨盘柿被评为省级区域公用品牌，并入选中国农业品牌目录；连续举办两届“易县樱桃节”，成立“易县樱桃产业协会”；2023年举办第四届牛岗苹果采摘节，河北省农行连续3年认领牛岗苹果，消费帮扶总金额超过1000万元，带动易县467户1281人增收，“牛岗苹果”成为易县消费帮扶的一张亮眼名片。

消费帮扶搭桥梁，乡村振兴开新章。易县不断探索、不断创新，以消费帮扶助

力乡村振兴，有收获更有新的思考。未来，易县将持续在消费帮扶实践中，在联农助农机制建设中，求创新、强措施，以实际行动在乡村振兴的主战场担当作示范、勇立最前沿。

围绕产业帮销　助推乡村振兴*

案例单位：山西省阳高县

山西省阳高县极力打造"阳高红"西红柿，产业不断扩规提质，走出了"围绕产业帮销，助推乡村振兴"消费帮扶的新路径。目前，已通过各种销售渠道完成消费帮扶10095.12万元，其中帮助销售8517.6万元，直接采购1577.52万元。

一、政策引领促销

（一）扩大设施规模

截至2023年年底，全县设施蔬菜总面积达5万亩，有7个人口规模在800人以上的易地搬迁安置点作为消费帮扶的重点，均配套建设了"阳高红"西红柿生产基地。国家应急管理部作为一支驻村帮扶工作队，更是把发展西红柿产业当成培育阳高县主导产业的突破口，2018年以来，共投入帮扶资金2000多万元。

（二）拓展外销市场

阳高县为了"阳高红"西红柿的外销，成立"阳高红"蔬菜全产业链服务中心，在北京新发地蔬菜交易市场设立了交易档口，仅西红柿一项，年销售量就达3000吨。与北京、上海、郑州等地的50多家商家建立了供销关系，上海市政府将阳高县定为上海市政府菜篮子工程延伸基地并挂牌，上海江桥农贸市场设立"阳高红"西红柿专用档口。

---

* 推荐单位：山西省发展改革委。

（三）打造品牌知名度

先后参加电影频道星光行动节目、成龙电影周农产品宣介活动，使“阳高红”西红柿声名远扬，2022年、2023年连续两年举办了“甄选阳高红，‘蔬’写新篇章”西红柿产业发展论坛，“阳高红”西红柿品牌知名度不断扩大。

二、政府主导助销

（一）科技培训

统筹农业、人社、科技部门培训资金，培育一批蔬菜技术骨干，特别是一些回村创业的年轻人。通过农民夜校等平台加快新型职业农民培训，助力农民系统掌握“阳高红”西红柿种植技术、管理能力，大力引导农民群众树牢“控量提质”的经营理念，即通过控制水肥增加产品含糖量，提高产品品质，取代以往普遍以量取胜的传统观念。全县每年通过各类培训培养蔬菜种植、管理、销售方面的农民达4500人。

（二）产业融合

近年来，阳高县积极拓宽线上线下市场销售渠道。目前，全县拥有“阳高红”西红柿包装加工企业2个，分拣车间28个，预冷库54座，总库容59105立方米，产地交易市场28个，阳高县70%的西红柿是从产地交易市场销往全国各地的。从事蔬菜销售的农民经纪人有120多名，西红柿产品商品率达到85%以上。

（三）招商引资

新一届县委、县政府，采取“走出去、引进来”的办法，在蔬菜发展上出实招、大招商。先后引进了山东寿光昇景海洋发展集团有限公司，建成占地5360亩的现代农业设施产业园，总投资16.16亿元；引进了华联农业，建成了占地2417亩的科技示范园，建设一年来，已经完成投资2亿元。建成了占地95亩的物流园，有冷冻库、保鲜库、电商云仓、城配中心、杂粮库、果蔬库、信息中心共31000平方米，仓储容量近5万立方米。

三、发挥优势增销

（一）地理环境好

农业灌溉条件好，境内有桑干河、白登河、吾其河、黄水河、黑水河等5条河流，水资源丰富；气候条件独特，地处北纬39°—40°之间的农产品生产黄金地带，昼夜温差大，极端高温38.1°C，极端低温31.8°C，适宜糖分转化积累，经测定阳高县所产西红柿糖分达12点，比一般西红柿高出近一倍。

（二）拥有市场优势

阳高县是北方淡季蔬菜主产区之一，在7月、8月、9月三个月，雨热同期，昼夜温差大，塑料大棚和露地产出的蔬菜品质好；而南方包括京津地区，值梅雨季节。南方的劣势正是我们的优势，填补市场的空档，成为南方和京津地区的菜篮子基地。填补了这一时段的全国西红柿市场空白，许多客商评价说“冬有海南千禧，夏有阳高圣女”。

（三）网络宣传带销

阳高县与中央“832平台”、京东云、易居乐农、北京食迅网、北京锦益网络、老乡严选、太原乐村淘等电商企业有效对接，深度融入电商产业链。

（四）搭建平台促销

2023年以来，阳高县先后在守口堡举办了“守口堡杏花节”，在大泉山举办了“山西省融媒体集团展销活动”，在华联农业产业园举办了阳高县“农民丰收节”，在县玉安生态岛举办了2023年“甄选阳高红，‘蔬’写新篇章”西红柿产业发展论坛等。同时，积极组织多家农产品加工企业和农产品销售企业参加全国各地举办的系列展销活动，先后参加了第108届全国糖酒商品交易会、上海萱草文化节、上海西雅国际食品展览会、山西农旅产融对接会、山西省第八届特色农产品交易博览会等各种农产品展销会。

（五）定点帮扶直销

认真落实“五进九销”消费帮扶措施，“阳高红”西红柿走进了机关、企业、学校、医院、超市等单位。目前，驻阳高县有108支工作队，共329人。其中，国家级1支，省级10支，市级48支，县级50支，遍布全县11个乡镇，93个脱贫村，21个集中安置点。组织干部、职工开展“以购代捐”“以买代帮”等活动，优先采购搬迁村监测户的农产品。据统计，2023年西红柿销售中仅工作队和所在的单位就帮助全县农民销售西红柿4850万元，7个重点易地搬迁安置点，就帮助销售西红柿达2000万元。

四、继续做好消费帮扶的工作计划

一是拓宽营销渠道，在蔬菜销售上做文章。二是壮大服务网络，在蔬菜种植科技含量上提水平。三是健全产业链条，在产、供、销有机结合上出实招。四是发动社会参与，在唱响“阳高红”西红柿品牌上用全力。

聚企地合力　助消费帮扶
全面促进农牧民增收致富*

案例单位：鄂尔多斯市人民政府

近年来，鄂尔多斯市积极整合资源，多方联动推进消费帮扶，积极扩销路、增销量、提效益，着力打通帮扶的“最后一公里”，把驻地央企、国企和民营企业的消费需求同地方特色农副产品的品质优势结合起来，构筑了“五有”消费帮扶新格局。从2020年开始，鄂尔多斯市每年都与驻地企业签订农副产品采购协议，累计完成实际采购74.89亿元；2023年，全市驻地央企、国企、民营企业通过调度平台购买各旗区农产品交易额达1.86亿元。

一、健全“三个机制”，强化组织领导

一是健全组织领导机制。推动成立由市委副书记任组长的全市企地合力助推消费帮扶工作领导小组，领导小组办公室设在市包联驻村办，抽调各有关部门骨干人员实行专人负责，统筹调度全市驻地企业，坚持企地合力常态化、制度化。

二是健全工作运行机制。建立市旗两级组织部、包联办牵头抓总，发改、农牧、商务、乡村振兴等部门联动和服务保障制度，定期组织召开领导小组会议、企地合力助力乡村振兴座谈会，全面落实企地互提需求、互办实事制度，不断优化营商环境。

三是健全服务保障机制。建立市委常委联旗包镇、其他市级领导联系苏木乡

* 推荐单位：内蒙古自治区发展改革委。

镇、市直部门包联苏木乡镇、市旗两级部门包联嘎查村、企业帮扶嘎查村、第一书记和工作队驻村的工作运行体系，重点推动企地合力消费帮扶工作。

二、聚焦“三个重点”，保障农产品供给

一是聚焦构筑联动产业体系，推动消费帮扶农产品品质提升。坚持集中力量办大事，支持产业集群化、规模化、特色化发展。坚持质量兴农、品牌强农，建成全国绿色食品原料标准化生产基地 54.5 万亩，组织 71 个产品申报“二品一标一优”认证，2 个项目列入国家地理标志农产品保护工程。

二是聚焦农牧产业规模扩大，保障企业主要农产品供给需求。坚持“稳粮优经扩饲”“稳羊增牛兴奶扩禽”战略布局，全力抓生产、调结构、推转型、促振兴。

三是聚焦延伸产业链条，实现消费帮扶农产品规模化生产。通过强化与驻外机构、商会、本土能源企业对接，积极开展招商引资，中化集团社会化服务、海高牧业万头奶牛牧场、中畜科技万头肉牛牧场等重点项目先后签约落地。

三、搭建“三个平台”，持续拓展消费帮扶成果

一是搭建农产品供需信息平台。积极打造建设消费帮扶农产品信息调度平台，及时有效反映全市范围内央企、国企对当地农产品的需求量以及农产品的生产、销售、质量等各方面情况，实现全市农产品生产、销售统筹调配，平台累计上线农产品 507 种。

二是搭建精准对接消费平台。通过举办全市优质农畜产品推介会、丰收节、年货节、种养殖基地现场观摩会等多种形式向驻地央企、国企、民企推介本地优质农产品；深入开展消费帮扶活动，连续举办五届鄂尔多斯市农产品展洽会，第五届展洽会线上线下销售额累计达到 1409 万元。

三是搭建线上线下销售平台。累计建成消费帮扶专馆 12 处、帮扶专区 13 处、消费帮扶专柜 53 个。同时，与石油、保险、银行等行业的线上商城开展合作，实现网红直播带货、电子商城销售等线上精准营销。

四、做到“三个强化”，凝聚消费帮扶社会合力

一是强化宣传引导。围绕企地合力助推乡村振兴主题，精心筛选新闻素材、新闻稿件，挖掘提炼亮点特色，持续扩大消费帮扶助力乡村振兴工作的影响力和传播力。

二是强化产品推介。在市包联驻村办设立农产品展示区，定期轮换展出优质特色产品，通过采取现场洽谈签约、多媒体宣传推送等多种形式，常态化推介销售本土优质农产品，先后签订价值1940万元的干羊肉、甜糯玉米、西瓜等农副产品采购订单，以点带面推动全市消费帮扶和村集体经济向纵深发力。

三是强化荣誉激励。为表彰先进、树立典型，进一步激发广大民营企业投身全市企地合力助推乡村振兴的积极性、主动性，近年来市包联驻村工作领导小组连续举办表彰大会，对在全市企地合力助推消费帮扶工作中作出突出贡献的69家企业、28家单位、93个驻村工作队给予表彰奖励。

五、突出“三个促进”，推动消费帮扶提质升级

一是促进形成利益联结机制。鄂尔多斯市进一步扩大消费帮扶范围，积极推动企业与嘎查村形成“二产保一产、一产供二产、双产互动”的工农互助帮扶关系。2023年通过二产带动就业务工的农牧民达到1100人左右，人均预计可增收3000余元，实施工农互促利益联结示范项目28个，总投资9.08亿元，已完成投资3.65亿元。

二是促进产销精准对接。2023年，签订协议434个，协议金额27.78亿元，完成实际采购26.99亿元。全年组织市内农牧业龙头企业参加各类展会30余场。通过参加“2023年全国优质农产品博览会”“2023年国际预制菜产业发展大会”“第六届上海市对口地区特色商品展销会”等大型展会，累计销售鄂尔多斯农副产品金额达2138万元，完成产销对接订单1.16亿元。

三是促进对外合作交流。组织外贸型农牧业企业申报2023年国家农业贸易高质量发展基地，积极发挥牛羊肉等农牧业产业优势，引导支持农牧业龙头企业与

日本、韩国、荷兰、以色列等国家开展资金、技术、研发合作，与“一带一路”共建国家开展种植、养殖和农产品加工合作。截至2023年年底，农产品外贸销售金额达22.9亿元。

现在的鄂尔多斯，党委引领擘画、政府市场联动、援受双方互动、线上线下一体、多方协同配合，农牧民市场意识和发展思维正在形成，“外部输血”逐渐向“自我造血”转变，消费帮扶逐渐形成“人人皆可为，人人皆愿为，人人皆能为”的全社会参与格局。

驻村聚力兴产业　消费帮扶促振兴*

案例单位：黑龙江省委组织部

近年来，黑龙江省委组织部汇聚优势力量挖掘村级产业，电商助农，打造驻村联盟。截至 2023 年年底，已有 2000 余款帮扶产品和黑龙江特产销往全国，实现品牌价值 151.62 亿元，营业收入达 11.27 亿元。

一、注重选优派强，汇聚优势力量挖掘村级产业

黑龙江省委组织部将产业振兴作为党建引领乡村振兴的重要基础和长久之计，把懂经营管理、能致富带富的 8193 名优秀干部汇集到 3295 个行政村担任驻村干部，通过提能力、搭平台、给资源，有效推动帮扶村产业发展。

一是增强带富本领。将增强村党组织政治功能和组织力作为抓实产业帮扶的前提和保障，常态化抓好党的创新理论和“三农”政策学习，不断提高村“两委”理论素养和干事本领，以组织振兴推动产业振兴。省级采取一贯到底方式，每月开展 1 次培训，每年分 5 个片区召开现场培训会，每年组织 1 次示范培训、1 次域外培训，带动市县两级全覆盖开展驻村干部培训，累计培训驻村干部 18 万余人次，让驻村干部发展产业的视野更宽阔、思路更清晰。

二是深度挖掘产业。将中央扶持壮大村级集体经济专项资金重点向帮扶村倾斜，推动驻村干部和派出单位发挥信息、技术、资金、人才等方面优势，领着村级班子干，做给村级班子看，有效凝聚产业发展合力。2023 年，打造“党支部+合作社+产业基地+农户”模式产业 266 个，新发展黑大光辉黏玉米、北山公社五谷粥

* 推荐单位：黑龙江省发展改革委。

米、正黄二屯有机蔬菜等小而精、特而美的“一村一品”“一村多品”产业 1349 个，1.6 万余名村民在家门口就有活干、有钱赚，有效推动了产品变商品、收成变收入、服务变劳务。

三是推进文旅融合。深入践行“绿水青山就是金山银山，冰天雪地也是金山银山”的发展理念，用好用活村级文化、资源、区位、交通等优势，千方百计为村里留住“客人”。以农村田园景观、农业生产活动和特色农产品为旅游吸引物，以乡村旅游农家乐、民宿、田园综合示范体为带动，打造田园农业游、休闲度假游等农旅模式，引导当地农民不离土、不离乡，就地向旅游产业务工转移。近 3 年来，打造嘎日迪景区、小南河村黑金部落民俗景区等旅游产业 160 个，接待游客 517.27 万余人次，实现旅游收入 6498.05 万元，带动务工 1.4 万余人。

二、注重电商赋能，用好线上平台助力产品销售

紧跟电商发展形势，组织技能培训，推动助农活动，着力促进农产品销售。

一是开展实战培训。通过省级常态化培训、域外培训以及“龙青电商”示范培训等有利契机，邀请资深讲师围绕短视频制作、直播运营、主播技能等方面进行“理论+实操”授课，帮助驻村干部在从事或指导电商工作方面厘清运营思路、把准运营方向，不断提升电商技能和营销水平。

二是书记牵头带货。推动发展“短视频+直播带货”农村电商模式，通过建立驻村“e”站、第一书记论坛等方式，邀请行业部门精英骨干，组织座谈交流、分享经验，打造“红帆助农”等主题直播间，推出“今天我来当主播”“百万主播来交流”“龙江新货郎”等第一书记带货直播活动，通过直播讲述驻村故事，宣传绿色大米、鲜食玉米、香菇木耳、雪地大鹅等特色产品 600 余种，线上销售带动村集体增收 1128 万元。

三是搭建营销平台。创新打造“小康龙江”综合性电商平台，线上运营小康龙江微商城、天猫、淘宝、快手、抖音等平台官方店铺和账号。借助“平台经济+消费帮扶”模式，在农户、合作社和市场之间架起桥梁纽带，实现助农增收。

三、注重整合资源，打造驻村联盟形成帮扶合力

注重统筹各领域帮扶资源，以县级层面为单位，打造驻村工作联盟，实现“单

打独斗”转变为“抱团联动”，进一步凝聚消费帮扶合力。

一是提升品牌效应。把提升品牌竞争力、实现品牌强农、走高质量发展之路作为提升黑龙江“土特产”自身价值的根本出路，邀请专家开展品牌强农专题讲座，不断提升市场意识、经营意识、品牌意识。近3年来，驻村干部为脱贫村注册农产品商标199个、打造“优特”商品800余款，涌现出富硒大米、蒲峪金豚、四排赫哲族村特色鱼产品等品牌185个。

二是拓宽发展渠道。借助哈洽会、中国农民丰收节、首届中国（黑龙江）国际绿色食品和全国大豆产业博览会等大型参展活动契机，设置乡村振兴驻村帮扶展区，为驻村帮扶产品提供免费参展机会。2023年，组织72支驻村工作队、202款驻村帮扶产品参加哈洽会、绿博会等展销活动，成功签单产品163项，进一步拓宽了线上、线下销售供应渠道，取得了良好效果。

三是打造驻村联盟。发挥好省派工作队站位高、资源广，市派工作队选品准、懂市场，县派工作队人头熟、把关严的特点，打造驻村干部工作联盟42个，带动全面发展立村产业。齐齐哈尔市依安县通过打造“村农村”“新屯半亩园”“赤屿农产”等公共品牌，借助“线上+线下”推广本地特色农产品，远销海南、北京、上海等

黑龙江驻村帮扶展区

图片来源：黑龙江省委组织部供图。

地，销售额达 260 万元。

四是引入社会参与。倡导“单位+个人”的消费帮扶模式，积极号召各有关单位在采购工会福利产品、自办食堂食材产品时，优先购买派驻村的农副产品，采取“以购代捐”“以买代帮”的方式，与地方代销农副产品的公司签订农副产品采购协议，定向购买当地群众的玉米、青刀豆、禽类等农产品 2706 万元，解决当地农产品滞销问题，同步增加脱贫群众家庭收入。

“五销模式”推深做实消费帮扶*

案例单位：安徽省铜陵市

安徽省铜陵市积极探索“五销模式”，推动形成以市场机制为主导，政府、市场、社会协同推进的消费帮扶可持续发展新模式，2019 年以来通过展销模式共帮销农产品 5000 余万元。

一、政府引导，搭建平台“展”销

一是线下展会展销。率先在全省举办推进消费帮扶暨脱贫地区农产品产销对接会，将全市 55 家经营主体以及部分脱贫户的 100 余种优质农副产品搬到市区集中展销，18 家单位现场签订 1300 余万元产销对接协议。

二是云上展会展销。成功举办铜陵市脱贫地区农产品云展会，通过运用 3D、VR 等技术呈现沉浸式产品和服务，集中展销全市 22 个有开发任务的乡镇 220 余种特色农产品，打造“永不落幕”的展销会。

三是市场平台展销。大力宣传消费帮扶政策，充分调动市场主体积极性，全市已建设的 12 个专馆、22 个专区和 184 台专柜均由企业自主建设运营，2023 年以来专馆专柜销售额 1.02 亿元。

二、市场运作，线上渠道“促”销

一是打造自主平台促销。铜陵港航集团开发“铜官乐”消费帮扶电商平台，设

* 推荐单位：安徽省发展改革委。

2023年铜陵市首届农产品年货节

图片来源:安徽省铜陵市政府供图。

置专区,集中推介、展示、销售脱贫地区特色农产品,引导社会力量便捷参与消费帮扶,正式上线运行以来,注册会员7.8万余人,实现总销售额6700余万元,其中销售消费帮扶重点产品2400多万元。

二是依托本土电商促销。引导蟹之都、众创电子商务等电商企业分片进村入户,开展消费帮扶产品上行对接服务,免费拍摄产品图片、收集产品信息、策划营销方案,并与电商平台对接,实现电商服务全市脱贫地区农产品上行和全市消费帮扶重点产品线上销售两个全覆盖。

三是借力知名电商促销。借助知名电商第三方合作平台,发挥"村播基地"示范作用,推动本土电商企业蟹之都、铜草花与京东、阿里、拼多多等平台合作,相继建立铜陵特产馆、枞阳特产馆、专营店、微平台等,年销售总额超1.4亿元。

四是创设电视栏目促销。制作播放全媒体消费帮扶真人秀直播栏目《铜官乐MALL·赢在铜陵》,每期在铜陵市广播电视台旗下新闻、公共、科教、手机App、广播、微信公众号安排预告并直播,有效扩大了消费帮扶重点产品知名度。

五是培养直播达人促销。依托铜陵技师学院率先在全省开设成立"直播学院暨网络主播"培训基地。自2021年起,连续两年举办全市直播电商大赛活动,持续拓宽铜陵农特产品网络销售渠道。

三、精准对接，帮扶单位"购"销

一是精准摸清供给。组织开展消费帮扶重点产品申报认定工作，全市累计认定消费帮扶重点产品221个，并分类编印消费帮扶重点产品目录清单和宣传图册，公布每个产品的产量、产地、供货主体、销售时间、联系人及联系方式等信息，方便经销商、单位和市民按需采购。

二是合理引导需求。以"一结双包"定点帮扶为切入点，将消费帮扶纳入帮扶内容，建立精准对接机制，推动全市2个结对区和426个包村单位全面参与消费帮扶。连续4年印发通知倡议各级工会优先采购脱贫地区消费帮扶重点产品发放职工福利。4年来全市各帮扶单位工会福利采购脱贫地区农产品1.96亿元。

三是积极组织对接。推动国企、高校、医院等单位与脱贫地区签订农产品产销对接协议，建立长期定向采购合作机制。

四、整合资源，培育品牌"助"销

一是立足实际发展优势产业。将脱贫地区特色农业项目优先列入优势特色农业提质增效行动计划，大力推进"三品一标"标准化生产示范，培育县级以上"一村一品"专业示范村82个，其中国家级示范村8个，省级示范村26个，涌现出"浮山荞麦茶""白荡湖大闸蟹""高生源蜂蜜""枞阳媒鸭"等一批省内乃至国内外知名度较高的品牌农产品。

二是倾力打造地方特色品牌。全市共培育"三品一标"农产品170个，其中无公害农产品102个、绿色食品62个、有机农产品3个、地理标志产品3个。创立"小枞"电商区域公共品牌，已授权18家企业使用，相关产品累计销售额超1.7亿元。

三是模式创新放大品牌效应。大力推广"地理标志+龙头企业+农户"等产业化经营模式。枞阳媒鸭每年出售约100万只以上、腌制的枞阳媒鸭蛋6000万枚以上，媒鸭产业总产值超亿元。

五、规划引领，龙头企业“带”销

一是“万千工程”抓生产。立足资源禀赋，市县一体谋划，上下联动实施白茶、设施蔬菜、花卉苗木、稻渔（虾）综合种养、水产健康养殖、秸秆综合利用等特色种养业六大“万千工程”，实现每个产业工程面积万亩（万吨）以上，带动脱贫户千户以上。“万千工程”已辐射带动193个村产业发展，建成白茶2万亩、稻虾（渔）混养5万亩、设施蔬菜1万亩、花卉苗木1.5万亩、净水养殖10万亩、秸秆综合利用20万吨（立方米）。

二是利益联结促销售。引导支持新型农业经营主体以委托生产、订单农业等方式，收购、包装并网络销售小农户自产农产品；大力推广“企业+合作社+农户”等合作模式，签订农产品代销合作协议，由企业、合作社对一家一户的农产品进行收储、分级、检测、加工、包装、品牌设计、商标注册。使用衔接资金撬动社会资本，分别在枞阳县、郊区建设数字农业产业园项目，发展羊肚菌规模种植加工产业，广泛发动周边农户参与种植并给予技术支撑，利用大企业统一销售平台和品牌年销农户种植的羊肚菌超百万元。

消费帮扶助发展　共谱乡村振兴曲*

案例单位：江西省安远县

江西省赣州市安远县从帮销、促产、疏浚、解围等多方面探索消费帮扶的新方法新路径，积极推动线上、线下平台消费，电商助农，打通消费帮扶“最后一公里”。

一、帮销方面为拓宽销售路，开展线上、线下活动两不误

（一）积极推动线上、线下平台消费

为拓宽农产品销售渠道，积极推进消费帮扶，鼓励引导社会各界并动员帮扶单位、帮扶干部购买脱贫村、脱贫户农产品，各企业单位在“832平台”消费帮扶采购金额达492.94万元。线上引导电商企业入驻“832平台”共计40家264款安远农特产品，2023年累计销售帮扶产品近3180万元。

（二）大力开展电商帮扶助农活动

举办“2023年安远县赣品网前冲”“双品网购节”“‘鹰你而来·桃你欢喜’鹰嘴桃采摘节暨产销对接活动”等3场电商促消费活动，组织企业参加“赣南红名品直播大赛”“中央党校第六届定点帮扶县农旅融合推介会”等农产品产销对接活动，助力本土优质农特产品触网销售。2023年开展电商实用技能培训班12期惠及1412人次，推荐104名电商从业人员参加全市全民数字素养抖音电商培训课。

---

* 推荐单位：江西省发展改革委。

安远县农旅融合推介会

图片来源:江西省安远县政府供图。

二、促产方面为去同质化,打造“多彩”农村产业格局

悠悠东江水,浓浓赣粤情。近年来,安远县大力实施“融入湾区发展、精雕东江翡翠”发展战略,全力打造粤港澳大湾区“后花园”“菜篮子”“米袋子”“果园子”。以安远县镇岗乡为例,依托得天独厚的区位优势和自然禀赋,以脐橙产业为主导,培育了涌水村天圣原果业、龙安村橙果家园、黄洞村安逸达果旅融合示范基地等一批示范果园,孕育出“富长村——鹰嘴桃”“老围村——烫皮晒出致富路”“樟溪村——‘小小绞股蓝,片片金叶子’”“高峰村——九龙嶂下种灵芝”“黄洞村——翠冠梨”“龙安村——百亩烟田”“赖塘村——富硒水稻”“涌水村——甜‘猕’来袭”等“多彩”优质名片,形成了“山上有脐橙、灵芝、翠冠梨、鹰嘴桃、猕猴桃,山下有富硒水稻、西瓜、百香果,农家有鸡鸭、杨梅等庭院经济”的一村一品产业格局。

依托丰富的产业资源,镇岗乡大力推进农旅融合、果旅融合。仅在 2023 年 11 月,镇岗乡就举办了 3 场面向大湾区游客的大型脐橙采摘活动(直播活动),吸引了大批粤港澳游客来县采摘脐橙和认购果树,为安远县深度对接融入大湾区贡献了果旅力量。同时，为进一步打响“四季果乡”品牌，促进果业产业发展，助力实现乡村振兴，从2023年开始，镇岗乡更是精心策划了“四季采摘”主题活动，每季度在各村举行一次果园采摘仪式，有效带动当地脐橙产业促产帮销，实现群众增收致富。

三、疏浚方面为凝心聚力，打通消费帮扶“最后一公里”

为破解山区农业“卖难卖贱”的发展难题，扎实做好城乡物流、农业服务、村集体经济等“大文章”。

（一）扎实推进县、乡、村三级物流体系深度融合，畅通农村电商经济双循环

大力实施智运快线“村村通”工程，打造“智慧园区+智运商城+智运快线”新型电商物流模式，村民在家门口就可以收发快递；建设集电商快递物流园、智能分拣中心、冷链物流中心、物流大数据中心、5G直播大厦、数字产业园为一体的县级电商智慧产业园区，开通33条城市直发专线，引导物流企业、电商企业向园区聚集，有效破解了网点分布散乱和物流业态不丰富的问题。

（二）坚持党建引领乡村振兴，率先探索党建带社建“四位一体、两社融合”综合改革

成立村供销合作社，实行村支部书记、村委会主任、村股份经济合作社理事长、村供销合作社主任“四岗一肩挑”，村股份经济合作社、村供销合作社“两社融一社”，围绕“六个农”（转农田、买农资、用农机、找农技、卖农产品、方便农民生活），打造覆盖全程、“六网合一”的为农服务体系。通过重建基层供销系统网络，并且把这张网牢牢掌握在党组织手上，实现基层党组织组织能力提升、新型农村集体经济壮大、供销合作社发展、农村农民共同富裕的多赢局面。

四、解围方面借爱心助农，保障产业发展畅通无阻

探索建立“助农采摘”“助农管护”链条式服务，以产业振兴推动乡村振兴。

（一）“助农采摘”

针对冷空气的突袭，全县18个乡镇成立“助农采摘”志愿服务队，根据前期摸排的果园劳动力不足名单，组织乡村党员干部实现送“工”上门，帮助缺乏劳动力的果农采摘脐橙。“志愿红”穿梭在脐橙园内，参与脐橙采摘、分拣、搬运等工作，充分展现党员“践行宗旨为民造福”的风采，让党旗在为民服务一线高高飘扬。车头镇70余名镇村党员干部加入“助农采摘”志愿队伍，协助农户采摘4.3万余斤脐橙；重石乡党员志愿者帮脱贫户抢收脐橙2000余斤，有效避免果农因极端自然天气导致脐橙受冻、减产减收等困难。

（二）“助农管护”

积极开展“科技下乡”活动，组织专家通过现场或线上指导等方式，为果农提供从果苗选种培育、移植、园间管护、病虫害防治、选果储存等全过程的专业化指导，传授先进的农业技术和生产管理经验，提高了村民的农业生产技能，激发了村民的生产积极性。

接下来，安远县将紧随省、市消费帮扶相关政策步伐，依托县情优势，充分用好平台线上资源，主动对接线下实体，积极寻求多方合作，以农产品销售、农业技术普及、果旅融合行动等为突破点，创新帮扶模式，扩大消费帮扶成果，用兴农惠民的实际行动践行乡村振兴战略，开创消费帮扶助力乡村振兴工作新局面。

打造三大体系　强化三项助力 高质量推进消费帮扶走深走实*

案例单位：河南省南阳市

近年来，河南省南阳市坚持消费帮扶就是帮联农产业、帮带贫企业、帮农民就业的工作理念，打造“三大体系”，强化“三项助力”。近3年来，全市共组织消费帮扶营销230多亿元，2022年营销额在全省排位第二。

一、精准发力，打造“三大体系”

（一）做优产品，打造大体量的消费帮扶产品体系

坚持做好消费帮扶首先要做好帮扶产品的理念，在产品上着力。

一是收集梳理南阳消费帮扶产品，开发建设了“南阳市消费帮扶产品数据库”，有效服务了平台营销、产品开发和生产指导。

二是围绕“花、药、果、菌、茶”五大特色产业，以规模生产为基础，重点筛选建设了区域性艾草、月季、香菇、猕猴桃、黄金梨、粉条、茶叶、蜂蜜、水源地农产品、肉牛、生猪等生产基地，为创建消费帮扶产地示范区奠定了基础。

三是编纂了《南阳消费帮扶优选名录》一书，打造了“宛中香”优势帮扶产品，推出了多类别的帮扶产品套餐（大礼包），录制了消费帮扶产品宣传视频，为帮扶产品宛产宛用和走出南阳提供了支撑。目前全市认定消费帮扶产品共7429个，形

* 推荐单位：河南省发展改革委。

成“三品一标”农产品376个，打造消费帮扶区域品牌46个。

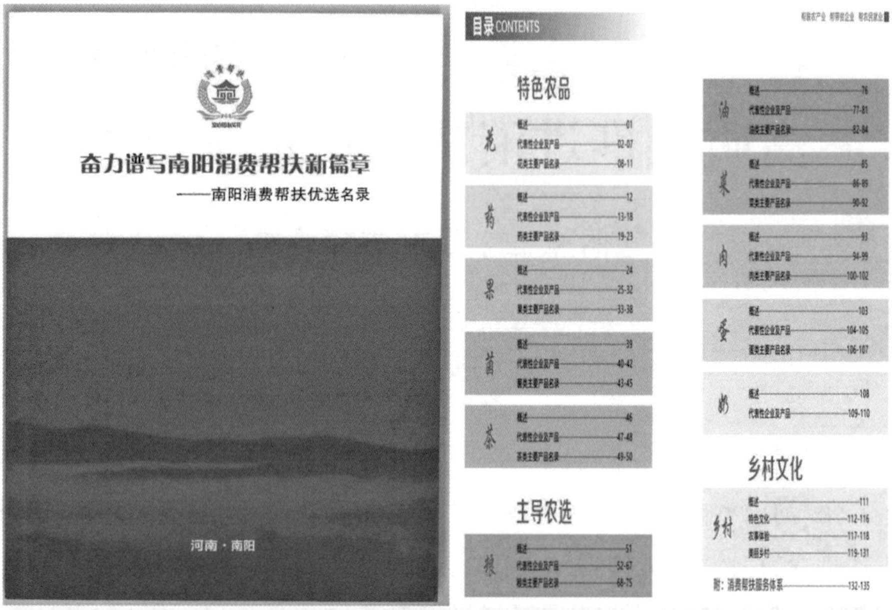

南阳消费帮扶优选名录

图片来源：河南省南阳市政府供图。

南阳名优特色产品（北京）产销对接会

图片来源：河南省南阳市政府供图。

（二）做大平台，打造多元化的消费帮扶营销体系

坚持以营销为核心，以线下“三专”（消费帮扶专馆、专区、专柜）和线上“消费帮扶网”为主，做到展示销售并重、线上线下互动，建立了消费帮扶线上和线下两大“1+N”营销体系。

一是线下“1+N”营销体系。“1”即汇集全市有规模有资质的帮扶产品，采取地域分类和专业分类的形式，以产品集中展选为主建设了一个“南阳消费帮扶产品链供应平台”。“N”即以“1”为中心形成多个互联的消费帮扶实体专馆、专区、专柜，并辐射其他营销实体。目前全市建设消费帮扶专馆40个、专柜319个、专区408个。

二是线上“1+N”营销体系。“1”即以牧原聚爱优选科技有限公司为依托，开发建成了南阳“消费帮扶网(宛农物华)”，统揽南阳帮扶产品的线上营销。“N”即以南阳消费帮扶网为中心，形成多个电商和直播带货为支撑的线上营销体系。目前“消费帮扶网”的下载量达到500多万次。

南阳消费帮扶专馆

图片来源：河南省南阳市政府供图。

（三）做好服务，打造与产销相适应的保障体系

以加强消费帮扶产销对接为主，重点开展了以下三个方面的服务：

一是协会服务。2022年1月成立了南阳市消费帮扶协会，强化对消费帮扶的服务协调，形成了变指为拳的资源聚集效应，使企业与企业、内地与外地、部门与企业等产业链上各主体和区域间的交流协作更协调通畅。

二是体系服务。在建立消费帮扶协会的基础上，县级设立了消费帮扶工作站、乡级安排了消费帮扶专干、村级明确了消费帮扶信息员，形成了市、县、乡、村四级消费帮扶工作网络和信息体系，畅通了产品信息，方便了交流协作。

三是协作服务。根据消费帮扶生产和营销需要，相关部门和消费帮扶协会加强了消费帮扶与金融、物流、文旅、电商等方面的交流对接，开展了银企协作、物流赋能、文旅融入、消费券促销等活动，并结合宛产宛用、招商引资、定点帮扶、项目建设等相关工作借力推进。

二、政府主导，强化"三项助力"

（一）行政助力

坚持市场主导、政府引导，不断加强政策支持，建立健全机制，强力推进消费帮扶。

一是南阳市农村工作领导小组出台了《关于进一步做好消费帮扶助力脱贫攻坚成果巩固工作的通知》，建立了消费帮扶领导小组，形成了由乡村振兴局牵头的联席会议制度，将消费帮扶纳入年度考核，加强了检查考评。

二是实行了消费帮扶季度评价机制，将评价结果作为每季度县（市、区）综合排序计分指标之一。

三是加大了对联农产业和带贫企业的资金、项目支持，西峡县、淅川县等还将帮扶产品营销纳入乡村振兴衔接资金的支持范围，实行电商促进消费帮扶资金奖补政策。

（二）采购助力

采取"以购代捐""以买代帮"等方式，引导社会各界参与消费帮扶。

一是乡村振兴、发改、财政、工会、商务、农业农村、供销等相关部门联合，持续将行政采购作为推动消费帮扶的重要杠杆，明确行政事业单位工会福利采购和预算单位机关食堂采购，其中食堂采购严格落实了在"832 平台"不低于 10%的采购比例。

二是进一步明确定点帮扶、学校、金融机构、民营企业在消费帮扶工作中的具体职责，出台《南阳市 2024 年"消费帮扶 · 社会各界在行动"活动方案》，召开全市消费帮扶推进会，并发出了"当宣传员、成消费者、做代言人，南阳市助力消费帮扶倡议书"。

（三）活动助力

充分利用端午节、中秋节、春节和鲜活农产品集中上市期等关键节点，适时开展节日营销、"六进"营销、对外营销、协作营销、重点营销等五项营销活动。2023年7月,南阳市以帮扶产品为主体在广州、深圳等地开展了南阳名优产品产销对接活动;8—9月开展了"促消费　助帮扶　优惠宛中土特产"建行生活助力消费帮扶专项活动;9—10月开展了"南阳市消费帮扶金秋露营行"帮扶产品展销活动等。同时,加强了消费帮扶在南阳日报、南阳电视台等主流媒体上的宣传,并印制宣传册,拍摄宣传片,与北上广、苏浙闽开展产销联建、产品对接活动,促进了帮扶产品的"宛用出豫"。

聚力“三新” 助力乡村振兴*

案例单位：湖北先秾坛生态农业有限公司

湖北先秾坛生态农业有限公司以消费帮扶为抓手，做大做强高品质生态农产品消费、私人订制消费、健康管理消费新业态；构建了以英山县为中心、辐射全国18个省（自治区、直辖市）的4亿元高品质生态农产品产销网络，为低收入人口直接增收3.2亿元。

一、做好消费帮扶的主要做法

2023年，神峰山庄以“文化创意+教育+培训+出版+影视+农业产业化解决方案”为新的盈利点，以从一县到数个地区的消费帮扶联动发展为态势，形成生态农业产业融合式发展的“神峰模式”。

做大有机农业综合体。建立健全有机农业标准化生产制度，大力培育新型职业农民，探索从种子到筷子的绿色革命。主体产业园区总面积6500亩，在已有旅游度假村、大别山农耕文化馆、先农科技园、先农酱菜园、智慧物流园、神峰·森林海温泉康养小镇、数字农业监管中心、新媒体直播带货中心以及40个果蔬家庭农场（5850亩）的基础上，2023年竣工开业集约化育苗科技园，2023年度获得国家级生态农场称号。

开发周边城市大市场。推进供给侧改革，构建线上线下全网营销体系，即“7X高维度交易入口+总部基地+互联网+实体店面+会议模式+视频购物+商超模式+会员系统”，打造生态农业“私人订制”商业4.0版。直营店遍布鄂赣皖云桂

---

* 推荐单位：湖北省发展改革委。

川，在武汉、合肥、南昌、黄石、鄂州、黄州、九江、安庆8个城市开设110个黑禧猪神峰山庄农乐园直营店基础上，2023年在昆明、宜宾、桂林、梧州、柳州开设都市农乐园20个。都市农乐园已成为生态农产品线上线下与市民精准对接的新窗口、生态循环农业的大讲堂、乡村旅游的引流点，推行会员制。

力促新型消费多元化。一是开通文化旅游新线路。湖北先秾坛旅行社有限公司和先秾坛（武汉）国际旅行社有限公司开发的千里挺进大别山生态循环农业体验游、森林康养幸福营、草原清凉游、武汉一日游、红安一日游、团风一日游、桂林游、福建游、华东游、总统号豪华轮重庆游、泰国游、朝鲜游、台湾游等线路正常运营。2023年成立湖北启宸文化发展有限公司，获批黄冈市中小学生研学实践基地，开通青少年研学游线路。二是打造夜间消费新亮点。举办“印象大别山”文艺晚会、篝火晚会、烧烤晚会、太极广场晚会，定期组织灯光节、沙滩烧烤、露营和嘉年华活动。“办有文化的餐饮，做有情怀的菜肴”，继吉庆街神峰山庄生态文化餐厅之后，2023年在武汉马鹦路开设神峰山庄私房菜餐厅，来自大别山腹地的山肴野蔌深得市民喜爱。三是开启森林康养幸福营。为打造中国高端生态全家庭森林康养宜居示范小镇连锁品牌，神峰·森林海温泉康养小镇开启康养幸福营，以专业化健康管理为核心，以养身、养心、养灵的深度康养服务为载体，构建“食医耕、读听闻、气功德”九大康养体系，用心呵护市民的身心健康，让小镇居民及游客享受慢节奏、深体验的身心灵之旅。

二、做好消费帮扶、促进乡村振兴的典型经验

神峰山庄在消费帮扶上与时俱进、不断创新，稳扎稳打、持续发展，其秘诀在于：

思路决定出路。大别山山清水秀，四季分明，是发展生态循环农业及休闲养老的“风水宝地”。大力发展生态循环农业、休闲观光农业，是扩大市民消费、促进山区经济发展的必然选择。

理念决定高度。牢固树立和践行“绿水青山就是金山银山”的发展理念，通过推行“大别山粮草肉油全程可控”的生产理念，开创了有机食品大开发新局面。

模式决定效益。现代农业、旅游产业、养老产业、文化产业是21世纪的“朝阳产业”。事实证明，单打独斗难以形成规模，难以永续发展。神峰山庄开启的复合

经营模式，是扩大消费帮扶、促进乡村振兴的最佳选择。

三、做好消费帮扶取得的成效

绿色产业越做越大。神峰山庄固定资产由最初的 400 万元达到 4 亿元，员工由 65 人发展到 3456 人，果蔬基地由 50 亩发展到 5850 亩，创造了“旅游无淡季、天天游客满”的奇迹。

带动效应越来越好。公司先后被评为全国巾帼脱贫示范基地、国家生态农场。公司总经理 2018 年荣膺全国脱贫攻坚奖奉献奖，“赚农民的钱不算本事，帮农民赚到钱才是真本事”成为金句。

乡村环境越来越美。大规模的土地流转，不仅实现了村村没有撂荒不种的耕地，还加快了生态修复，40 个美丽乡村脱颖而出。

发挥"湖南省消费帮扶活动服务平台"优势做好"土特产"文章助推高质量发展*

案例单位:湖南省商务厅

2023年来,湖南省商务厅牵头,联合省教育厅、省国资委、省总工会等多部门共同指导省市场营销协会,充分发挥"湖南省消费帮扶活动服务平台"(以下简称"平台")的优势,创新开展形式多样的消费帮扶活动,深挖潜力做好"土特产"文章,形成了一系列消费帮扶服务高质量发展的"湖南经验"。截至2023年12月,湖南通过各类消费帮扶活动累计直接采购、帮助销售脱贫地区产品和服务约197.3亿元,其中帮助销售15个重点帮扶县产品超50亿元。

一、做好"土"字文章,高质量对接脱贫地区产业

"土",即从一方水土中找乡土资源。产业兴旺是解决农村一切问题的前提,从五大振兴之间相互联系、相互依存的关系上看,产业振兴是关键环节,是整个乡村五大振兴的基础和重点。建设和美乡村,产业振兴是核心。发展特色产业,进一步打造好乡村产业体系,是保证农村地区实现脱贫人口收入逐年稳步增长的有效手段。

平台组织专业团队,高质量对接已脱贫地区产业资源,助力产业发展降本增效。通过设立14个市州消费帮扶专馆,汇集了全省重点帮扶产品,平江香干、隆回山界红糖、麻阳冰糖橙、石门蜜橘、江永香柚、邵阳茶油、张家界莓茶、湘西腊肉、南

* 推荐单位:湖南省发展改革委。

山牛奶等一大批特色“土”产品在平台上线销售，实现了从田间到餐桌的华丽变身，给众多消费者带去优质体验的同时，也让脱贫地区的农户们得到了实实在在的收益。

经过各方共同努力，湖南省内各脱贫地区产业发展稳中向好，脱贫地区产业发展的内生动力显著增强，全省脱贫攻坚成果得到进一步巩固拓展，守住了不发生规模性返贫的底线，巩固拓展脱贫攻坚成果同乡村振兴有效衔接得到有效保障。

二、做好“特”字文章，高质量推动特色品牌升级

“特”，即打造特色、具有独特竞争优势的产品。平台积极整合社会资源，在“特”字上创新突破，继续发动全省 130 所高校、1016 家国企、事业单位及电商企业参加了消费帮扶活动，在全国掀起了一场消费帮扶青春热潮。据统计，累计已有超 63 万人报名参加了湖南省消费帮扶营销大赛。

2023 年 3 月，平台与湖南广播电视台联手打造的“湖南省消费帮扶营销大赛巅峰之战”特别节目在湘西吉首举行，活动全程电视频道大屏 4 小时不间断直播，湖南电视台知名主持人组成媒体探班团，与参加“巅峰之战”的网红主播们从不同角度和话题互动，电视大屏与手机直播小屏联动，不断为网友呈现“巅峰之战”的精彩赛况。一大批“湘”字号土特产借势出圈售光，湘西黄金茶等特色品牌持续叫响。

平台还持续把促消费与推进特色产业升级有机结合，持续组织“乐享消费 惠购三湘”2023 湖南消费促进季活动市州专场，在扩大品牌活动影响力的同时，带动湖南已脱贫地区特色产品销售，以活动品牌升级助力特色产品品牌升级。

同时，通过高校师生团队直播带货、消费帮扶进高校等特色活动，全方位培养和培训乡村振兴后备人才队伍。湖南省消费帮扶营销大赛已经成为高校教、学、研一体化建设的重要实践基地与生动场景。以湖南大学、湖南人文科技学院、湖南理工学院等为代表的各高校，把创新创业教育融入营销大赛的实战中，进一步深化了第二课堂教育教学改革。

三、做好“产”字文章，高质量打通产品销售渠道

“产”，即尊重产业发展规律来建产业，打通产业链条。

平台想群众之所想，急群众之所急，积极架接产销桥梁，拓宽销售渠道，通过线上与线下、零售与集采、展示与体验相结合的立体模式，全方位打通销售难点、堵点，为脱贫地区产业赋能。

平台结合全省促消费助发展行动，动员全省各级各单位工会拿出一定比例的经费用于消费帮扶活动，同等条件下，优先在湖南省消费帮扶活动服务平台采购脱贫地区产品，引导干部职工积极消费脱贫地区产品和文旅服务。省机场管理集团、长沙公交集团等众多企业积极响应，邵阳、怀化、郴州等市州总工会结合当地产业特色，为工会会员提供福利保障的同时，也助推了当地产业升级。

湖南省消费帮扶活动2023年线下展销会蓝山县专场

图片来源：湖北省商务厅供图。

不同的渠道，不同的路径，朝着同样的目标，湖南千方百计抓好消费帮扶，用心用情助农增收，始终为服务高质量发展贡献着湖南智慧与力量。

此外，平台还在全省14个市州同步开展特色消费帮扶活动，在全省1000多家社区举办社区集市展销活动，把"农博会"开到家门口，促进脱贫地区产品消费，推动农产品出村进城。

探索消费帮扶新模式 打造助农增收新样板*

案例单位：湖南省张家界市

消费帮扶是推动巩固拓展脱贫攻坚成果同乡村振兴有效衔接的重要举措。2023 年以来，张家界市发展改革委充分发挥消费帮扶牵头单位的桥梁纽带作用，探索消费帮扶新模式，打造助农增收新样板，激发乡村振兴新活力。

一、设立一批张家界农特产品展馆

张家界市着力构建“南京市场+张家界产品”产销一体化体系，深化两市对口合作消费帮扶，让消费帮扶成为连接南京居民与张家界的“直通车”，全力助推“张品入宁”。湖南惠民（慈利）供销公司在南京开设张家界农副产品展示展销馆，积极对接江苏省消费帮扶平台“鲜丰汇”，组织张家界市特色产品入驻平台，开设线上“张家界馆”，累计销售张家界农副产品近 400 万元。张家界市农特产品纳入 2024 年南京市工会消费帮扶采购名单，南京市浦口区、秦淮区将湖南惠民（慈利）供销公司列入消费帮扶重点推荐企业。张家界市桑植县与南京市高淳区达成消费帮扶合作并挂牌成立“源来桑植”公共区域品牌提货点，南京市秦淮区科巷新市集挂牌“宁张协作消费帮扶提货点”。

* 推荐单位：湖南省发展改革委。

二、开展一批“张品出张”活动

张家界市委市政府每年拿出200万元,先后在广州、北京等地组织开展系列“张品出张”活动。成立湖南省嘉联华农业科技有限公司,5月已入驻长沙飞地产业园,并建桑植县农产品特色馆,目前销售桑植县农产品近2080万元。组织开展“挑担腊肉上省城”等活动,积极组织长沙相关单位和企业购买桑植县消费帮扶产品共计1392.6万元。同时,组织张家界农产品参加2023年西安“丝博会”、上海“进博会”、长沙博览会、深圳大湾区产销对接会,签订意向采购协议3000多万元。发挥国家知识产权局定点帮扶工作机制作用,组织机关、企事业单位、社会组织和广大干部职工、市民群众积极参与消费帮扶。

三、培育一批“张”字区域品牌

大力实施“一个区域公用品牌,一个院士专家团队”战略,统筹推进张家界莓茶、慈利杜仲、桑植白茶、张家界大鲵、武陵源葛根“五大”,以及张家界菊花芯柚、张家界白羽乌鸡、洞溪七姊妹辣椒、白石萝卜、张家界黑猪“五小”特色农产品区域公用品牌建设、管理和营销,进一步壮大农业特色品牌,武陵源玉泉贡米、桑植县茶油获得新的认证,张家界莓茶获得“国家地理标志证明商标”。

四、搭建一批特色消费平台

开展网上年货节活动。以“云购张家界　年货送到家”为主题,举办2023年网上年货节活动,组织神州界、原产地、微生活、鸭脚板、红土地公司等5家企业参加“双品网购节”,即湖南好物活动开幕式活动及现场布展,活动期间帮助优质农产品及品牌拓展网络销售共计480多万元。

开展金秋帮扶行动。抢抓中秋、国庆消费旺季契机,多措并举、扎实开展消费帮扶金秋行动,农副产品采购帮销共计13507.29万元,其中直接采购金额1269.43

万元、帮助金额12237.86万元。

举办乡土专题活动。举办首届永定区乡村文化旅游节促进脱贫地区文化旅游产品和服务“出圈成名”，天门山集市农副产品销售收入190余万元。

持续做好“三专”运营。结合张家界市旅游经济和景区消费特点，投放消费帮扶专柜926台，全年消费帮扶专柜销售各类产品263.1325万元。张家界市共开设4个消费帮扶专区，专区消费帮扶产品销售额为272.33万元。

用好“832平台”。按照国家、省标准，严格审核帮扶产品供应商及产品目录，积极协调组织各供应商入驻国家“832平台”。全市各级预算单位按照不低于10%的比例预留年度食堂食材采购份额，通过“832平台”采购脱贫地区农副产品。

五、培育一批联农企业

突出一杯茶、一瓶水、一瓶酒、一片药、一条鱼、一头猪“六个一”特色产业，着力培育壮大农业新型经营主体。以慈利供销联社为例，慈利县供销联社与全县40多个村集体经济组织、120多家新型经营主体、1508户农户签订产销协议，使农户、企业、政府成为产、供、销利益联结“共同体”。建成1家县级乡村振兴馆，安装运营全县250台消费帮扶专柜，组织全县150多种农产品进专柜、专馆平台以及全县行政机关、企事业单位食堂，促进生产端与消费端无缝对接，带动群众增收。2023年，公司累计上门采购全县农户、涉农企业的玉米、蔬菜、瓜果、牛羊猪肉、粮油等农副产品2133万元，通过惠民供销电商平台、专柜、专馆、“832平台”、抖音直播带货累计销售农副产品2597万元，为全县45所学校及26家行政企事业单位配送产品3500多万元。

下一步，张家界市将进一步深入贯彻落实党中央、国务院继续大力实施消费帮扶的决策部署，按照国家发展改革委的工作部署，重点抓好“万企兴万村”、南京农特产品展览馆、运营“张家界农特产品”抖音官方旗舰店、组织“双十一”“年货节”以及品牌农产品推介等大型短视频、直播公益活动，“二品一标”特色品牌建设等工作，建立健全消费帮扶长效机制，推动实现巩固拓展脱贫攻坚成果同乡村振兴有效衔接。

“数商兴农”促消费帮扶 绘就乡村振兴“江永图景”*

案例单位：湖南省江永县

湖南省永州市江永县以实施“直播+短视频”乡村振兴直播示范小站项目为着力点，升级乡镇村电商服务站点功能，培育直播人才，联名网红企业打造“永”字号品牌，打造网货精品。截至2023年11月底，全县电商通过网上平台网销“江永五香”、砂糖橘、沃柑、夏橙、香粽等农特产品，实现线上销售额达2.14亿元。

一、政策支撑促进消费帮扶

一是结合县情实际制定适宜的消费帮扶政策。制定《江永县“数商兴农”专项行动助力乡村振兴工作实施方案》和年度工作计划、出台《江永县关于扶持发展电子商务的若干优惠政策》，大力培养电商人才，打造电商基地，开拓电商市场。二是开展政策性消费活动。借举办全省乡村旅游节之机，县委、县政府推出“江永人游江永”活动，全县各基层工会积极有序组织单位干部职工开展“江永人游江永”活动，将“江永人游江永，300元玩转江永”旅游券纳入工会福利范畴，鼓励各单位工会为干部职工购买，费用从工会福利中列支。

二、活动开展助力消费帮扶

江永县突出活动带动，利用重要节日、农特产品上市时间持续开展大型消费帮

* 推荐单位：湖南省发展改革委。

扶活动，如"江永县线上年货节"、"江永女书国际音乐旅游周"、"驾游江永 · 品味百县"、第六届东盟 · 湖南（永州）名优产品交易会等。

三、电商赋能激发消费活力

江永县鼓励消费帮扶生产企业、农户利用网络平台线上销售；进一步完善县乡村三级电商公共服务体系，提升电商网点功能，做实电商赋能乡村振兴成效。着力开展农村电商业务和技能培训，完善产品包装、摄影美工、直播带货、网店运营等技能，通过各类培训带动农民就地就近就业增收，发挥电商致富的示范性、引领性。着力培育一批本土"三农"电商达人，为江永县电商发展提供人才支撑。

（一）突出创新发展，让电商工作"优"起来

2023年，江永县通过政策扶持、措施激励、技能提升，引导电商企业和从业人员，加强创新基础能力建设，提升标准化、品牌化、体系化、专业化水平，增强竞争力，促进电商业创新创优发展。

（二）突出电商培训，让从业者技能"强"起来

到目前为止，全县开展电商直播带货、直播运营技能提升等电商培训6期，共培训627人次。2023年8月26日，县电商服务中心组织10名电商精英赴北京参加由IMS天下秀、亿玛在线等头部公司直播业务资深专家授课的实战培训，提升抖音直播、社群裂变、品牌营销、供应链优化等实操技能。邀请全国著名的电子商务培训特聘专家和上市公司职业经理人开展以《农产品品牌塑造与营销》为题的授课，讲授农村电子商务及农业产业发展趋势、投资热点、农产品品牌塑造与营销经典案例以及县域农业产业集群的培育等内容，参训达225人。

（三）突出小站建设，让乡村直播带货"热"起来

江永县与湖南惠农信息科技有限公司开展合作以来，在全县9个乡镇挑选15个电商服务站点进行改造升级，打造"乡村振兴村级直播示范小站"。不断完善和提升服务站点功能，重点围绕"五香"等农特产品进行带货，让直播间走进乡野田间。同时，着力建设江永官方短视频和直播小站短视频矩阵，搭建"传递江永文

化，讲好江永故事，销售江永产品”的平台，助力江永农产品实现“村货进城”。

（四）突出活动带动，让电商助全面消费“火”起来

充分调动全县电商资源力量，利用重要节日、农特产品上市时间持续开展电商助销活动。2023年12月1日上午，第六届东盟·湖南（永州）名优产品交易会开幕式在永州经开区举行。据不完全统计，湖南省各市州、永州市各县市区及海南等省市约400余家企业、200余家国内外采购商参加，参展商品约1200余种，现场观展人数11.2万人。本次活动通过线上线下渠道，共计销售江永特色农产品达500万元。

（五）突出宣传推介，让“江永”字号品牌“响”起来

县电商服务中心组织县内网红以拍摄短视频、发布海报（H5）、企业发表产品推介视频等形式，宣传推介“江永”字号产品，先后拍摄了《“诱”惑天下　香约江永》《闻香认江永　美好在“姜”来》《江永夏橙　橙心如意》《鲜芋爆浆麻》《江永之美》《电商加“邮”　橙心助农》《新农人宋春娇》《早点出发、挖呀挖呀挖》等短视频，在抖音、快手、微信群、微信公众号发布，吸引公众和粉丝的关注。据统计，目前累计拍摄、发表各类型产品相关的短视频106个，保持每周发表1—2个，收获近100万播放量，近15万点赞量，16万次转发。此外，在市级以上电视台、永州日报、湖南日报、红网、中国新闻网、财报网、学习强国、人民网等媒体上发表《“柚”惑天下　“香”约江永》《湖南江永农特产品搭乘数字快车“出圈”》《永州江永：“党建+电商”助力乡村振兴跑出“加速度”》《五万余亩江永夏橙搭上电商快车》《江永：乡货触网成香货前两月全县农特产品网络零售额近亿元》等新闻稿60多篇。

（六）突出“三领”模式，让“党建+电商”“旺”起来

围绕“党建+电商”精准发力，着力打造“党委领航、支部领路、党员领跑”的模式，创建“党旗红·数商兴农驿站”品牌，推动党组织建设和电商产业发展同频共振。截至2023年年底，全县共培育23家省级以上电子商务示范企业，其中电子商务交易额过亿元企业1家，规模以上工业企业和农业产业化龙头企业电子商务普及应用率分别达到90%，拥有直播商家2000余家，从业人员9000余人，其中党员100余人，形成了“党建引领、党员带头、电商助推、聚力发展”的红色电商模式。

构建“培育、带动、销售一体化”产业新模式 全力提升消费帮扶成效*

案例单位：广西师范大学

广西师范大学积极推进消费帮扶提质扩面，不断创新消费帮扶模式，探索“成熟项目+因地制宜产业”发展路子，探索与优化“党支部+村民股份经济联合社+基地+脱贫户”模式；坚持党建共建与电商平台带动等多元方式，推动帮扶村农特产品在线上线下销售。2023年，学校全年采购粮油产品金额合计达到333.09万元。

一、引导产业培育新模式

学校充分挖掘与整合教育、科技、人才和智力等优势资源，依托学校西部乡村振兴研究院智库机构，加大科技特派员投入力度，聚焦资源县域生态实际与产业基础，引导定点帮扶六个乡村因地制宜构建起了“一村一品一特色”产业格局，年均投入对口帮扶村产业发展经费逾70万元，并不断发挥学校援助资金的杠杆效应、导向效应、放大效应，探索“成熟项目+因地制宜产业”发展路子，力争建立高寒山区优质农产品品牌。例如，帮扶形成瓜里村的“新型稻渔综合种养产业”，猴背村的百香果种植产业，金山村的“黑斑蛙有机水稻综合种养与农村综合文化服务站”建设项目，黄宝村的高山果蔬基地建设、高山黄桃种植产业，社岭村的高山竹笋培育与加工示范基地建设项目、高山冷水鱼高密度养殖基地（新建）、广西师范大学高山冷水鱼高密度养殖产学研基地（新建），坪水底村的中药材合作种植加工一体

* 推荐单位：广西壮族自治区发展改革委。

化产业。特色主导产业面积不断扩大，新增培育新型经营主体2个，初步构建起消费帮扶产品绿色生产体系。

二、深耕产业带动新模式

首先，探索与优化“党支部+村民股份经济联合社+基地+脱贫户”模式，引导经营主体与农户建立多种类型的合作方式，拓展“租金+股金+薪金”增收致富渠道，实现集体经济收入与农户收入的双提升。其次，打造产业“品牌化”、强化增值“支撑力”，发挥学校设计学科优势，专项组建包装设计团队对帮扶村特色农副产品进行包装设计，深度挖掘资源县农耕文化传统，以生态、绿色、富硒为内核制定产品标准，进行全要素检测，赋予了农产品乡土文化内核，创新土特产的品牌形象。再次，多元化拓展产品附加值。如坪水底村在“高山源蜜”的基础上，采用低温物理取蜜的方法，同时采用多层精细过滤的行业先进技术确保蜂蜜的品质，精加工后蜂蜜售价可翻倍，并探索研发蜂蜜、蜂胶、蜂花粉、蜂王浆等系列产品；猴背村对百香果初包装再设计提升颜值，适时推出“黄金百香果”等新品种、新口味、新包装，靠自身特色留住“回头客”等。

三、拓展销售渠道新模式

学校坚持党建共建与电商平台带动等多元方式，推动帮扶村农特产品在线上线下销售；线上畅通销路“网络化”，强化振兴“云动力”，为解决帮扶村（户）帮扶产品销售难问题打通了“最后一公里”。学校采取订单式的预订预购消费行动，拓宽全校教职工参与乡村振兴产品团购活动，继续推出周末“书记带货”消费帮扶活动，销售总额达90多万元，通过第一书记代言、网络直播、消费助农等模式销售各村特色农产品。线下采取“村党支部与后盾单位支部共建”的方式，依托党日活动、文化节活动、乡村振兴科研项目为载体，实现产品展销和宣传推介活动，如借助四季村晚、第四届百香果节活动等，邀请学校领导、干部到场参加，现场展销直采百香果、蜂蜜、竹笋、黑斑蛙、冷水鱼、土鸡等农特产品，将订购的农产品及时运回学校，交由校工会进行分发，既减少了耗材又节省了农产品的运输费用。同时，学校食堂在“832 平台”上采购食用油、大米等产品 100.2 万元，全年采购金额合计达到 333.09 万元。

在学校的支持下，2023 年各帮扶村产业发展辐射带动效果显著，与 2022 年相比，瓜里村“新型稻渔综合种养产业”实现人均增收达 5 个百分点；猴背村“百香果种植”产业，每户收益达到 10 个百分点；金山村大力推进“黑斑蛙有机水稻综合种养与农村综合文化服务站”建设项目，每年每人增收达到 10 个百分点，农村综合文化服务站建设，扩展了群众文化空间，丰富了群众精神生活；黄宝村扎实推进高扎马果蔬基地建设，大力发展“高山黄桃种植”产业，每年人均增收 6 个百分点；社岭村以丰富高山竹笋为依托，大力推进高山竹笋培育与加工示范基地建设，每人年均增收达 5 个百分点；坪水底村发展“中药材种植”产业，大力推进中药材种植加工一体化产业，每年人均增收 20 个百分点。

下一步，学校将以新发展理念为引领，持续打造“一村一品一特色”乡村产业体系，着力打造消费帮扶乡村振兴升级版，拓宽农民增收渠道，助力建设宜居宜业和美乡村，为加快建设农业强国，促进农村农民共同富裕，推进乡村振兴作出贡献。

扩大“五面” 推动消费帮扶提质增效*

案例单位:重庆市丰都县

2023年,重庆市丰都县通过“节会为支撑、电商为载体、鲁渝协作为契机、社会力量为驱动、自购自销为抓手”五大举措整合发力,不断扩大“农产品消费参与面、农产品销售辐射面、合作对接影响面、消费帮扶覆盖面、单位采购共带面”。2023年,全县累计实现消费帮扶购销金额2.5亿元。

一、以节会为支撑,扩大农产品消费参与面

一是组织开展各类节庆活动,提振消费信心,激发消费需求,带动农产品消费复苏。2023年1月举办了丰都首届祈福节,通过“有福同享”等4场促销活动,吸引83家企业参与,带动各类消费超4800万元,其中农特产品消费超2000万元。

二是加大县内乡村四季文旅活动举办力度。通过支持并指导各乡镇(街道)开展四季文旅活动,吸引游客前往丰都游玩,带动农产品销售,增加村民收入,繁荣乡村经济。南天湖举办丰都南天湖第五届冰爽啤酒露营音乐狂欢季;武平镇举办2023年重庆丰都雪玉山高山湿地露营节活动;青龙乡举办青龙乡首届茶文化节;南天湖镇云上桃园开展了采桃节活动;太平坝乡举办“浪漫七夕节·爱在太平坝”丰都太平坝2023年第七届“七夕相亲”民俗文化活动。2023年,共组织开展(参加)县内外产销对接活动30余场次,签订意向采购金额上亿元,带动农产品直接销售金额逾7000万元。

* 推荐单位:重庆市发展改革委。

二、以电商为载体，扩大农产品销售辐射面

一是统筹各级鲁渝协作消费帮扶资金，迭代升级丰都消费帮扶网，打造以本地农特产品和乡村旅游产品上行为主，其他消费品销售为辅的惠农电子商务交易平台，目前入驻商家500余户，商品交易总额逾1000万元。

二是将消费帮扶与消费促进有机结合，组织“832平台”、重庆市消费帮扶馆、丰都消费帮扶网等电商平台销售丰都农特产品，推出促销帮销活动，帮助丰都县农产品出村进城，进一步扩大农特产品网上销售规模。

三是做实产业升级。指导建立枣丰麻辣鸡产业园，打造丰都麻辣鸡网销孵化中心展示展销大厅，推进丰都麻辣鸡产业规模发展，推动丰都麻辣鸡市场主体提升销量，目前已有17家企业签约入驻，年产能50万只鸡，年销售额9000万元，带动麻辣鸡产业实现年销售额4.5亿元，带动全县逾千名农户实现增收。

三、以鲁渝协作为契机，扩大合作对接影响面

一是切实巩固“丰都基地+山东市场”“东产西移+西产东送”等消费协作模式。2023年以来，枣丰两地就消费协作、经贸合作、人才培育、信息共享等方面深入对接，引导两地农业（电商）企业深入洽谈，促成线上线下多项合作，取得良好成效。

二是通过鲁渝协作产销对接大会、重庆柑橘进山东专场推介等各类产销对接活动，积极对接山东批发市场和枣庄商超采购商，大力推介丰都县三元红心柚、龙孔柑橘等农特产品，助推丰都县农特产品全面铺开销售市场，开拓新销路，增加农特产品收入。2023年，丰都县完成东西部协作消费帮扶任务9169.89万元，其中销往山东2891.94万元。丰都马铃薯、花椒、榨菜和牛肉分别实现对鲁销售330余吨、170余吨、100余吨和290余吨。

四、以社会力量为驱动，扩大消费帮扶覆盖面

丰都县积极推进各类社会力量参与消费帮扶活动，不断扩大消费帮扶覆盖面。

2023年,丰都县积极对接市人大帮扶集团,强化与水利部、巴南、荣昌帮扶协作,全力推进各类社会力量参与帮扶购销,扩大消费帮扶覆盖面,惠及更多当地群众。截至目前,组织动员社会力量购销12928.73万元,实现市级帮扶集团帮扶购销751.46万元,衔接水利部定点帮扶购销152.91万元,实现预算单位预留份额采购722.21万元。

五、以自购自销为抓手,扩大单位采购共带面

一是鼓励县内各单位在开展慰问老干部、困难职工、困难党员等节日慰问活动以及发放工会会员节日福利时,优先采购县内农户(脱贫户)、电商企业(站点)、专业合作社、供销社、丰都消费帮扶网等丰都农特产品经营主体的产品作为慰问品、节日福利。

二是鼓励引导各工商企业、广大群众通过微信朋友圈、微信群等方式积极宣传、转发消费帮扶信息,通过“以购代捐”“以买代帮”等方式,在全社会推动并逐步形成“万企参与、万人同行”的消费协作新风尚,扩大单位采购供给面。2023年,丰都县消费帮扶采购力度持续加强,各帮扶单位共采购丰都农特产品4000余万元。

叫响“熊猫家园”品牌 巩固消费帮扶成果*

案例单位：四川省平武县

2023年1月，习近平总书记在春节视频连线看望慰问四川北川石椅村干部群众时指出，“新时代的乡村振兴，要把特色农产品和乡村旅游搞好”①。平武县深入学习习近平总书记的重要讲话精神。在全国范围内，首次成立“大熊猫生态产品产销联盟”，开展“熊猫走天下·生态进万家”“来秘境平武·逛熊猫家园”等系列“走出去、请进来”共享平武活动，提升平武影响力、美誉度，全面推动平武乡村振兴。

一、着力组织建设，奋力推进消费帮扶全面提质

（一）强化东西部协作

搭建“衢平”绿色消费平台，通过“政府搭台、企业唱戏、全民共享”模式，依托东西部协作机制，与重庆、成都以及衢州市衢江区等多个农业企业、省直单位、文旅企业集中签订消费协作协议和招商合作协议，成功建立了衢江莲花未来社区平武展示展销馆、共享平武成都店、绵阳店等多个线下销售渠道，大力拓宽农特产品销路，让平武农特产品走进千家万户，进一步打响平武知名度。该模式成功入选浙川消费帮扶典型案例汇编。

---

* 推荐单位：四川省发展改革委。

① 《向全国各族人民致以新春的美好祝福　祝各族人民幸福安康　祝愿伟大祖国繁荣昌盛》，《人民日报》2023年1月19日。

（二）强化帮扶共建

主动牵线搭桥，对接四川省委外办、省工商联、中铁建昆仑集团、绵阳师范学院等4家省直定点帮扶单位，根据实际寻求其所在领域的支持，拓展渠道和市场，以活动为契机，寻求长期的合作和发展机会。同时，主动联系、对接，充分用好各方帮扶资源，陆续开展“进机关”“进企业”“进学校”“进医院”“进社区”五进活动，通过线上、线下展示展销方式，展现平武乡村振兴成果，推介平武农特产品和农旅资源。

（三）强化联盟共建

以“大熊猫”品牌为载体，以壮大生态产业为核心，积极融入“大九寨联盟”“大蜀道联盟”“陕甘川毗邻地区（九寨沟—武都）文旅环线战略联盟”，整合生态产品资源，发起成立“大熊猫生态产品产销联盟”。深度打造富有创造性、创新性的产销新模式，实现大熊猫国家公园岷山区域覆盖的平武、北川、青川、九寨沟、松潘、文县等65家企业基地共建、产品共销、品牌共用、加工共享，打响“大熊猫生态产品”这一优质“大品牌”，推动区域生态产品产业持续、快速、健康发展。

二、着力文旅融合，加快形成消费帮扶开放格局

（一）全力打造“岷山度假百里精品民宿走廊”省级公共品牌

围绕“一线·一城·五片区”布局，推动全域旅游创新升级，创建国家全域旅游示范区；加快推进交通文化旅游融合发展，推进九绵高速景观廊道建设，完善九绵高速隧道出入口、沿线导览标识等旅游服务体系建设；围绕药丛山、白马十八寨等沿线景点，打造特色旅游精品路线4条以上。同时，围绕“岷山度假百里精品民宿走廊”建设，打造“五片区”精品民宿集群、“旧桥城”康养避暑产业带。以精品民宿为重点做强生态康养产业，大力实施“百村·千宿·万人业”工程，推动民宿产业带动乡村振兴融合发展；共签约民宿项目45个，签约总金额15.95亿元。

（二）以“五大行动”为引领做优文旅产业

用好用活“熊猫家园”名片，打好“大熊猫国家公园”牌，深入实施让交通文化

旅游示范带“动起来”、让报恩寺“活起来”、让王朗、老河沟自然教育“热起来”、让野生动物“聚起来”、让虎牙景区“兴起来”五大行动，加快建设成渝地区新生态旅游目的地。

（三）全面开创平武特色活动

围绕“一核四线”布局，深挖“四大活化石”等特色资源优势，着力“吃住行游购娱”六要素，以“来秘境平武　逛熊猫家园”为主题，在县内开展商文农旅融合系列活动，每晚定时举行“来秘境平武　逛熊猫家园——报恩情韵”文艺展演活动，每月逢五开展“民族欢歌、舞动平武”乡镇文化展演，每月逢十开展“熊猫杯”美食荟活动，让平武更有耍头、更有看头，平武好物更有来头。2023年以来，已成功举办“报恩情韵”文艺展演活动150余场，带动消费2000余万元。

三、着力内推外宣，充分推进消费帮扶全面增长

（一）电商助力内生动力强起来

围绕“政府搭台、企业运营、龙头带动、产业互融、群众参与、全域谋划”的总体要求，成立招商引资项目“一对一”对接服务队伍，多方考察研究盘活原荣华中心小学，引进四川中创兴武科技有限公司，打造建立乡村数字人才培训基地。县乡村振兴局等部门积极出台相关举措，激励本土企业积极上线电商销售渠道，线上线下双向发力，积极拓展优质农产品销售渠道，先后组织开展农特产品展示展销，引导电商企业和个人通过发布短视频、直播宣传、直播带货等方式，多渠道拓展农特产品网络销售渠道。目前，已成功培育出觅林姐妹、顺涛优选、秘境平武等多个本土电商平台账号。

（二）深度参与“绵品出川”活动

积极参与“绵品出川”佛山行、无锡行、宁波行等系列活动，牵头举办“渝见绵阳·共享平武——绵阳造”重庆行活动，拓展平武特色产品的营销网络，签订协议27亿元。同时，充分发挥涉农整合项目扶持优势，借“熊猫走天下”系列活动的平台，发放现场消费券、精品民宿和自然研学抵用券吸引消费者购买平武“天府乡

利用“大熊猫”超级 IP 培育品牌体系

图片来源：四川省平武县政府供图。

村”用标产品，吸引游客来平武旅游观光，体验精品民宿和自然研学。通过政府搭建平台，集聚传播资源，“创新”推动众多“宝藏级”的平武文化元素“走出去”，同时也将市场和人气“带回来”。

（三）全面开展走出去活动

以农特产品、文旅资源、自然研学为主推内容，以大型主题活动、“五进”活动等为载体，开展“熊猫走天下·生态进万家”成都行、重庆行、高校行、企业行、机关行等共享平武系列活动，搭建起平武生态产品走向全国、走向世界的平台。2023年以来，累计销售农特产品 4350 余万元。

聚焦引导、帮销、促产、搭台 落实消费帮扶促增收　全面助力乡村振兴*

案例单位:林芝市乡村振兴局

2023年以来,林芝市乡村振兴局始终将消费帮扶作为促进农牧民群众增收的重要手段,坚持"政府引导、市场主导、社会参与、互利共赢"的原则。组织创建一批消费帮扶销售平台,鼓励引导消费帮扶产品企业使用"林芝源"公共区域品牌,广泛动员社会力量参与产品采购,巩固消费帮扶"人人皆可为、人人皆愿为、人人皆能为"的全社会参与格局。

2023年以来,林芝市实现消费帮扶产品销售额达2.75亿元,超额完成年初制定的1.5亿元销售目标,直接带动农牧民就业5851人(其中脱贫群众851人),增收5593.72万元,全市消费帮扶工作态势稳中向好。

一、出台商贸物流补贴政策,减轻企业运营成本

为解决林芝市消费帮扶产品在商贸物流环节缺乏政策支持的问题,降低产品在销售端尤其是区外销售时的物流运输成本,林芝市积极争取援藏省市政策、资金支持,研究制定《林芝市消费帮扶产品销售快递物流运输费用补贴的实施方案》,投入援藏资金700万元专项用于为林芝市消费帮扶产品企业提供补贴,其中400万元用于快递物流运输补贴、300万元用于外包装补贴。2023年以来,已有27家企业申请物流、包装补贴资金252.7万元,现已兑现104万元,其余申报正在积极

* 推荐单位:西藏自治区发展改革委。

审核兑现中，两项补贴政策进一步减轻了消费帮扶企业运营成本。

二、统一“林芝源”区域品牌，持续扩大产品影响力

一是着力在品牌影响力上下功夫。深入推广“林芝源”公共区域品牌，解决以往林芝市消费帮扶企业产品小、散、乱的现象，产品销售各自为政，甚至恶性竞争的问题，制定出台《林芝市消费帮扶产品使用“林芝源”公共品牌 logo 的实施方案》，增强消费帮扶产品企业的品牌意识和竞争意识，着力扩大品牌统一性和影响力，让林芝的农牧特色产品能够更快更好地走出去，推动消费帮扶高质量发展。目前，全市从事“林芝松茸”“林芝苹果”“林芝藏香猪”“林芝羊肚菌”“林芝木耳”“林芝灵芝”“林芝牛奶”等地域特色产品销售的消费帮扶企业均在使用“林芝源”公共区域品牌。

二是着力在广告效应上下功夫。充分发挥电商平台推广优势，进一步提升林芝消费帮扶产品的销量，带动农特企业发展和农牧民增收，2023 年年初在对口支援城市广州、深圳、珠海、佛山、东莞、惠州、中山 7 个城市及区内 7 地市投放微信广告，向京东·林芝助农馆引流，累计投放 155.42 万次曝光量。店铺访客数 4.48 万人次，浏览量 7.54 万人次，店铺下单金额 10.6 万元，店铺下单金额和成交金额呈现较大幅度提升，广告效应明显。

三、搭建电商销售平台，不断拓宽销售渠道

习近平总书记指出“电商作为新业态，既可以推销农副产品、帮助群众脱贫致富，又可以推动乡村振兴，是大有可为的”①，林芝市电商起步较晚，但经过近年来不断摸索，积极引导经营主体将消费帮扶产品向电商上转移发展，全市农产品电商销售渠道已逐步打开。

一是着力提升企业运营能力。为缓解林芝市消费帮扶产品企业线上经营长期面临的无技术、无人才的困境，依托广东省第十批援藏工作队，申请资金 30 万元对

① 《习近平讲故事：对山区群众有深情　对摆脱贫困有决心》，《人民日报（海外版）》2020 年 7 月 30 日。

19 家消费帮扶产品企业开展线上运营专题培训，培训内容主要涉及抖音账号运营、短视频运营、直播带货、抖音小店运营、短视频制作等。培训后参训企业设立了短视频账号，通过直播带货、短视频推广等方式，宣传推介林芝消费帮扶产品，提升产品销量。

二是着力发挥群众作用。根据国家对电子商务进农村的总体要求，实施"林芝振兴乡村共享经济综合商贸（电商孵化）示范工程——乡村精准扶贫农产品上行工程"项目，2023 年 9 月开始分批组织人员在林芝市 6 个县（市）各乡镇进行现场培训，共培训 3104 人。培训后，部分农牧民群众已开始尝试性地进行电商直播。

四、动员社会力量积极参与，持续开展定向采购帮扶

一是国企主动参与显担当。中国邮政林芝分公司积极发挥邮政覆盖面广的优势主动参与消费帮扶产品销售，于年初设立"云上桃源　乡村振兴"主题邮局馆，馆内深度融入林芝风景、人文风俗、农特产品等元素，直观宣传推广林芝农产品（消费帮扶产品）和林芝旅游文化。2023 年 8 月设立"云上桃源主题邮局"乡村振兴馆抖音平台，充分发挥邮政"商流、物流、资金流、信息流"四流合一的优势，特别是在推进农产品进城，助力"藏货出藏"方面彰显了行业"国家队"的责任担当，实现助农创收 809.42 万元。

二是落实机关单位采购促销售。继续落实好各级机关、国有企事业单位政府预算内采购区内农副产品的政策要求，积极对接援藏省市、驻林央（国）企、驻藏部队等购买消费帮扶产品。2023 年，市（县）直单位累计采购额达 525.7 万元。

三是开展调研强化带动。积极开展消费帮扶企业调研，进一步掌握消费帮扶企业联农带农情况，督促完善联农带农富农利益联结机制，确保农牧民群众持续长期受益。2023 年消费帮扶企业林芝毛尖茶业有限公司收购察隅县上、下察隅镇 10 个村茶青达到 980 万元。

多措并举促消费　千方百计拓增收*

案例单位：西藏自治区昌都市

昌都市以推动特色农产品融入大市场为目标，不断拓宽销售渠道，着力打通产品在流通、消费的难点和堵点，积极探索创新消费帮扶模式，通过消费帮扶有效带动了农牧民群众增收。2023 年 1—11 月，全市电子商务实现线上线下销售额 1706.96 万元（线上销售额 1375.04 万元；线下销售额 331.92 万元）。

一、搭建网络平台，实现电商新突破

一是优化公共服务体系。截至 2023 年年底，昌都市共有市级电商公共服务中心 1 个，县级电商公共服务中心 11 个，乡（镇）级电商服务站 43 个，村级电商服务站 86 个。市级电商物流分拨中心 1 个，县级电商物流分拨中心（中转站）11 个，京东便利店 8 家，电商培训中心 11 个，电商直播间 8 个，O2O 体验中心 8 个。

二是强化物流配送服务。市级电商物流分拨中心于 2021 年 4 月投入运营，2023 年 1—11 月累计派件 330934 件，县级电商物流分拨中心整合县域"三通一达"等物流资源、深化"邮快合作"模式。

三是加强培训保障人才。针对不同群体多渠道、多层次开展电子商务培训，2023 年昌都市共开展电商培训 27 场、培训 1948 人。

四是电商活动实现效益。2023 年以来，为进一步提质升级电子商务进农村综合示范项目，积极推进"农产品上行"，通过开展"2023 全国网上年货节"活动、"数商兴农"系列专项活动等，指导企业参与"6・18 淘宝狂欢节""京东 6・18""双十

* 推荐单位：西藏自治区发展改革委。

一”等活动，促进本地农畜特产品的销售。

二、发挥供销作用，探索产销新路径

一是强化基层，扩大消费帮扶面。采取政策引导、资金扶持、联合社指导等形式，大力发展基层供销社，探索出县域新型农产品加工业社会化服务体系建设的新路子。支持指导八宿县嘉乐养殖业专业合作社、丁青县嗒哪农产品专业合作社申报自治区供销项目资金各40万元，用于建设标准化厂房、更新机械设备、扩大加工厂规模，通过项目实施，带动138户446名社员实现就业增收。提升基层社会服务功能，指导卡若区日通乡瓦列村宗嘎秀然农畜产品专业合作社实施“基地+致富带头人+农户+合作社”的经营模式，以合作社经营的方式解决农户各自小生产与千变万化的大市场之间的矛盾，同时为村级集体资产经营管理提供更加符合社会主义市场经济、符合群众利益的新型供销基层组织。2023年，宗嘎秀然基层社累计培训农牧民群众312人次，发放劳务工资125.6万元。

二是多措并举，多方拉动消费。深化“快递+电商+合作社+直播”模式，与中国邮政合作，65款昌都本地农特产品上架销售，以农产品产地、加工工艺通过直播的形式助力农特产品销售，2023年国庆期间直播销售额7.6万元。搭建昌都本土电商平台，助力培养当地电商营运和销售人才，与西藏本地电商（拉萨市净云电子商务科技有限公司）合作，助力其优化功能，完善服务，在此活动后，平台网页设计、订单处理、客服保障、发货查询等功能明显改善。

三、借力会展经济，畅通销售新渠道

在藏历新年期间，昌都市商务局指导各县（区）结合自身优势，以产销对接形式，帮助乡村振兴重点帮扶县生产的农副产品上行外销，扩大线上线下销售规模。先后成功举办了昌都市2023年“幸福昌都·悦享消费”消费促进活动启动仪式暨卡若区“第一届”物资交流会；贡觉县2023年“助企惠民·乐购贡觉”物资交易会暨藏历新年年货节；2023年度芒康县特色产品展销暨年货节；左贡县2023年迎藏历水兔新年物资交流展销会；2023年八宿县庆祝藏历水兔新年文艺演出暨特色产品展销活动;边坝县 2023 年特色农畜(电商)产品暨年货展销会;2023 年丁青县第六届农畜产品物交会暨电子商务进农村、传统节日数字化推介会——年货节、察雅县喜迎藏历新年文艺汇演等特色展销促销活动,参展企业、商家达 266 家,参展商品 537 种,实现线上线下销售额达 609.01 万元。

四、完善流通体系,构建发展新格局

目前昌都市共有农贸市场 25 个(包括乡镇农贸市场),冷链物流库 18 个,县城综合商贸网点 46 家,乡镇商贸网点 181 家,村级便民商店 2207 家,县级物流配送中心 41 个,乡镇快递网点 130 个,已初步形成了以昌都为中心、县城为辅助的综合物流服务体系,逐步健全县、乡、村三级物流配送体系,不断优化农牧区商贸网点建设布局,有力提高了城乡物流配送效率。

一是县域商业体系建设稳步推进。根据《商务厅关于做好县域商业体系建设工作的通知》要求,2022 年向区商务厅申请服务业发展专项资金支持类乌齐、贡觉、洛隆县域商业体系建设,同时启动实施丁青县集中采购和跨区域冷链物流集散中心项目,现均已完成建设。2024 年拟支持卡若、察雅、江达县域商业体系建设,重点实施建设卡若区集中采购和跨区域冷链物流集散中心项目。

二是优化主城区商圈布局。根据《西藏自治区建设城市便民商圈的实施意见》要求,结合昌都城区发展实际,2023 年重点以卡若区达因卡、昌庆街、城关镇西路、卧龙街、夏通街 5 个片区开展一刻钟便民生活圈试点建设工作,并成功申请国家级一刻钟便民生活圈建设试点城市。力争到 2025 年将这 5 个片区打造成为特色鲜明、布局合理、业态齐全、功能完善、智慧便捷、规范有序、服务优质、商居和谐的一刻钟便民生活圈。

探索消费帮扶新机制 激发乡村振兴新动能*

案例单位：陕西煤业化工集团

陕西煤业化工集团（以下简称"陕煤集团"）深化消费帮扶助力乡村振兴的工作理念，充分发挥自身优势，通过把农副产品变成农副商品，打通供应链，拉长产业链，稳定产销链，拓宽线上线下销售渠道，建设高标准消费帮扶产业基地，成立高水平产业帮扶公司，以联结机制为核心，促进共享共富。2023年，陕煤集团消费帮扶采购帮扶地区"土特产"1.5亿元。

一、以组织机制为基础，提供动力保障

陕煤集团高度重视消费帮扶工作，坚持把开展好消费帮扶行动作为助力乡村振兴的有效途径和可靠载体来推进。集团主要领导多次对活动开展路径、方法和举措进行专题研究，要求集团上下充分认识消费帮扶在新时代实施乡村振兴战略中的重要意义，把消费帮扶成效纳入作风建设行动全过程，切实加强对消费帮扶工作的组织领导，形成了集团主导、各方参与的运行机制。

二、以培育机制为目标，实现自我发展

消费帮扶不仅要拓宽农副产品销售渠道，更重要的是培育帮扶地区的自我发

* 推荐单位：陕西省发展改革委。

展能力。为从根本上解决小农户和大市场之间的衔接问题，陕煤集团从供需两头发力，帮助汉阴县和榆林市特色产业和农村群众实现稳定发展、长期发展、高质量发展。

一是拓宽线上线下销售渠道。陕煤集团鼓励各单位利用电商平台、新闻宣传等方式拓宽脱贫地区产品销售渠道。截至2023年年底，共发展了“京东”“天猫”“拼多多”“微店”“抖音”等代理商50余家，并在西安临潼兵马俑博物馆以及陕西省各大旅游景区建立了产品营销平台，向国内外广大游客宣传销售帮扶产品。近年来，陕煤集团消费帮扶采购帮扶地区“土特产”5.16亿元，其中2023年采购1.5亿元。

二是建设高标准消费帮扶产业基地。作为汉阴县定点帮扶牵头单位，陕煤集团针对该县农业种植偏散、有产无量、有品不优、持续不久的问题，按照“政府主导、陕煤助力、市场运作、资源共享、脱贫群众受益”的思路，利用汉阴越夏种植的区位优势，出资帮助汉阴县13个帮扶村成立蔬菜种植联合社，打造集生产、加工、销售、冷藏于一体的全产业链。同时，通过高于市场价格收购农副产品的方式，有效激发了脱贫群众种植优质产品的积极性和主动性，提升了当地蔬菜种植的规模化、组织化程度，形成了“基地+合作社+订单+脱贫户”的经营模式。

三是成立高水平产业帮扶公司。作为省国资委第六合力团团长单位，陕煤集团着眼于整合开发榆林市域特色产业资源，充分发挥产业振兴带动作用，真正把脱贫群众牢牢嵌到产业链条上这一目标，出资2.6亿元成立了榆林合力公司，帮助榆林打造产业帮扶和农产品开发平台，大力发展山地农业，做强特色产业深加工，拉长产业链条。依托红枣、黄芪深加工和甜叶菊提取等项目，与当地4000余户脱贫群众建立长期购销关系，通过推行订单化种植、定向收购，有力带动了当地特色种植的规模化、规范化发展，进一步提升了种源地农产品质量，实现了脱贫地区产业发展和群众稳定增收。

三、以联结机制为核心，促进共享共富

陕煤集团突破创新“三联三共”联农带农模式，以消费帮扶为抓手，定购直采帮销促进农户增收，带农益农作用逐步凸显，实现了区域产业健康发展，帮扶主体不断壮大，农民群众稳定增收，打造陕煤助力乡村振兴消费帮扶样板。

一是产业联营共育。政府落实产业奖补政策、优化产业发展环境，龙头企业探索市场、创新产品、打造品牌，农民合作社组织生产、技术服务、把控质量，农民群众出股金（帮扶资金的折股量化）、出土地、出劳力，共同搭建产业帮扶平台。

二是收益联股共享。探索将财政帮扶资金折股量化到户实行入股分红，企业、合作社与群众签订农产品产销协议实行订单生产，群众用帮扶资金自建生产基地、由经营主体实行统一管理以及吸纳脱贫劳动力务工就业、开展消费帮扶等，健全利益联结机制，增强产业帮扶带动能力。

三是效益联建共赢。兼顾经济、社会和生态效益，确定了功能性生态农业为主的帮扶产业发展路子，做到了土壤、施肥、“有机”管控，不仅守住了“绿水青山”，也带来了“金山银山”，富裕了当地群众。

近年来，陕煤集团通过土地流转、股本分红、务工劳作、原料销售等帮扶机制为帮扶群众7次共分红545.94万元，带动当地农户每年人均增收近千元。榆林合力公司着力打造原料采购、培训、微商、就业、种源、仓储及旅游帮扶七大利益联结机制，惠及数十万枣农、4000余芪农，带动2180户脱贫户增收。

继续大力实施消费帮扶，有效扶持帮扶产业、特色经济补链条、兴业态、树品牌，带动脱贫人口和农村低收入人口增收致富，是巩固拓展脱贫攻坚成果的重要举措。陕煤集团将继续深入贯彻全面推进乡村振兴各项决策部署，并切实通过消费帮扶带动帮扶地区实现高质量发展，贡献“陕煤力量”，彰显“陕煤担当”。

陇南电商品牌培训助力消费帮扶插上“云端翅膀”*

案例单位：甘肃省人社厅

近年来，甘肃省陇南市各级人社部门立足陇南电商特色产业，不断完善政策支持体系，充分发挥电商等数字经济赋能高质量发展的倍增效应，坚持市场导向、就业导向，极大促进了陇南农特产品电商新产业的蓬勃发展。全市累计电商销售额逾380亿元，带动实现农村居民可支配收入由2015年的430元增长到2022年的1129元。

一、创新使用“电子培训券”，强化电商新职业培训

针对农村劳动力职业技能培训工作中存在的培训组织难度大、培训就业衔接不紧密、培训过程监管难度大等问题，陇南市依托陇南乡村大数据平台，在全省率先开发使用职业技能“电子培训券”服务系统，充分利用乡村大数据链接千村万户的前端优势，线上打通培训学员、培训机构、监管部门三方，实现学员自主择训、机构按需组织、政府实时监管的有机结合，为城乡劳动者自主选择技能培训工种、培训机构、培训班次，进而享受“点对点”培训就业一体化服务提供畅通直达的指尖渠道，有志于电商领域发展的各类群体可随时通过平台获取培训资源、进行政策咨询、申领培训补贴和享受培训就业服务。该系统也入选了2021年中国就业促进协会中国就业十大事件、全国地方就业创新事件，极大提高了城乡劳动力参加技能培

* 推荐单位：甘肃省发展改革委。

训的积极性、主动性和便利性，提升了人社部门培训就业服务的组织管理水平。2023 年陇南市通过“电子培训券”服务系统参加培训 5.48 万人次，共开展电子商务类技能培训 4531 人次，电商创业类培训 4762 人次。

二、精心培育陇南电商劳务品牌，发挥品牌“三带”效应

近年来，陇南市坚持将劳务品牌建设作为劳务就业领域的一项重点工作，不断致力于劳务品牌的宣传推介和品牌化标准化培训，坚持直播带货、直播带岗、直播带游“三带”融合，推动劳务品牌外树形象、内增动力，劳务品牌带动就业效应逐步彰显，一部分劳务品牌得到市场和社会的高度认可，成为亮丽的“陇南名片”，有力促进了群众高质量充分就业。截至 2023 年年底，陇南市在国家市场监督管理总局注册或延展的劳务品牌 25 个，其中 2023 年“陇南电商”劳务品牌被认定为省级劳务品牌，目前正在筹划申请国家级劳务品牌。

截至 2023 年年底，通过“陇南电商”劳务品牌累计带动全产业链就业创业 31 万人，其中电商供应链新业态群体就业 4.5 万人，平均每 13 个人中就有 1 个人在电商产业链条上就业，在陇南电商品牌带动下，累计开展各类补贴性或市场化培训 32 万人次，为陇南电商产业发展注入了源源不断的人才动力和品牌动力。

三、依托直播达人和创业明星，持续引领推动陇南电商发展壮大

在陇南电商产业百花齐放、百家争鸣的发展历程中，陇南市十分注重发挥典型示范带动作用，精心培育优秀典型人物，涌现出了一大批优秀的陇南电商品牌人才，如“全国人大代表”梁倩娟、“全国最美家乡人”白亚龙、“大国农匠 · 乡村星主播”龙江辉、“大国农匠 · 电商致富先行者”赵武强等新就业群体先进模范，他们在实现自己梦想的同时带动周边群众实现就业创收，为家乡发展作出了直播创客们的独特贡献。

此外，陇南市还大力推进“千人自主创业计划”，2023 年发放创业补助 837.3 万元，直接带动就业 2175 人；认真落实创业奖补政策和创业担保贷款扶持政策，

2023 年共发放创业担保贷款 2. 5 亿元、吸纳带动就业 2151 人，一次性创业补贴 297. 5 万元惠及 590 人，各项政策叠加充分释放着创业带动就业倍增效应，为各类群体投身电商领域创业提供了强大助力。

对于陇货源头工厂，陇南市人社部门立足自身职责优势，狠抓乡村就业工厂（帮扶车间）转型升级，按照“成熟一家、认定一家”的工作思路推进乡村就业工厂认定工作，不断发挥乡村就业工厂（帮扶车间）的消费帮扶促就业作用。截至 2023 年 10 月底，陇南市共发展乡村就业工厂（帮扶车间）478 家，其中乡村就业工厂 173 家，乡村就业帮扶车间 305 家，共吸纳就业 10525 人。

陇南电商发展 10 年来，不断创新拓展电商思路，从起初的单一淘宝平台到借力电商平台与自建电商平台，形成“陇南 1688 产业带”线上批发与各平台零售、国内与跨境、消费帮扶与本地节会差异互补营销，实现了从单一销路到多点开花的全面转变，现阶段正通过电商与电竞、电商与短视频大赛、电商与合作社、电商与新媒体的跨界融合，不断探索电商销售内容融合、体验融合、媒体融合的新路子，持续掀起电商品牌带货热潮。2023 年仅上半年，全市组织的各类直播带货活动销售额就达到了 5182. 47 万元，呈现出稳步壮大的良好发展势头。

展望未来，陇南电商的前景光明而广阔。下一步，陇南电商仍将坚守“解决农产品卖难问题　帮助群众就业增收”的初心不变，锚定省市“四强行动”“三城五地”蓝图部署，紧盯电商产业链供应链延补强、电商人才培育和电商劳务品牌打造等关键环节，不断做大农业特色产业链、做强优质网货供应链、做实电商人才培育链、做响电商品牌推广链，并以电商为突破口引领各行业运用互联网思维、互联互通融合发展，为实现经济社会高质量发展和民生福祉改善、建设社会主义现代化幸福美好新陇南作出新的更大的贡献。

深挖文旅消费潜力 助力经济高质量发展*

案例单位：甘肃省金昌市

甘肃省金昌市加强政策支持，狠抓文旅项目，赋能乡村旅游，完善旅游要素，聚焦宣传营销，深化区域联动，创新消费业态。2023 年 1—11 月，金昌市共接待旅游人数 746.4 万人次，实现旅游综合收入 43.9 亿元。

一、做好文旅消费的主要做法

（一）加强政策支持

相继出台《金昌市文化娱乐类企业规下转规上和规上企业奖励扶持办法》《金昌市“引客入金”旅游奖励补贴试行办法》《关于加快复苏全市文旅行业激活冬春旅游市场工作实施方案》，从政策奖补、企业扶持、线路开发等多个方面推动文化旅游发展，形成文化旅游发展的政策体系，不断增强旅游市场吸引力。

（二）狠抓文旅项目

相继实施了“火星 1 号基地”项目、御山历史文化景区基础设施提升项目、长城文化展示中心，以及长城游览栈道项目、紫金苑花海夜市、骊靬文化展示中心、矿山公园机械灯光秀、国宾馆五星级酒店等重点文旅项目。

* 推荐单位：甘肃省发展改革委。

（三）赋能乡村旅游

按照“一村一品、一镇一业”的发展思路，积极培育壮大乡村旅游景区景点，截至2023年年底，全市共建成省级乡村旅游示范村10个，全省乡村旅游示范县文旅振兴乡村样板村4个，打造了乡村精品旅游路线10余条。

（四）完善旅游要素

一是在“吃”的方面，以主题化、特色化、品牌化为原则，深入挖掘金昌饮食文化，打响“金昌味道”，培育出42家特色餐饮名店、10家乡村旅游餐饮示范点和50多个特色美食菜品。

二是在“住”的方面，通过“强管理、重服务、促提升”构建金昌特色旅游住宿体系，加快特色民宿、自驾营地、家庭公寓发展，目前全市共有星级饭店18家，新型住宿5家，接待床位数10376张。

三是在“行”的方面，围绕破解景区可入性差的瓶颈制约，强化景区之间道路联通，实现了景区与交通干道的互联互通，鼓励开通景区客运班线，推进旅游“最后一公里”建设。

四是在“游”的方面，近年来，金昌围绕打造祖国镍都工矿探奇基地、中国航天科普研学基地、丝绸之路历史文化体验区，推出了“工矿探奇、火星研学、骊靬揭秘、紫金赏花、沙漠探险、祁连览胜、乡村寻美、戈壁穿越”8张特色旅游名片。

五是在“购”的方面，深化发展文旅互联网消费，市内文旅商品线上销售网店20家，2023年总销售额约3000余万元，网上销售额上千万元，“旅游+新零售”实现线上销售、线下体验的流量转化。

六是在“娱”的方面，“未来火星生活周”、千车万人“火星”穿越大型文旅活动等特色鲜明的节会和赛事活动频频“吸睛”，金昌市文化旅游宣传大使选拔赛，总阅读量超过1000万人次，活动相关内容全网阅读量超1000万人次，大赛复赛、决赛抖音/网易直播吸引超过200万人次观看、点赞、评论、互动，带动科普研学、汽车越野和非遗体验成为金昌文旅消费新热点。

（五）聚焦宣传营销

一是推动“走出去”宣传。充分发挥“引客入甘”“引客入金”的优惠政策，利用南北文化旅游资源差异化特点，在通航城市和重点客源地开展旅游专场宣传推介、文旅商品展销会和招商引资活动。

二是坚持“请进来”策略。先后邀请防城港市、嘉峪关、海北州等来金昌市开展文旅资源推介，甘肃文旅集团、省建投文旅集团等来金考察调研文旅产业，实现了优势互补、互利共赢。

三是宣传营销转型升级。强化线上线下宣传营销体系建设，不断扩展优质客源地。重新设计编印旅游指南、手绘地图等旅游宣传品；在甘肃卫视、兰州西客站、中川机场等平台持续投放金昌特色文旅产品。

（六）深化区域联动

推动金昌、武威、张掖、海北州、阿拉善右旗“三省五地”旅游一体化发展，开启全省地级市跨省域协同发展新模式。

（七）创新消费业态

一是主动适应数字文化传播新趋势，鼓励市县区图书馆利用线上荐书、图书App、智能化体验等新技术，合力打造“线上线下联动、馆内馆外互通”的全覆盖、沉浸式阅读环境。

二是指导“火星1号基地”打造全融合式的火星场景空间，增设实现火星未来生活场景的沉浸式融合体验设备。

三是各景区多措并举打造培育集夜间文化体验、特色餐饮、时尚购物、观光游憩等为一体的夜间文化和旅游消费集聚区。

四是文化馆、博物馆、图书馆等部分功能场馆延长夜间免费开放时间，进一步拓展公共文化设施夜间服务内容。

二、做好文旅消费的成效与经验

（一）丰富多样的文旅活动是助推消费增长的有效手段

坚持以活动带产业、聚人气、促消费，按照“周周有活动、月月有主题、季季有爆点”的工作思路，2023年共组织开展110多项特色文旅活动，有效带动了农、体、商、文、旅产业融合升级。

（二）培育新产品和新业态是促进消费升级的重要支撑

充分挖掘地方特色人文、自然、旅游资源，因地制宜培育科普研学、非遗体验、夜间旅游、汽车越野等文旅新产品、新业态，注重营造旅游消费新场景、培育文旅新业态、打造文旅新产品。

（三）扩大优质文旅供给是推动短周期消费向常态化消费转化的更好途径

文旅季节性消费特征明显，消费周期较短，对经济发展的支撑作用不强。只有通过不断扩大优质旅游供给，开发更多适合不同客群的旅游产品，打造适合不同季节的特色旅游业态，才能更好地吸引外来游客消费，拓展主客共享的旅游生活空间。

三、做好文旅消费的启示与思考

一要围绕提升要素发展“文旅+”。进一步提升“吃、住、行、游、购、娱”配套商业要素供给能力，培育一批星级酒店、特色街区等，探索开发汽车越野、骑行、徒步穿越、攀岩、滑雪、滑草等新业态产品，完善旅游基础设施配套功能，提升服务水平，推动农、体、商、文、旅产业融合发展更加紧密。

二要围绕特色活动深度激发消费潜能。抓住节假日消费热点时段，大力发展“假日经济”“夜间经济”“旅游经济”，推广无接触、智慧化、数字化等新模式新业态，通过组织各类形式多样的促消费活动，带动零售、住宿、餐饮等行业蓬勃发展。

三要围绕品牌打造加强宣传营销。充分利用新媒体、网络平台、大型活动，借势营销，打造本地特色文旅品牌。加强文旅市场开发拓展，通过政策扶持、合作联盟、营销活动等手段，利用非遗、美食、文创等多种载体，进一步加强文旅特色产品展示传播，拓宽金昌市文化旅游客源地，展现金昌市文化旅游的魅力和风情。

创新推广模式　打造宣传矩阵 “宁夏精品中国行”推动特色农产品走出去*

案例单位：宁夏回族自治区农业农村厅

宁夏农业农村厅创新载体，搭建平台，成功举办了“宁夏品质中国行”和“宁夏精品中国行”系列活动，围绕葡萄酒、枸杞、牛奶、肉牛、滩羊、冷凉蔬菜“六特”产业，集合区域品牌、企业品牌、产品品牌等优势资源，在京津冀、长三角、珠三角、大湾区等一二线城市展示展销推介宁夏特色优质农产品，让更多“原字号”“老字号”“宁字号”农产品走向国内国际大市场。“宁夏精品中国行”系列活动开展以来，销售额达5043.5万元，达成合作意向协议308个，签约金额达14亿元。

一、推动特色农产品走出去的主要成效

一是党委和政府高度重视，全力支持办好系列活动。自系列活动启动以来，自治区党委和政府在政策、资金及工作协调等方面给予了大力支持，协调落实省部级领导出席活动开幕仪式，安排有关领导出席各站活动并致辞。2023年“宁夏品质中国行（上海站、杭州站、南京站）”被列为自治区党政代表团考察学习江浙沪期间的重要活动。“宁夏精品中国行（厦门站）”被列为闽宁协作第27次联席会议自治区党政代表团考察期间的分项活动，有关领导同志大力推动、精心指导。

二是精心选点策划，全方位展示特色农业产业。紧盯中国品牌日、全国农交会、农博会等全国知名农业展会平台，在各地国际会展中心、星级酒店和特色商圈

* 推荐单位：宁夏回族自治区发展改革委。

开展“宁夏精品中国行”系列活动。邀请文旅部门共同举办活动,通过“厨王争霸赛”“餐酒美食品鉴”“文旅宣传推介”等精彩纷呈的活动内容和主题创意,在农产品品牌推介中融入文化旅游元素,全方位展示宁夏特色农业产业,极大地提升了“宁夏精品中国行”系列活动在区内外的知名度和影响力,唱响了“这是宁夏的好东西”主旋律,为宁夏特色优质农产品走向国内国际大市场开辟了一条广阔渠道。据初步统计,历次活动共组织全区“六特”产业及文化旅游产业共670余家企业携带2000多种农产品及文旅产品参展,邀请各地龙头企业、餐饮协会、经销商、大型批发市场负责人和餐饮大厨等参加,为企业交流合作搭建平台,也吸引各地众多消费者品鉴购买宁夏产品,多角度全方位集中展示了全区农业特色优势产业和文化旅游资源。

宁聚好品 · 沪传美味

图片来源:宁夏回族自治区农业农村厅供图。

三是大力宣传推介,好品质带动农产品销售火爆。邀请和组织中央和自治区有关媒体、活动当地媒体以及各类新媒体、自媒体,采取多种形式大力宣传“这是宁夏的好东西”,为活动营造良好氛围。历次活动的参会领导、嘉宾和企业家对宁夏“六特”产业发展给予了高度评价,产地优越、品质优良、特色鲜明的宁夏农产品受到当地消费者的普遍欢迎。据初步统计,“宁夏精品中国行”系列活动开展以来,线上线下结合、场内场外联动,线上浏览量大,现场人气旺、交易活动密集,线上宣传流量3031万人次,现场人流量65.6万人次,销售额达5043.5万元。

四是严选授牌品牌店,创新形象拓展农产品营销渠道。在长期产销对接机制的推动下,宁夏在全国各大中城市设立宁夏名优特色农产品外销窗口共85家,为“宁品出塞”搭建了桥梁纽带,有力推动了宁夏名优特色农产品走出宁夏、走向全国。2023年3月上海站、杭州站、南京站活动期间,农业农村厅举行了宁夏名优特色农产品外销窗口品牌店授牌活动,为认定命名的2023年第一批42家(上海18家、杭州11家、南京13家)宁夏名优特色农产品品牌店企业授牌,示范带动江浙沪地区宁夏名优特色农产品外销窗口提升建设水平;在2023年10月厦门站活动期间,宁夏农业农村厅为认定命名的第二批17家宁夏名优特色农产品品牌店企业授牌,在产销对接、品牌宣传、促进流通等方面发挥积极作用,有力推动全区特色农产品走出宁夏、走进江浙沪闽、走向全国。

二、开展系列活动的工作启示

一是借助党政代表团推动活动办出新高度。2023年活动成功举办,得益于纳入自治区党政代表团考察学习江浙沪期间重要活动和闽宁协作第27次联席会议自治区党政代表团考察期间的分项活动,扩大了活动影响力,提升了宣传效果。

二是走出去办展会搭建宣传宁夏农业新平台。“宁夏精品中国行”已连续举办21场,把宁夏的优质特色农产品带到国内一线城市市民身边,由政府和优秀企业反复推介,真正加深了对宁夏农产品的直观印象和消费体验,取得非常好的宣传效果。

三是品牌形象店拓展农产品营销新途径。在区外设立宁夏名优特色农产品外销窗口品牌店,规范和提升外销窗口的形象和管理水平,拓展其在产销对接、品牌宣传、促进流通等方面的功能,搭建永不落幕的“农博会”,形成了宣传宁夏农产品的新阵营。

三、进一步促消费的工作计划

下一步,我们将认真贯彻落实自治区党委和政府关于进一步释放消费潜力促进消费持续恢复的决策部署,充分发挥农产品销售在稳经济、保增长、促发展方面的积极作用，主动加强与文化旅游、葡萄酒、林草等部门的协作力度，坚持“走出去”与“请进来”相结合，线上营销推介与线下办展相结合，在全国大中城市持续开展“宁夏精品中国行”系列宣传推介活动，组织各市、县（区）和更多企业参加农交会、餐博会等全国性农业展会，以宣传推介“这是宁夏的好东西”“宁品出塞”“宁品南下”为主题，汇集整合有关厅局和市、县（区）资源，合力把宁夏的“六特”产业优势产品推介出去，让更多“原字号”“老字号”“宁字号”农产品走向全国市场，进一步提升宁夏特色优质农产品的知名度、美誉度和影响力。

多措并举助力宁夏特色农产品开拓销路*

案例单位：银川新华百货连锁超市有限公司

银川新华百货连锁超市有限公司（以下简称“新百连超”）借助线下线上一体化销售模式，多方协调及时帮助主导产业和农户解决销路问题，积极履行社会责任，以企业发展反哺社会发展。2023年，新百连超在“农户帮扶直采”中，上门收购良田镇各类果蔬2306吨，销售额达620万余元。

一、企业消费帮扶工作概述

多年以来，新百连超坚持积极承担企业社会责任，持续通过消费帮扶带动城市消费，助力乡村经济振兴。截至2023年11月30日，商品未税销售额约8500万余元，其中新建专柜年销售额预计4000万元。

二、消费帮扶项目实施情况及工作业绩

自2022年开始，新百连超借助线下线上一体化销售模式，多方协调及时帮助主导产业和农户解决销路问题，主要以本地生产的蔬果、干货、杂粮、枸杞、葡萄酒、滩羊肉等为主。

截至目前，新百连超带动脱贫户4000余户，合作的本地农业供应商40余家。2020—2023年新百连超在全区建设62家消费帮扶专区门店。预计2024年、2025

* 推荐单位：宁夏回族自治区发展改革委。

年消费帮扶专柜年销售额可达1亿余元。

2022—2023年,新百连超打造消费帮扶专区产生费用627.83万元。其中,氛围布置等宣传费用共计127.83万元,减免陈列费用共计500万元。

三、专项帮扶良田镇纾解困难,解决滞销农户万斤新鲜蔬菜

新百连超持续关注宁夏周边各类农产品情况,建立农超对接渠道,当菜农蔬菜出现滞销时,新百连超立即组织召开农产品产销对接会,从田间地头到超市货架,用实际行动诠释“企业责任担当、助力地区发展”,帮助更多农户、合作社将农产品在区内外销售。

四、直播电商拓展销售渠道,助推本地特色产品走向全国

新百连超作为区域零售连锁超市行业的领跑者,近年来勇于创新,大胆变革,积极拥抱互联网,将自有实体门店与互联网进行优势互补、融合创新,以适应顾客的消费需求。同时积极参与响应自治区的产业振兴战略,聚力打造线上线下一体化商业模式提质、现代服务业扩容与数字赋能的综合商业能力,积极创新谋求发展。

在直播电商领域,新百连超牢牢把握市场机遇,推进抖音直播带货业务。2023年3月29日,“宁味天下”正式起号开播,抖音直播带货业务宁夏滩羊板块,全年销售额达3000万元以上;7月初抖音直播开设“宁牛天下”,主营宁夏本地特产泾源黄牛肉,全年销售额1000万元以上。

2024年,新百连超计划将宁谷香、宁味天下、宁羊天下、宁牛天下、百优家选等自有品牌进驻京东、天猫、淘宝、拼多多等传统电商平台,增设5家以上线上门店,打造真正本土明星品牌,将宁夏特色产品推向全国,吸引更多消费者走进宁夏,助力宁夏开创农商友好合作的美好未来。

五、加强闽宁协作帮扶，共谋闽宁乡村振兴

近年来，新百连超认真贯彻落实自治区关于闽宁协作会议精神，把消费帮扶作为新百连超巩固脱贫攻坚成果同乡村振兴有效衔接的重要抓手。为加大对闽宁镇的帮扶力度，新百连超闽宁店于2019年7月21日正式开业，这是新百连超闽宁店在宁夏移民乡镇开设的第一家超市，不仅满足了当地百姓的消费需求，也为当地农产品开辟了“绿色”销售通道。针对当地交通不便的问题，门店将设立农产品收购站，公司采销人员主动上门，并依托新百连超所辖门店，将当地农产品销往全区。

同时，新百连超致力于将宁夏资源优势与福建市场优势相结合，搭建“宁货闽卖”的销售桥梁，将宁夏及其周边地区农副产品销售到福建乃至全国市场。

未来，新百连超一定不负众望，在宁夏这片热土上做大品牌，在自身发展的同时，以优质的产品和极致的服务，以更高的政治站位和更强的责任担当，以更实的帮扶举措和更大的助农力度，持续关注宁夏周边各类农产品产销情况，期望通过新百连超对农产品推广、消费帮扶专区的全心打造，持续推进宁夏本地农产品产业规模再提升，为宁夏农产品打开更广阔的销路，用实际行动诠释“企业责任担当、助力地区发展”的信念，为“实现全区农业早日兴起”，走向富裕，促进宁夏当地产品和服务消费，贡献一分“新百力量”。

聚焦乡村振兴战略 多措并举开展消费帮扶*

案例单位:新疆大学

新疆大学通过“高校+政府”组团智力帮扶的模式,理顺传统村落旅游资源产权归属,成立“内源式”村集体文旅公司,将旅游收益向村民分红,以此增强村民旅游发展主体地位,积极调动吐峪沟村村民参与遗产保护、旅游开发和乡村振兴三项事业。

一、多措并举开展消费帮扶的主要工作情况

(一)打造特色产业,涵养消费帮扶根基

一是继续推进叶城核桃产业研究院工作。新疆大学叶城核桃产业研究院在喀什地区叶城县洛克乡9村4组核桃标准化示范区进行试验研究与示范应用,针对现有核桃在种植过程中为达到利益最大化、需与其他经济作物进行套种模式,设计并开发了一款适用于叶城地区的自带动力式联合整地机。该机能够将深松、灭茬、耕地、平整等多项功能集于一体,并可架装免耕播种施肥机,能够一次性完成耕地作业全过程,使得生产作业效率大大提高,助力叶城核桃增产增收。

二是紧抓产业发展,培育乡村振兴“新引擎”。巴仁乡库勒艾日克村按照“一村一品、一片一品”的规模化发展模式,进一步推广“核桃疏密降冠暨林下产业发展示范田”,扩大林下种植红薯、辣椒等特色作物共1629亩。

---

* 推荐单位:新疆维吾尔自治区发展改革委。

（二）开展民族团结一家亲活动，动员全员参与消费帮扶

一是持续深入开展“民族团结一家亲”结亲活动。目前 490 人与叶城县 490 户村民结对认亲（其中，有 208 人因外派、重大疾病、孕哺等以邀请结亲对象来乌或请他人代为探望的形式参加结亲活动）；9 个驻村工作队 51 名队员在所驻村开展结亲活动；全校 2962 名教职工通过“三进两联一交友”活动全覆盖联系 27 个学院 900 余个班级 3.6 万余名学生结对交友。

二是组织开展暑期大学生社会实践活动。暑期精心组织新疆大学“学习二十大，永远跟党走，奋进新征程”暑期社会实践活动，激发新疆大学广大青年学子在学思践悟中汲取前进动力，在火热实践中进一步了解国情社情民情，坚定“学习二十大、永远跟党走、奋进新征程”的信心决心。

（三）争取社会资源，动员社会力量参与消费帮扶

巴仁乡库勒艾日克村在新疆大学驻村工作队的帮助下，大力加强与红石慈善基金会的交流与合作，争取善款项目。目前，“乡村孩子的妈妈老师”项目落地巴仁乡，投入项目资金 60 万元。

（四）积极从贫困地区聘用工勤人员，促就业助力消费帮扶

一是开展后盾单位帮扶就业。新疆大学后勤服务中心累计聘用南疆务工人员 110 人（其中叶城县务工人员 54 人），餐饮服务中心累计聘用南疆务工人员 148 人（其中叶城县务工人员 43 人），平均工资 3500 元/月，有力地解决了帮扶村村民的就业难题。此外，新疆大学餐饮服务中心职业培训部（附属旅游技校）面向南疆地区特别是新疆大学驻叶城县驻村工作队所在村录取学员，免费参加烹饪技能培训，招收实习生 78 人（其中叶城县 29 人）。

二是积极联系就近就业。积极拓展就业渠道，鼓励富余劳动力跨地区稳定就业的同时，主动联系其他劳动力需求单位，促进村民就近就业。依提木孔镇其木盖尔里克村充分发挥“沪喀姐妹情——喀什地区妇女创业就业示范基地”暨叶城县祖传手工艺品有限责任公司的作用，解决 101 名妇女就近就地就业难题。

三是加强就业技能培训，积极组织群众学法律、学政策、学技能，全面提高农民科学文化水平。利用餐饮服务中心职业培训部（附属旅游技校）的优势，组织开展畜牧家禽养殖、面点制作等实用技能培训，累计开展培训 452 场次、受训 48546 人次。通过帮扶村民就业，增加了村民收入，提高了村民消费能力。

（五）动员师生力量，直销帮扶村农副产品

大力开展消费帮扶助农增收活动，积极采购帮销帮扶村农副产品，解决农产品滞销卖难困境。

一是帮助帮扶村做好农产品特别是消费帮扶产品“出村进城”工作。根据《关于印发〈关于深入持续开展政府采购脱贫地区农副产品工作推进乡村产业振兴的实施意见〉的通知》要求，2023 年度新疆大学学生餐饮管理服务中心采购脱贫地区农副产品 20 万元。

二是加强农产品流通通道建设，大力发展农村电商，结合大学生创业创新项目，探索开发农产品定制化生产、订单化销售模式。加大学校订单购买力度，推动帮扶村农产品进食堂、进校园。

三是积极开展工会活动。鼓励校工会动员师生员工在帮扶村开展分工会活动，动员教职工帮助销售和购买土鸡、鸽子等，促进庭院养殖业增收。

二、做好消费帮扶的典型做法

“吐峪沟计划”——传统村落旅游活化助力乡村振兴和共同富裕。2021 年 1 月，新疆大学与吐鲁番市鄯善县签署《“吐峪沟景区”旅游发展、文化研究合作框架协议书》，并联合中山大学发起“吐峪沟计划”项目，开展传统村落旅游智力帮扶工作。“吐峪沟计划”通过“高校+政府”组团智力帮扶的模式，理顺传统村落旅游资源产权归属，成立“内源式”村集体文旅公司，将旅游收益向村民分红，以此增强村民旅游发展主体地位，积极调动吐峪沟村村民参与遗产保护、旅游开发和乡村振兴三项事业，延缓传统村落消亡态势，为我国传统村落旅游活化提供“新疆样板”。通过实践，“吐峪沟计划”已成为吐峪沟村实现乡村振兴和共同富裕的“产业引擎”“人才引擎”“文化引擎”“生态引擎”“治理引擎”。为了科学指导吐峪沟村民居建筑与民俗文化活态保护，2022 年 7 月新疆大学与中山大学“新疆历史文化旅游可持续发展重点实验室吐峪沟工作站”在吐峪沟村正式挂牌。工作站以“吐峪沟计划”项目为依托，积极对接建筑领域专家团队进行房屋安全评估，并借助教育部“高校旅游帮扶联盟”为吐峪沟村建言献策，助推吐峪沟村传统村落核心区居民有序回迁。通过一系列旅游培训，增强了村民旅游致富能力。

构建“四个创新”工作体系
持续推动深圳消费帮扶走在前作示范*

案例单位：深圳市乡村振兴和协作交流局

近年来，深圳市充分发挥市场、科技、资本等优势，构建“四个创新”工作体系，以先行示范标准创建全国消费帮扶示范城市。2023年，深圳市采购消费帮扶产品123亿元。

一、创新工作机制，坚持政府引导

一是提高站位统筹推进。市消费帮扶工作专班实行“台账化、项目化、数字化、责任化”管理，每季度一调度；市乡村振兴部门每周一通报，公布消费帮扶产品采购额排行榜，目前已印发通报86期。

二是加大政策支持力度。率先印发《深圳市创建国家消费帮扶示范城市工作方案》，明确产业链条完善、市场要素多元、销售渠道畅通等5条总体目标。按照《深圳市农业发展专项资金资助操作规程》，对深圳对口地区符合申请条件的“菜篮子”基地认定项目以及帮扶合作项目给予资助，单个项目资助金额最高不超过300万元。

三是开展新农人培育。落实“耕耘者振兴计划”，以党建为引领、以数字工具为抓手，聚焦乡村产业发展，面向乡村治理骨干和新型农业经营主体带头人开展免费培训。支持腾讯公司等单位实施“乡村CEO计划”，发挥公众号、视频号和企业微信等赋能性数字化工具的作用，为消费帮扶提供创新方案和智慧支持。

* 推荐单位：深圳市乡村振兴和协作交流局。

二、创新产业帮扶，强化企业主导

一是完善产业链条。针对农特产品运输流通成本高、损耗大等痛点、堵点，深圳投入财政帮扶资金支持脱贫地区建设冷链物流等基础配套设施。在新疆，支持喀什建设中集生鲜冷链基地，作为新疆最高标准的现代化冷库之一，开通喀什—深圳冷链专列，及时将喀什的西梅、葡萄等新鲜水果运至深圳，运输时间缩短2天，保证水果品质不减。在广西，累计安排财政帮扶资金超3亿元、带动其他资金20多亿元，与广西共建仓储保鲜、冷链物流等农产品流通基础设施超50个，引导一批上市公司、农业龙头企业参与打造集农产品产销、仓储、物流、溯源于一体的全产业链，促成农业投资签约项目138个、总投资额249.7亿元。

二是壮大优势产业。开展“深圳农场”示范创建。重点在脱贫地区开展“深圳农场”建设，2022年以来，已认定脱贫地区共69个“深圳农场”。实施“供深农产品基地”建设。充分发挥深圳市“菜篮子”保供给、稳物价、促民生等方面的重要支撑作用，引导农业龙头和重点企业到脱贫地区投资，以规模化保证农产品稳定供应。深农集团在广西百色建成投产1500亩乐业高山蔬菜示范基地一期项目，首批蔬菜深受湾区市场欢迎。目前，广西全区已累计建成159个供粤供深农产品示范基地。

三、创新品牌培育，提供科技支撑

一是打造产品品牌。开展“圳品”认定。圳品评价体系，是深圳对标国际先进标准构建的从农田到餐桌全链条供深食品标准体系。重点提升消费帮扶产品品牌，累计评定全国28省149市“圳品”1603个，其中深圳对口地区“圳品”325个。遴选“百强”好产品。举办“海推海选好产品　联展联销进社区”暨深圳消费帮扶“百强”好产品评选活动，通过三届评选活动推选出新疆喀什沙棘汁、广西隆林板栗等300款品质优良品牌。实施“一镇一品”品牌计划。本来生活网团队深入海陆丰等革命老区考察调研，精选产业基础较好的特色产品重点打造，推动产品品控与合规化进程，帮助当地农户生产符合市场流通标准的农产品，实现由“产品”到“商品”的转变。目前，已优选100余款革命老区标志性农产品上架销售。

二是打造科技支农品牌。品种培优方面，中农海稻公司在新疆喀什市帕乡重点建设万亩海水稻种植基地，打造深圳和喀什两地联动的耐盐碱粮油作物研发平台，助力喀什市海水稻年产量达到6700吨，深圳市场销量近3000吨。品质提升方面，深农集团打造了“应时而食”的节气菜盒，根据二十四节气变化，推出顺应时令的菜谱，以文化属性提升农产品附加值，挖掘开拓高端客户。深圳百果园开发了“三个零蔬菜”：种植过程中使用“0化学合成肥料、0化学农药、0化学激素”产出的高品质蔬菜，为消费者提供更优质更健康的果蔬产品。标准化生产方面，鑫荣懋集团通过新品种、新技术、新渠道、新品牌“四新赋能”，打造面积上万亩的云南红河（国际）蓝莓示范区，带动当地农民人均年增收近3万元。

四、创新销售渠道，挖掘市场潜力

一是明确政府采购份额。近3年来，累计发放5000万元消费帮扶券，带动全市职工采购消费帮扶产品金额达3亿元。

二是拓宽市场销售渠道，推进现有平台市场化运作。线下实现全市市、区两级共28家消费帮扶中心规范化运营，开展“好产品进社区”行动，首批建设示范点位55个。截至2023年年底，“圳帮扶”线上商城共直接开设店铺150余家，上架产品近7000个，同类产品的价格均低于其他平台。推广直播带货新业态。发挥深圳市消费帮扶直播互助社引导作用，培育新时代乡村直播团队，让手机变成新农具、数据变成新农资、直播变成新农活。2022年以来，开展直播带货期间线上线下累计实现交易额2.1亿元。支持纳入供港物资范围。指导有供港意愿的消费帮扶企业申请出口通关资质，充分发挥海吉星市场资源优势，向供港企业集中推荐“百强好产品”，保障对港物资供应。盐田区开设中英街展销中心，推动广西乐业农特产品通过中英街走向香港。

三是挖掘旅游消费潜力。提升乡村旅游品质。梳理脱贫地区红色教育基地、美丽乡村等文旅特色资源，鼓励合作建设各类康养基地。市总工会在新疆、西藏、江西等地认定挂牌“深圳市技术工人疗休养基地”共22家，鼓励基层单位组织职工赴脱贫地区开展疗休养。华侨城集团投资4亿元，在百色靖西市打造“感集”和“夏湾拿”民族特色庄园。推介精品旅游线路。分批推介新疆喀什、西藏林芝、广东汕尾等地区的30条旅游线路。2022年春节期间，仅汕尾市精品旅游线路接待游客就超过800万人次。

行业帮扶篇

聚焦地方亟须　区域组团发力 助力消费帮扶再上新台阶*

案例单位：电子科技大学

电子科技大学在教育部的指导下，与兄弟高校通力合作，针对高校常年定向定点采购帮扶县农特产品、帮扶县“有品不优”“有货难销”、农特企业市场竞争力弱和管理人员能力不足、高校之间的消费帮扶交流和协作机制还有待完善等深层次问题，不断探索教育系统“组团式”消费帮扶新路径，增强消费帮扶拉动能力，促进特色产业提质增效。

一、组团理念破题，探索消费帮扶新路径

（一）深化联盟作用，夯实组团消费帮扶根据地

在教育部发展规划司指导下，电子科技大学牵头成立了高校“消费帮扶联盟”，凝聚成员高校21所，覆盖了华北、华东、华南、西南和华中地区省份，为开展学科互补、区域互补的组团消费帮扶工作奠定了基础。

联盟建设专家智库，向成员高校征集并选聘了18名智库专家，围绕消费帮扶产销链各环节学科需要，提供咨询指导，助力地方产业长效发展。依托专家智囊团，建立联盟培训师资库，成立消费帮扶专业技术人才培训班，共享联盟师资、场地等资源，丰富培训内容、提升培训深度，推动建立联盟培训品牌。2023年专家智库

* 推荐单位：教育部。

服务帮扶县 9 个，指导农特企业 30 余家。

（二）加强高校协作，构建组团消费帮扶新机制

在“消费帮扶联盟”的指导下，电子科技大学牵头，携手川渝及在黔开展定点帮扶高校（四川大学、西南交通大学、西南财经大学、重庆大学、西南大学、北京邮电大学、中央戏剧学院、南京农业大学、江南大学），建立“G10 定点帮扶协作工作机制”，引入技术、人才、渠道等资源，聚十校之力，着力打造“五个一批”，实现从过去单一采购企业农产品完成消费帮扶任务，向企业提质增效、做大做强更高层级的帮扶转变，进而助推消费帮扶再上新台阶。

一是扶持一批龙头企业，让企业壮起来。在各自帮扶县确定 1—2 家需要帮扶的农特企业。邀请专家、校友、知名企业家到企业问诊把脉，点穴式指导，针对性提出方案。由各高校在各县设立专项，支持产品推广和企业发展。2023 年，经帮扶指导有 3 家企业获市（州）优秀民营企业。

二是培养一批企业骨干，让人才强起来。共享专家资源，协调四川大学、江南大学、西南财经大学每年牵头承办“农特企业高管和营销人员培训班”，从战略规划到品牌管理，从人力资源到市场营销，既讲理论，也讲案例，既有课堂讲授，也有实地观摩。

三是塑造一批农特品牌，让招牌亮起来。协调重庆大学承办“农特产品包装设计大赛”，围绕各帮扶县农特产品，向高校师生征集作品，50 余个创意新颖的设计，彰显了产品特色，推动了品牌升级，拓宽了育人路径。

四是拓展一批销售渠道，让市场火起来。开展互采联采活动，精心设计联采套餐，面向 10 所高校发布宣传册。从一个县到多个县，产品更丰富，师生有了更多选择。每个高校采购范围扩大到至少 6 个帮扶县。

五是锻炼一批青年学子，让课堂活起来。专业、实践相结合，10 所高校每年开展两期、每期 30 人的联合社会实践，深入各帮扶县，针对企业问题调查研究。

（三）共建共享平台，打造组团消费帮扶生态圈

电子科技大学联合校友企业打造了教育系统消费帮扶平台“e 帮扶”。该平台集合最新电商模式，打造采买更高效、ToB 端和 ToC 端相结合的消费形式更多样的教育系统消费帮扶采购平台。在帮扶专区，还为各高校开辟了“一校一馆”特色展销区。2023 年，有近 30 所高校依托平台开展消费帮扶活动，助力帮扶县销售农特

产品价值 1416 万元。

e 帮扶

图片来源:电子科技大学供图。

二、组团成效凸显,凝练消费帮扶新经验

(一) 顶层有设计,工作有基础,聚焦目标任务系统发力

工作立足于联盟的指导,借助“e 帮扶”平台,锚定消费帮扶过程中发现的问题,有组织、有重点、分步骤地推进问题的解决。

(二) 凸显区域性,过程可操作,组团式帮扶落地有实效

各组团成员高校紧密围绕《川渝及在黔帮扶教育部直属高校 G10 组团助力农特企业提质增效行动计划(2022—2025 年)》,致力于打造“五个一批”,助推组团消费帮扶高质量发展。

（三）用好双通道，实现双循环，推动乡村振兴反哺育人

通过“e帮扶”平台汇聚高校大学生志愿者2000余名，参与“智富新乡村”活动，开展帮扶育人直播活动，建设了消费帮扶育人大课堂。

三、组团共促振兴，推广消费帮扶新思路

（一）系统谋划，逐步推进，既要坚持问题导向，又要尊重客观实际

从建立消费帮扶联盟，到开发“e帮扶”平台，再到构建区域性组团，这是在工作推进过程中遇到问题、解决问题的现实需要，更是在经验积累基础上的体现前瞻性的系统性设计。特别是组织区域性组团，就是以问题为导向所作的最优选择。

（二）整合力量，压实责任，既要发挥组团合力，又要激活优势资源

组团帮扶任务有很多，在任务分配时会充分考虑到不同高校具有的不同资源，安排具有优势资源的高校承担相应的牵头任务。组团合力的发挥，需要彼此合作，谁牵头，谁配合，责任各有分工，任务共同完成。

（三）抓住关键，引领示范，既要聚焦一点突破，又要辐射多点探索

川渝及在黔帮扶教育部直属高校的区域组团，结合“五个一批”的目标任务，促进十个高校九个帮扶县龙头农特企业的高质量发展，以此拉动当地农特产品的品质提升、产品分级、品牌打造、包装升级等，增强市场竞争优势，促进“消费”这个市场行为与“帮扶”这个公益行为实现有机的结合，实现组团消费帮扶效果的最大化。

阿里巴巴助力遂川县消费帮扶产业振兴*

案例单位：阿里巴巴集团

阿里巴巴集团公司和江西省遂川县于2021年10月建立乡村振兴重点帮扶关系以来，连续选派乡村振兴特派员驻扎遂川县开展工作。2023年在以往渠道拉动消费帮扶的基础上，坚持“授人以鱼，更要授人以渔”的理念，探索出了产业帮扶“开源、升级、育人”助力遂川产业振兴、推动消费帮扶的新举措。

一、持续拓展渠道，推动遂川农特产品线上销售

在遂川农特产品通过传统线下渠道，扩大销售的同时，阿里巴巴持续打通多平台销售通道，推动实现遂川“线上线下两条腿走路”的局面。

狗牯脑茶是遂川核心农产品，2023年来阿里巴巴助力销售超过300万元。通过邀请淘宝头部主播为遂川带货，4个小时累计销售额接近60万元遂川农特产品。参加“百县百品丰收节”“十二时辰直播看丰收”等活动，累计曝光量超过1000万次，超过15万订单，销售金额超200万元。推荐遂川狗牯脑茶进驻支付宝“收钱有奖”频道，累计销售超过6万单，总价值超过70万元。中秋国庆期间，狗牯脑茶、板鸭、竹筒菜等在支付宝“芭芭农场江西专场”“芭芭农场年货节”等活动中上线，并走进南昌盒马鲜生超市，仅国庆节销售额近300万元。通过组织参加以上“线上+线下”销售活动，进一步激发县域涉农企业对电子商务的热情，强化县域农产

* 推荐单位：民政部。

品供应链体系建设，锻炼了县域电商企业的团队协作能力与执行能力。

二、探索产业升级，提升遂川参与农产品市场竞争能力

遂川是全国毛竹主要产区，但毛竹加工企业均为竹笋食品、竹板材、竹工艺的初加工企业，其中发挥支柱作用的竹笋食品加工产业亟待提升。此前，阿里巴巴对遂川开展消费帮扶，年帮助销售竹笋食品超100万元。为了进一步提升遂川竹笋加工产业水平，阿里巴巴升级帮扶举措，通过帮助开发新品辅以渠道拉动，打开遂川竹笋深加工新局面。在淘天集团喵满分团队的指导下，遂川当地竹笋食品加工企业开发出了极具市场竞争力的新品——高山笋尖和即食笋丝。特别是在企业核心加工设备落后且资金不足无力更新设备的情况下，阿里巴巴公益还通过捐助资金35万元支持企业购买关键设备，大力推动该项目落地，目前第一批产品已经下线，近期开始销售。不仅是研发新品，阿里巴巴还通过邀请第三方品控机构介入竹笋食品生产全过程，帮助企业改善生产环境，培训生产和监管人员，实现了从硬件到软件的整体提升，为实现遂川企业参与更高标准、更大体量的市场竞争打下了良好基础。

三、补齐人才短板，强化遂川振兴发展的人才保障

乡村振兴的核心是产业振兴，产业振兴的基础是人才发展。在江西双一号工程发展数字经济的指引下，阿里巴巴通过建设运营阿里巴巴（遂川）客户体验中心来培养遂川数字服务人才。阿里巴巴（遂川）客户体验中心由阿里巴巴投入500余万元建设，于2022年7月建成后，可提供就业岗位210个，年发放工资总额1000万元左右，主要为天猫、淘宝、国际业务等提供客户服务。通过政企合作，由阿里巴巴提供人才培养、技术输出和就业机会，县政府提供场地和协助人才招聘，快速带动遂川青年在家门口实现数字化就业。特别是通过引入电子商务配套服务企业，孵化电商人才，为遂川电商产业发展培养了大量年轻人才。此外，阿里巴巴还成功举办阿里巴巴乡村人才振兴（遂川）直播专场培训，超过120位遂川电商从业者参加培训，学习电商运营技能，提高直播带货能力，更好地助推遂川农特产品走向全

国。“电商陪跑”计划顺利落地遂川，阿里巴巴公益携手天下网商选派优秀电商导师常驻遂川，手把手一对一帮助重点企业在线上发展，促进县域产业联动，实现人、产地、行业协同发展。

阿里巴巴坚持“授人以鱼，更要授人以渔”的理念助力乡村振兴，对遂川的产业振兴和消费帮扶，持续开拓创新，打开遂川振兴发展的新局面。

精心组织农产品产销对接系列活动助推消费帮扶取得新成效*

案例单位：商务部流通产业促进中心

2023 年，商务部流通产业促进中心按照“1+5+N”的工作思路，以“走出去”、“引进来”、线上线下相结合等多种方式，举办贯穿全年的农产品产销对接活动，在促进形成农商联系更为紧密、产销衔接更为畅通的农产品供应链体系、畅通城乡经济循环、持续恢复和扩大消费等方面取得积极成效。

一、搭建产销对接平台，做好“土特产”文章

（一）举办全国农商互联暨乡村振兴产销对接大会

2023 年 10 月，举办 2023 全国农商互联暨乡村振兴产销对接大会，以“产销对接促消费、畅通循环助振兴”为主题，联合各地商务主管部门共同搭建农产品产销对接、产业链上下游交流合作的公共服务平台。来自全国 30 个省（自治区、直辖市）的 700 余家生产商、供应商和经销商到会展示上万余种农副产品，到会采购商约 2000 多家，大会为乡村振兴重点帮扶县以及部分脱贫地区搭建展位近百个，设置“开展商务帮扶，助力乡村振兴”专区，商务部定点帮扶地区江西全南、四川广安、仪陇、湖南城步等地区共 17 家企业近百款产品集体亮相。湖南城步在全国农产品产销对接助力乡村振兴活动上推介了商务定点帮扶“五香”特色产业，扩大城

* 推荐单位：商务部。

步农产品知名度。据不完全统计，本届大会现场购销和意向成交额近 10 亿元，实现突破性增长。

（二）举办中国绿色食品博览会

2023 年 11 月，举办第十五届中国绿色食品博览会，本届绿博会以“新亮点　新场景　新突破　新消费”为主题，现场展示数千家企业上万件独具地方特色的展品，展品范围广、品类丰富，包括江西省在内的 23 个省（自治区、直辖市）的 53 个代表团以集中组团方式，携当地优质土特产品前来参展，来自阿富汗、保加利亚、喀麦隆、希腊、匈牙利等 10 余个国家知名食品企业的上千种具有浓郁地域特色的进口商品集中亮相，展示推广富有异域风情的绿色产品。此外，200 多位海外展商、采购商齐聚绿博会现场，为各地食品贸易商拓展市场提供了国际化一站式供需对接的交流与合作平台。

二、加强区域对接，拓宽消费帮扶渠道

（一）开展河南农产品产销对接活动

2023 年 4 月，以“畅通循环　合作共赢　促进消费”为主题的全国农产品产销对接助力乡村振兴活动（河南站）在河南省鹤壁市浚县古城成功举办。来自全国的采购商和河南省农副产品供应商共 400 多家企业参加，共达成产销对接类项目 6 个，总金额 5.37 亿元，现场销售额实现 4280 万元，网上销售额实现 630 万元，拉动地区消费 1.8 亿元，现场观展人数达到 20 余万人次，呈现出采销两旺的势头。

（二）开展陕西农产品产销对接活动

2023 年 6 月，全国农产品产销对接助力乡村振兴活动（陕西站）在陕西安康成功举办，活动以“加强产销对接、助力乡村振兴”为主题，采用线上线下的形式同步推介，吸引 1.2 万名专业客商线上参会，30 余家大型采购商企业到会采购。活动同期开展了网红直播带货、安康市“一县一品”推介、富硒农产品产销对接会、全省县域商业体系培训、原产地考察、富硒产业高质量论坛等活动。

（三）开展新疆农产品产销对接活动

2023 年 8 月，全国农产品产销对接助力乡村振兴活动（新疆站）在新疆喀什地区伽师县启动，活动以“加强产销对接、助力乡村振兴”为主题，以加强新疆农特产品产销对接为重点，结合当地新梅特色产业，精选新疆各地州县的名优特新、地理标志、区域公共品牌、有机绿色等 96 类 360 余款产品与来自全国的 30 家采购商企业现场进行对接、洽谈，共达成 76 个意向合作协议和项目，总金额 18.2 亿元。

（四）开展云南农产品产销对接活动

2023 年 8 月，全国农产品产销对接助力乡村振兴活动（云南站）在云南省昆明市成功举办，活动以“加强产销对接、助力乡村振兴”为主题，采用线上线下的形式同步推介，吸引 1.7 万名专业客商线上参会，80 余家大型采购商企业到会采购。现场设置云南省地市（区）展位 30 个，集中展示全省上百款“绿色云品”农产品、名优特新、地理标志、区域公共品牌等产品。

（五）开展甘肃农产品产销对接活动

2023 年 9 月，全国农产品产销对接助力乡村振兴活动（甘肃站）在甘肃张掖、金昌和武威成功举办。来自山东、安徽、江苏、陕西、青海等地的农产品批发市场、连锁商超、电商平台、食品加工企业与甘肃本地农业产业化龙头企业、农民专业合作社和种植养殖大户等 100 余家农产品生产流通主体深入三地田间地头开展对接洽谈，考察甘肃祁连牧歌实业有限公司、甘肃和鑫源生态农业发展有限公司等 15 个特色优势产业基地，涉及高原夏菜、牛羊肉、果品、菌菇、奶制品等近百款特色农产品。

三、聚焦特色对接帮扶，动员开展促销活动

为进一步推动各地产销对接工作，加大品牌农产品产销对接力度，引导更多流通主体、电商平台精准对接品牌农产品，促进农民增收，畅通城乡经济循环，商务部流通产业促进中心带动各地结合资源禀赋和自身优势，组织开展形式多样的农产

品促销活动。湖北省商务厅举办2023“荆楚购　仲夏激情休闲季”消费促进活动、湖北农产品产销对接幕阜山(咸宁)片区行活动。黑龙江省商务厅举办中国(黑龙江)国际绿色食品和全国大豆产业博览会,帮助当地农产品供应商对接更多流通企业。

握指成拳　靶向发力
全方位提升消费帮扶质效*

案例单位：浙江省商务厅

近年来，浙江省商务厅以县域商业体系建设为抓手，把县域商业体系建设锚定在有效扩大农村居民收入、促进消费这个目标上，加快布局，进一步完善、提升农村商业网点的空间布局和发展质量，以推进消费场景的升级换代。

一、“规划+项目”一体运行，着力夯实消费基础

（一）高位谋划，画好发展蓝图

2019年，浙江省商务厅会同13个省级部门联合出台了《关于完善商业网点规划管理的指导意见》，强调了对农村商业网点等带有公益属性的商业设施建设，进行政策倾斜和资金支持，引导社会资本投向，保障城乡商业网点建设同步推进、同步实施。与省财政厅制定《关于印发支持县域商业体系建设行动计划（2022—2025年）的通知》，就工作目标、实施内容、资金分配方式以及保障措施作了规定与说明。

（二）优化机制，严格规划执行

为加强资金和项目管理，浙江省商务厅会同各示范县（市、区）制定了项目和资金使用管理办法，下发了县域商业体系建设综合考评办法，形成了从项目遴选、

* 推荐单位：商务部。

日常管理推进、资金分配和绩效评价的闭环运行工作机制。相关政策和工作制度的颁布实施，营造了良好的发展环境和舆论氛围，保障了县域商业体系建设工作的落地见效。

（三）强化引育，完善消费载体

从2022年开始，以"试点+项目"的方式，全力推进县域商业体系建设，利用中央服务业专项资金，建立起强有力的政策支撑体系和多层次的物流体系，实现城乡配送"中间一公里"、便民消费"最后一公里"、农产品上行"最初一公里"三打通，形成了一批可复制、可推广的、镇村协调发展的农村商贸建设样板。目前共有省级县域商业体系建设示范单位57个，其中山区26县已有24个完成创建，首批15个县域商业体系建设示范单位都已完成终期评估，共建设项目144个，带动社会投资140亿元，第二批21个示范单位158个相关项目正有序推进，预计拉动社会投资65亿元。

二、"整合+创新"两手并行，打造品质消费窗口

（一）融合发展，活化提升浙江传统商业文化基因

从2018年开始，浙江制定出台《现代商贸特色镇和商贸发展示范村五年行动计划》。经过多年的培育，形成了一批现代与特色融合、镇村协调发展的农村商贸建设样板，促进了乡村商业繁荣、产业融合发展，形成了一批可复制、可推广的建设经验。截至2022年年底，全省已认定了105个现代商贸特色镇、219个商贸发展示范村。

（二）数字赋能，加快建设高效冷链物流体系

从2019年开始，围绕农产品冷链物流服务品质的优化提升、农产品冷链物流龙头企业培育和农产品冷链物流全程平台建设，推动公益性农产品市场认定，着力建设全省农产品供应链全链数字化智能化生态体系。结合商务部农产品供应链体系建设，支持300多家农产品流通企业建设冷链基础设施，初步形成区域相对集中，田间地头冷链物流设施、产地低温直销配送中心、骨干冷链物流基地相结合的农产品冷链物流设施布局。

（三）服务提升，持续推进农村电子商务跨越式发展

牢牢把握电子商务进农村的有利时机，抓住网络直播风口，借力淘宝、抖音、快手等大平台力量，建设高能级网络直播产业平台，孵化培育了一批成长性好、集聚辐射力和创新竞争力强的农村电商企业。如抖音海宁电商产业基地是全国首个皮草类目抖音直播基地。

三、“政策+活动”双轮驱动，提升消费市场动能

（一）构建政策体系，增强发展信心

浙江省商务厅与省供销合作社联合社印发《关于充分发挥商务、供销优势推进共同富裕示范区建设的实施意见》，联手供销社系统，加速推进“供富大篷车”建设，加快山区26县特别是山区和海岛等偏远地区流通网络布局，逐步实现山区26县“供富大篷车”全覆盖。与中国邮政公司、邮政储蓄银行签订战略合作协议，加快建设和改造县级物流配送中心和乡镇物流分拨中心，按照“多站合一、一点多能、一网多用”的原则，对村邮电、电商服务站点、快递站点等末端物流网点进行整合提升，为提升消费市场动能提供有力保障。

（二）共建促销平台，浓厚消费氛围

持续打响“浙里来消费·2023金秋购物节”暨第20届中国中华老字号精品博览会，主场活动三天带动销售额超1.1亿元，老字号签订意向订单3.2亿元，央视四套报道活动盛况，各地纷纷响应，合力营造金秋惠享乐购氛围，2023年前三季度全省联动开展促消费活动1500场以上，带动销售额3000余亿元。

（三）精准结对帮扶，促进乡村振兴

浙江省山区26县是高质量发展建设共同富裕示范区的重点，省商务厅作为其中文成县结对帮扶团组的组长单位，2023年以来为当地争取项目11个，落实项目资金498.4万元，特别是与地方政府联合推出当地农特产品34个品种，与帮扶团组成员单位共同参与农产品的营销和采购150万元，获评年度山区26县结对帮扶工作成绩突出集体。

消费帮扶　你我同行　助力农村发展*

案例单位：吉林大学中日联谊医院

2023年，吉林大学中日联谊医院不断深挖定点帮扶村内生动力，不断拓宽新形势下党建帮扶新思路，多措并举。

一、高度重视　全周密部署

医院党委高度重视帮扶工作，深入落实《吉林大学定点帮扶通榆县巩固拓展脱贫攻坚成果同乡村振兴有效衔接规划（2021—2025年）》以及“四个不摘”要求，成立医院帮扶工作领导小组，与上级主管单位签订责任书，医院党委掌总把脉，医院工会具体实施，确保帮扶工作制度有支持、落地有保障。

二、长期助跑　全过程规范

医院在多次赴定点帮扶的光辉村实地考察、对接产业帮扶专家、深度了解光辉村实际情况后，制定出依托当地草原生态优势基础、因地制宜发展特色育肥牛合作养殖产业项目计划。该项目医院每年投资50万元，以全村95户脱贫户为帮扶对象，以光辉村集体名义将帮扶资金投资到通榆县什花道乡英杰家庭农场。项目实施以来，已实现每年按投入资金的10%为脱贫户差额分红、为村集体提供不低于1万元集体收入的预期目标，一定程度上实现了由“输血”救济到“造血”自救的阶段

* 推荐单位：国家卫生健康委。

转变。下一步,医院党委将以此为依托,继续延伸产业链条,提高抗风险能力,推进与省内多家机构建立更加稳定的利益联结机制,确保帮扶群众持续稳定增收。

三、双向共赢　全链条推动

医院党委高度重视采购脱贫地区农副产品支持乡村振兴工作,认真贯彻落实政府采购脱贫地区农副产品推进脱贫地区产业发展、支持乡村产业振兴战略部署,在积极预留“832平台”采购份额的同时,用好、用活“832平台”,使帮扶政策实现从单向帮扶到双方共赢的转变,“实惠两头”“双向奔赴”,让“头回客”秒变“回头客”。

一是建立消费帮扶长效机制,签订采购协议,每年采购不低于80万元的脱贫地区农副产品,通过稳定的采购需求持续激发脱贫地区发展生产的内生动力,医院全年购买102.68万元。

二是充分发挥工会组织优势,利用工会福利政策支撑,在“832平台”采购农副产品用于发放医院工会会员节日福利,2023年全年,医院采购通榆县农副产品4748份,共计42.26万元。

三是用心“选品”,以更契合员工生活需求、更贴合员工购物习惯为原则,选出葆有口碑的精品大米、白面、原生态土鸡蛋等消费帮扶产品。

四是大力推荐帮扶地区农产品,全年帮助销售额达40.26万元。同时,通过公开监督共建产品基地、帮扶产品生产过程可视化等途径,增加员工对帮扶产品的了解度、可信度、喜爱度,提升员工购买消费帮扶产品的主动性和内生动力,进而达到“以点映面”的宣传辐射效应,让参与消费帮扶的社会力量从承担社会责任的“要我买”进入被产品质量打动的“我要买”新阶段。

四、扶志扶智　全方位引领

一是建立帮扶积分制爱心超市,并制定超市办卡及积分管理办法、超市积分细则,通过市场化“劳动”换“积分”的方式,鼓励帮扶户自食其力,参与社会协作分配,以帮扶“小超市”打造乡村振兴“大舞台”。

二是联合医院医联体不定期选派有经验的医务人员对适龄村民进行健康宣讲、医疗知识和实践技能培训，一年多以来共培训专业技术人员百余人次。走访村民后，普遍认为相较于过去“一捐了之”“一送了之”的“输血式”、粗放型帮扶，这种“造血式”、可持续的帮扶方式，更适应当前光辉村村情，更符合当前村民心愿。一部分接受培训的人员已具备一定的医疗处置能力，并实现部分技术对口就业。

五、健康防线　全系统保障

医院党委始终高度关注帮扶地区医疗健康问题。

一是于通榆县、光辉村多地、多次开展医联体义诊，年均义务诊治患者 400 余人次，为脱贫人口做免费彩超、心电 200 余人次，捐献药品 28487. 1 元。

吉林大学——百校联百县兴千村计划之义诊活动

图片来源：吉林大学中日联谊医院供图。

二是在村卫生室建立了互联网诊所，通过网上问诊、视频看诊、远程会诊使当地村民足不出户即可便捷、高效、轻松享受三甲医院的医疗服务。

三是开通帮扶地区患者就医绿色通道，全年医院门诊诊治通榆县患者 3000 余人次，急诊诊治 400 余人次，住院患者 600 余人次，为帮扶村提供就诊绿色通道，接纳就诊人员 200 余人次。并根据患者情况予以一定费用减免，切实落实健康帮扶战略，撵走脱贫“拦路虎”。

创新消费帮扶模式　践行乡村振兴使命*

案例单位：中国农业银行

中国农业银行兴农商城始建于2019年，秉承"共建、共销、共享、共赢"的建设理念，以"公益帮扶、电商兴农"为核心定位，聚焦832个脱贫县和160个国家乡村振兴重点帮扶县，持续为脱贫地区商户提供全流程、一体化的电商服务，为全国客户提供优质便捷的线上化购物体验，为合作单位消费帮扶提供定制化专属服务。2023年，兴农商城服务已覆盖全国31个省级行政区、718个脱贫县以及134个国家乡村振兴重点帮扶县，与300多家中央和地方单位建立合作，并逐步在全国形成消费帮扶影响力，为乡村振兴贡献力量。

一、打造公益帮扶模式，践行乡村振兴使命

（一）零费零佣，让利于农

兴农商城自成立以来，始终坚持全平台公益性的经营模式，不向商户收取任何形式的交易费用或佣金，每年可为商户带来上亿元的销售收入，确保商户穿透式享有平台全量消费帮扶成果。2023年，兴农商城入驻帮扶商户超3000户，在售各类特色农产品近3万件，实现年交易量超350万笔，助力商户年创收超3亿元，提供电商就业岗位约15000个、上下游就业岗位超10万个，实现从扶农、助农到惠农、兴农，持续为乡村振兴注入消费帮扶力量。

* 推荐单位：中国人民银行。

（二）培养培育，助农升级

兴农商城入驻的帮扶商户绝大部分都是传统的种养殖户，多数都不具备入驻其他电商平台的能力。5 年来，兴农商城通过现场指导、设置商户服务专线、开通企业微信逐户辅导等多种方式，帮助大量商户成功实现首次线上经营、不断提升电商经营能力，还“授人以渔”帮助商户实现从农产品粗加工到精深加工的产业升级，打响了一个个乡村品牌、带动一方农民增收致富。以喀什农业科技有限公司为例，兴农商城通过与其合作，累计帮其购销南疆本地农特产品 10. 5 万吨，帮助农户 4500 亩果树改良升级，推动与 76 家合作社签订合作协议，带动 5 万多户农民持续增收，实现年销售收入 2. 8 亿元，2023 年该公司成功入选央视《崛起的民族品牌》栏目。

（三）精诚合作，协力帮扶

兴农商城持续与 300 余家中央和国家机关、央企、高校等单位开展消费帮扶合作共建，通过“一对一”消费帮扶合作专区，提供定制化消费帮扶服务，助力各合作单位定点帮扶工作。兴农商城创新的合作帮扶模式，有效整合了社会各界资源和帮扶力量。

中国农业银行兴农商城电商平台

图片来源：中国农业银行供图。

二、创新平台业务模式，提升消费帮扶品质

为有效满足各级机关、各类企事业单位、社会组织等关于集中帮销助销脱贫地区特色农副产品的需求，2023 年兴农商城创新拓展消费帮扶直接购买模式，推出农产品消费“兴农券”，充分释放消费帮扶动能。“兴农券”可为采买单位定制遴选商户和商品，定向发放给客群，实现农产品线上兑换，并为消费帮扶单位直接购买农产品提供选品、配送、售后、对账等“一条龙”“一站式”服务。

（一）集合资源，精准投放

农产品消费“兴农券”的发放，集合了各采买单位的帮扶资源，利用企业级集采力量，实现精准化、集约化、规模化资源投入。2023 年，中国农业银行聚焦河北武强、河北饶阳、重庆秀山、贵州黄平、内蒙古鄂伦春等 5 个定点帮扶县，多批次累计发放兴农商城农产品消费“兴农券”超过 8000 张，通过集合资源直接帮扶商户销售超过 600 万元。

（二）以点带面，扩大效应

农产品消费“兴农券”的发放，打通由 B 端到 C 端的帮扶渠道，吸引更多客群消费“打卡”，同时以点带面，以口碑效应带动广大消费群体助力乡村农产品走进城市消费市场，畅通城乡生产消费内循环，助推广大农民走上致富之路。以重庆秀山县为例，2023 年通过“兴农券”，带动超 3 万名客户购买秀山特色农产品，实现当地商户创收超 500 万元。

（三）帮扶一体，服务到位

兴农商城为农产品消费“兴农券”促销活动全程提供一体化、全方位的帮扶服务。在活动准备期，逐户确认活动参与意向、协助精选具有推广意义的特色农产品；在活动实施中，指导商户线上发货和库存设置、耐心做好售后服务；在活动结束后，逐笔进行对账结算、全力缩短活动账期。

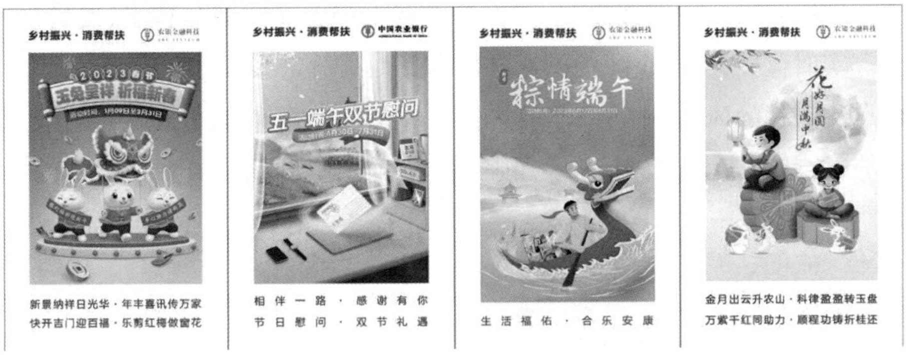

中国农业银行 2023 年“兴农券”促销活动

图片来源:中国农业银行供图。

三、扩展业务服务范围,打造消费帮扶亮点

为配合“中国农民丰收节”全国庆祝活动开展,2023 年兴农商城联合河北省农行,抢抓关键农时,在河北试点开展了“兴农节”农资购买专项活动,创新拓展消费帮扶新路径。

(一) 开拓创新,延展服务

兴农商城首次将线上帮扶领域由食用农产品为主扩充至涵盖农资农具,打通农产品进城和农资农具下乡的双向帮扶链路。为满足农户大量购买农资农具的需求,兴农商城深度开展行业研究,积极探索经营范围拓展,成功举办首届“兴农节”,活动期间带动农资农具交易超过 4000 万元,助力当地农业生产、农民受益。

(二) 规模议价,实惠到户

兴农商城通过农业生产资料线上直采的帮扶模式,做到生产厂商源头直供、平台统一议价,确保农资供应“量足、质优、价低”,在秋收关键时节组织备货保供的同时,实现农资的组织生产、供销流通、补贴发放“三位一体”,有效减轻农户生产资料开支负担,通过服务创新推动农产品消费帮扶向农业全产业链帮扶延伸。

(三) 统一监管,助农避险

兴农商城联合属地农行,发挥平台、涉农和金融 3 个领域专业优势,通过线上直线连接农民和农企两端客户，全流程对农资生产企业的商品售卖、发货设置、售后服务等实时监控，引导企业提供标准化商品和高质量服务，进一步解决农户购买农资信息不对称的风险，推进农产品产销一体帮扶模式优势，转化为促进农业生产发展胜势，绘就出“因农而兴、向农图强”的美丽乡村新画卷。

“三步走”推动消费帮扶提质增效 助力帮扶地区乡村振兴*

案例单位:中国工商银行

中国工商银行着力做好三个方面工作,推动消费帮扶提质增效,助力定点帮扶的四川南江、通江、万源、金阳四县市。

一、“总行+分行”,开展好一个专项行动

中国工商银行坚持“买就是帮、多买就是多帮”,同等条件下优先采购中国工商银行定点帮扶四县市、“三区三州”等地农产品。2023 年,全行购买定点帮扶地区农产品 1.2 亿元,帮助销售定点帮扶地区农产品超 8 亿元。

总行创新举办“定点帮扶四县市美食节”活动,邀请来自定点帮扶四县市的 10 余家商户到总行,现场展卖粮油、肉禽、坚果、茶叶、菌类、调料等 6 大类 140 余款土特产,制作滋补黄羊汤、炝拌魔芋丝、山珍营养煲等 20 多款巴蜀特色美食。

河北分行举办“金秋消费帮扶”主题活动,精选帮扶县优质农产品进行团购推荐,面向行内员工举办“金秋消费季”农产品市集,累计采购帮销农产品 1000 余万元。

广东分行发挥资源优势,推荐对口帮扶的金阳县泰兴农业有限责任公司、大卷村合作社等 3 家优质农业经营主体进入农产品线上线下销售平台,为公司拓宽销路,助力当地农产品销售总额达 1900 余万元。

---

* 推荐单位:中国人民银行。

上海分行探索采取线上消费满减方式引导持卡客户等社会力量参与消费帮扶，带动脱贫地区农产品销售额达500余万元。

青海、甘肃分行针对帮扶地区因交通不便、极端天气等造成蔬菜滞销、苹果减产的情况，及时制订帮扶方案，通过食堂采购、员工自愿采买等方式提供帮助，有效缓解了脱贫农户的燃眉之急。

四川、云南、新疆、宁夏等分行立足区域实际，积极动员系统和社会力量参与帮扶，采购包括定点帮扶四县市和“三区三州”在内的脱贫地区优质农产品超1600万元。

河南、广西、宁波等分行结合职工疗休养工作安排，与在线旅游平台和大型旅行社开展合作，为员工提供旅游线路推荐、机票和火车票订购等服务，鼓励选择到脱贫地区特别是“三区三州”地区旅游消费，2023年有超2000人次体验脱贫地区旅游服务，旅游消费累计超270万元。

二、“政策+资金”，解决好三个产销难点

中国工商银行积极发挥金融政策和产品服务优势，主动帮助定点帮扶四县市农业经营主体解决农产品生产、销售、运输等环节存在的难点问题，不断增强造血能力。

创新产品服务，解决融资难问题。创新推出普惠融资产品“种植e贷”，基于土地权属、种植规模等涉农数据，结合农作物生长周期内各环节资金需求，为相关农业生产企业和农户提供融资服务，截至2023年11月底已授信超280亿元，有效缓解了商户担保难、贷款难问题。结合帮扶地区资源特点，创新推出“猕猴桃贷”“肉牛养殖贷”等涉农特色普惠产品，更加精准匹配不同农业生产周期下农户的资金需求，“肉牛养殖贷”贷款已超1亿元。

拓展营销渠道，解决销售难问题。在中国工商银行手机银行生活服务板块首页设置“定点帮扶消费专区”，集中展示四县市粮油、生鲜、茶酒等50余种优质产品，支持客户在线进行积分兑换，2022年至2023年兑换金额累计约2000万元。支持四县市“土特产”入驻行外销售平台，在中华全国供销合作总社、京东商城等机构的支持下，推荐四县市100余家优质商户上线“832平台”、开办“京东特产馆”，上线以来累计销售额超1亿元。

实施运输补贴，解决运输难问题。针对金阳县地处大山、农产品运输成本高的问题，中国工商银行投入2000万元，实施农牧产品销售物流运输补贴帮扶项目，对组织收购金阳县农牧产品运输至县内外销售的企业、农民专业合作社、家庭农场等经营主体给予物流运输费用补贴，有效降低了物流成本，累计支持金阳县青花椒、百香果等特色农产品近5000吨顺利运出大山，销往周边市县乃至发达地区，助力农户持续增收。

三、“培育+赋能”，发展好四色优质产业

中国工商银行坚持将支持产业振兴与做好消费帮扶紧密结合，按照“一县一业”的原则，推动消费帮扶实现从“短期帮扶”向“长期助跑”转变。

保持资金投入。2023年投入帮扶资金760万元，重点支持南江优质黄羊繁育、通江银耳初级加工厂建设、万源现代化黑鸡舍建设、金阳青花椒产品附加值提升等项目实施，从技术引进、设施更新、品牌塑造、人才培养等方面，持续为德健黄羊、巴山牧业、顺和通米业、泰兴农业、恒康农业等四县市龙头企业提供支持，助力延长产业链、提升价值链，提高相关产业的质量效益和市场竞争力。2023年，中国工商银行帮扶企业年销售额合计超8亿元，同比增长15%。

促进产销对接。积极发挥工商银行“兴农撮合”平台作用和客户资源优势，组织定点帮扶地区优质农产品供应商“走出去”，到上海、杭州等一线城市现场推介当地“土特产”，提升品牌知名度。同时，把30余家东部发达地区涉农头部企业“请进来”，与帮扶地区企业代表进行交流洽谈，共商发展举措，实现意向签约金额超4亿元。

加强宣传推广。2022年中国工商银行实施了首期“定点帮扶地区乡村振兴高铁广告”帮扶项目，投入500多万元，为帮扶县市购买5列高铁全车广告位，宣传当地农文旅特色资源，累计触达旅客超500万人次，取得了较好效果。目前已启动二期项目的集采招标工作，投入近1000万元，较一期投放列车数量更多、热点线路更集中，内容更聚焦于“五个振兴”特别是产业振兴，触达旅客总量有望超800万人次，将助力定点帮扶四县市优质农业、文旅、生态等资源和产品的知名度和影响力进一步提升。

充分发挥信息通信能力优势 奋力谱写"数智化"消费帮扶新篇章*

案例单位：中国移动

中国移动通信集团有限公司(以下简称"中国移动")围绕消费帮扶"帮销、促产、疏浚、解困"四大功能,积极拓宽脱贫地区特色农产品销售渠道,持续扩大消费帮扶规模。截至2023年年底,消费帮扶总额累计达18.35亿元,位居央企前列,其中2023年完成5.86亿元。

一、强化组织保障

一是提高政治站位。牢记"央企姓党"的政治属性,持续深化"党建引领、横向协同、上下联动、结对帮扶、内外合作"的工作机制,在总部和31个省(自治区、直辖市)公司设立乡村振兴办公室,配备90余人的专职队伍系统推进消费帮扶、助力乡村振兴。

二是加强党建引领。公司高度重视消费帮扶工作,党组带头深入学习贯彻习近平总书记关于消费帮扶工作的重要指示批示精神,多次召开专题会议部署推动相关工作。党组成员赴全部定点帮扶和对口支援县实地调研,指导推动工作。

三是优化激励机制。将消费帮扶工作完成情况作为"第一议题"督办事项持续跟踪,与各单位党建责任制考核挂钩,层层压实帮扶责任。统筹制订工作方案并进行专项部署,向各单位分解下达任务指标,纳入乡村振兴考核激励机制,有效调

* 推荐单位:国务院国资委。

动各单位积极性。

二、创新工作模式

一是创新开拓消费帮扶新模式。创新提出“一核两线三方四侧”的消费帮扶模式。“一核”是打造核心产品、树立特色品牌；“两线”是搭建线上、线下两个重要渠道，促进产品高效流通；“三方”是将消费帮扶进一步拓展到农产品、文旅体验产品和服务产品三个方向；“四侧”是贯通产品流动环节，在生产侧、供应侧、销售侧和服务侧下足功夫，以产促销、以销帮产，促进消费帮扶走向新高度、打开新局面。

二是努力开创聚力帮扶新局面。对内鼓励各单位将帮扶农产品纳入单位食堂、员工福利等采购清单，推动帮扶产品进食堂、进工会、进家庭。掀起员工“爱心购”消费热潮，在食堂开展美食节活动，通过美食菜单、“乡村振兴”中秋月饼、消费帮扶主题党日等丰富多彩的活动，激发广大员工消费帮扶的热情。

对外积极响应国资委消费帮扶工作部署，2023 年 8 月牵头举办“央企消费帮扶聚力行动之中国移动特色产品神州行消费节”。邀请 40 家中央企业、援扶县、全集团 31 个省（自治区、直辖市）的公司和 17 家专业机构、产业链合作伙伴等参加，展出 20 个省份 128 个脱贫县的 1000 余种特色农产品，活动签约额超过 1 亿元。

中国移动“特色产品神州行”消费节

图片来源：中国移动供图。

三是倾力打造特色产品新品牌。将广受认可的客户品牌——“神州行”引入消费帮扶领域，以“神州行”品牌的良好口碑助力消费帮扶，开展“特色产品神州行”专项行动，以统一视觉设计、统一标识等方式提升品牌形象，打造佳米佳油、疆果疆枣、琼茶、藏绒、青肉干等系列品牌，促进消费帮扶产品畅销五湖四海，让爱心助农之风吹遍神州大地。

三、强力注智赋能

作为数字乡村建设“排头兵”，中国移动持续打造新型信息基础设施和服务体系，积淀了领先的5G、物联网、大数据、区块链等领域的硬核能力，并积极发挥自身优势，为产供销全链条注智赋能，让消费帮扶插上科技创新的翅膀。

一是锻强基础设施，筑牢消费帮扶数字底座。累计投入超2200亿元完善脱贫地区信息基础设施，4G网络覆盖全国99.6%的行政村，5G网络实现全国乡镇100%覆盖、行政村覆盖率超80%，宽带管线覆盖乡村家庭超2.5亿户，为乡村振兴筑牢了数字底座，加速了“智慧种植”“云放牧”等一系列新模式落地，让直播带货从直播间走向田间地头，通过走播带领观众看山水、体验乡土特色，用消费者喜闻乐见的形式展示地方特色，以新一代信息通信技术打造“新农人”的“新农具”。

二是推进“数智”兴业，带动消费帮扶提质增效。实施“智赋当康①——支柱产业振兴帮扶行动”，创新提出产业振兴帮扶模型和地图，以“育产品、拓渠道、引企业、树品牌、促就业、增收入”为目标，推进“规划引领、产业培育、资本注入、人才培养、联农带农、数智赋能”六大行动，助力支柱产业高质量发展。

在黑龙江桦南县运用物联网+互联网技术，培育全省最大的湖羊养殖基地；在汤原县打造电商产业园，培育“宝山大哥”等多个知名品牌；在新疆阿克陶县搭建环境感应等智慧应用，打造肉牛养殖产业集群；在疏勒县运用5G+物联网技术，打造2000吨产量南疆“菜篮子”基地，帮销特色坚果5000多吨，为100多名困难群众提供长期就业岗位；在海南白沙县应用5G+VR全景方案，打造集“生态观光、健康疗养、茶园度假、红色研学、户外运动”于一体的海南中部乡村旅游目的地；在玛沁

① “智赋”意为发挥中国移动信息化优势，以数智赋能支柱产业，其音同“致富”，即增收致富。“当康”是《山海经》中的神兽，寓意丰收，也代表正当全面建成小康社会之时。“智赋当康”总的寓意是：正当全面小康之时、依托数智赋能之力、走向丰收致富之路。

县建设30栋智慧大棚和智慧畜牧系统，带动全县8个乡镇增收，惠及农牧民3万人。

三是发挥电渠优势，开创消费帮扶多屏模式。统一电商平台视觉标识，在官微官博、智慧工会、最美移家等媒介宣传推广。面向50万员工提供“一站式”消费帮扶产品购买服务，面向10亿客户在中国移动App上线消费帮扶专区。充分发挥移动高清电视高触达率优势，面向2亿家庭用户在电视端上线“和美乡村”专属频道和“好农品　爱心购”消费帮扶产品专区，打造央企特色业务助力乡村振兴的创新样板。

下一步，中国移动将持续发挥自身优势，聚焦“信息服务+科技创新”，推动新一代信息技术与消费帮扶工作深度融合，做优信息服务、做大特色产业、做强产品品牌，促进帮扶产品知名度提升、帮扶地区农民增收、地方特色产业振兴，以公司卓越的数智化能力为乡村全面振兴注智赋能，为推进农业农村现代化作出新的更大贡献！

上云赶集　引流出圈*

——荔枝云集(宿城区)直播基地助力乡村振兴

案例单位:江苏省广播电视总台

江苏省广播电视总台重点打造的电商旗舰平台——荔枝云集,整合了江苏省广播电视总台主流媒体优质宣传推广资源,挖掘宿迁市宿城区本地特色农文旅产品,推动"农业强、农村美、农民富"的新时代鱼米之乡建设提质增效。

一、荔枝云集直播基地助力乡村振兴的主要做法

(一) 强化政策引领,江苏广电全媒体赋能荔枝云集

荔枝云集平台聚焦各地特色产业、品牌产品。荔枝云集已完成集小程序、抖音号铺、客户端、H5、视频号为一体的平台矩阵搭建,SKU 总数突破 20000 个。江苏省广播电视总台 3 个上星频道、6 个地面频道、10 个广播频率以及 150 个新媒体账号、1.4 亿粉丝为平台赋能。2023 年年初,结合消费帮扶"新春行动"的开展,江苏省广播电视总台携手宿迁市宿城区在所辖王官集镇唐圩三产融合产业园,联合打造了荔枝云集(宿城区)直播基地,基地占地面积 8500 平方米,总投资 5000 余万元,建有 5 个广电级专业化直播间,以及直播连线区、农产品展示厅、2 条梨产品深加工生产线。

(二) 强化资源禀赋,找准农村电商"重点"、"难点"和"痛点"

荔枝云集充分发挥自身在全媒体营销策划、技术支持、人才储备方面的优势,

---

* 推荐单位:国家广电总局。

积极助力优质农产品上云出圈,突出“一镇一特、一村一品”,不断激活一粒米、一条鱼、一只瓜等特色产品的乘数效应,帮助农民真正把“好产品”打造成“好品牌”、实现“好价值”。

(三) 强化帮扶成效,助推农产品“上云赶集”、农文旅风景“引流出圈”

在产品开发上,荔枝云集针对宿城区5个国家地标农产品之一的“花园酥梨”品牌的鲜梨及其梨膏、梨棒棒糖等全品线产品进行深度分析,进行重点策划,优化升级,从而实现品牌溢价,切实做到品牌赋能。荔枝云集(宿城区)直播基地走入田间地头,与花园酥梨梨膏、软糖、饮料的深加工生产线形成“前店后厂”的关系。不仅在物理距离上“贴近供应链”,而且还深度参与到整个供应链的电商化改造与产品设计中,从源头入手打通链路,把资源转化为生产力。

二、荔枝云集直播基地助力乡村振兴取得的成效

江苏省广播电视总台依托宿迁实践基地暨荔枝云集(宿城区)直播基地,强化共建共享样板示范带动作用,与当地政府和群众共绘乡村振兴美丽画卷,助力乡村振兴,取得明显成效。

(一) 夯实直播基地“地方给力+媒体助力”的强强联合之举

江苏省广播电视总台以品牌赋能、以传播助力,携手宿迁乡村振兴建设各个方面,与全台新媒体资源、精品内容资源、商业体资源的充分融合嫁接,推动江苏名品传承与创新。荔枝云集聚焦各地特色产业、品牌产品,聚焦“非物质文化遗产技艺”“老字号”“绿色认证”“地理标志”等江苏“名特优新”产品,电商直播销售产品涵盖文创产品、农副产品、食品、体育用品、家装五大品类。

(二) 强化直播基地“新平台+新模式”的全面赋能之举

荔枝云集重点打造的“云上大集”系列全媒体营销IP,深入原产地,打通上下游,提供全案营销。直播电商基地立足宿城选品,按照源头策划、全媒体带货、专场销售的全新模式,开展直播助农活动,全力打造群众认可度高、核心竞争力强的特色品牌,做足“土、特、产”文章,助力乡村全面振兴。截至2023年年底,开展直播

助农1200余场，累计培育直播销售额超500万元的企业60余家。江苏省广播电视总台通过荔枝云集赋能乡村振兴“+”法，让手机变身“新农具”，直播变成“新农活”，流量变成“新农资”，积极推进乡村产业质效提升，共同推动建设农业强、农村美、农民丰富的新时代鱼米之乡。

（三）发挥直播基地“富口袋+富脑袋”的聚智聚力之举

江苏省广播电视总台助力乡村振兴宿迁实践基地和电商直播基地，通过示范教学型直播间，定期开展形式多样的培训活动，为乡村青年提供就业创业培训，帮助他们获取实用的技能和知识，提高就业竞争力，提升创业成功率，直播基地在当地成为一个新农人的培养平台、成长平台，每年可为全区“订单式”输送电商人才600余人，带动电商销售农产品超10亿元。同时，基地注重农民素质教育和文化传承，通过开展各类形式多样的培训活动和文化活动，让农民经济上增收的同时，文化生活也得到精神上的丰富。

未来，江苏省广播电视总台将以荔枝云集（宿城区）直播基地为样板，挖掘其他农产品，与更多乡镇特色产业合作，助力该地更多优质农文旅产品上云出圈。与此同时，将这一模式向省内外其他地区进行推广，以期在未来形成以荔枝云集平台为依托，辐射全国的媒体电商新生态，助力乡村振兴。

“北京节节高”之“尝鲜儿”大型公益助农计划推动消费帮扶*

案例单位：北京市广播电视局

北京市广播电视局主办“北京节节高 · 尝鲜儿”大型公益助农计划活动，旨在推动全国文化中心建设和国际消费中心城市建设，助力实现共同富裕，帮助果农发展特色产业，实现销售转化，创造经济收益。

一、开展活动主题宣传

2022 年 7 月，“北京节节高 · 尝鲜儿”大型公益助农计划主题宣传拉开帷幕，北京广播电视台生活频道多个栏目的摄制组在 4 个月时间里多次前往大兴区庞各庄村、房山区圣水峪村、平谷区北寨村等北京市郊村镇，拍摄了 30 多种极具代表性的鲜果农特产品，深入挖掘典型农人事迹。陆续在北京广播电视台生活频道多档旗舰栏目《生活这一刻》《京城美食地图》《越省越开心》等推出系列专题报道，通过兼具烟火气、趣味化、普适性的表达，带观众走进京郊大地田间果园，开启一场华丽的鲜果奇遇之旅，品尝甜蜜共赴美好，全面展现美丽乡村建设的丰硕成果，歌颂奋进在新时代新农村建设道路上的奋斗者，加强美丽休闲乡村、休闲农业精品景点线路推介。

目前在《生活这一刻》已播出 35 期专题报道，其中较有代表性的报道有：《“北京节节高”公益服务共同体成立　助推北京节庆文化　提升区域品牌价值》《走进

* 推荐单位：国家广电总局。

"中国西瓜之乡"庞各庄　西瓜熟了！》《上方山香椿　舌尖上的春天》《舌尖上的京城——北京烤鸭》《"桃"你喜欢　鲜嫩油桃挑选有诀窍/西红柿种植有讲究　带您找回"儿时记忆"》《杏满枝头！探访华北区最大鲜食杏基地/地理标志农产品——延庆香白杏熟了！》《北寨红杏熟了　酸甜可口享"杏"福滋味》等。

二、举办"亮丽北疆·精彩内蒙古"优质绿色农畜产品推荐季专题活动

2023年9月，"亮丽北疆·精彩内蒙古"优质绿色农畜产品推荐季活动作为"北京节节高·尝鲜儿"大型公益助农计划中的一项重要专题活动在内蒙古举办。该专题活动由内蒙古自治区广播电视局、北京市广播电视局共同策划，北京广播电视台生活频道具体承办，内蒙古自治区农牧厅大力支持，为京城百姓360度讲述"亮丽北疆·精彩内蒙古"优品的故事，让京城百姓足不出户就可以购买、品尝到质优价廉、精彩内蒙古"北疆礼物"的味道。

（一）多档节目立体化开展区域品牌推广

北京广播电视台生活频道通过新闻资讯类栏目《生活这一刻》等，以新闻形式报道活动概况、活动目的意义；制作播出《越省越开心》电商服务类节目，通过主持人演播室推介，突出内蒙古区域公用品牌，打造6期优质绿色农畜产品专题节目，向北京市民推荐及销售内蒙古特色农畜产品，扩大内蒙古优质绿色农畜产品北京知名度，累计观看电视人数超94万。

（二）106款商品登录北京广播电视台官方商城

106款甄选自内蒙古自治区12盟市的区域公用品牌及产品陆续上架至北京广播电视台官方商城——"BRTVi生活商城"，通过搭建专题页，以图文并茂的方式，从基本信息、生产环境、产品特点、人文历史和品牌建设五个方面全面展示内蒙古农牧业品牌形象，并通过商城粉丝群开展电商营销。

（三）组织3场探访直播和1场访谈带货直播

为了发挥北京广播电视台的媒体宣传优势，促进内蒙古优质农畜产品销售，活

动先后在生活频道资源平台、北京时间 App、北京广播电视台抖音平台等进行 3 场探访式体验直播，全平台累计观看量突破 145 万人次。

（四）全媒体多渠道提升传播影响力

整合北京市媒体资源，北京时间 App 以及北京广播电视台抖音、快手、公众号、微博等账号平台全程支持活动的宣传，同时协调人民日报客户端、千龙网、北青网、内蒙古新媒体协会、内蒙古时间等多家央媒及京蒙两地其他媒体平台同步宣推，近 40 位“达人大 V”参与话题互动，“亮丽北疆 · 精彩内蒙古”微博话题量超 2800 万。

三、案例成效

自 2022 年 7 月至 2023 年 12 月，“北京节节高 · 尝鲜儿”大型公益助农计划活动共计在北京广播电视台播出节目 41 期，在生活频道资源平台、北京时间 App、北京广播电视台抖音平台完成主题直播 4 场，共合作北京各区农特商户 95 家，上架销售大兴庞各庄西瓜、平谷大桃、怀柔板栗、上方山香椿酱等 50 余款商品，上架来自内蒙古自治区 12 盟市的区域公用品牌及产品共 106 款。

以脱贫地区优质特色粮油产品展销打通消费帮扶“最后一公里”*

案例单位:国家粮食和物资储备局

国家粮食和物资储备局会同国家发展和改革委员会充分发挥粮食行业优势,成功举办第三届全国脱贫地区优质特色粮油产品展销会暨中央和国家机关定点帮扶县农副产品产销对接活动(以下简称“展销会”),为22个省(自治区、直辖市)的388个脱贫县、786家企业搭建展区8000平方米,提供“免费参展、拎包卖货”一站式服务,实现现场销售粮油产品448万元,采购销售和项目合作签约40.8亿元,打通消费帮扶的“最后一公里”。

一、政府搭台、全程服务,畅通粮油产销对接渠道

2019年6月、2020年10月在中国粮食交易大会期间分别举办了第一届和第二届展销会,累计为全国500多个贫困县、1000多家企业提供免费参展服务,实现现场销售粮油等农副产品177万元、签约18.3亿元,消费帮扶品牌逐步打响,深受各方肯定好评。以展销会为突破口,拓宽脱贫地区粮油等农副产品销售渠道,推动脱贫地区生产优质产品,打造特色品牌,增强内生动力,形成可持续增收长效机制,助力巩固拓展脱贫攻坚成果、全面推进乡村振兴。

(一) 统筹谋划,精心组织

在中国粮食交易大会展区中,将脱贫地区产品展馆安排在最优位置;在各省

* 推荐单位:国家粮食和物资储备局。

(自治区、直辖市)展区中,将定点帮扶县安排在优质展位。为所有参展单位提供免费优质服务,提供宣传展示平台,积极引导参展企业加强对产品的宣传推介,强化参展产品质量监管,把产品特色、特质、特点和品质展示出来。

(二) 主题突出,内容丰富

现场布置大型广告牌、宣传海报等,循环播放脱贫地区和当地企业宣传片;组织安排专场推介、直播带货等推介对接活动,推荐定点帮扶县的招商引资项目和特色产品,县长、企业负责人争当脱贫地区产品“代言人”,省(自治区、直辖市)粮食和物资储备部门负责同志出席活动,提高脱贫地区产品认知度;创新销售形式、拓展销售渠道,组织采购商现场参观洽谈和集中签约;强化线上线下相结合,在淘宝天猫平台开展粮油主题营销活动。

(三) 协同配合,形成合力

为进一步发挥展销会平台作用,助力中央和国家机关更好推进消费帮扶工作,国家粮食和物资储备局专门邀请中央和国家机关组织动员定点帮扶县信誉良好的农民合作社和具有地方特色、帮扶效果好的优质企业参加产销对接活动。第三届展销会有 110 家中央和国家机关的 170 个定点帮扶县参展,多个部门单位相关同志到现场助力。

二、企业唱戏、量质双升,展销会成效一届比一届好

22 个有国家级脱贫县的省(自治区、直辖市)粮食和物资储备部门优中选优,筛选有帮扶机制的农民合作社和企业参展,同时邀请脱贫地区农副产品网络销售平台“832 平台”参展。

(一) 参展积极性逐步提高

首届展销会有 21 个省(自治区、直辖市)的 169 个贫困县、300 多家企业参展,销售和签约近 2.4 亿元;第二届展销会有 22 个省(自治区、直辖市)的 336 个贫困县、700 家企业参展,销售和签约近 16 亿元;第三届展销会有 22 个省(自治区、直辖市)的 388 个脱贫县、786 家企业参展,销售和签约 40.8 亿元,连续两届实现了

有国家级脱贫县的省份全覆盖。河南省是第三届展销会中参展企业最多的省份，共有 29 个脱贫县、87 家企业参展。

（二）产品品种更加多样

展销的产品琳琅满目、特色鲜明，不仅包括大米、面粉、小米、杂豆、大豆油、菜籽油等粮油产品，挂面、粽子、方便面等主食产品和方便食品，还包括酒、醋等深加工产品，以及鲜食玉米、水果果脯、菌菇干货、肉类茶叶等农副产品。如甘肃参展产品有杂粮、羊肉、瓜果、百合、药材等特色农产品 300 多个品种。

（三）参展产品备受青睐

来自脱贫地区的农副产品以绿色、有机、纯天然、无公害等为卖点，深受采购商、消费者的认可和喜爱。如云南昆明东川回韵挂面、普洱孟连亿鑫七彩花生、楚雄双柏妥甸酱油、红河金平依卓兰白茶等产品很快销售一空，通过展销会提高了民众对云南高原绿色优质农特产品的认知度，拓展了销售渠道，带动了群众增收致富。又如新疆柯坪县的艾力努尔农业科技开发有限公司的有机面粉、馕等特色产品颇受青睐，展销会期间签订销售和意向订单超 1.5 亿元。

三、穿针引线、铺路搭桥，放大展销会消费帮扶影响

展销会联结上游、服务下游，一方面展销会集中推介、展示展销脱贫地区优质特色粮油等农副产品，推动脱贫地区产品走出深山、走向市场；另一方面强化产销对接，促进脱贫地区因地制宜发展适应市场需求的特色产业，用小产业做好大文章，持续巩固拓展脱贫攻坚成果同乡村振兴有效衔接。

（一）产销对接成效显著

通过搭建全国性展销平台，采取“以会促销”的方式，加强参展企业与全国市场的精准对接、双向选择。第三届展销会现场销售额达 448 万元，约为上届的 4 倍；采购销售和项目合作签约 40.8 亿元，为上届的 2 倍多。

（二）产业振兴内生动力有效激发

脱贫地区企业通过参加展销会，多渠道宣传推介企业品牌和产品，更加深入了

解市场需求，缓解农产品卖难问题，增强致富信心。国家粮食和物资储备局定点帮扶的安徽省阜南县盛郢村党支部成立农民合作社，开展粮有袋、菜有篮、蛋有盒、果有箱、油有瓶、蜜有罐“六个有”小包装初加工，通过参加展销会，产品更加畅销，“洪河味”商标得到市场认可。

（三）消费帮扶氛围愈加浓厚

聚焦乡村振兴和产业发展，加强展销会宣传报道，持续扩大产销对接成效与影响力。历届展销会得到多家主流媒体和地方媒体的广泛宣传，特别是宣传参展的优质特色农副产品，以点带面进行宣传推广。

搭建产销对接平台
邮政助力安徽乡村振兴展现新作为*

案例单位:安徽省邮政分公司

2023年,安徽各级邮政企业整体承接安徽多地消费帮扶工作。2023年帮助安徽农产品销售额达2.16亿元,累计消费帮扶销售额已突破7亿元。

一、五大措施

(一)强线下提线上,搭建服务平台

1. 线下打造农村电商服务体系

发展农村电商中央有号召,农民有需求,邮政有责任。安徽省邮政分公司紧密围绕打造安徽农村电子商务基础服务商,打通了工业品下乡、农产品进城的双向通道。一是建设"两中心",建成县级运营中心63个、乡镇级运营中心685个,实现省内邮件"当日进口当日下行、当日收寄当日上行"。二是建设邮乐购站点,拓展末端服务能力。安徽省建成邮乐购站点2.1万个,行政村覆盖率接近100%。

2. 线上建设乡村振兴地方馆,持续提升线上运营能力

与邮乐农品合作开展"邮乐赋能"项目,因地制宜,彰显特色,全力重建78个乡村振兴地方馆,覆盖省内全部20个原国家级贫困县。深耕邮乐小店、邮乐优鲜、电商直播三大线上销售渠道,加快邮乐小店店主、邮乐优鲜团长以及电商

* 推荐单位:国家邮政局。

主播培育，日均成单店主数、活跃团长数等指标均居全国前3位，通过“专职+兼职+外部合作”等方式完善直播运营队伍，目前所有市分公司均具备电商直播能力。

南陵县邮政分公司“邮你行”线下展销馆

图片来源：安徽省邮政分公司供图。

（二）勤沟通强对接，夯实合作基础

2020年，与安徽省农业农村厅联合发文推进惠农合作项目。在以上合作的基础上，逐步建立起省市县“一把手挂帅、分管总攻关、多部门落地”的多级对接模式，确保政企联合项目快速落地。

（三）严标准细方案，迅速组织落实

1. 精细化摸排，对接孵化

明确消费帮扶产品选品范围和引入流程，针对政府企事业单位和新型农业经营主体进行联合走访，了解各地亟须帮扶销售的农产品信息，重点强化滞销初级农产品的帮扶力度。依托邮乐农品等第三方专业公司开展电商孵化和品控支撑，帮助原生态农产品完善包装。

2. 渐进式开发，完善专区

2021年以来，对专栏进行迭代升级，全面建设消费帮扶专区。经过多次升级，目前安徽省以市为单位，建设上线16个邮乐消费帮扶专区，在省总工会的支持下，打通邮乐网、微信小程序及“皖工惠”平台三方接口，将邮乐消费帮扶专区与“皖工惠”平台进行对接，实现一键跳转下单。

3. 覆盖式走访，全面营销

充分发挥邮政地推队伍和线上线下渠道优势，积极组织走访人员全覆盖无缝对接地方政府、国有企事业单位、金融机构、院校、医院等单位，累计与近万家单位达成消费帮扶助农合作。

（四）建展馆树样板，实现常态帮扶

安徽省各市县分公司积极融入政府“三专一平台”建设，联合市县政府建设线下农产品展销馆。

马鞍山市名特优农产品展销馆提供“农产品展销+寄递+文旅+电商培训+仓储物流+直播带货”等一揽子服务。马鞍山市邮政分公司深入挖掘客户需求，瞄准政企单位餐卡消费市场，逐步形成“常态化展销+节日集中营销+活动引流”的马鞍山消费帮扶模式。

目前马鞍山消费帮扶模式已在全省复制推广，全省已打通21个市县政府单位餐卡消费。

（五）强售后提服务，确保客户体验顺畅

1. 开辟绿色客服通道

为做好消费帮扶咨询、查询、投诉相关工作，安徽省邮政分公司专门开辟“省总工会消费帮扶”专线。专线客服对咨询类问题直接给予答复，对于无法直接处理的问题，在“11185系统”中录入工单，联系各市分公司处理，由各市分公司对接人做好主动跟单、客户理赔等服务工作。

2. 加强邮乐通客户服务

在消费帮扶旺季，安排专人做好线上邮乐通客户服务。确保专区产品对应地方馆“邮乐通”每日上午9点至下午9点在线，应答响应及时；做到规定时限内客诉有效办结率100%，客诉工单有效回复处理意见的时效严格控制在24小时内。

3. 做好本地服务支撑

明确专人做好本地支撑，及时处理售后、客诉，加快货款结算周期，避免舆情。

二、取得成效

（一）全面对接政府，邮政影响迈上“新台阶”

邮政公司助力安徽消费帮扶工作获得政府和社会的广泛关注和高度认可。安徽各级政府官方媒体、人民网、新华网、《中国邮政报》、中国邮政官方公众号等多家内外部媒体对安徽省邮政分公司搭建产销对接体系，助力消费帮扶所取得的成绩进行了专题报道，引起广泛关注。全省各地 100 多个政府单位向邮政公司推荐当地农特产品，感谢邮政公司助力乡村振兴。安徽省邮政分公司已全面融入安徽省服务乡村振兴工作。

（二）产销体系搭建，上行商流实现“新规模”

安徽省邮政分公司与 9497 家政府机关、企事业单位签订合作协议，引导 120 万工会会员通过邮乐网购买邮政农产品，极大提升了邮政电商平台的客户数，累计实现消费帮扶销售额超 7 亿元，助力安徽省邮政分公司上行商流由 2020 年的 2.08 亿元快速增长至 2023 年的 9.06 亿元，排名由全国第 8 位上升至全国第 4 位。

（三）协同金融寄递，业务发展谱写“新篇章”

以解决“销售难”为突破口，聚焦消费帮扶服务的 700 多家新型农业经营主体，签订惠农合作协议，提供融资 E、寄递、代发和农资一揽子服务，协同金融、寄递实现有效发展。700 多家新型农业经营主体均开设邮储对公账户，使用邮件寄递业务，有效助力惠农合作项目开展。

为云南迪庆松茸搭建“空中走廊”助力脱贫地区产品“出山进城”*

案例单位：云南顺丰速运有限公司

自2014年以来，云南顺丰就开始汇聚资源专项运作迪庆松茸项目，不断开拓物流网络、打通销售渠道，致力于松茸“走出去”。顺丰的迪庆松茸寄递量从2014年的几千件发展到如今的近40万件。2023年，云南顺丰发运松茸总计5699.4吨。

一、依托资源优势，保证时效性

2023年7月，在第二届香格里拉松茸论坛暨2023年顺丰松茸寄递解决方案发布会上，云南顺丰正式发布了《2023年顺丰松茸寄递解决方案》，开启第10个迪庆松茸寄递服务季。

云南顺丰速运有限公司在时效保障方面，依托无人机和全货机，通过产地直飞、空空转运，为松茸产区直发全国打造空中运输走廊。在产品服务方面，通过多产品灵活组合，满足客制化需求，抓好“最后一公里”配送，实现从“山间”到“舌尖”的送达。在产业升级方面，基于“香格里拉+顺丰”“松茸+文旅”的理念，通过专属采摘背包投放、冷链快网与航空资源无缝衔接、产销两端的有效撮合，松茸寄递对文旅产业的牵引等举措实现多产融合发展。

为最大限度地锁住松茸的鲜美，延长松茸的保鲜期，顺丰还升级了德钦、维西两个集散点的冷链设备，打造香格里拉—剑川—楚雄—木水花3条松茸主产区冷

* 推荐单位：国家邮政局。

链干线，充分保障从松茸收货地到销售地的需求，最快实现 24 小时内“山间”到“舌尖”的美味速递。

顺丰依托资源优势在快速辐射全国的同时，也将通过鄂州机场等资源不断辐射更多的国家和地区，助力迪庆松茸保持及扩大在国际市场上的优势地位。

二、提升服务品质

云南顺丰与迪庆科技局合作，为农户量身定制了内置恒温保温层、急救包和多用工具的专属背包，改变包裹方式，确保松茸从采摘到交易、物流、餐桌的全链条品质保障，也让松茸采摘更轻松、便捷、安全。

值得一提的是，2023 年松茸采摘季，为加快迪庆州名特优农产品走出去，迪庆州商务局携手云南顺丰速运，设计、定制专属香格里拉“始于松茸、不止于松茸”的包装纸箱和专属香格里拉戳记的快递面单。通过云南顺丰速运寄递由迪庆州发运鲜松茸的企业及个人可免费使用该包装纸箱。

三、寻鲜松茸，产业振兴

保护好、利用好、管理好香格里拉松茸意义重大。2023 年，迪庆州人民政府发布了《香格里拉松茸保护与利用白皮书》，推进松茸产业可持续高质量发展。白皮书对香格里拉松茸的保护现状、采集标准、等级划分、保护利用作出了细致、专业的说明，是国内首部以“松茸”为主题的白皮书，为有效提升松茸产品的质量控制水平、规范松茸产品市场、促进松茸产业健康发展提供了科学依据，将有力推动松茸产业向高端化、品牌化方向发展，对推进松茸产业的高质量发展具有重要意义。

从 2003 年迪庆州获批“香格里拉松茸”原产地标志产品，开启了打造香格里拉松茸品牌的征程，到 2016 年香格里拉松茸系列产品获批为国家地理标志产品并成功申报地方标准，再到《香格里拉松茸保护与利用白皮书》的发布，迪庆松茸产业实现了一个又一个突破，走出了一条生态保护、经济效益、社会效益多赢的香格里拉松茸产业发展之路。

历经多年发展，松茸产业已成为迪庆最具特色的产业之一，是迪庆各族群众持续稳定增收的重要经济来源。位于香格里拉市区的香格里拉松茸交易市场是全国唯一一个以松茸这一单品命名的野生菌交易市场，每年在这里交易的松茸量超过2000吨，是名副其实的“松茸流通集散交易中心”。云南顺丰和香格里拉松茸园区在2022年松茸采摘季共同成立了顺丰松茸保鲜预处理中心，免费提供给客户使用，以满足商户对松茸预冷的需求。

“迪庆始于松茸，不止于松茸。顺丰始于快递，不止于快递。”顺丰集团认为，顺丰除了提供时效和品质的保障，通过优先中转、优先运输、优先派送的“三优模式”让迪庆松茸在24小时到达更多城市，还探索在区块链溯源码、工具包、产销配平台等方面给予松茸产业科技赋能，加强宣传和流量导入，提升产业链品牌溢价。

为拓宽松茸产业边界，打开迪庆乡村振兴新局面，在当日的活动中，迪庆州文旅局进行了香格里拉“不止于松茸”的文旅推介。目前，云南顺丰正积极配合迪庆州文旅局开展探索文旅产业融合实践，助力迪庆积极挖掘开发松茸的文旅价值，打造以松茸为主题的“松茸寻鲜”旅游路线，进一步做大做强“香格里拉”文旅品牌，助推迪庆经济社会发展迈上新台阶。

除松茸外，迪庆还拥有中药材、食用菌、葡萄、青稞、蔬菜、木本油料、特色畜禽七大高原特色产业。未来，云南顺丰将借助“始于松茸”的全链条专业解决方案和资源布局，进一步深化与迪庆州政府的合作，助力迪庆州更多高原特色产品出州、出滇、出海。

发挥航天特色优势　提升消费帮扶质效*

案例单位：航天系统部政治工作部

航天系统部充分发挥航天强国特色品牌优势，乘借乡村振兴战略纵深推进之势，深入开展消费帮扶，助力群众稳定增收，形成航天助力发展的规模效应，产生良好的政治效益和社会效益。

一、强化政策引导，凝聚各方合力

始终把航天报国精神贯穿支持乡村振兴全过程，把筹划落实消费帮扶作为助力群众奋进美好生活的实际行动。

体系规划设计。对表对标上级部署安排，定期召开援建领导小组会议，吃透用好一系列扶持政策。针对8个帮扶村分布7个省(自治区、直辖市)，地理环境、资源禀赋、群众生活差异明显的实际，广泛征求村民意见，精准制定消费帮扶措施办法，细化采购范围、产品目录、采购途径、责任要求等8个方面的内容，有效增强消费帮扶实效。

压紧责任链条。主动与帮扶村所在党政机关对接，全面掌握帮扶需求，健全完善帮扶机制，定期召开会议通报消费帮扶情况，推动消费帮扶每项责任都有人担当、每个目标都能一抓到底。

严格末端问效。明确“承担帮扶任务单位必须应季采购对口帮扶村农副产品、驻帮扶村附近伙食单位必须应季采购农副产品”的要求，组织所属单位与8个帮扶村、14个驻村企业签订采买协议，安排专人进村督导落实，有效解决收获季农

* 推荐单位：中央军委政治工作部。

副产品积压等村民后顾之忧。

二、创新思维理念，打造优质产品

传承航天事业开拓创新理念，在“航天品牌+土特产”上下功夫做文章，努力破解“销什么”的问题。

突出地域特色。广泛开展“群众最盼望什么、本村优势是什么、致富出路是什么”的调查研究，全方位精准考察研判帮扶村自然禀赋，着力建设一批发展有潜力、基础能保证的特色产业。针对重庆奉节白茶名气大和特殊气候，援建南天村千亩航天茶园；针对广西荔浦“芋”满天下，援建大地村芋头产业示范基地；针对山西岢岚是“骑在羊背上的县”，援建团城中心村大型养殖场，打造“航天领头羊”。

突出航天元素。在帮助打造具有浓厚地域特色农副产品的基础上，将航天文化、航天标识创新注入农副产品，研发拿得出手、端得上桌、回得了客的“航小棘”“航红蜜”“航小白”“航小橙”等航天助农系列产品，“产业+品牌”的帮扶格局初步形成。

突出高附加值。针对不少帮扶村农产品直接面向市场销售利润低、难储存、运费高的实际，协调当地优质企业进村考察调研，签署合作协议，将初级农产品通过真空包装、灭菌罐装、榨汁配兑等工艺，转化成为附加值高、满足市场的农副产品，在破解村民急难愁盼的同时，立起促进增收致富的硬品牌。

三、紧跟信息时代，搭建网销平台

把握信息时代线上销售趋势，创新拓展有人气、有意思的网络销售平台，解决“怎么销”的问题。

搭建京东航天助农馆。充分考察衡量各电商平台资源条件，在品质口碑较好、仓储物流便利的“京东”平台上，建立“中国特产京东航天助农馆”专属网店，上架推介各帮扶村、驻村企业 130 多种农副产品，发动所属单位、家人亲属、社会各界人士上线采买，销售额达 400 余万元。

开设抖音号橱舱。深入分析网络直播带货特点规律，研究利用“我们的太空”

新媒体矩阵2300万粉丝流量资源，协调抖音公司在“我们的太空”抖音号开设航天助农橱舱，引导所属单位普遍关注、随时下单，实现优质产品直送部队餐桌、助农收益直进村民口袋。2023年“双十一”期间，安排3名兼职主播，并邀请国家粮食和物资储备局领导、农业领域专家等上线带货，直播当天销售额达62万元。

线上线下融合造势。依托头部平台传播优势，结合帮扶村所在地举办文化节等时机，充分展现航天消费帮扶的红色底蕴、专业品质和奉献情怀，展现特色系列产品的文化内涵、营养价值，相关产业产品的知名度和美誉度不断提升，努力让更多人心系航天事业、更多人参与航天助农。

四、扩大消费群体，开掘市场潜力

借助航天发射举世瞩目的高光效应、航天品质备受认同的良好口碑，把消费帮扶工作做到发射一线、观摩发射群体，多管齐下解决“谁来买”的问题。

直播发射带货推介。每次航天发射都有万千航天粉丝观看，央视频道、抖音、快手、视频号等媒体都聚焦发射场直播。为发挥这一主要优势，在太原卫星发射场先行先试建立“乡村振兴、航天助力”体验馆和直播间，在酒泉、太原、西昌、文昌4大发射场各设立1名航天助农大使，结合发射任务组织直播带货、售卖助农产品，往往发射直播还没结束带货直播就已接近尾声。

面向观摩群体销售。航天发射热度高，每次发射都会掀起“航天”旅游热，“神舟”“天舟”“问天”等系列国字号重大任务，关注度、流量值、影响力更是呈指数提升。对此，组织帮扶村村民到发射场推售农副产品、助农产品等，单次发射销售额都在1万元以上。

设置院内专区专柜。在院区超市开设消费帮扶专区，在食堂门口设立自动售货专柜，销售各帮扶村农副产品，通过线上支付、直接结算等方式，确保村民直接受益、村集体直接创收。

组织大集集中展销。利用“双十一”“航天日”等时节，在北京航天城开展“乡村振兴、航天助力”消费帮扶大集，邀请帮扶村村民代表、所在乡镇县市乡村振兴部门领导，携当地特色农副产品、原汁原味美食来京展销推介。

创新工作思路　助力消费帮扶
着力打造“鄂有好货”湖北品牌*

案例单位：湖北省军区

湖北省军区协调军地、积极作为，创新设计打造“鄂有好货”消费帮扶品牌，探索走开“线上+线下”“订单+订餐”“军队+地方”的销售模式，取得良好经济、社会和政治效益。

一、强化顶层设计汇聚军地合力

积极发挥省军区系统军地协调桥梁纽带作用，合力推动消费帮扶走深走实。

强化思想共识。湖北省军区党委始终把助力振兴作为贯彻主席号令的政治行动、视为回报老区人民的政治责任，采取召开党委会、办公会、党员大会等形式，统一思想认识，提高政治站位，以推动解决帮扶村农产品滞销为突破口，深入开展“鄂有好货”消费帮扶活动，以实际举措帮助农民增收创收。

建立工作机制。联合湖北省委宣传部省商务厅、省农业农村厅等多个部门，建立“横向协作、纵向联动”的运行机制，制定下发《关于“‘鄂’有好货”消费帮扶活动实施意见》，指导各级常态开展“六个一”活动，即帮扶单位主要领导每年现场办公至少1次、帮扶单位推荐特色帮扶农副产品至少1种、协调搭建销售平台至少1个、推介网络直播带货主播至少1人、建立定向直营销售合作单位至少1个、组织专项促销活动至少1次，推动消费帮扶工作机制化运行。

* 推荐单位：中央军委政治工作部。

充实目录清单。深入挖掘秦巴山区"原始野味"、武陵腹地"富硒土味"、幕阜山区"药茶香味"、江汉平原"水产鲜味"等湖北特色地标优品，重点遴选红安小丰山村面业、麻城小寨村菊花茶、恩施石灰窑村腊肉、宜昌泉水村"枝滋有味"等169家帮扶企业、312类地域特色产品，入"鄂有好货"目录库，构建"一地一品"目录清单，助力帮扶企业更有"底气"、帮扶产品更加"硬气"、帮扶行动更涨"人气"。

二、借助优势资源推介消费产品

整合运用线下线上资源借势发力，提升农副产品的知名度和附加值。

"借台唱戏"。依托荆楚购、农博会、花卉节等专场活动，邀请"鄂有好货"帮扶企业参加，协调提供展区展位、统一布设专属展台、悬挂主题横幅、佩戴会标胸标。近年来，先后协调武汉邻里集市节、襄阳农博会、云梦油菜花节等十几场节会，集中销售238类帮扶农产品。

"借水行舟"。发挥长江流域船运优势，帮助临江湖北段沿线帮扶村销售农副产品。在石首桃花节、江陵油菜花节、宜昌蜜柚节期间，"同饮一江水"的宜都、枝江、公安等8个县市的大米、牛肉、柚子、鱼糕、铁牛饼等帮扶农产品，搭乘"鄂有好货"航船销往全国各地。

"借力引流"。积极采用网络直播带货等新兴销售模式，邀请本地正能量网红出席活动，宣介推销帮扶村农副产品。让产品销量搭上网红流量，实现网络订单和现场促销"双擎驱动"，直播带货近2000万元。

三、依托平台直销挖掘消费潜力

协调电商平台设立销售专区，推动构建企业让利、平台分红、农户支持的供销合作方式。

研发"楚融丰食"直销。协调省委军民融合办将"鄂有好货"纳入驻地部队副食品集中筹措"楚融丰食"平台，遴选推荐米面油、肉蛋禽以及水果蔬菜等优质农副产品入驻专区，面向驻鄂部队供应农副产品，累计销售额达1800余万元，扩大了"鄂有好货"在驻军部队的影响力。

对接军队“服务+”直销。加强与军队“服务+”平台的沟通联络，分批分类推荐“鄂有好货”农副产品312类，上线上架160多类，丰富拓展从“田间地头”到“官兵餐桌”的渠道链路。

入驻电商平台直销。主动协调农副产品网络销售平台（即“832平台”）、湖北省消费帮扶平台、“长江严选”、“荆易购严选”等官方消费帮扶平台，达成合作意向，设立“鄂有好货”产品专区提升识别度，上架销售恩施富硒茶、洪湖莲藕、罗田板栗等269类“一域一品”优质产品，设置“军民一家亲”专栏提升品牌效应，黄冈军分区帮扶的红安小丰山村冲上热搜，“兴霸”热干面、“最莲意”白莲子、“红安苕”酸辣粉等产品年订货量超过9700万单。

四、立足直营促销拓展消费渠道

持续推进“鄂有好货”进部队、进机关、进商超、进社区、进学校“五进”帮扶行动，助力提升农副产品定向产销链路。

进部队。主动与重庆、浙江、山东、河北等部队沟通联系，定期推送目录清单、寄送特色样品、签订供应采购协议，大力推销“鄂有好货”农副产品。每逢重大节日，发动官兵及家属积极开展“以购代捐”“以买代帮”“众筹认购”等方式采购农产品，帮助进入营区食堂和家庭餐桌。

进机关。加强与湖北省机关事务管理局、退役军人事务厅等部门联系对接，商洽农产品购销意向，建立消费帮扶合作协议，与省内9个行政事业单位、7个国营企业达成共识，定期供应农副产品。

进商超。积极发挥“武常委”作用、整合地方资源，推动“鄂有好货”开办线下实体专营店；在大型商场举办农产品专场集中推介；与超市签订供货协议、上架销售目录产品等，打造消费帮扶“增长极”。

进社区。联动武汉百瑞景、江夏纸坊等社区街道，举办“鄂有好货”农产品展销活动，让“鄂有好货”真正走进百姓身边，探索从“菜园子”到“餐盘子”的消费帮扶路径。

进学校。针对湖北高校多、需求大的特点，协调与湖北省委党校、武汉大学、湖北工业大学等学校，以及对口帮扶“八一爱民学校”建立校农结合定点供应关系，组织学生代表到帮扶村开展实地考察和爱心助农，绿色优质的食材受到广大师生的一致好评。

心系井冈山革命老区　消费助力振兴*

案例单位：武警部队江西省总队

武警部队江西省总队创新开展“心系老区、情暖井冈”消费帮扶，支持打造井冈山区域公共品牌，帮助老区群众增产增收。2023 年累计购买 1026 万元井冈山市及帮扶村农产品，惠及农户 4600 余户。

一、深挖消费潜力兜底保稳

针对近年井冈山农副产品滞销、影响群众收益的实际，找准群众增加收入的所需所盼和总队集团消费量大劲足的结合点，武警部队江西省总队与井冈山市政府签订《消费帮扶合作协议》，坚持市场牵引、军地合力，打造多元一体消费矩阵，最大限度地提升消费拉动力。

用好用足政策。把不高于 10%的年度伙食费定向采购政策落到总队 193 个伙食单位，明确每个单位每月按 10%的上限足额采购井冈山农副产品，支队级单位分别建立消费台账，总队每月在强军网公示采买金额，确保保底消费。鼓励各个单位在举办活动、走访慰问、行政消耗开支上，优先考虑井冈山或各自帮扶村产品，持续拓展内部市场。

官兵踊跃参与。总队官兵人手一册发放消费指南和倡议书，鼓励党员干部带头，号召军人军属参与，依托自动售货机、军营超市开设帮扶专柜，在节假日消费旺季组织营区现场推介会，借助部队“朋友圈”拓展消费“市场圈”，积极“种草”、主动“带货”、为爱“下单”，营造人人皆可为、人人皆愿为、人人皆能为的浓厚氛围。

* 推荐单位：中央军委政治工作部。

积极拓展渠道。借助地方资源推动消费帮扶，协调井冈山农副产品入驻国家“832平台”和省市两级地方政府采购网，向总队236个军民共建单位推介帮扶村农副产品，用于发放职工节日福利、慰问老党员老干部、救济困难群众、组织工会活动等，通过军地共建推动形成众人拾柴火焰高的帮扶效应。

二、规范平台运作惠农增收

按照供给侧、需求侧精准对接的思路，着力减少产品中间环节、优化资金流转链路，确保田间地头直达军营餐桌、帮扶收益直落农户口袋。

政府搭台。协助井冈山市政府搭建产销平台，开发微信在线商城，发布抖音推广链接，开设军人军属优惠端口，发动63家农商户，精选红米、南瓜、菌菇和黑猪等100余款特色农副产品，实现线上下单、送货上门。根据总队伙食单位编制和季节特点，平台区分12个月份精心设置40人、100人、200人等不同规模的采购套餐，帮助部队减少“选择困难”，实现一键采购。

群众受益。引导井冈山市15个乡镇、141个行政村加入农副产品供应联盟，协调行政村建设面积300亩以上或投资200万元以上的农副产品产业基地，充分调动人力、土地资源，通过以村集体投资入股给群众分红、土地流转让群众收取租金、劳务用工获取薪酬、订单采购直接受益和抽取集体收益补贴监测户等方式，进一步健全利益联结机制，确保不同类型农户稳定增收。

全程监管。平台专门设立网上星级评价区，开通意见反馈热线，不断完善售后服务，让部队买得舒心、吃得放心。井冈山市场监督部门、纪检部门全程介入，邀请部队代表共同监管产品价格品质、经费流向、惠农分配等，确保消费帮扶在阳光下运行、在规范中发展。

三、强化综合效应一举多得

注重经济效益与政治效益、社会效益相统一，把红色元素植入供需两侧、产销两端，助力消费帮扶效应外溢。

发挥教育载体作用。突出融入老区特色、搞好包装设计和营销推广，讲好“红米饭南瓜汤”“八角楼的灯光”等红色故事，唱响《红星闪闪》《映山红》等革命歌曲，让广大军民在潜移默化中接受革命传统熏陶，促进消费帮扶和教育引导双丰收。

巩固双拥桥梁纽带。通过举办消费帮扶签约仪式，军政军民共商对策、共谋振兴，山下井冈山中队人人参与打造消费帮扶“桥头堡”，山上执勤一中队因地制宜开设便民服务点，广泛开展爱民助民活动，持续擦亮“井冈山爱民模范中队”新时代亮丽名片，形成“山上忙助民、山下忙振兴”的良好局面，促进消费帮扶和军政军民团结双带动。

撬动产业振兴支点。对帮扶的 48 个产业项目逐一摸排，遴选一批有潜力、基础好、能盈利的项目实施重点帮扶，通过培训返乡创业致富能人、完善基础设施筑巢引凤、用好定向消费刺激带动，重点培育井冈山市湘洲村稻田养虾、赣县大坳村豆芽、余干县富湾村板鸭、安义县马源村“百果园”等产业品牌，构建营收稳、增收快、抗险强的良性产业格局，实现消费帮扶和产业振兴双促进。

构建消费帮扶体系　助力乡村产业振兴*

案例单位：安徽省金寨县总工会

近年来，金寨县总工会以激活消费为抓手，积极投身乡村全面振兴，持续助力全县特色产业发展，做大做强疗休养基地建设。2023 年，直接、间接帮销农产品 8000 余万元，职工疗休养基地实现综合收入 3580 余万元。

一、完善工作机制，把产品卖出去

聚焦农产品增产不增收、销售面不宽等问题，从强化工作机制入手，千方百计解决滞销等问题。

一是在政策落实上着力。认真贯彻落实全省“社会帮扶齐助力，消费赋能促振兴”的号召，不折不扣执行上级政策措施，积极向县委、县政府建言献策，推进县级政策配套和任务落实，明确县乡行政事业单位帮销任务，并与财政、人社、乡村振兴局等部门联合，确保帮销措施落到实处。

二是在平台搭建上着力。建立健全乡村工会组织，目前组建各级工会组织 750 余家，会员 5 万余人。乡镇党委副书记兼任工会主席，村（社区）明确工会工作具体负责人，通过会议、工作调度、目标考评等凝聚思想共识，强化工作推进，形成横向协调、纵向联动的农产品销售工作新机制。

三是在质量把关上着力。乡镇择优推荐 2—3 家优质农产品，联系纪委、农业、邮政、供销、财政等单位，对农产品原产地、质量标准、销售价格、顾客满意度等进行综合评审，累计评选优质农产品 30 余类。在此基础上，合理制定销售套餐，供

* 推荐单位：全国总工会。

全县行政事业单位职工和广大消费者自由选择，4 年来，累计帮销农产品 3000 余万元，服务县内企业 130 余家次。其中，2023 年帮销农产品近 1000 万元。

二、突出示范引领，让劳模强起来

擦亮“跟着劳模去创新”品牌，以产品销售为目标，积极探索工作新路径、新方式，支持劳模企业做大做强。

一是发挥劳模作用。将全县 10 名劳模组成小分队，深入田间地头，开展技术培训 100 余场次，帮助 5000 余户脱贫户实现增收；8 名劳模结对帮扶非公企业 16 家，帮助企业销售产品 1300 余万元；新培育市级劳模创新工作室 2 个、示范基地 1 个、开发实用新型专利 13 项，省级科技成果 12 项，直接带动当地 2000 余户群众户均增收 1500 余元。

二是帮助劳模“链”上大上海。充分发挥桥梁纽带作用，促成县内“俏俏果”等 10 家优秀企业与上海龙头零售企业“上海百联集团”成功对接，该集团 3 年来共帮销金寨农产品 800 余万元。上海市金泽镇 30 家企业将金寨农产品纳入职工节日慰问品采购范围。

三是帮助劳模牵手大单位。加强与央企国企、省内外高校等对接，帮助劳模销售农产品。中国科学技术大学工会连续 4 年在金寨采购农产品 700 余万元。

四是帮助劳模登上新平台。充分发挥电商线上购销优势，2019 年以来，组织劳模参与带货活动，与东方甄选等知名主播开展联农带农直播活动，通过邮乐购平台帮助劳模销售茶叶、香菇等农产品近亿元。其中，2023 年帮销劳模农业企业产品 2000 余万元。

三、强化扶持力度，让基地靓起来

依托金寨得天独厚的资源优势，建成省市级职工疗休养基地 7 家，以康养服务激发消费潜力。

一是强化服务指导。聘请相关专家对职工疗休养基地从业人员进行培训，着力提升行业规范、服务能力、综合素质等。在首届“长三角”地区职工疗休养基地服务技能大赛中，选派的代表队与沪苏浙皖四省同行同台竞技，个人和团体均获得二等奖的好成绩。

二是强化宣传推介。组织疗休养基地相关人员前往上海市、合肥市、皖北地区等开展推介活动。截至目前，疗休养基地累计接待外地职工3万余人次，其中，2023年安徽天堂寨度假山庄基地吸引各地疗休养职工10000余人次，带动消费约3000万元。

三是强化工作互动。与上海市总工会对接，推进疗休养基地互认工作，确定金寨县天堂寨、龙津溪地两家基地为上海市职工疗休养基地。组织上海劳模（职工）疗休养首发团深入金寨，实地感受金寨县独具特色的资源优势。与上海市青浦区总工会开展对口合作，将加强职工交流、促进人员往来作为合作的重要内容，2023年，上海市青浦区总工会组织职工来金寨疗休养6批次近300人。

四、履行社会责任，让担当实起来

在抓好主责主业的同时，积极履行社会责任，切实发挥工会桥梁纽带作用，更好彰显工会担当。

一是对口帮。积极响应国家、省、市号召，每年择优采购新疆皮山县核桃、大枣等农产品，做好仓储、配送等相关工作，并根据购买职工实际反响，适时对供货企业进行调整。2023年，将皮山皖疆实业有限公司调整为新疆洽洽食品有限公司，极大提高了全县职工的满意度，年销售皮山县相关产品600余万元。

二是四季送。大力开展“春送岗位、夏送清凉、秋送助学、冬送温暖”活动，将本县农产品纳入慰问清单，年均帮销农产品20余万元。此外，在2023年新建的工会驿站中，优先选择矿泉水等本县相关产品供驿站使用，既方便了职工，又扩大了本县相关产品知名度。

三是即时销。为切实解决茶叶、葡萄销售难等现实问题，2023年春、夏两次提请县委、县政府出台相关措施，并联系农业农村局、乡村振兴局等单位，组织基层工会开展帮销活动，解决了种植户的燃眉之急，共帮销茶叶650多万元，葡萄150余万元。

消费事关经济高质量发展，事关千家万户的幸福生活。今后工作中，金寨县总工会将认真学习贯彻习近平总书记重要讲话精神，将服务革命老区金寨发展作为主攻方向，将职工需求作为工作目标，积极牵线搭桥，不断优化措施，主动打好帮销促销“组合拳”，更好满足企业、基地、职工等多方需求，努力为老区高质量发展贡献工会新的更大力量。

激发青年电商双创活力
助力乡村振兴工作开展*

案例单位：共青团吉林省委

共青团吉林省委扎实推进吉林共青团“3358”行动计划，大力实施“吉青助农行动”，通过实施健全青年电商工作体系、建立优质产品选育机制、搭建线上线下推介平台等一系列举措，建立了覆盖全省的青年电商协会组织，凝聚发动612家青年电商企业，线上线下累计推广农产品1.2万款，实现销售额突破5.6亿元。

一、助力乡村振兴的典型做法

为持续激发青年电商创新创业活力，有效摆脱农特产品销售端的困境，助力乡村振兴工作开展，共青团吉林省委聚焦“人、货、场”三要素，在健全青年电商工作体系、建立优质产品选育机制、搭建线上线下推介平台等方面久久为功，打造全链条电商助农工作阵地。

（一）健全青年电商工作体系，夯实助力乡村振兴组织基础

为有效推动乡村振兴工作，在组织、阵地、人才等方面实现新突破，共青团吉林省委将发展青年电商作为助力乡村振兴的有效举措，建成了较为完整的青年电商工作体系。

一是建强组织阵地。成立省市两级青年电商协会组织，凝聚612家青年电商

* 推荐单位：共青团中央。

企业，先后与字节跳动、淘宝等14个全国知名电商平台签署战略合作协议，筑牢青年电商发展组织基础。

二是育强人才队伍。连续举办六届青年电商人才训练营，实施“火山吉林致富合伙人计划”等项目，培训本土化青年电商人才1.8万人次，形成青年电商千军万马的生动局面。

三是增强创孵实效。扶持优秀青年电商企业入驻青年创业园，免费提供办公区、直播间及金融、法律、财务等配套支持服务。组建青年电商导师团，定期赴市县经贸考察、指导交流，成功培育孵化电商企业231家，助力青年电商人才在吉创业兴业。特别是成功举办“创业奋斗 · 青耘吉林”2023年吉林省青年电商大会，邀请省内外电商行业专家、企业家、平台负责人及青年代表共350人参加活动，累计达成投资和意向采购协议22.7亿元。吉林省政府对活动作出批示：“活动办得很好、很实、很有效。要再接再厉，一盯到底，常态化机制化举办各类青年活动，吸引更多青年‘创业奋斗，就在吉林’。”

（二）建立优质产品选育机制，打造“吉青严选”电商品牌

为促进吉林农特产品品牌推广，帮助更多产品走出乡村、走出吉林，共青团吉林省委兼顾覆盖面与品控，统筹抓好域内农特产品选育，成功构建“吉青严选”品牌体系。

一是全覆盖择优选品。成立吉林省青年电商选品中心，优选全省农特产品752款，主动对接全国各地商会宣传推介，积极邀请全网知名主播来吉选品带货，切实提高“吉”字号农特产品知名度。

二是多维度精准溯源。将农特产品细分为吉林大米、吉林杂粮、吉林山珍等10个品类，深入原产地调研摸排，精准掌握产地、厂家、特点、价格等全链信息，切实提高“吉”字号农特产品信用度。

三是高质量打造品牌。发布“吉质优品 · 吉青严选”品牌计划，建立产品初审、质量认证、地标品牌等入选标准，定期发布优选产品名录，培育打造靠山庄、大米姐等知名品牌29个，切实提高“吉”字号农特产品美誉度。

（三）搭建线上线下推介平台，拓宽农特产品销售渠道

为助推农村产业实现产销循环、持续发展，共青团吉林省委聚合网络红人、村干部、第一书记的力量，开展各项助销助农活动，为消费帮扶和乡村振兴注入新

活力。

一是开展线上直播带货。实施“抖音好货直播”“吉青电商好物节”“超级美味过大年”等项目，开展“青耘中国”消费帮扶吉林专场活动，邀请多位网络达人直播带货，吸引流量 2.89 亿人次，实现销售额 2.1 亿元。

二是举办线下集中展销。开展青年电商主题夜市、驻村第一书记代言、电商企业对接会等农特产品展销活动，免费提供展位 1120 个，销售各类农特产品万余款，实现销售额 3.52 亿元。

三是开设消费助农专区。联合大型商超设置助农专区专柜，陈列销售杂粮、木耳、坚果等 300 个行政村 1000 余款农特产品。

二、推动乡村振兴工作的经验成效

随着国家加快推动乡村全面振兴的步伐，电商行业和农村产业需求都在不断变化，唯有与时俱进、紧盯产业发展态势，在农特产品和文旅产品品类筛选划分、产品与农户利益联结机制构建、售后服务权益保障等方面探索研究、纵深推进，既善于主动跟进又敢于创新开拓，确保工作时新时变、时变时新。

一是畅通产品销售渠道。线上线下累计实现销售额突破 5.6 亿元，其中，线上销售额 2.1 亿元，线下销售额 3.5 亿元，间接带动了商品源产地村集体和村民增收。

二是推进电商业态发展。培训电商青年 1.8 万人次，吸引凝聚“罗凤魁”“唐主任”“青春记录者王钰”“姐夫新农人”“这嘎达的好”“聚乡优”等本土化电商直播人才及运营人才，其中 2 名主播入选“青耘中国”直播助农联盟成员，直接或间接带动万名青年在吉创业就业。

三是助力品牌升级打造。10 类 752 款产品入选“吉青严选”优选库产品名录，成功选树培育了玉米米、大米姐、膳蔻木耳、吉粮豆油、福玉玉米、长龙鹿业、果健水果等 32 个知名农产品品牌，助推其电商赋能，助力产品上行。

四是带动返乡创业兴业。支持吸引 230 名青年返乡从事涉农产业，带动 20 个村集体发展涉农产业项目、500 名农村劳动人口实现本地务工，实现生产性、经营性、工资性增收。

凝聚巾帼力量　融合线上线下创新消费帮扶*

案例单位：无锡天惠超市股份有限公司

为了将消费帮扶落到实处，无锡天惠超市股份有限公司精心布局，率领团队采取了一系列有力措施，主要通过开展产销对接与农超对接、设立帮扶专区、深度融合线上线下平台三个方面将传统零售与现代科技相结合，打造了一个无缝对接的购物体验。

一、进行产销对接与农超对接

为助力农户解决销路难题，无锡天惠超市股份有限公司通过产销对接、农超对接的方式，与农户建立直接合作关系，成功将陕西、甘肃、宁夏、云南、贵州、四川等地区的水果、蔬菜等特色农产品引入天惠超市与农贸市场，减少中间环节，降低成本。同时实行交易费让利、摊位费减免等政策，主动为农户解决产品销路问题。通过与农户的长期合作，不仅为消费者提供了更为实惠的农产品，还为农户开辟了更多的销售渠道和机会，助力他们增加收入，提高生活水平。2023 年，来自陕西、甘肃、宁夏、云南、贵州、四川等地区的蔬菜共销售 2716 吨。

二、“朝阳到家”App 设立帮扶专区

2023 年，为了更好地推动消费帮扶工作，无锡天惠超市股份有限公司在“朝阳

* 推荐单位：全国妇联。

到家”App上设立帮扶专区。帮扶专区内的商品全部来自青海平安区，从手撕牛羊肉干、高原地区黑枸杞和红枸杞，到黑枸杞酸奶、青藏牧羊纯牛奶等特色产品，种类繁多，品质优良。他们还特别关注了脱贫地区的蔬菜水果产业，在“朝阳到家”平台上销售来自云南、四川、陕西、山西、新疆、宁夏等地的特色产品。从云南的菌菇、人参果，新疆的苹果、哈密瓜，到山西的刀豆、西红柿，这些商品都深受消费者喜爱。消费者通过“朝阳到家”App下单，这些商品由平台的专业配送人员直接送至消费者家中，大大简化了购物流程，这一举措得到了广大消费者的热烈响应和高度评价。帮扶专区的设立不仅为消费者提供了更加便捷的购物方式，同时也为脱贫地区的产业发展提供了有力支持。2023年，“朝阳到家”线上帮扶专区及来自脱贫地区的生鲜商品共销售157万元。

三、推进线上线下平台深度融合

为了满足消费者日益增长的购物需求，无锡天惠超市股份有限公司不断探索和创新，成功地推进了线上线下平台的深度融合。在“快团团”小程序上开通了团购服务，给消费者提供更方便、更快捷的购物体验，并利用天惠超市的顾客微信群，积极宣传快团团的商品活动、团购信息。这种微信群宣传的方式，覆盖面广，传播速度快，为团购活动带来了大量的潜在客户。天惠超市调动强大的配送资源和专业的运输团队，确保了顾客团购的商品能够准确无误按时运送到遍布城市的57家天惠门店。顾客可以根据自己的时间，选择最近的门店自提，大大提高了购物的便利性。更为贴心的是，在微信群内实时更新商品物流信息，提醒顾客他们的商品已经到达门店。这种新型的商业模式不仅提升了消费者的购物体验，更有效地提高了产品的销售量。值得一提的是，在2023年，该公司积极参与东西部协作计划，引进了大量脱贫地区的优质农副产品，来自内蒙古的天然沙棘汁、沙棘原浆，甘肃青海地区的特色菜籽油和鲜牛肉等。通过在“快团团”平台上提前预订的方式，这些产品迅速进入市场，获得了消费者的热烈欢迎和高度评价。在短短的时间里，沙棘汁销售6000多瓶、菜籽油销量1250升、牛肉销量超2000公斤。业绩体现了线上线下平台深度融合的优势，更证明了消费者对产品的关注、认可和支持。

下一步，天惠超市、“朝阳到家”团队秉承“为民、便民、利民”的服务宗旨，不断优化产品结构和服务质量,不断创新和完善产销对接机制,进一步深化与脱贫地区的合作,积极探索新的消费帮扶模式和渠道,为农户提供更多帮助和支持,为推动脱贫地区的持续发展和乡村振兴贡献力量。

充分发挥数字化优势
探索“消费+公益”助农新模式*

案例单位：蚂蚁集团

蚂蚁集团自2021年起开展“消费+公益”帮扶助农探索，并发起“百县百品助农行动”（以下简称“项目”）。截至2023年年底，项目累计覆盖全国296个脱贫县（含91个国家乡村振兴重点帮扶县），1400多个县域农产品品牌，助农帮销金额超2亿元。

一、探索“消费+公益”助农新模式的主要做法

（一）摄制一组助农宣传片，扩大县域品牌知名度

项目引入专业团队，为县域特色农产品拍摄品牌视频，制作宣传海报，在支付宝平台推广，扩大县域品牌知名度。2023年，共拍摄制作11支视频、50余组宣传海报向网友推荐乡村好农货，脱贫县农产品品牌累计传播量超过31亿人次。

（二）举办一系列助农专场活动，打造一批县域爆款农产品品牌

项目依托“支付宝农场”互动产品，定期举办助农专场活动，投入亿级免费流量，集中提升一批县域品牌的市场认知度。2023年，项目共开展内蒙古、广西、吉林、毕节等11个专场活动，为245个脱贫区县的1100多款农产品提供了展示和销

* 推荐单位：全国工商联。

售舞台。

（三）打造一套实用培训，留下一支数字化人才队伍

针对脱贫地区数字化运营能力薄弱的现状，项目设计了更加贴近实际、实用性强的培训课程，培育一批乡村农产品品牌带头人。2023 年，项目共开展 13 场培训，为 1100 余人次的乡村产业带头人培育和提升电商技能。

2023 年百县百品举办了 11 个专场活动

图片来源：蚂蚁集团供图。

（四）搭建一个长期推广阵地，打造线上实训阵地

除专场活动外，项目在支付宝 App 开设了长期在线的百县百品助农频道，为县域品牌提供长期免费推广阵地，为县域数字化人才培养提供实训平台，让乡村好农货通过持续推广，不断提升复购和影响力，成长为乡村好品牌。

（五）联动一批助农伙伴，带来市场化渠道

项目依托蚂蚁集团的平台优势和影响力，联动中国乡村发展基金会、菜鸟、阿

里巴巴数字乡村、天猫聚划算等生态合作伙伴开展“组团”助农，有超过 63 个脱贫县的 168 款特色农产品进入菜鸟、聚划算等头部商家的线上渠道。

二、做好消费帮扶取得的成效

2023 年，“百县百品助农行动”走过 20 个省的 245 个脱贫区县，让 1100 多款农产品被广大网友熟知，品牌曝光超过 31 亿，蚂蚁集团及支付宝爱心网友累计消费帮扶超 1 亿元。

（一）用好线上阵地，提振一批农民增收发展信心

项目依托支付宝 App 上的“支付宝农场”，开设专区投入免费流量资源，为脱贫县农产品集中引入客源，并设置互动游戏“肥料”奖励，吸引广大网友关注县域农产品品牌，鼓励网友消费助农。通过活动的集中打包，“百县百品助农行动”成了脱贫县专属的“助农双十一”。在带来品牌曝光和订单销量的同时，也给脱贫县发展电商产业带来发展信心。

（二）讲好品牌故事，上榜一批响当当的县域品牌

为扩大脱贫地区特色农产品的品牌知名度，项目派出专业团队深入脱贫县的田间地头，拍摄品牌视频、制作宣传海报、撰写品牌故事，并在支付宝 App 上进行推广，助力县域特色农产品品牌宣传推广。

2023 年 9 月，“百县百品助农行动”内蒙古专场的宣传片《风吹草低“县”好品》一经推出，就收获了一大批向往草原的“粉丝”，有超过 6000 万人次观看。通过精心的品牌推广和超大流量助力，内蒙古四子王旗贝贝南瓜、宁城县黄小米等 14 个特色农畜产品冲上淘宝天猫全国类目排行榜第 1 名，另有 50 个产品进入全国百强。

（三）搞好实训实战，留下一批带不走的人才队伍

产业要振兴，人才是关键。项目在做好助农帮销的基础上，针对脱贫县电商运营人才匮乏的问题，开展线上+线下相结合的人才培训，把思路和方法带给了老乡。

项目中涌现出一批乡村振兴带头人，“95后”重庆小伙周涛就是一位代表。2023年7月，周涛参加了“百县百品助农行动”重庆专场，并参加了项目组织的培训，学到许多运营技巧。活动中，周涛帮助武隆榨菜登顶淘宝天猫全国腌制菜排行榜，带动了武隆区龙宝塘村、木根村等30农户100余人增收。迄今，周涛已帮助苏尼特右旗、织金县、大方县、永顺县等8个脱贫（旗）县的23个农产品品牌冲上了淘宝天猫全国排行榜。

（四）搭建线上公益专区，留下一批带不走的农业设施设备

2023年，“百县百品助农行动”支持中国乡村发展基金会发起“小农机助农增收”公益项目，通过搭建线上筹款专区，带动网友助力乡村发展，探索通过公益捐赠、建设社会化农机服务队等方式，提高农村现代化农机装备水平和服务能力，进而提升劳动价值，助力农民增收创收。

目前，小农机项目已筹款165万余元，为广西田东县、内蒙古阿尔山市等地捐建了一批轨道车、加工设备等。如发动网友为广西田东县联合村捐建了轨道运输车，并助力当地合作社成立农机服务队，提升当地农民的生产效率，提升合作社的收入来源。针对内蒙古阿尔山农副产品缺乏加工、储存条件无法外运的情况，捐建了一批林畜产品加工、包装设备，一年可加工20吨林畜产品。

下一步，蚂蚁集团“百县百品助农行动”将不断探索和深化，充分发挥蚂蚁集团的线上化和平台化优势，推出更多以数字化方式服务农业农村、支持乡村振兴的新路径新举措。

创新实施产运销一体帮扶 优化拓展农文旅创新行动*

案例单位：国铁集团

2023 年以来，国铁集团依托帮扶产业促进消费帮扶，拓展开发消费帮扶产品产运销链条，充分利用铁路特色资源优势，创造性开展消费帮扶农文旅创新行动，深化拓展消费帮扶举措，2023 年购买和帮销全国脱贫地区农副产品 8.2 亿元。

一、推动消费帮扶提质升级的主要做法

（一）创新推动产运销一体化帮扶，着力做好“土特产”大文章

国铁集团认真贯彻习近平总书记关于做好“土特产”文章的重要指示精神，聚焦定点帮扶县支柱产业培育和特色品牌打造，依托帮扶产业促进消费帮扶。

一是强龙头，支持培育区域支柱产业。2023 年铁路定点帮扶 4 县区投入产业无偿帮扶资金 6271.2 万元，先后实施 32 个产业帮扶项目；引进 47 个项目 45 家企业，招商引资 4.5 亿元，把乡村资源优势、生态优势、文化优势转化为产业优势。

二是补链条，建设现代乡村产业集群。重点支持产业基础设施建设和全产业链开发，补强加工、仓储、营销等产业短板，贯通产加销，实现全环节提升、全链条增值。

三是兴业态，促进帮扶产业多元发展。在既有产业发展的基础上，大力拓展乡

* 推荐单位：国铁集团。

村旅游、休闲农业、文化体验、健康养老等新产业新业态，提升产业综合价值。

四是建网络，强化产销对接物流保障。联合地方政府和重点帮扶企业，协同建立集采供货商管理机制；依托铁路快运物流网络，打造“乡间地头+高铁快运+城市配送”的物流产品和品牌，打通产销对接的“最先一公里”和“最后一公里”。

五是优机制，推动消费帮扶提质升级。完善“五项消费帮扶行动+四项长效保障机制”，新增铁路畅行码“畅行商城”帮扶板块，拓展铁路消费帮扶平台为“三网一柜一码”，畅通“乡间地头+高铁快运+城市配送”的物流渠道。

（二）拓展实施农文旅创新行动，推动文化赋能乡村振兴

一是建立机制，强化利益联结。组织定点帮扶单位、帮扶县区政府、设计团队、龙头企业等建立结对设计工作专班和定期调研会商机制，推动形成地方政府重视引导、设计团队精准施策、龙头企业积极参与、联农带农有效链接的工作机制。

二是突出特色，增强发展能力。立足乡土优势资源，依托农业农村特色资源，发挥高校、铁路、企业智力资源，积极适应市场需求变化，因地制宜推动绿色产业、特色产品、红色基因、本色文化、秀色风光相融合，把乡村资源优势、生态优势、文化优势转化为产品优势、产业优势，增强市场竞争力和可持续发展能力。

三是强化宣传，提升品牌影响力。国铁集团整合多方资源，推动区域公用品牌建设与农文旅深度融合，通过中国铁路全媒体矩阵的报、网，特别是利用全国铁路客运车站进站口、候车厅等旅客聚集场所大屏，动车组列车车厢配置的约 25 万块视频终端、铁路微信、抖音等新媒体宣发推广，带动区域公用品牌打造能力全面提升。

四是促进转化，用好设计成果。文化赋能是一项实践性很强的系统性工程，成果转化是关键一环。国铁集团积极推动各优秀团队设计的区域品牌、产品包装和营销策划落地落实，设计团队向县区和企业无偿转让知识产权，并指导相关企业量产销售，向开发农业多种功能、挖掘乡村多元价值要效益，向一二三产业融合发展要效益。

（三）探索“铁路+旅游+乡村振兴”新模式，激发乡村旅游新经济新动能

一是织密铁路旅游乡村振兴服务网。推进构建铁路网+旅游资源网+配套服务网+供销物流网+互联网“五网融合”的发展格局，创新推动铁路沿线地区生态建

设和站城融合发展，增加脱贫地区途经车次，完善乡村旅游综合交通服务网。2023 年全国老少边和脱贫地区完成铁路基建投资 4075.8 亿元，运送脱贫地区旅客 2.1 亿人次。同时，充分利用复兴号动车组全国全覆盖和公益性“慢火车”覆盖 21 个省（自治区、直辖市）100 多个脱贫县的运输优势。2023 年累计开行途经脱贫地区乡村旅游列车 486 列、发送游客 26.8 万人次，人均消费 2000 余元。

二是提升铁路乡村旅游产品竞争力。与山东大学联合成立铁路文旅（乡村振兴）研究院，联合西南交大等设立铁路旅游助力乡村振兴专项课题进行研究，设计开发乡村旅游谱系化产品。创新举措吸引高端消费群体赴脱贫地区旅游消费，实现“东人西游”。

三是加强脱贫地区旅游资源引流赋能。构建乡村振兴铁路文旅大数据平台，应用“12306 平台”大数据分析铁路乡村旅游热点规律，打造“网红打卡+帮扶特产+铁路文旅攻略+铁路特色文创产品”的复合型引流模式。探索打通铁路消费帮扶平台与手机、银行积分系统互通渠道，目前“12306”已与中国移动等开展“积分兑换+铁路乡村旅游+特色文创产品”等业务合作。

二、做好消费帮扶工作的经验启示

（一）必须坚持优选产业，发挥辐射带动作用

围绕帮扶县区环境资源优势和产业发展方向，坚持用优质产业项目引领，依托龙头企业、村集体经济（合作社）主体，精选市场前景好、发展潜力大、增收效果明显的项目，确保脱贫群众真正受益，防范经营风险，持续增强支柱产业、集体经济和脱贫群众自我发展能力。

（二）必须坚持突出特色，扩大产品品牌效应

注重引导和支持帮扶县区开展绿色、有机、地理标志农产品认证，打造名特优品牌，通过品牌效应提高产品附加值和市场竞争力。

（三）必须坚持要素整合，形成市场规模效应

有效整合土地、资金、技术等生产要素，以生产要素的聚集来扩大生产规模，打

通生产、加工、运储、流通等环节的产业链条，补齐各自发展不平衡的短板，利用规模效应降低生产成本、提高生产效率和产品质量，增加农特产品销售利润。

（四）必须坚持利益联结，确保集体和脱贫群众持续稳定增收

坚持以增收为核心目标，在农户和帮扶企业、村集体经济（合作社）之间建立紧密、有效的利益联结方式，规范销售利润反哺比例，提高农户在产业链中的地位，促进形成长期稳定的合作关系，让企业有干劲，让农户有动力，确保实现农企双方互利共赢。

启动“行走百年胶济、高铁环游齐鲁”之旅 开创文旅融合助力乡村振兴新局面*

案例单位：中国铁路济南局集团有限公司

中国铁路济南局集团有限公司聚焦20个省级重点帮扶县区，充分发挥铁路运输骨干作用和铁路文旅资源优势，实践推动高铁网与乡村旅游网无缝衔接、“铁文旅”与“农文旅”深度融合，帮助提升帮扶产品品牌形象，推动消费帮扶提质升级。

一、开创文旅融合助力乡村振兴新局面的主要做法

（一）顶层设计，精准策略，为品牌创建、服务乡村提供基本条件和发展先机

一是成立团队。建立由集团公司宣传部、经营开发部、客运部等业务部门组成的指导团队，由所属振兴办、所属文旅集团及文旅事业部、研学部、广告部、市场开发部组成的工作团队，全面分析铁文旅、农文旅开发需求，组织铺划适应旅游市场需要、迎合游客出行习惯、统筹区域市域县区文旅资源的齐鲁环线高铁列车运行图，为品牌创建、服务乡村提供先决条件。

二是统筹规划。整合人财物资源，强力保障以胶济铁路济南、青岛博物馆为支点的胶济文化廊道建成运营，以枣庄站、禹城站、黄河泺口铁路桥为支点的津浦铁路文化廊道启动建设，同步设计推广两条廊道“研学游”“乡村游”地图和指南，构

* 推荐单位：国铁集团。

筑铁文旅、农文旅协同发展基本盘。

三是政策支撑。在产权管理、专业管理、投资管理等方面，为开发运维文旅产业主体责任提供政策保障。大力支持与市县区政府成立合资公司，联合文旅项目开发，带动完善县域村域短途公交设施，打通从车站到乡村的"最后一公里"。

（二）整合资源，形成合力，为提升品牌、服务乡村引入优质企业和优势业态

一是建立联盟拓渠道。对标山东省"十四五"文化和旅游产业发展规划，与山东省文旅厅共同发起成立山东铁路文化旅游联盟。邀请互联网知名旅游平台、省市文旅投资集团、重点旅游企业加盟，打造胶济铁路和津浦铁路百年文化廊道、济南西铁路工业研学基地、常青火车营地及乡村康养旅游体验综合服务中心等一批研学旅游、工业旅游、红色旅游、乡村旅游特色产品，不断创新文化营销引流模式，拓展文旅发展渠道，2022 年路地综合创效达 2. 92 亿元。

二是融入活动展形象。积极参与和承办全省重大文化活动、"丰收节"庆祝活动，在大型文艺活动、文化论坛、影视制作等多领域融入乡村元素。

三是争取支持夯基础。加强与地方文物、文旅部门的政策对接，争取地方各级文保资金 9155 万元，实现了 3000 余件铁路珍贵历史建筑和文物的保护性开发，其中 30%在省乡村振兴示范区，为农文旅产业发展持续注入优质铁路 IP，为乡村旅游"打卡"地带客带流量。

（三）深度推介，主动升级，为做优品牌、服务乡村拓展服务链和价值链

一是主动融入地方规划，丰富铁路助力乡村振兴服务链。紧抓 2023 年年初山东省打造"沿黄河、大运河、齐长城、黄渤海"四大文化体验廊道战略机遇，推动胶济铁路文化旅游线融入山东省整体规划，形成"四廊一线"文化体验线整体布局，以"行走百年胶济、高铁环游齐鲁"交旅融合项目为抓手，以"齐鲁之星"品牌旅游专列、专线、工业遗产为补充，串联革命老区及省重点帮扶县区，打通铁路出行、目的地游览到离开的全过程通道，实现铁路文旅项目与地方战略规划及乡村振兴的深度融入、完美融合。

二是持续抓好品牌建设，延展铁路助力乡村振兴价值链。打造"行走百年胶济、高铁环游齐鲁"交旅融合旅游列车，社会影响力、铁路号召力、品牌带动力持续

提升，2023 年创新实施“一日一图”，推出“399 元高铁环游套票”，单日点击量突破 1.5 亿人次。据统计，列车展销单日订单额突破 300 余万元，全年累计 4000 万元。

三是多元优化文旅产品，升级铁路助力乡村振兴产业链。积极对接地方政府和市场需求，不断提升开行品质。面对“淄博烧烤”在网络爆红，淄博市开启全域烧烤、全域迎客模式，体验线品牌及时推出“淄博烧烤”旅游专列，成为省内外游客体验“人间烟火”的重要交通工具。

二、进一步做好消费帮扶的工作展望

（一）优化提升铁路运输服务保障

坚持市场需求导向和铁路“公益+收益”的方向，围绕山东旅游强省打造和四大文化体验廊道建设，优化铁路运力配置，强化铁路服务保障，扩大高品质、多样化的铁路产品投放，落实支农惠农政策，满足帮扶地区差异化、便利化和经济性、时效性需求。持续优化客车开行方案，加大旅游列车开行组织，协调推进乡村旅游精品工程，带动乡村旅游消费和产业振兴。

（二）持续丰富优质铁路文旅供给

依托“行走百年胶济、高铁环游齐鲁”交旅融合 IP，做好铁路助力乡村振兴运营规划，发挥挖掘好铁路“行”的特质，以铁路客流+物流为主导，做好乡村振兴各要素的有机衔接，创新铁路文旅产业输出结构，推动铁路沿线全域旅游产品开发，利用发达铁路网实现路地文旅资源联通贯通，打造山东省标志性的铁路文旅品牌和济南局集团公司文旅产业核心引擎。

（三）不断释放铁路旅游消费潜力

突出帮扶地区美丽乡村、地域文化、农产品等特色优势，创新推出铁路助力乡村振兴优质项目，积极探索“铁路+红色基金+乡村民宿+康养结合”的全链条产品实施路径。

让更多帮扶产品“被看见”*

案例单位：北京快手科技有限公司

2023年，快手发挥网络优势，开展消费帮扶，以培育培训为核心，以特色产业为支撑，以电商帮扶为手段，以打造品牌为补充，动员各方力量广泛参与。2023年1—6月，快手通过线上线下培训村播数量达10万人，带动25万人就业。

一、以培育培训为核心，助力“新农人”开拓“新技能”

快手着眼于国家全面推进乡村振兴的重大决策，根植于在乡村领域的沉淀以及未来对数字乡村和新农村的展望，进一步培育新农人、带动新农业、建设新农村。聚焦北京市消费帮扶工作全局，快手围绕北京市帮扶重点地区培育需求，打造定制化课程，助力乡村振兴。与四川、河南、新疆等多地合作，通过线上线下结合的方式，开展近百场针对地方致富带头人和青年电商从业者等人员的培训，特别是与中央农业广播电视学校联合举办“农民学手机”活动，线上举办18场培训直播活动，共计培训超19.2万人次。

在重点消费帮扶地区方面，2023年以来，快手先后在内蒙古呼和浩特、鄂伦春旗、喀喇沁旗，开展幸福乡村学堂·快手公益互联网职业技能以及内蒙古专场幸福乡村学堂专场培训，累计超600名电商从业者参与培训，通过开展新媒体职业技能培训，切实助力乡村人才队伍建设，形成短视频直播赋能乡村振兴的“新形式”与“新样本”。

---

* 推荐单位：北京市发展改革委。

二、以电商助力消费帮扶为手段，畅通优质农产品上行通道

快手结合平台自身优势进行消费帮扶新探索，发起“百城县长直播助农”活动，针对省域开展专属活动。直播带货期间，主播还连线霍城县和哈密市相关领导，向全国网民介绍霍城薰衣草、哈密大枣等知名农产品品牌。

2023 年，结合“京彩西品”消费帮扶金秋集中行动专项部署，开展消费帮扶专场活动，积极助推乡村振兴。10 月 18 日，联合和田地区商务局主办的快手新疆战略直播基地落成仪式暨快手电商新疆溯源招商会在和田县核桃交易市场举行，为乡村振兴高质量发展注入新活力。战略直播基地落地后，从店铺直播、运营、分销等方面着手，通过快手服务商在疆内外的 8 个直播基地，把和田优质农副产品布局到全国各地。和田优质核桃、红枣、玫瑰花等特色农副产品搭乘“电商”快车道，销往全国各地，持续带动农户增收致富。目前，快手新疆直播基地已完成 630 余万元农产品分销，达成采购意向金额 1000 余万元。

快手电商帮扶项目

图片来源：北京快手科技有限公司供图。

为充分发挥电商帮扶在乡村振兴中的重要作用，快手发起电商帮扶项目“福苗计划”，助力内蒙古地区农牧产品销售。2023 年 8 月，内蒙古兴安盟科右中旗举办“首届中国牛交易大会”，快手成立多部门参与的专项工作组，协调“快手正能量”“快手三农”“快手乡村”三个快手官方账号直播。同时，为确保大会传播效果，快手特为大会搭建专属话题标签“#首届中国牛交易大会”，邀约平台头部助农达人围绕活动主题开展各类直播活动，最终与活动相关的 15 条视频实现播放量 50.5 万次，助力牛羊交易额超 5000 万元。

为助力受援地区巩固脱贫振兴成果、全面推进乡村振兴，快手向内蒙古敖汉旗宣传部捐物折款人民币 190 万元。除此之外，快手利用自身平台优势对敖汉小米及相关农产品进行宣传，对乡村振兴特色产业品牌集群发展进行电商类活动设计，共同助力“产业传承农耕文化　品牌搭建世界桥梁”，累计投入线上流超量 2000 万，加大对敖汉小米线上品牌宣传力度。

三、以打造消费帮扶新品牌为补充，赋予乡村振兴新动能

为进一步提升消费帮扶成效，快手以重点打造的“乡村振兴官”和“幸福乡村带头人”两个重点品牌项目为抓手，着力提升帮扶地区发展源动力。

“乡村振兴官”项目旨在挖掘和寻找快手活跃的基层政务工作者，通过平台赋能，发挥基层人大代表、村党支部书记等基层政务人员带动辐射能力，促进当地发展。

“幸福乡村带头人”项目通过提供流量资源、品牌资源和商业培训，扶持乡村创业者、非遗传承人等正能量用户。两个项目实施以来，为包括“疆域阿力木”在内的 100 多名幸福乡村带头人提供流量资源、品牌资源和培训资源，全方位提升乡村创业者数字化能力，促进带头人乡村产业发展、增加当地就业，助力推动乡村振兴。

四、以大数据中心为支撑，打造消费帮扶新集群

2023 年 7 月，快手智能云乌兰察布数据中心正式投入运行。计划投资 100 亿

元，建成后规模30万台服务器。快手智能云乌兰察布数据中心的建设运转不仅为当地带来了就业机会和经济发展机遇，而且提高了居民收入水平和消费能力。同时，数据中心的建设还促进了当地数字经济发展，推动了乌兰察布产业升级和竞争力提升。

作为北京市数字化经济标杆型企业，下一步，快手将在国家发展改革委等相关部门以及北京市委市政府的指导下，聚焦消费帮扶重点区域，通过"短视频+直播"的方式，释放数字经济助力消费帮扶澎湃动能。未来3年，快手将投入100亿流量、5000万元现金，培育100万名村播、1000名乡村创业者，为160个国家重点帮扶县输送人才，进一步提升乡村人才密度，打造消费帮扶新集群，使优秀的传统文化活起来、帮扶地区振兴起来、人民群众的日子富起来。

实施“1234”行动 推进消费帮扶提质升级*

案例单位：中国农业银行天津分行

中国农业银行天津分行聚焦于“1条主线”“2地服务”“3方联动”“4个创新”的行动，打造公益帮扶模式，取得了显著成效。截至2023年12月，天津市消费帮扶服务平台累计上线帮扶商品8820种，覆盖45个对口帮扶地区，年度销售额突破2.06亿元。

一、坚持“1条主线”，建立协同推进工作机制

坚持以“政府引导、市场主导”，致力于为广大政、企及个人消费者，消费帮扶企业提供优质的服务，全力打造开放、公平、公正的消费帮扶平台，助力天津市消费帮扶示范城市及国际消费中心城市建设。

一是明确政策导向，建立协同推进工作机制。结合天津市消费帮扶工作实际，协助制定《2023年消费帮扶专项工作方案》《2023年天津市消费帮扶专项工作成效评价指标》，对年度任务目标、工作进度、责任划分等逐项分解，压实各方责任，同时以“三张清单”为抓手，协助政府持续强化对消费帮扶工作的组织领导，助推各项工作落到实处。

二是紧盯市场反馈，激发各级单位帮扶活力。积极与市、区级消费帮扶工作组对接，广泛动员各区和市司法局、市公安局等单位，先后组织开展“津城献爱心、全

* 推荐单位：天津市商务局、天津市发展改革委。

面促振兴”系列特色产销对接活动 10 多场次，同时充分利用平台大数据分析，结合季节时令、消费者偏好等因素，择优挑选适时优质帮扶商品展示展卖，吸引爱心消费者通过平台献爱心。

三是加强宣传推广，持续推动平台品牌建设。借助“第七届世界智能大会”在津举办的契机，在展厅搭建消费帮扶体验专区，宣传天津市消费帮扶成效，同时与平台入驻商户合作，精选帮扶农产品进行现场展销。抢抓“天津天开高教科创园”开园有利时机，在农行天津分行天开园支行创新搭建了“瀑布屏”消费帮扶体验区，精选多款热销帮扶商品开展优惠活动，有效提升了产品知晓度和消费者参与度。

二、做好“2 地服务”，助推产销两端双向升级

坚守服务“三农”初心和使命，升级完善平台综合服务体系，从西部脱贫地区到东部广阔市场，从受援地区农产品生产到销售，多维度、多场景对接消费帮扶企业需求。

一是引入源头企业，促进“造血式”帮扶发展。平台持续深化与天津市各前方指挥部沟通联络，指导当地消费帮扶企业入驻平台，通过市场化方式将中西部地区的农副产品引入天津消费帮扶市场，助力中西部地区生产企业进行供给侧产品和结构优化，目前已与新疆兵团十一师推荐的两家优质企业展开对接合作。

二是推进品牌培育，助力帮扶示范城市建设。坚持品牌引领，着力打造天津地区“拳头”消费帮扶企业，搭建“品牌店专区”“热销店铺”“商品热卖榜”等专栏，按商户、商品销量等排名动态更新，优胜劣汰，推动完善消费帮扶的市场化机制。

三是强化监督管理，做好平台消费者权益保护。协助市、区级消费帮扶工作组对平台经销商实施动态监测，随时监测平台经销商运营情况，定期开展经销商巡访工作，落实经销商评价淘汰机制，保障消费帮扶工作公开、公平、公正开展。

三、强化“3 方联动”，保障平台健康稳定发展

积极践行金融服务帮扶使命和责任，做实、做深、做细“3 方联动”，着力推进全

市各级党政机关、企事业单位帮扶工作高质量发展。

一是深化银政联动，形成大抓合力。定期参加天津市合作交流办、市商务局组织召开的平台推动座谈会，在汇报平台运行情况的同时，结合平台推广使用实际情况，协助有关部门印发了平台推广指导文件，积极指导各部门（单位）在平台推广使用中遇到的问题，此外还持续强化平台经销商经营管理。

二是强化银科联动，做好服务支撑。积极与农银金科沟通协调，创新平台金融服务模式，强化平台运营队伍建设，通过现场、电话、微信等方式提供全天候 24 小时不间断服务，及时收集、解决平台运营问题 6000 余件，提升平台运营服务效率。

三是做好分支联动，助力平台推动。紧密结合天津市消费帮扶工作安排，组织辖内各分、支机构持续与各市直属委办局、各区政府开展“一对一”对口服务 5000 余次，为天津市消费帮扶工作平稳、有序开展贡献农行力量。

四、探索“4 个创新”，为平台推广注入新动能

作为金融服务“三农”的国家队和主力军，农行天津分行聚力于将平台升级为具有持续“造血”能力数字化电商平台，提升帮扶地区农特产品附加值，助力乡村振兴战略落地实施。

一是创新帮扶销售模式，提升消费帮扶品牌价值。针对定点帮扶区县农产品品牌价值低、传播渠道少等问题，平台助推区县农产品“原产地”品牌打造，搭建了帮扶地区“定点帮扶推荐”专区，对符合条件的帮扶地区消费帮扶企业及商品进行重点推荐，着力推动帮扶地区农产品朝着市场化和品牌化发展。

二是创新帮扶宣传形式，擦亮消费帮扶平台名片。联合消费帮扶工作组策划拍摄《心系八方　情牵千里　“农”情相伴　一路同行》专题访谈栏目，从平台建设、推广、运营等方面进行了简要介绍，并在天津新闻频道《新闻这 1 刻》报道，营造了良好的舆论氛围。

三是创新帮扶参与方式，打造“沉浸式”帮扶新体验。打造民族团结情景沉浸式主题餐厅“遇见甘南”，集展览展示、产品销售、营养美食等于一体，把甘南特有的神圣湖、草原、民族风情等融入就餐过程，使顾客在品尝美食的同时沉浸式体验和参与消费帮扶。

四是创新客户经营模式，激发帮扶客群参与热情。基于消费帮扶客群的属性、

行为等标签，细分培育、成长、成熟期等生命周期客群，探寻影响客群偏好、复购等行为的“关键因子”，按客群类别开展营销活动，推送营销活动信息，提升客户专注式消费体验。

下一步，农行天津分行将继续加大消费帮扶服务平台的宣传和推广力度，用心经营、用数服务、用爱帮扶，积极引导更多市场主体和各类爱心消费者进驻，精准助力帮扶农产品市场销售，不断扩大农产品覆盖率和销售面，探索消费帮扶的有效路径，全力提升消费帮扶成效。

实施放心消费助力乡村振兴“三力”工程 激发乡村产业新动能*

案例单位：保定市市场监管局

2023年以来，保定市市场监督管理局立足特色农业资源和产业发展基础，以放心消费提质升级为主线，打造放心消费与宜居宜业和美乡村的融合新场景。截至目前，全市重点培育放心消费示范单位1831家，打造放心消费特色产业聚集区5个，带动21.9万人就业增收，增收约5.1亿元，2021—2022年连续两年入选国家发展改革委消费帮扶助力乡村振兴典型案例。

一、放心消费催生“保定好品”，提升乡村产业高质量发展竞争力

一是提升产业链质量。设立产业发展“首席质量官”制度，建立1527名质量专家组成的首席质量官人才库，开设“质量巡回门诊”“百名专家进百企”服务活动，提供质量内控、绿色有机认证、检验检测、计量、知识产权等“一站式”帮扶服务，帮助经营主体建立并不断完善覆盖种养殖、生产加工、储存运输、销售售后全过程的质量管理体系，对符合要求的产品加贴“放心消费在保定”Logo，让“放心消费在保定”成为保定好品的身份证。

二是完善标准链引领。强力推进标准化战略，以标准“建起来”带动产品“走出去”。以涞水麻核桃产业为例，制定并发布新的河北省地方标准《地理标志产品 涞水麻核桃（野三坡麻核桃、文玩麻核桃）》，组织修订了保定市地方标准《涞水麻

* 推荐单位：河北省发展改革委。

核桃栽培技术规程》，实现了“涞水麻核桃”产品可追溯管理，2023 年销售收入突破 15 亿元。

三是优化检测链支撑。与中国检验认证集团、中国质量认证中心等合作，探索实施区域品牌建设工程，运用认证赋能方式，建设区域标准高、产品质量好、行业品牌响的保定好品品牌。截至目前，全市获得有机产品认证 110 家，绿色产品认证 72 家，数量位居全省前列。

四是借助品牌链赋能。深入实施地理标志富农工程，推进地理标志特色产业与农林文旅领域融合发展，全市共培育地理标志保护产品 9 个，地理标志证明商标 25 件，地理标志用标率达 76%。截至目前，全市特色乡村产品年销售额超过 50 亿元。

二、数字导航破解“市场壁垒”，提升乡村经营主体创新活力

将发展数字经济作为乡村产业变革的新机遇，破解城乡产业要素流动壁垒，支持线上线下商品消费融合发展，实现“山货出山赚大钱”。

一是铺设数字“高速路”。保定市在全国首创“放心消费 · 数字导航”系统。2023 年 1 月，保定市与高德、腾讯、百度、美团、饿了么五大互联网平台同步签署战略合作协议，上线“放心消费 · 数字导航”系统，成为全国首个实现放心消费企业“精准定位、一键导航”的城市，实现从消费者到优质乡村经营主体的“零距离”对接，大大提升乡村放心消费商家和产品的社会认知度。截至目前，共上线放心消费商家 1831 家，提供导航服务约 10 万次，带动消费约 6 亿元。

二是打造放心“直播间”。在全省率先出台《放心消费直播间制度》，聚焦特色产业聚集区，与互联网平台、电商直播机构、行业协会共同评选、培育，按照“特色突出、证照齐全、守法诚信、维权便捷、带动产业”等标准体系评选，授予相关资质并提供流量支持，以“网红”经济带动一方特色产业发展。

三是打造“双向奔赴”产业链。着力解决乡村经营小微主体与大型平台企业地位不对等问题，依托保定市农产品品牌协会等组织，与京津、石家庄等地大型商贸企业、高校、企事业单位开展产销对接，发展“订单式”“互助式”农业产业，提升议价优势，降低个体成本风险。

三、场景蝶变促进"多链融合",提升乡村消费文化吸附力

一是打造"四无忧"乡村旅游新场景。盘活和挖掘乡村文旅资源,以涞源县白石山、易县易水湖旅游聚集区为试点,围绕"无忧吃、无忧住、无忧游、无忧购"四大类,开展商家承诺、部门监管、行业自律全方位培育,对乡村住宿、餐饮、特种设备安全等开展专项整治,开发景区管理应用小程序,逐步建立推广景区预约及无理由退票制度,举办"旅游促消费、帮扶助振兴"乡村旅游美食节消费帮扶产销对接活动,实现提升游客体验与推介保定乡村美食两不误。

二是打造"五放心"乡村消费新场景。助推高阳纺织、白沟箱包、满城生活用纸等县域传统制造聚集区转型升级,按照一业一策方针,与当地产业协会合作,实现统一标准、统一承诺、统一制度"三统一",建立并公示放心消费"质量、价格、维权、安全、服务"五放心制度,在放心消费、知识产权保护、产品检验检测、职业索赔预防、标准化程度五个方向上发力,协调解决行业面临的经济、技术、管理、信息等方面相关问题。

三是打造"互联网+"乡村维权新场景。在全市建立1306家放心消费维权服务站,调解纠纷6494件。推动乡村消费退货换货便捷化,在196家乡村较为普遍的小型连锁商超、便利店试点开展无理由退换货服务,在全省率先实现城乡大中小型连锁商超无理由退换货服务全覆盖。

四是夯实"金融+保险"消费帮扶基础。针对乡村产业基础薄弱、资金不足、缺乏抵押物融资难等问题,开展"政银携手助万企"工程,市场监管部门携手金融机构,为特色产业聚集区量身定制"农机贷"等金融产品,累计为21088户经营主体提供资金支持161.2亿元。

利民之事,丝发必兴。保定市市场监督管理局将继续以放心消费创建为工作重心,进一步发挥自身职能优势,统筹监管和服务,优化消费市场环境,激发消费帮扶市场更大的发展活力,为构建新发展格局提供更加有力的支撑。

聚焦“特”“优”做文章　消费帮扶助振兴*

案例单位：山西省机关事务管理局

山西省机关事务管理局紧抓全国机关事务集中统一管理专项试点重大机遇，按照“以展助销、以销促产、以产带贫”的工作思路，多措并举强化供需衔接、搭建助销平台，紧紧抓住山西农业“特”“优”发展的牛鼻子，推动消费帮扶持续走深走实。

一、以“落实责任”为抓手，推动消费帮扶工作落地见效

山西省机关事务管理局坚决贯彻落实山西省“五进九销”的消费帮扶举措，积极发挥消费帮扶省级沟通协调机制成员单位作用，主要领导谋划、部署，制订工作推进方案，细化任务落实举措，压紧压实主体责任，围绕中心、服务大局，有效发挥统筹协调、督促检查、服务保障等职能作用，不断创新消费帮扶模式，挖渠道、开销路，将消费帮扶工作作为巩固拓展脱贫攻坚成果的第一要务，扛在肩上、抓在手中，确保消费帮扶工作高起点起步、高标准推进、高质量完成。

二、以“集中展示”为依托，打造线下帮扶平台

为进一步展示山西省优质农产品品牌，充分体现山西省 11 个市农业发展特色，助力特色农产品在机关单位的销售，省机关事务管理局特设专场展厅，以脱贫

* 推荐单位：山西省发展改革委。

地区农特产品为主，展区整齐划一又各具特色。展厅涵盖了山西省 11 个市 300 多家农业龙头企业和合作社的上千种农特产品，以践行“南果中粮北肉，东药材西干果，三晋协作消费；农业农村农民，拓市场促帮扶，全省共同富裕”为使命，展销助销农特产品，积极服务广大干部职工，努力讲好山西故事，做好山西“土特产”文章。

三、以“两大平台”为支撑，创新线上帮扶模式

一是升级线上助销帮扶综合平台。目前开发了“三晋消费帮扶平台”和“山西省乡村振兴助销平台”，努力打造一个精准数据采集、精准数据分析、精准信息对接、精准人才培养、精准帮扶、精准转型、精准生产、精准营销、覆盖全省的乡村振兴大数据云平台，为脱贫地区农产品走出大山架起了桥梁，帮助农民鼓起了“钱袋子”。

山西省乡村振兴助销平台

图片来源：山西省机关事务管理局供图。

二是打造短视频帮扶推广平台。利用互联网平台信息、技术等优势，在抖音平台开设山西名优产品特色馆、精品店，在第八届中国（山西）农产品交易博览会期间邀请网红主播达人对省内名优产品进行宣传推介，帮助脱贫地区企业、农户销售农特产品，活动期间线上直播活动单日观看人数超 115 万人次，100 多万人参与在线互动，直播间成交订单近 15000 单。

四、以“三个走进”为载体，不断增强帮扶活力

第一，开展消费帮扶进机关活动。为积极落实山西省“五进九销”政策中的“消费帮扶进机关”工作，拓展山西省特色农产品销售渠道，省机关事务管理局紧紧抓住全国机关事务集中统一管理专项试点重大机遇，在集中办公区建设和运营三晋消费帮扶超市，以脱贫地区农特产品为主，销售山西省优质特色农产品。

2023 年，山西省机关事务管理局在省直机关 11 个集中办公区举办了“晋菜晋味晋品”推介周活动，设置特色产品展区，成立特色产品展销组，积极推进特色产品助销工作，帮助 11 个市的 650 余家企业展销特色产品 2000 类。

“晋菜晋品进京来　消费帮扶惠万家”系列活动之走进中国农业银行

图片来源：山西省机关事务管理局供图。

第二，开展消费帮扶进企业活动。先后在中国农业银行总部、中国中钢集团、北京新发地举办消费帮扶产品推介活动，企业干部职工在工作餐期间驻足展区，交流了解、品尝购买、扫码关注，山西特色农产品销售火爆，好评如潮。

第三，积极推进山西产品进学校。先后赴中科院、清华大学、中国教育后勤协会等科研院所与协会机构，与院士专家、协会会长等就山西农产品市场现状、产学研结合、农业信息化、产业发展方向等方面进行了深入交流，积极推进山西农产品走进高校食堂。

五、以“三个抓手”为突破，不断提升帮扶实效

（一）以渠道建设为抓手，形成高效帮扶机制

作为“832 平台”省级运营商与区域服务商，充分依托“832 平台”的优势资源，推进“平台+政府+龙头企业”的帮扶模式，为山西脱贫地区农副产品拓宽销路，推动形成单位定向采购、工会福利团购、干部职工直购、行业部门助购等多种购买渠道。

（二）以大型展会为抓手，拓宽省内外帮扶路径

先后组织承办了 2023 年山西省消费帮扶促产业振兴促农民增收产销对接会、第八届中国（山西）农产品交易博览会消费帮扶展区，为企业搭建了产销合作的交流平台，帮助脱贫地区企业、农户销售农特产品，合同签订与产品交易额超 2000 万元。

（三）以资源拓展为抓手，不断畅通帮扶渠道

积极拓展帮扶渠道，一是持续做好中办机关、国管局等产品供应保障工作，并与各部委建立联系，争取实现产品进部委。二是积极推进山西产品进高校，目前已与中国教育后勤协会就山西农产品走进高校食堂进行了初步洽谈与沟通。三是开展规模化产品供应业务，目前已与北京马大姐食品公司、紫光园餐饮连锁店、晋阳饭庄等大型企业建立合作，拟推广杂粮、碗团、沙棘饮料等产品，通过规模化的产品推广帮助脱贫地区群众增收致富。

下一步，山西省机关事务管理局将继续建立健全消费帮扶长效机制，大力推动山西省更多名优产品走出山西，走向全国，为巩固脱贫攻坚成果，加快推进农业农村现代化、全面推进乡村振兴作出新的更大贡献。

文化引领带振兴　网络宣传助帮扶*

案例单位：吉林省委宣传部

吉林省委宣传部进一步做好消费帮扶工作，组织开展消费帮扶系列宣传报道，深入宣传推介各地区、各部门消费帮扶工作进展成效和典型经验做法。在宣传推介过程中，不乏反响较好的典型案例，现就相关典型案例总结如下。

一、吉林日报创新消费帮扶五方共建的“梅河模式”

“梅河模式”：文化引领，五方共建“吉乡农创园”助力乡村全面振兴。2023 年 12 月 5 日，吉林日报彩练新闻“翠花走千村”栏目组联合吉林大学、通化农科院主办了五方共建“吉乡农创园”主题论坛。梳理西太平村吉乡农创园创建过程，总结出“一统二化三治四创五龢”的五方共建“梅河模式”，即地方政府、高等院校、科研单位、社会企业和新闻媒体等五方力量，共同研究探索“吉乡农创园”创建工作。一统即党建统领系统规划；二化即组织化、合作化推进；三治即德治、自治、法治联动形成乡村善治；四创即文创、科创、农创、商创四创融合；五龢即政府、高校、科研、企业、媒体五方龢合，体系化共建吉乡农创园这一“吉字号”品牌。

（一）创建过程

为落实吉林省乡村振兴局推进的“吉乡农创园”工作创建精神，梅河口市政府高度重视，积极谋划，主动对接。坚持“四创”融合，实现优势互补、互利共赢，合力推进农创园工作落实落地。市级工作专班研究并推进吉乡农创园创建工作。市委

---

* 推荐单位：吉林省发展改革委。

常委组织部部长、曙光镇党委书记郑岩，与长春电子科技学院领导反复磋商，确定西太平村“吉乡农创园”项目创建方案。经过几个月的努力，梅河口市引进吉林大学“党支部领办合作社”实践团队指导党支部领办合作社创建工作。在推进“主题民宿”和“稻米研学馆”的落地设计过程中又通过吉林大学团队引入中源设计院和通化农科院参与其中。2023年11月，吉林日报彩练新闻“翠花走千村”栏目组从文化建设的角度参与其中，为“四创”融合给予文化赋能，提升村庄及农产品品牌价值。

（二）五方工作及价值

1. 政府搭台多方融合

梅河口市政府根据“吉乡农创园”方案提出的“组织领导、产业发展、技能培训、文化赋能、乡村善治”五项能力提升，实现文创、科创、农创、商创“四创”融合工作要求，将高校、科研单位、企业、媒体力量组织起来实现多方融合。

2. 高校谋划系统规划

长春电子科技学院与吉林大学根据乡村振兴战略要求，发挥系统规划智慧，对该项目进行整体规划设计，实现整体目标与分步实施的可行性方案。

3. 研究院所科技助力

通化农科院积极参与其中，主动承接“科技小院”民宿水稻栽培示范内容，并为西太平村水稻研学提供多品种示范田。通过科技注入乡村振兴实践，充分展示具有传统优势的水稻科研成果。

4. 企业参与建设运维

为了确保项目更具落地性，并保证后期持续运营效果，引入中源设计院以运营的身份参与两个民宿及“稻米研学馆”设计及施工。

5. 媒体融入文化引领

吉林日报彩练新闻“翠花走千村”栏目组以文化视角参与到“吉乡农创园”创建之中，以文化引领系统性乡村振兴，并与吉大团队共同总结五方共建模式，实现了从“文创”到“商创”的价值提升。

二、中国吉林网开展“稻花香里说丰年”主题采访活动

中国吉林网高度重视消费帮扶巩固拓展脱贫攻坚成果，积极响应上级部门要

求，主动谋划、精心设计，注重宣传的时度效和讲故事的方式方法，充分发挥主流媒体的全媒体报道优势和策划创意专业能力，取得了较为良好的宣传效果。“稻花香里说丰年”网络主题采访活动是其中最为突出的代表作，此次重大主题活动策划，主题鲜明，在2023年9月23日“中国农民丰收节”这一重要节点推出，全国视角高站位，巧妙嵌入吉林省地域特色农产品，达到强势宣传推介效果。

2023年9月23—27日的“稻花香里说丰年”网络主题采访活动由中央网信办网络传播局指导，吉林、辽宁、黑龙江、河南、四川等地省委网信办主办，吉林省互联网传媒股份有限公司（以下简称“中国吉林网”）承办，中国互联网发展基金会支持，各地省级重点新闻网站和全媒体中心共同参与，联合打造推出。活动期间，通过统一策划、同步实施、资源叠加、联动展示，形成了较好的网络互动宣传效果。

作为主题的提出方和活动的承办方，中国吉林网发挥主场优势，侧重讲好吉林故事，行程和点位设计精心安排，涵盖吉林省特色农产品。活动线下点位安排包括梨树县百万亩绿色食品玉米标准化基地核心区、伊通满族自治县伊通镇前范村的蟹稻产业园、通化市的通天酒业山葡萄酒文化科技产业园、通化市贡米小镇、万良人参小镇、浑江区三道沟镇二道沟村的千亩五味子种植基地、江源区众达农业有限公司、汪清桃源小木耳实业有限公司、延边州龙井市华龙集团果树农场、舒兰市溪河镇吉米粮食有限责任公司等地，选取最能代表当地特色的产品——玉米、大米、葡萄酒、人参、五味子、小木耳、苹果梨等进行宣传。活动中重点推出“你不知道的吉林大米”系列报道，以精彩的短视频与文字介绍相结合，让广大网友对吉林大米有了更深更多的了解。

参与活动的中央新闻网站编辑记者、主要商业平台负责人、网络名人代表和吉林省内新闻媒体等50余人在5天时间里，讲述吉林这片沃野上正在发生着的丰收故事，探寻吉林的“丰收密码”，在国内众多媒体及平台发布，云端线下共叙“大美吉林”新篇章。中国吉林网与辽宁、黑龙江、河南、四川媒体展开深度联动，以新浪微博为平台进行接力报道，形成活动期间互联网平台热搜不断线的良好社会效果。

百县千村万主播　电商助销大成效*

案例单位：扬州工业职业技术学院

2019 年，扬州工业职业技术学院成立了全国首家电商直播学院。2020 年，该校启动“百县千村万主播”工程，计划在全国 100 个县建立 1000 个村播基地，培训万名村播人才。3 年来，已累计在全国建立村播基地 36 个，培训 14768 名乡村主播，销售农产品 500 余万元，帮助各地村播基地自主销售农产品 3600 余万元。开展“百县千村万主播”行动旨在通过培养直播电商专业人才，实施产品销售，从而达到扶农助农、助力中西部地区提升“造血”能力、赋能乡村振兴的根本目的。

一、电商直播助力，帮扶共渡难关

2020 年，为帮助湖北省秭归县渡过疫情难关，举办了“魅力秭归 · 我为家乡代言”网络直播人才线上专题培训班，帮助培训秭归县 155 名从事种植养殖农业合作社成员和家庭农场从业人员、电子商务和商贸经销从业人员、乡镇政府工作人员，开启了直播助农的新篇章。2020 年 5 月 2 日，为帮助秭归农户尽快渡过“疫情”难关，扬州工业职业技术学院在学校电商学院内，举办了主题为“青年学子助力湖北”的直播活动，千余名学子与百名主播为湖北“带货”，助力秭归脐橙、茶叶等农特产品销售。两个多小时的直播，借助央视频、抖音、快手等平台，累计销售脐橙 10.5 万斤，销售额达 63 万元。学校电商学员、秭归脐橙专业直播供应链亿亩千田果园创始人组建直播带货账号后，线上年销售额突破 8000 万元。2020 年以来，

* 推荐单位：江苏省发展改革委。

“百县千村万主播”乡村振兴直播工程与秭归县持续开展合作，累计帮助秭归县培训300多名青年电商企业家和网络主播人才，直播电商培训也成为秭归县乡村振兴的标杆性人才培训项目。

二、电商人才培训，打造本土网红

2022年7月，学校与略阳县政府合作举办了略阳县电商人才培训活动，20余名优秀学员脱颖而出，走在了电商直播的最前列。当年8月上旬，在“苏陕协作助力乡村振兴，略阳县乡村主播直播带货”活动中，培训班学员首次亮相，在2个小时的“首秀”里，凭借各自专长和技能，实现了20多万元的销售业绩。张海燕是土生土长的略阳人，2022年6月，她经营的酒坊荣获了汉中市非物质文化遗产汉中土法酿制白酒技艺（略阳苞谷酒）传习所的资质。为更好地开拓销售路径，传承和弘扬好略阳苞谷酒文化，作为7月份电商人才培训班学员，张海燕参加了8月份的首次直播“实战”。她结合略阳的风土人情和自己家庭作坊略阳苞谷酒的生产技艺，通过诙谐幽默的话术与粉丝积极互动。目前，其卖酒抖音账号涨粉3万，年收入20余万元，苞谷酒销量也居高不下，已经开始收购周围农户种的玉米，“新网红”成为新农村致富领头人。

三、电商走上高原，致富振兴希望

2023年3月、10月，扬州工业职业技术学院在青海省贵南县和玛多县举办两期乡村振兴电商人才培训班，共培训67名学员。经过考试测评，参训学员中共有58名取得专业资格证书。扬州工业职业技术学院教师从理论到实践，从短视频到直播，使学员迅速了解电商知识、熟练掌握直播技能、深刻认识电商作用，提升沟通表达能力、营销推广技巧和团队合作意识，培养创新创业精神和商业思维，有效拓展学员职业发展空间。培训学员担当起在网络平台上宣传推介贵南的角色，通过直播展示贵南特色农产品和手工艺品，有力助力产品销售和增加农牧民收入，有力助推乡村经济发展、促进乡村振兴。

四、电商走向全国，助力乡村振兴

近年来，"百千万"工程走出了扬州对口帮扶结对地区范围，已经逐步拓展到江苏省及以外的陕西、青海、西藏、贵州、云南、山东、湖北、四川等更多其他脱贫地区，在助力脱贫地区继续巩固脱贫攻坚成果，有效衔接乡村振兴的工作中起到了积极的推动作用。在海南省保亭县开展的电商培训中，专门针对水果产业开展电商赋能，定制化设置课程，培训出"果农兄弟"账号，当地水果年销售额突破2000万元。青海省贵南县电商培训中心专门对青稞产业开展电商赋能，培养出一批优秀的学员，青稞酒月销量稳定在3000单以上。

五、整合社会资源，赋能更多需求

近年来，"百千万"工程在专业培训方面取得了成功经验，但学校也在与脱贫地区政府的合作中了解到更多的发展需求，比如对农业生产加工科技人才的需求，对本土产品与区域外市场长期稳定合作的需求，脱贫地区快速提升本地社会经济文化影响力的需求。针对这些需求，目前学校正在与扬州市合作，首先利用学校现有教师学生资源、场地资源以及社会影响力与社会企业合作共建一批"脱贫地区优质农特产品直播间""脱贫地区城市形象直播间"。其次，组织更多东部地区的大型商贸企业与脱贫地区建立优质农特产品采购直销关系。最后，利用扬州高校丰富的人才资源组建博士服务团队，为脱贫地区开展产业发展智力帮扶。

聚力打造线上线下消费帮扶服务一张网*

案例单位：安徽省直机关工委

安徽省直机关工委充分发挥组织优势和"党建+乡村振兴"引领作用，聚焦中心、服务大局，用好驻村第一书记的力量，依托省直和中央驻皖单位"驻村第一书记志愿服务团"（以下简称"志愿服务团"），以整合资源帮销特色优质农产品为重点，为广大驻村干部提供暖心服务，推动消费帮扶转型升级。2023 年 5 月以来，"志愿服务团"及其各分团助力 600 多款农产品销售，销售额突破 1.3 亿元。

一、打造线上线下消费帮扶的典型做法

（一）建强"基点"，塑造品牌

"志愿服务团"及其各分团注重引导帮扶县（市、区）家庭农场、农民合作社和涉农企业等经营主体发展农产品初加工、深加工，以品牌建设把牢农产品质量、标准、安全关，在省直单位驻村干部"夏送清凉·冬送温暖"物品采购、推荐农产品在相关平台线上线下销售等工作中，优先采购有完备品牌资质的农产品。鼓励"志愿服务团"各分团，支持驻村第一书记做好农产品生产供给、设计包装、品牌打造、终端销售等工作，积极注册打造县域农产品公共品牌，提升区域农产品竞争力。

舒城县分团依托省委编办定点帮扶的百神庙镇官塘村"沣巢"电商综合体基地，在徽采云乡村振兴馆运营支持下，采取"村级企业+供销企业+民营企业"的模式，打造舒城县农产品区域公用品牌"品龙舒"，大力发展农产品精深加工业，目前

* 推荐单位：安徽省发展改革委。

签约授权舒城涉农企业 30 多家，孵化舒城特色农产品 40 多款。2023 年 5 月以来，“品龙舒”农产品线下对省直单位销售额达到 350 多万元，对合肥市、上海市青浦区以及六安本地销售额达到 680 多万元。

金寨县分团整合全县土特产资源，聚焦“我把金寨送给您”创意，注册“汤汇红”“立夏源”等区域公共品牌，在把好产品质量关的基础上，设计品牌 IP 和特色包装，让“看得见山、望得见水、记得住乡愁”成为品牌特色。健全售后定期回访和七天无理由退换货机制，消除消费者对农产品价高质劣的刻板印象，提高农产品的知名度和美誉度，用市场化的手段提升消费帮扶“造血”功能，增强消费者的忠诚度，2023 年消费帮扶金额突破 2000 万元。

（二）连“点”成“面”，聚力融合

“志愿服务团”着力于以“驻村第一书记”推荐产品为重点，搭建全省农产品销售平台，聚合省域优质农产品，开发具有“第一书记”标识的农产品公共品牌。2023 年，先后举办省直和中央驻皖单位“驻村第一书记”农产品签约发布会，支持安徽省农产品集团以“做代言、树品牌、兴产业、强经济”为目标，搭建“驻村第一书

“徽采云 · 乡村振兴馆”公众号

图片来源：安徽省直机关工委供图。

记”农产品产销对接平台，打通销售渠道，加快培育新业态、新模式，带动区域内农业发展。启动运营“徽采云·乡村振兴馆”，研发微信公众号和手机端小程序，线上搭建皖北、皖中、皖江、皖西南、大别山、援疆援藏6个主题馆，建成合肥、枞阳、六安、黄山4个线下体验店，入驻供应商2000多家，上架产品4000多个，其中第一书记推荐产品600多款。

（三）搭乘电商快车，拓展商机

电商经济为乡村产业振兴带来了新机遇。“志愿服务团”支持潜山分团强化示范带动作用，组织驻村第一书记亲自学技术、亲自开直播，平均每周开展直播助农活动2—3场，帮助省、市、县定点帮扶村销售农副产品，当地瓜蒌子、茶叶、小河鱼、鸡蛋、土鸡等优质农副产品在线上热销。同时，授权各县（市、区）服务团注册认证抖音子账号，形成线上销售矩阵。

二、打造线上线下消费帮扶的经验启示

（一）加强政府引导

农产品一头连着乡村、一头连着市场，关乎群众切身利益，做好“头尾呼应”大文章，需要政府持续不断的引导和政策支持。广泛开展“我为群众办实事，消费帮扶献爱心”年货采购活动，省直机关工委会同省有关部门联合印发《关于采购“我为群众办实事”消费帮扶爱心年货的通知》等文件，发挥党组织和党员的示范带头作用，引导党政机关、企事业单位等积极购买农产品，以消费帮扶助力乡村全面振兴。

（二）强化品牌意识

品牌是信誉和安全的标志，只有推动农产品标准化、品牌化，以品牌效应为农产品赋能，才能赢得市场。在消费帮扶中要克服过去农产品由帮扶单位购买不愁卖的思想，注重农产品深加工企业的引进和培育，以县域为单位打造农产品公用品牌，统一品牌标识、统一产品标准，通过深加工来提高产品附加值，促进农民增收。完善利益联结机制，通过“公司+合作社+基地+农户”等方式，开展技术培训、产销

对接,提质的同时增量,满足适度规模销售的需求。

（三）把握市场规律

政府和帮扶单位的采购关系是暂时的,大量的农产品需要走向市场、公平竞争。消费帮扶中要引导农户和农产品销售公司,树立市场意识和公平竞争理念,产品包装、产品安全要符合市场要求,产品价格要经得起同类型商品的竞争检验,通过不断的扶持引导,助推农产品品牌走向市场。

让消费帮扶插上国资翅膀*

案例单位：安徽省国资委

2023年以来，安徽省国资委大力开展消费帮扶重点产品进机关高校、进企业、进园区、进社区、进商超、进电商、进电视、进深加工等产销对接“八进”行动，同时充分发挥省属企业资源、渠道等优势，不断拓宽农产品销售渠道。2023年以来，安徽省属企业消费帮扶金额累计12334万元。

一、主要做法

（一）加强顶层设计，让政策“活”起来

2022年、2023年会同相关单位分别印发《关于运用政府采购政策支持巩固拓展脱贫攻坚成果同乡村振兴有效衔接的通知》《关于持续运用政府采购政策支持乡村振兴产业帮扶工作的通知》，倡导各省属企业通过“徽采云·乡村振兴馆”平台采购特色农副产品，同时鼓励帮助各定点帮扶县镇村名优农产品入驻该平台，从“自己买”拓展到“帮着卖”。

（二）做实帮扶项目，让产业“立”起来

消费帮扶是一条由生产、流通到销售、消费组成的长链条，发展原生态、高品质的产业是定点帮扶的根本之策。省国资委突出各省属企业特色，推动帮扶县、镇、村的产业发展。

* 推荐单位：安徽省发展改革委。

铜陵有色集团积极开展特色产业帮扶，在太湖县牛镇镇禅源村实施自动化蛋鸡养殖项目，企地共建设标准化厂房，项目投产后预计年产蛋量 1 万箱，年产值 210 万元。

江汽集团因地制宜，结合潜山市龙潭乡龙湾村山涧泉水资源丰富，水质健康无污染、富含硒元素等特点，打造“龙之源”纯净水品牌，积极争取上级财政配套资金，投建水厂仓储中心及水源地升级改造项目，2023 年销量达 252 万瓶、销售金额 214 万元。

省生态环境集团深入挖掘潜山县西河村红色旅游资源，投资修缮村内红军墓并建设红军纪念广场，打造红军修械所、“红军洞”等红色景点，谋划将西河村建成红色革命教育基地。配合潜山市打造“皖美潜宿”民宿品牌，探索茶旅民宿发展新路径。

“龙之源”纯净水生产线

图片来源：安徽省国资委供图。

（三）推进市场拓展，让渠道“畅”起来

安徽省国资委充分利用省属企业平台优势，让国企信用为脱贫地区农产品背书，持续拓宽销售渠道。

省交控集团发挥自身产业优势，打造高速公路服务区“皖美驿站”，在全省服务区设立“皖美农品”销售专柜（区、店）。依托“驿佳”微信小程序线上销售商城，搭建“皖美农品”销售“云上”载体。目前,线下渠道累计引进销售农特产品 1300 余种,线上商城累计上架“皖美农品”111 种,全年预计实现全渠道“皖美农品”销售额 2700 万元。

淮北矿业集团坚持品牌意识,从产品源头参与提升产品品质、打造消费品牌,全面升级砀山县梁寨村红薯粉条加工传统工艺,实现无尘化、无硫化管理,“薯卖郎”品牌得到了市场的认可。推动曹庄镇与杭州市西湖区签订“菜篮子生产基地”合作协议,打通曹庄镇农副产品直供杭州市的绿色通道。

国元金控集团引导旗下酒店、物业等与农产品销售企业建立长期定向采购合作机制,优先采购省内脱贫地区各类农畜产品,打通“田间到餐桌”产销链。探索预制菜产品赛道,原料优先采购脱贫地区滞销农产品,带动帮扶地区农产品扩大外销。

帮扶村镇农特产品货架

图片来源:安徽省国资委供图。

(四) 立足消费需求,让企业“买”起来

组织各省属企业持续在消费端发力,厚植市场理念,采取“以购代捐、以购互助、定向采购”等方式,开展各类消费帮扶活动。

海螺集团上线“海螺福利商城”，加强与帮扶地区企业对接联系，遴选上线新疆、西藏、望江县等脱贫地区 7 类优质套餐产品，既拓宽帮扶地区产品销售渠道，又满足企业职工对节日福利多样化、个性化的需求。

中煤矿建集团结合自身施工项目遍布全省各地的实际，发挥施工项目在消费帮扶中的抓手作用，积极采购帮扶地区农副食品作为项目日常运营及食堂就餐的重要来源，2023 年以来直接采购农产品 107 万元。

淮河能源集团积极采购脱贫地区特色农副产品，用于奖励在能源保供中作出积极贡献和劳动竞赛中表现突出的煤矿一线职工。

省旅游集团持续推介石台县新联村“乡村振兴康养游”产品，联动研学团体、自驾俱乐部等到村拓展业务，带动村内农家乐的食宿消费。

省能源集团在皖能大厦设立“小皖之家”乡村振兴帮扶专柜，实行“零价差”公益销售，受到省内媒体关注。

二、经验与启示

一要加强统筹协调，突出政策引导。消费帮扶需要广泛动员社会各方力量，而省属企业覆盖各行各业，可以通过多种方式为脱贫地区注入资金、技术等要素。安徽省国资委统筹各省属企业资源，加强政策指导，鼓励各省属企业持续加大消费帮扶力度，创新消费帮扶模式，为巩固脱贫攻坚成果注入国资力量。

二要坚持市场导向，形成规模效应。各省属企业因人因户因村实施产业帮扶，选择当地特色产业进行重点培养。通过促产帮销，帮助遴选出一批质量优、口碑好、需求量大的农副产品，推进农产品标准化生产，严格把控农产品质量安全，积极培育脱贫地区绿色产品品牌。促进脱贫地区一、二、三产业融合，完善产业配套，促进产业链和供应链全面升级。

三要直采帮销共振，深挖消费潜力。充分调动省属企业参与消费帮扶工作的积极性、主动性，利用线上线下渠道优势，让企业职工以及社会群众能够接触到脱贫地区优质农副产品，促进日常销售。以日常办公、食堂所需、限额内职工福利发放等作为消费帮扶的重要方式，在同等条件下优先采购帮扶地区农副产品。

在深入贯彻落实消费帮扶过程中，安徽省国资委始终坚定不移地持续推进各省属企业销售平台、渠道互联互通、资源共建共享、消费互助互补,促进帮扶工作的相互借鉴和有效协同,将消费与生产、流通相结合,打通制约消费帮扶的痛点、难点,进一步提升消费帮扶的规模与效果,推动帮扶地区的产品和服务融入全国大市场。

聚焦农产品流通体系建设
持续推出消费帮扶新举措*

案例单位:江西省绿色产业集团

江西省绿色产业集团有限公司(以下简称“江绿集团”)与井冈山市人民政府联合建设了江西省乡村振兴特色优质农产品品牌运营中心,该中心以“五个一”(一馆、一城、一中心、一论坛、一网络)为核心功能。自2020年以来,多渠道累计带动消费帮扶产品销售额达2.97亿元。

一、全省区域建体系

江绿集团坚持把消费帮扶摆在突出位置,完善顶层设计、统筹各方资源,持续优化立体营销网络,全力推进农产品供应链体系建设,建立了消费帮扶长效机制。

一是以脱贫攻坚阶段建立的“三专”(消费帮扶专馆、专区、专柜)渠道为骨干网络,通过对各县区消费帮扶专馆功能的转化,由单一的帮扶产品销售专馆,改造成各县区优质农产品的汇集站和消费帮扶产品销售前置仓,以驻村帮扶第一书记为联络纽带,推进了帮扶产品仓储、物流、渠道等资源共享,稳定了产品价格,推进了降本增效,有效解决了帮扶产品产地分散、质量不稳定、采购成本起伏大、物流成本高、产品较难实现保质保鲜等问题。

二是优化在省内各类学校、景区、公园、医院、机关食堂、交通枢纽等人流密集、消费需求大的重点场所的消费帮扶专柜布局,丰富产品种类,增强销售吸引力。

---

* 推荐单位:江西省发展改革委。

三是依托江西消费帮扶线上商城，以“集千村味，传万家爱”为主旨，加大帮扶产品的传播力度，通过网络销售拉动全民消费，进一步拓宽农产品销售渠道，激发重点帮扶乡村的内生动力，实现稳产增收。

四是以江西省乡村振兴特色优质农产品品牌运营中心（井冈山）为基点，链接省农业农村厅扶持建设的其他展销馆（北京、上海、深圳、南昌）以及公司自有的消费帮扶“三专”（专馆、专区、专柜）渠道，与南昌市旅游集团联合，在滕王阁、绳金塔等旅游商贸区建设的自营商店，全力打造品牌共享、仓储共享、供应链共享、渠道共享的“四位一体”农产品展示展销窗口，架起了农产品直面消费市场的桥梁。

五是在南昌市内高档社区垃圾分类宣传驿站嵌入积分兑换农产品模式，丰富帮扶产品销售场景。自 2020 年以来，上述渠道累计带动消费帮扶产品销售额达 2.97 亿元。

江绿集团消费帮扶“三专”（专馆、专区、专柜）渠道

图片来源：江西省绿色产业集团供图。

二、高光点位塑品牌

2023 年，江绿集团与井冈山市人民政府联合出资 3000 万元在井冈山茨坪核心景区建设了江西省乡村振兴特色优质农产品品牌运营中心（井冈山），坚持“四步走”：一是以文化生根，通过集中展示全省万年稻作文化、浮梁茶文化、南丰蜜橘栽培等七大农耕文化遗产，挖掘江西优质农产品品牌的文化根脉和精神内涵；二是以品质立魂，全面介绍江西农产品优良的生态环境、优越的种养条件，诠释“好山好水出好产品”的理由和规律；三是以体验拉高，设立产品品鉴、品尝点位，增加产品可溯源系统，增加对江西农产品品质的感知，以开发充分的现场体验拉升品牌高度；四是以研培传播，组织党性教育和红色培训对象进馆，研究江西农业发展成果，接受江西农耕文化培训，通过消费者传颂江西绿色文化故事，体验手工传承以及愉悦的购物过程，向全国传播、扩散江西农产品的美誉。

三、龙头企业强牵引

江绿集团现已布局了渔业、蔬菜、茶叶、山茶油、园林、丝绸 6 个产业，建成了一批龙头企业，在浮梁县、乐平市、彭泽县、玉山县等地建立农产品种养和加工基地。

渔业板块以九江市彭泽县芳湖、太泊湖和南昌市高新区瑶湖共计 10 万余亩水体为基础，发展生态渔业，并以数字渔业平台赋能行业增产增效增收。

蔬菜产业通过“统一营销渠道、统一品牌塑造、统一品种选育推广、统一标准化种植、统一农资农机服务、统一加工包装仓储、统一冷链物流”的模式，引领乐平蔬菜产业发展。

茶业板块在浮梁县、庐山市、井冈山市、赣州市推广科学的种植技术、管理模式和经营理念，引导农民转变观念，提高种植水平和管理能力。山茶油龙头企业率先制定和完善山茶油产品生产标准和质量标准，推进标准化生产，提升油品品质和经营效益。

园林板块以小微湿地建设为业务基础，同时实施彩色苗木、容器苗木、珍贵苗木基地建设以及花卉苗木交易业务，联结种植农户，推广适销品种和实用技术，培育精品苗木，提高种植效益，带领农民共同致富。

丝绸板块以江西修水、武宁等县为原料基地，采用工厂化大棚育蚕、桑蚕废弃物饲料化开发利用等新技术，提高资源综合利用和产业效益，带动蚕农创收。各产业企业强化示范引领，以推进标准化生产、加强品牌建设和完善配套服务等措施，有效带动了产业基地周边农业增效、农民增收、农村增美。

江绿集团果蔬、丝绸、山茶油、水产等产业板块

图片来源:江西省绿色产业集团供图。

四、“六进”活动聚合力

在有关部门的大力支持下,江绿集团扎实推进消费帮扶“六进”活动。通过活动,增强行政事业单位、各类企业干部职工及社会各界人士对消费帮扶重要意义的认识,增进对“三农”的感情,推动更多力量养成扶农助农的自觉行动,形成消费帮扶合力。2021—2023 年共组织活动 70 余场次,激发干部职工采取购买江西消费帮扶商城提货卡、直接团购帮扶产品等形式,直接支持消费帮扶。全省还有 21 家省直单位、3 个市县政府、19 家企事业单位的工会、食堂定向采购帮扶商品。

下一步,江绿集团将深入学习贯彻习近平总书记关于乡村振兴的重要指示精神,完善供应链体系建设,加大品牌培育力度,增强龙头牵引能力,扩大“六进”范围,用心用情用力助推消费帮扶跑出“加速度”,以更充分的成效彰显国有企业的责任和担当。

强担当聚融媒合力　善作为促乡村振兴 多频共振消费帮扶*

案例单位：河南广播电视台

河南省发展改革委借鉴北京消费帮扶双创中心的模式，搭建河南省对口援疆、豫京对口协作成果展示窗口和消费帮扶平台，不断深化"1+3+N"的运营模式，形成"电商+龙头企业+扶贫品牌"的全新帮扶生态。2021 年以来，河南广播电视台开设实体帮扶专馆，举办线上网络商城、电商直播带货专场活动，多措并举、融合发力，销售助农产品总量超 3.5 亿元。

一、聚合力、扬优势，高质量打造产销平台

2021 年年底，河南广播电视台将两个消费帮扶平台融合，成立河南消费帮扶馆，以河南大象融媒体技术有限公司福塔分公司为运营主体，以省人民会堂为基地，为驻村第一书记提供服务，为帮扶企业、产品提供展示推荐平台。河南消费帮扶馆线下馆位于省人民会堂东配楼，场馆面积近 1000 平方米，帮扶馆做优线下市场渠道的同时，搭建了"小象助农"等线上商城，积极承办开展"2023 年河南省消费提振加速度网络直播助农月""河南省农民丰收节助农直播"等活动。

截至 2023 年年底，河南消费帮扶馆链接 300 多位驻村第一书记推荐的 2000 多款消费帮扶产品，产品覆盖河南 18 个地市，通过线上、线下各个渠道帮助各地群众销售各类农副产品超过 3.5 亿元。据不完全统计，受益人群超过 100 万人，多次

* 推荐单位：河南省发展改革委。

被省委、省政府、省乡村振兴局等表彰为“消费帮扶先进单位”。

二、优产品、强辐射，切实增强消费帮扶实效

聚焦河南农村优质优品，做好“土特产”大文章，做大做强消费帮扶馆，积极布局“新消费”，促农民致富、助乡村振兴。

一是以销带产，打造农产品畅销“爆款”。引导帮助全省驻村第一书记、驻村工作队紧盯市场趋势发展产业。在河南消费帮扶馆的产品体系中，各级驻村第一书记推介的产品占比超 80%。

二是全省覆盖，遴选打造优质帮扶产品库。通过第一书记推荐，帮扶车间、帮扶企业报送，帮扶产品目录遴选等方式，汇聚覆盖河南 18 个地市 2000 多个单品，包含米、面、粮、油、肉、蛋、奶、干菜、干果、生鲜等多个品类，并动态更新产品目录。

三是发挥融媒优势，推动产品市场流动。充分发挥自身通联优势，促进帮扶农特产品跨单位、跨区域、跨行业的交流互通。

河南广电消费帮扶馆实景

图片来源：河南广播电视台供图。

三、抓活动、做公益，持续扩大消费帮扶影响力

一是联合河南各省直单位举办各类活动。2023 年，联合省商务厅、省农业农村厅举办“2023 黄河直播文化节”活动，联合省委网信办、省商务厅、省文旅厅等多家单位开展“2023 年河南省‘消费提振加速度网络直播助农月’”系列活动，联合省乡村振兴局在河南省人民会堂举行河南省脱贫地区消费帮扶产销对接专项行动。

二是携手各地市开展活动。联合信阳市委、市政府举办中国农民丰收节河南专场活动等。通过遴选各地农特产品，邀请主播、达人在郑州、信阳、开封、驻马店等地开展网络直播带货活动，通过线上带动消费帮扶产业发展。在河南省人民会堂搭建平台集中展示全省 18 个省辖市脱贫地区的绿色食品、有机食品、中华老字号品牌、地理标志产品等名优特产品。

三是牵手高校、企业激发消费活力。2023 年上半年，河南广播电视台联合河南省总工会教科文卫体工会在省属高校工会圈开展行业消费帮扶活动，河南消费帮扶馆依托线上商城“小象助农”为活动提供支撑，将各地帮扶产品上架平台，供高校工会会员挑选。

四是结合工会打通消费渠道。联合河南省直工会发放消费帮扶补贴券，鼓励省直工会会员积极采购帮扶产品，河南消费帮扶馆负责组织帮扶产品货源，把控质量，提供服务。

河南省脱贫地区消费帮扶产销对接专项行动

图片来源：河南广播电视台供图。

四、融大局，强担当，为全省乡村振兴贡献广电力量

河南广播电视台作为河南全省宣传推广融媒体工作的“急先锋”，始终牢记初心使命、强化政治担当，积极融入全省发展大局，在部分重要工作中积极谱写融媒广电篇章。

一是高质量援疆。2022 年，河南广播电视台积极对接省援疆办，引进新疆哈密地区农副产品，在消费帮扶馆设立援疆专区，为哈密农副产品企业提供在河南的展示和销售窗口。两年来，累计为哈密地区销售各类农副产品 300 余万元，哈密市相关领导、企业也多次到河南消费帮扶馆参观调研。

二是高水平助农。河南广播电视台也在积极对接河南省市场监督管理局、省农业农村厅、省商务厅、省乡村振兴局等单位，拟在河南消费帮扶馆打造地理标志产品专区、老字号产品专区、绿色有机食品专区等，将帮扶馆打造成为河南优质土特产的展示推介窗口。

涓涓细流，汇成大海；河南广播电视台将持续投身消费帮扶工作，聚焦“土特产”，将优质帮扶产品产销对接平台建得更优更强！

丰富产销新渠道　打造直播大县
托起山乡致富梦*

案例单位：湖南省委宣传部

2023年，湖南省委宣传部（省文资委）通过“定方向”“打基础”“拓渠道”“出实效”“助振兴”五大步骤，致力于打造安化“直播大县”品牌模式，消费帮扶取得明显成效，全年销售金额共计9270.45万元。

一、联动创新，强化引导“定方向”

坚持把消费帮扶当作巩固拓展脱贫攻坚成果、全面推进乡村振兴的重要抓手，紧盯“帮销、促产、疏浚、解困”四个环节，探索“五好”模式开展消费帮扶。

一是摸清家底寻找“好产品”。搜寻全县23个乡镇433个村（社区），锁定品质优良的安化黑茶、安化黄精、红皮小籽花生、腊肉等农副产品企业300多家。

二是全力宣推树立“好品牌”。通过长沙地铁站、主流媒体推送、文创品、专场推介会等多种形式，让安化农产品知名度、美誉度不断提升，影响力持续扩大。

三是诚邀大咖实现“好销量”。邀请网红顶流主播为安化县直播带货或宣传推介安化，流量带动效果明显。

四是软硬兼施搭建“好平台”。积极打造本地直播基地，大力培养本土主播，以实现电商直播带货模式的“可持续、能发展”。

五是强化指导建设“好供应链”。指导30多家茶企立足县域、辐射省市、放眼

* 推荐单位：湖南省发展改革委。

全国，构建“三级物流网络”，形成“T+1”“1+T”物流体系，实现安化农产品1天内收购进城并发往全国。

二、项目引领，人才集聚“打基础”

坚持以项目为引领，以联县帮扶为契机，支持电商人才培育、电商企业孵化、电商平台建设、物流体系建设等方面，不断夯实电商产业发展基础。与省内10余所高校签订战略合作协议，启动以培养100个运营人才、1000个网红主播为主题的“百千计划”，开展“青创10万+”直播培训和新媒体线上营销等专题培训35期，培育各类电商人才10476人，涌现出草根网红307人，让安化电商人才“聚”起来、“强”起来、“活”起来。

三、各界助力，统购直供“拓渠道”

坚持丰富拓展帮扶渠道，进一步提高产销对接效率，加快形成市场主导、政府引导、社会参与、生产流通消费顺畅衔接的农商互联模式。省直宣传文化系统各工作队入驻以来，积极广泛对接资源，联系发动本单位、各集团子分公司、社会各界人士，通过线上采购、工会统购、食堂物资直供、现场看样选购、直播带货等，推进消费帮扶取得新成效，为特色农产品销售、村集体经济发展、居民增收带来有效助力。其中，湖南城市学院消费帮扶84.5万元，湖南出版集团消费帮扶100万元。

四、企业孵化，平台发展“出实效”

坚持线上线下同步发力，扶持直播、鼓励开网店，激活电商“新引擎”。积极搭建安化县电商发展公共服务平台，黄沙坪古茶市建成首个茶业类“抖音直播基地”，共建设3处县级带货直播中心、4处镇街网红直播带货基地、408个村级商务中心，帮扶脱贫人口达9.14万人。指导全县开设各类网店3145家，带动就业1万余人，实现了品牌推广和农民收入“双丰收”。

五、活动聚焦，品牌效应"助振兴"

坚持以节造势、以势聚客，促推消费帮扶，促进文旅融合，提升"直播大县"品牌效应，全面推动乡村振兴。通过演唱、直播带货、短视频文旅推介等形式对安化进行宣传，推介安化旅游景点、安化黑茶。线上直播带货总销售额达218万元，全县接待游客83万人次，同比增长95%，旅游综合收入达8亿元，同比增长101%。2023年10月24日至26日，在安化青云洞云上九歌景区成功举办2023年湖南省（秋季）乡村文化旅游节暨湖南省秋季"村晚"示范展示活动，采用联动直播的方式，邀请人民网等9家媒体同步进行在线直播，在线观看人数超1000万人次，全面展示安化乡村文旅发展新模式、新思路，以激活乡村文旅新业态。

“853”消费帮扶模式“提速”产业振兴*

案例单位：广州地铁集团有限公司

广州地铁“853”消费帮扶模式于2020年起打造，主要通过整合地铁客流、广告渠道、沿线及产业链企业等内外部资源，畅通“8个购销渠道”、打造“5大展销平台”、织密“3张宣传网络”，引导市场主体和帮扶地区产业对接，增强帮扶产业“造血”功能，让产业振兴跑出“地铁速度”。

地铁天河公园乡村振兴主题站

图片来源：广州地铁集团有限公司供图。

* 推荐单位：广东省发展改革委。

一、全链条购销，打通产品“出山”通道

“‘六窝土鸡’就是‘会下金蛋的鸡’，村里从此有了‘聚宝盆’了！”看到村里一只只土鸡被运往广州市场，广东梅州市五华县流洞村的吴支书竖起了大拇指。作为“广州地铁帮扶产品库”之一的“六窝土鸡”，历经5年的培育、发展，如今已实现分级、包装、追溯标准化，顺利打通“产、供、销”环节，市场遍布广州及周边城市，覆盖商超、电商、社区等各类平台，单年销售额超过1000万元。

产业帮扶的“最后一公里”，是产销模式和销售渠道。广州地铁整合3万余名员工、24个内部食堂、300多个工会组织、超240家上下游企业的帮扶力量，整体搭建“8销”渠道，以“前店+后场”打通消费、流通、生产各环节的痛点难点堵点，分级分层协调解决农产品卖难问题。

一方面，将帮扶产品纳入“广州精准帮扶综合服务平台”等10多个帮扶馆，与广州百货等大型商超共建持续性合作机制，推动市属国企共建产品互购的“羊角共同体”（国企联盟），让农户、农企成为各类消费帮扶主体的固定供应商。另一方面，借助集团6个电商平台和各类商业广场、物业场所，开展“试吃”“满减”等营销地推活动，牵头举办“消费帮扶　爱心助农”品鉴活动，组织参加“广州·驻村人”等展销会，对帮扶产品进行集中式、一站式推广。再一方面，组织内部食堂与帮扶地区开展订单式供销，联动共建单位、合作企业定期定量采购，发动工会组织优先采购帮扶产品，撬合力购销年均超2000万元，形成主动式、循环式、群体性消费的良好局面。

二、全场景展销，打开商品“热卖”局面

广州地铁运营线路达16条、车站320座，日均客流量超过900万人次，每趟列车、每个车站都可以作为农产品的销售场所，每名乘客均是潜在的消费帮扶力量。立足把千万级客流量转化为帮扶的动力源，广州地铁聚焦提升市场参与度，协调联动社会各界力量，系统打造消费帮扶地铁专列、专站、专馆、专柜、专区，构筑起面向全市、延伸湾区、辐射全国的“展销一体化平台”。

上线"消费帮扶号"专列

图片来源：广州地铁集团有限公司供图。

专列方面，利用传播范围广、设计吸引度高的特点，以全车身包围的形式推介帮扶产品、文旅资源，为乘客提供"扫码下单、送货到家"服务，有效激发乘客的购买欲望，近年先后推出"花海毕节""疆果果""连州水晶梨"等主题专列，成为串联产销两地的"产品运输线"。专站方面，选取在广告效应强、客流密集且拥有高质量客户群体的车站打造，利用灯箱、墙体、立柱、大型屏幕等开辟宣传区域，"一季一主题"传播 7 省 11 市 34 个帮扶产业，以大场景、大画面推介黄果树等特色风貌，一经亮相就迅速刷屏了微信朋友圈，吸引了众多乘客、媒体前来"打卡"。专馆、专柜、专区方面，瞄准点对点的通勤乘客、周边居民，携手兄弟国企、消费帮扶馆等铺设在大客流车站、集中办公场所，以智能化、全天候的零售形式销售蔬果、饮料等快消品，方便乘客在出行途中"随处买、随手帮""进站下单、出站取货"，让地铁线网化身为"直销网"。

三、全媒体营销，打造品牌推广"矩阵"

农产品具有知名度低、竞争力弱的特点，需要加大品牌宣传、讲好"故事"。广州地铁拥有3500多个广告灯箱、25000多个视频终端、“双微一网”、抖音等诸多媒体平台，经过多年“一体化”经营和“商业+公益”的探索实践，逐步形成“灯箱+视频+新媒体”的品牌孵化推广“矩阵”，能看、能听、能体验、能互动。

一方面，常态化开展公益宣传，先后推出“10. 17”“最美驻村干部”等专题宣传，让乘客在出行中“抬头可看、低头可见、随处可学”。另一方面，多样化推动品牌传播，先后参与贵州刺梨、鲟鱼、梅州柚子、清远水晶梨等多个百亿元、十亿元帮扶产业培育，为100多个优质农产品“直播带货”，助力广州年均消费帮扶额超过200亿元。

接下来，广州地铁将以天河公园主题站为新起点，继续丰富、延伸、拓展“853”消费帮扶的品牌内涵和示范效应，推动消费帮扶、产业振兴提档升级，为“提速”乡村全面振兴贡献“地铁力量”。

促进农产品上行　全面助力乡村振兴*

案例单位：南方报业传媒集团

南方报业传媒集团整合资源优势，利用党媒服务政经和“报刊网端微屏”全媒体矩阵逾 2.5 亿的庞大用户数据库优势，通过“现场展销+线上直播”的形式促进产品销售；建立“南方优品消费协作馆”。2023 年，南方报业传媒集团采购帮扶农产品 360 万元。

一、整合特色农产品产业资源，打通农产品上行渠道，搭建粤港澳大湾区产销对接服务平台

南方优品持续打造农产品帮扶平台，积极推进消费帮扶专馆、专区建设，引进新疆、西藏、贵州、福建、广西、广东等帮扶地区农特优新产品进入全渠道销售平台，为全国帮扶产品进入大湾区城市群市场提供优质的销售渠道和推广服务。截至 2023 年 12 月，南方优品在广州、深圳、佛山、汕头、肇庆、惠州、河源、江门、云浮、清远、汕尾、梅州、韶关等地共建地方特色专馆 13 个，丰富了帮扶产品销售渠道。

二、发挥媒体优势，做好“土特产”文章，夯实农产品产销对接能力

南方优品充分发挥南方报业传媒集团的媒体连接和传播优势，通过挖掘产品、

* 推荐单位：广东省发展改革委。

策划活动、创意营销、市场销售和媒体宣传等讲好青山绿水的品牌故事。2023年，南方优品为帮扶地区农特产品“代言”，助力消费帮扶产品上行大湾区，在“南方+新闻客户端”等集团融媒体资源渠道共发布近2000篇消费帮扶文章，点击率破10万。

南方优品深入田间地头，直达家庭，减少中间环节。近年来，联合集团媒体先后走进从化、廉江、惠州、江门、徐闻等原产地，共开展约100场直播带货活动，让广东“名优特新”农产品走进千家万户，推动了“一村一品”发展，擦亮了“粤字号”农业品牌产品。其中，湛江“廉心小番茄”一上架秒售2万斤，4万斤小番茄不到1小时售罄；与徐闻那板村村支部书记共同开展的直播带货，销售近2万斤菠萝，为果农搭建了网络销售直通车。2023年，还在广州市电商直播节、鱼珠时光美好生活节等线下活动现场设置超百个农副产品展销摊位，通过“现场展销+线上直播”的形式促进产品销售。

南方优品深入实施“百县千镇万村高质量发展工程”，2023年举办了多场“南方优品欢乐购”活动，以夜市“灯火”点亮乡村振兴路，利用夜市活动平台，通过线下（地摊）与线上（直播）相结合的方式，展示帮扶成果，促进帮扶地区的农产品走向市场化。

此外，南方优品还将旅游产业和农业产业充分融合、跨界创新、协同发展，南方优品联合英德市人民政府举办“2023年绿美英德进湾区”名优特产推介会，英德红茶、西牛麻竹笋等清远英德特色农产品亮相广州，让湾区群众更加了解英德产品，促进各方合作。

三、“新媒体+电商”，建立可持续性销售渠道，让农产品进入单位工会和食堂

南方优品打造了专注于产销对接的消费帮扶采购平台，为帮扶产品建立长期、稳定、可持续的销售渠道“南方优品消费协作馆”，自广东省总工会与广东省乡村振兴局首次发文推动消费帮扶工作以来，“南方优品消费协作馆”已多次被列入省级及各市级单位官方消费帮扶平台行列。

“南方优品消费协作馆”根据企事业单位对口帮扶不同区域的个性化需求，聚合了广东、贵州、广西、新疆、西藏等省（自治区）内外种养基地、生产厂家和经销商等优质供应商，提供粮油米面、山珍干货、肉禽蛋类等帮扶产品超过2万种，产品经

南方优品消费协作馆单位福利团购订单

图片来源：南方报业传媒集团供图。

过县、区级以上有帮扶产品资质认定的单位认证，最大化满足各企事业单位对口消费帮扶的个性化采购需求。

目前，南方优品已与省税务系统、广州地铁、广汽集团、广州水投集团、深圳市公安局等近600家单位达成合作。2023年，广州燃气集团通过南方优品采购帮扶农产品614万元，北京大学深圳医院工会委员会采购帮扶农产品477万元，南方报业传媒集团采购帮扶农产品360万元。

四、践行国企担当和社会责任，加快推动脱贫地区打造区域公共品牌

在助力乡村振兴工作的同时，南方优品认真践行国企担当和社会责任，坚持“聚焦重点、统筹兼顾、政府引导、市场主导、创新方式、共享共赢”，充分发挥平台资源和供应链优势，持续开展消费帮扶集中行动，积极参与深化东西部协作和定点帮扶，加快推动脱贫地区打造区域公共品牌，为广东省及协作地区农户实现持续增收、推动乡村振兴作出积极贡献。2023年，南方优品促进广东肇庆四会大沙镇大

沙渔产业规划制定，帮助当地招商引资，以“强产业供给，树品牌提效益”为目的，打造“大沙渔”区域公用品牌服务，壮大品牌主体，促进渠道对接，强化营销推广。

在推动脱贫地区打造区域公共品牌的同时，提升了优质销量，唤醒当地村民主动脱贫奔小康的意愿。例如，积极参与因疫情严重滞销的新疆帕乡基地生产的海水稻实现700吨的销售，有效解决海水稻滞销问题。

南方优品秉持强烈的社会责任理念，不仅关注经济效益，更注重对当地社区和环境的可持续发展。未来，南方优品将继续深化与政府、企业和社会组织的合作，通过更广泛的渠道和方式推动消费帮扶事业的发展。同时，南方优品也将不断探索创新模式和可持续的发展策略，为脱贫地区和农村地区的经济发展注入更多活力。

创新帮扶产销“进机关”平台
便捷销售模式打通消费帮扶“最后一公里”*

案例单位：广西壮族自治区机关事务管理局

广西壮族自治区机关事务管理局深入贯彻落实习近平总书记关于全面推进乡村振兴的重要指示精神，致力于打通消费帮扶的“最后一公里”，持续推进消费帮扶进机关。通过创新消费帮扶举措，搭建帮扶服务平台，推动机关食堂和多家农产品企业携手共进，构筑起“从农田到餐桌”的绿色通道，在满足广大机关干部职工采购需求的同时，为持续推进消费帮扶助力乡村振兴、大力提振服务业发展贡献积极力量。2021年9月以来，共发动46家区直机关企事业单位开展消费帮扶系列活动，切实解决农产品“销售难”问题，消费帮扶工作成效显著，多次获国家级和自治区级主流媒体宣传报道。

一、精准“对接”，实现帮扶产销“进食堂、上餐桌”

推动帮扶地区农产品与机关食堂“精准”对接，通过前期调研、摸底、走访、召开座谈交流会等方式，详细掌握帮扶地区农牧业现状、特色产业、农产品供应等情况。充分利用机关后勤服务“阵地”优势，聚焦解决农产品销售痛点、难点和堵点，建立区直机关食堂与脱贫地区全方位的采购通道关系，推动帮扶地区农产品与机关食堂“精准”对接。协调广西农投集团、广西旅发供应链公司、广西明园产业集团等企业与定点帮扶村建立长期购销运营关系，构建稳定、持续、便捷的帮扶农产

* 推荐单位：广西壮族自治区发展改革委。

品产销对接服务机制，组织机关食堂批量采购帮扶产品，累计帮扶67个县9万多户农村家庭增收创收。

为了使农产品“走进”干部职工的心里，率先在机关食堂开设帮扶菜肴爱心专窗，开展帮扶产品“体验式”展示展销活动，协调组织广西高级人民法院、公安厅、科技厅、生态环境厅、民政厅、统计局等一大批机关单位开展消费帮扶活动，实现帮扶产品“进食堂、上餐桌”，截至目前共开展“农餐对接、消费帮扶助力乡村振兴”主题活动34场、展示展销26场。

二、精心“谋划”，搭建帮扶产销“进机关”平台

为搭建好农产品销售平台，积极落实消费帮扶政策，广西壮族自治区机关事务管理局组建帮扶农产品微信群团购平台，以线上订货、线下提货、生鲜优品团购等形式全方位拓宽消费帮扶渠道，有效地带动了地方农业的稳步增长，工作成效被新华社、人民网、广西日报、广西电视台等媒体多次宣传报道。与广西农投集团、广西三农科技公司等帮扶产品加工、流通企业达成长效帮扶购销合作意向，为乡村农业产业搭建产销“进机关”服务平台，构建产销运营服务体系，为机关单位、企业和农户提供农产品“线上+线下”产销对接服务，让田间地头的农产品直供机关单位，将经过严格检验的乡村蔬菜水果引进机关食堂作为日常烹饪的食材，让广大机关干部职工“零距离”了解和体验帮扶农产品，实现帮扶农产品“进食堂、上餐桌”。

发挥机关办公区公共场所的消费帮扶“宣传阵地作用”，通过张贴宣传海报、LED显示屏播放、摆设机关食堂餐桌展卡和设置帮扶专窗等宣传形式，不定期宣传报道消费帮扶的重要性和相关内容、形式，提高机关办公区广大干部职工对消费帮扶的认识，促进树立消费帮扶观。注重发挥党员干部带头购买乡村农业产品的引领作用，不断扩大消费的影响力和覆盖面，营造“人人自愿、人人主动”参与消费帮扶的良好氛围。

目前，已通过机关后勤消费帮扶平台，引入武鸣沃柑、大化七百弄土鸡、富川脐橙、百色八渡笋、河池寿乡银耳、上林大米等100余种帮扶地区农产品，促销采购达70000余人次，累计助售农副产品约1576万元。

三、精推“便捷”，铺设帮扶产品“无人自助售卖机”

通过“微信扫一扫”打开柜门，选取心仪商品，关门后系统自动扣费“手机动一动”简单操作，即可在无人自助售卖机里快速购买帮扶产品，便捷的购买方式得到了干部职工的一致认可。

近年来，广西壮族自治区机关事务管理局充分运用智能自助售卖机，开创更为便捷高效的帮扶产品销售模式。联合广西农投集团、广西三农科技公司等企业在区直单位免费铺设消费帮扶无人自助售卖机，利用其占地面积较小、安装方便、数据透明等优点，快速网络化布局消费帮扶点，定期组织企业把乡村帮扶产品投放至无人自助售卖机。广大干部职工通过“微信扫一扫”“饭卡刷一刷”的形式在无人自助售卖机里快速购买帮扶产品，推动消费帮扶“无人自助售卖”服务新模式，目前共在 53 家机关单位铺设远程消费帮扶无人自助售卖机 136 组。

同时，在机关办公区率先试点开设“共享（自助）厨房”，设置采用“智能微波炉+智能冰柜+生鲜食品”的模式，将乡村农产品转化为预制菜品，放入共享厨房智能冰柜保质保鲜供应，安排专业公司负责定量配送、定时更换，24 小时开放共享厨房，干部职工通过“傻瓜式”的自助形式灵活使用共享厨房内的所有设备设施，有效解决了机关办公区广大干部职工夜晚、周末及节假日加班等期间的用餐问题。

有效发挥桥梁纽带作用 以"工"促农助力乡村振兴*

案例单位：海南省总工会

海南省总工会积极发挥工会组织优势及工会会员体量优势，整合各方资源，打造工会消费帮扶平台，团结引领全省广大职工和会员线上线下相结合开展消费帮扶，助力乡村振兴，促进消费复苏，提升职工生活品质。近3年来累计带动消费帮扶超过2000万元。

一、"互联网+"智慧工会服务平台赋能消费帮扶

"海南工会云"App平台是海南"智慧工会"建设的核心。按照"标准化、规范化、透明化、模块化、便捷化、普惠化和智能化"的要求，依托海南省政务云，搭建了海南基层工会组织及会员信息数据库，对全省工会组织和会员进行动态管理，为平台各项职工服务工作提供了强大数据支撑。目前共采集基层工会组织信息库14276家，采集工会会员实名制信息库134.43万余人。自平台上线以来，海南省总工会紧贴工会工作实际，紧扣职工需求，从经费保障、组织协调、宣传引导等方面，不断丰富平台服务功能，开展多场景服务应用，有效增强了工会会员使用平台的活跃度和体验感。累计投入资金超过6240万元，开展交通出行、文娱教育、生活消费等多领域普惠活动618场次，活动参与超过978万人次，惠及178万人次。2020年至2023年，"海南工会云"App连续4年被中央网信办、全国总工会联合评

* 推荐单位：海南省发展改革委。

为“互联网+工会普惠服务省级十佳平台”。

2022 年 11 月，海南省总工会联合海南省乡村振兴局印发《关于推荐乡村振兴产品进驻海南工会消费帮扶活动平台的通知》，决定依托“海南工会云”App 建立海南工会消费帮扶平台，并择优选用一批规模效应明显、价格实惠、口碑良好的本地区乡村振兴产品进驻。进驻范围包括海南省内生产、销售的农副产品，冰鲜类水产品、海鲜干货，以省农产品为原料的加工产品（如椰子汁、椰子油、椰子壳厨具等），共享农庄、涉农景点景区、乡村旅游点、乡村民宿、农家乐等产品。截至 2023 年年底，经市县总工会、乡村振兴局联合推荐，共有 81 家合作商户、281 款乡村振兴产品进驻海南工会消费帮扶平台。

二、强化政策支撑引领，为工会消费帮扶提供坚强保障

2022 年 8 月，海南省总工会出台《关于加大工会经费投入助力疫情防控与经济社会发展的若干措施》，要求各级工会用好工会经费，加大消费帮扶力度，促进消费复苏，进一步普惠职工。一是省总工会本级及市县（区）总工会参照同级财政规定比例，除在做好工会机关食堂、所属宾馆、酒店等企事业单位同等条件下优先采购脱贫地区产品外，按照不低于本单位食堂食材采购额 10%的比例预留，以采购脱贫地区农产品。二是增加向全体会员发放节日慰问品的经费额度，用于购买消费帮扶产品，2022—2023 年每年不超过 500 元/人，可在海南工会云、海南乡村振兴网等定点消费帮扶平台进行购买乡村振兴产品。额度须在当年使用完毕，在当年拨缴经费收入或历年结余中开支。

2023 年 12 月，海南省总工会再次修订《海南省基层工会经费收支管理办法》，将基层工会会员年节慰问品经费总额由 1500 元提高到不超过 2000 元，单次由不超过 500 元提高到不超过 800 元，并规定其中年度总额中的 500 元用于开展消费帮扶，购买脱贫地区农副产品。此政策预计每年将带动各级工会组织消费帮扶超过 3000 万元。

三、以点带面，组织动员广大基层工会和职工消费帮扶

每年春节、端午、中秋等传统节日期间是各基层工会慰问活动采购和工会会员

自购需求的高峰期，海南省总工会依托海南工会消费帮扶平台，一方面开展节日专场集采产品推介宣传活动，引导基层工会进行B端集采消费帮扶，累计带动海口海关、南方电网海南公司、省人民医院等大型单位先后在平台集采超过100万元消费帮扶产品；另一方面开展节日专场会员团购活动，通过发放5—6折不等的工会补贴消费券，引导全省130多万名工会会员进行C端自购消费帮扶。2023年，省总工会发放250万元消费券开展6场会员团购活动，带动消费帮扶673万元。在省总工会积极带动下，各市县总工会在平台同步开展40场“职工接龙　携手兴农”消费帮扶团购活动，带动消费帮扶636万元。

四、强化社会效应，探索推行“公益+消费帮扶”模式

“城市困难职工救助”项目是海南省慈善总会、海南省总工会于2020年起共同发起的，对因自然灾害、突发事件等原因暂时陷入困境的城市困难职工给予救助的重要公益活动。截至2023年12月，该项目线上线下共筹集善款600万余元。省总工会将该项目作为巩固拓展城市困难职工解困脱困成果、提升职工生活品质的重要途径，除了每年协同省慈善总会优质高效开展好“99公益日”活动募集善款外，还将专场会员团购消费帮扶活动与公益项目筹款紧密结合起来，邀约参加活动合作商户一起做“工”益，按照活动销售金额的4%在“99公益日”期间定向捐赠给“城市困难职工救助”项目，推动项目筹款常态化。在助力乡村振兴的同时，又帮助困难职工解困脱困，形成良性循环，强化社会效应。

下一步，海南省总工会将按照《关于继续大力实施消费帮扶巩固拓展脱贫攻坚成果的指导意见》和海南省委、省政府要求，深入实施工会消费帮扶行动，进一步助力乡村振兴事业发展。

“乡村有好物·渝快助振兴”直播带货活动*

案例单位:重庆农村商业银行

重庆农村商业银行充分发挥金融企业服务优势,通过消费帮扶促进脱贫地区特色产业提质增效,创新“银行+互联网+消费者”的消费帮扶模式。

一、做好消费帮扶的工作亮点

(一) 多方融合,协同发力

一是该活动在重庆银保监局和重庆市乡村振兴局的指导下,总行和分支行协同联动,并得到当地政府和相关部门的支持、重视。

二是搭建直播平台,重点与当地涉农企业或农户、小微企业、非遗特色企业等合作,通过互联网赋能,拓宽企业的销售渠道,提升品牌影响力,助力企业发展。

三是通过直播展现了重庆各地农特产品,为观众介绍乡村好物、非遗佳品、人文艺术与自然风光,实现“银政企”“农文旅”相融合。通过金融拉动消费,服务于全市多领域、多产业,切实做到惠民利民,促进经济社会高质量发展。

(二) 金融助力,消费升级

直播活动通过“商户让利+金融补贴”的方式,绕过传统中间商,在厂商折扣价

* 推荐单位:重庆市发展改革委。

的基础上，根据市场情况进行金融补贴配置，实现商品直播间价格与市场价相比更具吸引力，让消费者享受到更多超值优惠。同时推出“一元秒杀”“惊喜抽奖”“互动有礼”等环节，直播活动中多款商品上架便被秒抢，直播间人气满满，观众购买热情高涨。通过金融助力实现精准帮扶，践行了乡村振兴的初心使命。

（三）走进乡间，助力振兴

该活动不光在演播室内进行火热销售，同时也主动下沉基层，将直播间搬到沙磁文化发源地——沙坪坝磁器口古镇、时代楷模精神源头——巫山下庄村、乡村振兴“三变改革”示范点——巫溪通城镇、乡村旅游发展示范点——武隆仙女山、乡村振兴重点帮扶乡镇——花田乡等地，并邀请到全国脱贫攻坚楷模、时代楷模、感动中国年度人物，下庄村党支部书记、村委会主任毛相林同志，以及市、区县多位乡村振兴局、农业农村委等部门负责同志参与活动并担任嘉宾，为当地特色带货助力。直播间不仅向观众展示了大美风景和历史文化，同时也推荐当地“土特产”，扩大销路。

（四）纾困解难，服务于农

通过直播流量，搭建起一条无形的产销通道，让农户商户直接与市场对话，让广大消费者看到源头产地，真正消除助农产品因各种困难难以走出原产地的问题。黔江区太极乡李子村二组通过流转农田及土地，吸引企业在当地开设 200 亩水产养殖场，主要产出大闸蟹、鲤鱼、草鱼、花鲶等。其中，大闸蟹取得中国食品发展中心的 A 级绿色食品认证，被认定为绿色食品，品质优良，但由于渠道、平台等多种问题，出现了销售困难的情况。重庆农村商业银行得知后，将大闸蟹纳入直播带货活动，通过平台推广宣传，原本面临滞销损坏的大闸蟹不光没有低价处理，更是在重庆农村商业银行的优惠补贴下，实现农户原价售卖，而消费者则获得质优实惠的好产品。通过直播活动及后续客户维护集中采购，共帮助当地销售大闸蟹达 20 余万元，直播带货活动有效解决了当地农户的燃眉之急，切实践行助农振兴的金融使命。

（五）直播延伸，电商赋能

随着直播活动影响力的不断扩大，重庆农村商业银行依托手机银行 App“渝快生活”商城体系，成功开设“乡村有好物—线上专营店”，将直播好物、乡村特产上架到线上店持续销售,将直播延伸到了常态化的电商赋能,为乡村振兴注入金融活水和数字流量。并通过派发线上权益券吸引客户前往购物,推动乡村好物销售,提升消费。

(六)品牌打造,提质增效

一是成功打造“乡村有好物·渝快助振兴”直播活动品牌。2023 年 11 月,重庆农村商业银行受邀参加由重庆市乡村振兴局牵头主办的“重庆甄选·礼见京鲁”渝货进京暨消费帮扶展销对接活动,首次走出重庆赴北京进行现场直播带货,向北京乃至全国消费者推广重庆“土特产”,这也是“乡村有好物·渝快助振兴”助农直播带货品牌得到广泛认可的标志。重庆驻京办主要负责同志到重庆农村商业银行直播间进行现场参观,听取工作人员介绍助农直播活动品牌及乡村振兴、消费帮扶举措,给予了高度肯定。该场直播首次采用“走播”的形式,带领观众体验“云逛展会”,是一次积极的创新与突破,好评如潮。

二是通过直播活动成功培育了优质“土特产”的品牌力。来自乡野田间的“土特产”,一头连着农民就业增收,一头连着人民对美好生活的需求。通过直播带货桥梁,推荐的“土特产”销量显著提高,为农户打开了销路,推动产品走向大市场,如铜梁的“泡椒凤爪”、酉阳的“花田贡米”、巴南的“木洞油酥鸭”、巫溪的“冬桃”等,之前品牌知名度主要在本区域,现通过直播带货,已火遍重庆,正走向全国。

二、积极探索创新发展模式

作为农村金融机构,重庆农村商业银行坚定立足支农为农惠农,在巩固前期金融助力乡村振兴成果的基础上,打破传统思维与模式,积极探索创新,持续打造“乡村有好物·渝快助振兴”直播活动品牌,加大对特色涉农产业及农户的扶持力度,为客户、商户、农户、企业等提供更有温度、更有速度、更有力度的优质服务,在助力全面推进乡村振兴的道路上持续贡献更大的金融力量。

“校农结合”闯新路　产教融合添动能*

案例单位：贵州省教育厅

贵州省教育厅搭建一个“校农结合”大数据综合管理调度平台，成立一个“校农结合”乡村振兴高校帮扶联盟，打造一批产学研示范基地以及“校农结合”品牌示范乡村和农产品，开设一批“校农结合”产品体验馆；全力实施“校农结合”党建引领、消费帮扶、人才培养、品牌建设、产教融合“五大行动”的“大校农结合格局”模式。

2023年，贵州省教育厅在国家“832平台”采购脱贫地区农产品突破4000万元。

一、主要做法

一是坚持统筹协调，推进党建引领行动，助推组织振兴。加强党对“校农结合”工作的全面领导，坚持“五级书记”协同推进，健全省教育厅牵头，市（州）、县（市、区）教育部门和高校抓落实的“校农结合”机制，充分调动各方力量、整合各种资源，形成多方合力推进“校农结合”工作的良好局面。

二是坚持创新引领，推进人才培养行动，助推人才振兴。支持涉农的本科高校、职业院校围绕乡村振兴人才需求，打造一批线上线下精品课程，鼓励涉农本科高校建设一批农林专业“金专”。通过“校农结合”助力乡村振兴实践案例融入思政课教学成果展和全省普通高校“校农结合”助推乡村振兴开新局专题培训班，把课堂教学和实践教学有机结合，开创特色鲜明的“三全育人”大思政新局面。

三是坚持典型引路，推进品牌建设行动，助推文化振兴。积极开展“校农结

* 推荐单位：贵州省发展改革委。

合”相关试点，支持黔南民族师范学院“校农、校企、校政、校园（区）、校产（业）、校网（络）、校校、校才”八结合工作模式。举办“青春黔行 · 黔货出山”农产品品牌包装设计大赛，以提升贵州省农特产品标准化、规模化、品牌化水平。在2023年中国—东盟教育交流周开幕期成功举办校农、校工、校旅结合成果展，得到高度肯定和一致好评。

四是坚持效益优先，推进产教融合行动，助推生态振兴。紧扣现代山地特色高效农业、贵州12个农业产业和生态特色食品产业，优化本科院校和高职院校的学科专业结构，推动实现高等教育内涵式发展与地方经济社会发展需求紧密结合。以服务建设美丽宜居村庄为导向，支持高校对农村垃圾、污水治理和村容村貌提升等问题开展课题研究，助推农村人居环境质量全面提升。

五是坚持服务导向，推进消费帮扶行动，助推产业振兴。以学生营养餐农产品消费需求为重点，充分调动各级各类学校消费帮扶积极性，加大对脱贫地区农产品采购力度；积极搭建“校农结合”大数据综合管理平台，通过大数据平台实现对全省学校采购农产品情况的溯源、审核和监管。

二、经验启示

（一）必须坚持以人民为中心发展教育，以教育之力厚植人民幸福之本

“校农结合”是贵州教育系统坚持以人民为中心发展教育，始终站稳人民立场，厚植为民情怀，把实现好、维护好、发展好最广大人民根本利益作为教育工作的出发点和落脚点的生动体现。面向新农业、新乡村、新农民、新生态，我们从人民群众实际需求出发，充分发挥优势学科特色，优化涉农学科专业结构，推进农林教育供给侧改革，开辟发展新领域新赛道，不断塑造发展新动能新优势，有效改善了脱贫地区农村生产生活水平，提升了农民生活质量，推动教育事业实现了高质量发展。

（二）必须坚持守正创新，使教育同贵州经济社会发展要求相适应、同人民群众期待相契合

实施“校农结合”是新时代助推产业革命、全面推进乡村振兴战略和学校服务

地方经济社会发展的创新举措，通过创新产销对接方式，创新组织模式，创新政产学研合作模式，加强产教融合创新，完善评价体系，针对“校农结合”工作中的重大科学问题和关键核心技术集中攻关，不仅充分发挥高校和科研院所在乡村振兴战略实施中的科技创新策源地作用，而且将全省各级各类学校食堂这一稳定而庞大的消费市场与贵州省农业产业发展有机对接起来，提高了学生用餐食品的安全、品质和营养，有效引导教育智力资源到乡村振兴一线，乡村农业质量效益和竞争力明显提升，现代乡村产业体系建设取得明显进展。

（三）必须坚持以问题为导向，持续巩固脱贫攻坚成果，全力推进乡村振兴

乡村振兴是一场攻坚战，更是一场持久战；是当前国家的重要战略之一，更是当前最大的民生工程。围绕贵州省乡村振兴战略，贵州省教育系统充分发挥教育人才资源优势和学校农业产品供给、就业增收、生态屏障、文化传承等功能，探索富有贵州教育特点的乡村振兴道路，深入推进农业供给侧结构性改革，拓展教育服务贵州乡村振兴举措，全力实施“校农结合”党建引领、消费帮扶、人才培养、品牌建设、产教融合“五大行动”的“大校农结合格局”模式，全面推进贵州的乡村产业、人才、文化、生态、组织振兴，为实现贵州乡村振兴开新局打下坚实基础。

（四）必须坚持系统观念，统筹推进“校农结合”与乡村振兴有效衔接

“校农结合”是一项系统工程，我们始终以党建为引领，坚持统筹协调，统筹“校农结合”五大行动，“校农结合”和乡村振兴，“校农结合”和教育事业之间的关系。同时，围绕“四新”主攻“四化”，将“校农结合”的工作思路、工作机制向“校工结合”“校旅结合”拓展，在中国式现代化教育道路上建教育奋进之功。

念好“五字诀”
做好“土特产”销售文章*

案例单位：昆明市供销社

近年来，昆明市供销社聚焦服务“三农”主业，抓实“土特产”商品化生产、货源整合、宣传推介、拓展渠道、培育人才等关键环节，全力做好“土特产”销售文章，参与消费帮扶，助力乡村产业振兴。2023 年 1 月至 11 月，昆明市供销社系统完成农副产品电商销售额 3.7 亿元；“832 平台”销售额累计完成 10019.7 万元，其中 2023 年销售额 3869.7 万元。

一、念好“引”字诀，提升“土特产”商品转化率

昆明市供销社紧抓创建农副产品“三品一标”的“牛鼻子”，把引领创建农副产品“三品一标”作为农民合作社示范社创建重点，纳入昆明市持续深化供销合作社综合改革制度文件中，细化“三品一标”创建扶持举措，将创建“三品一标”农副产品作为工会慰问品集中采购配送的基础性条件，推动农民合作社示范社注册升级为农业企业，发挥农民合作社组织生产和农业企业对接市场的“双向驱动”作用，以完善的扶持措施和稳定的销售订单，持续提升昆明市“土特产”商品转化率。2022 年以来，昆明市供销社系统引导农民合作社、社有企业新增创建“三品一标”产品品牌 28 个；宜良县培育 15 个区域农副产品品牌进入工会慰问品采购配送中心，销售本地农副产品 516.8 万元；安宁市引领 47 家农民合作社升级为农业企业，

* 推荐单位：云南省发展改革委。

新增“三品一标”农副产品3种。

二、念好“统”字诀，强化“土特产”集采集配

昆明市供销社从整合全市“土特产”产品货源入手，加强产地乡镇（街道）与县（市）区供销社的协调联动，通过全资控股、引入社会资本合作等方式，组建供销社“土特产”选品和销售企业，逐户走访摸清“土特产”品质、产能、市场销售定位等情况，对独具特色、有一定市场竞争力的“土特产”进行选品整合。发挥供销社农产品销售品牌优势，在昆明主城区开设供销社“土特产”销售门店，向一线城市“土特产”销售中心进行推介，推动农副产品“产”“供”“销”一体化。宜良县供销社在县委、县政府支持下，以“两办”名义印发《宜良县工会节日慰问品供应工作方案》，将全县机关企事业单位7个工会福利节日慰问品采购供应交由县供销社统一实施集采集配，以搭建工会福利采购供应平台为抓手，用好用活政府采购政策，优先选购区域特色农副产品和“832平台”入驻供应商产品，做好消费帮扶工作。2022年以来，昆明市供销社系统整合农副产品生产主体46家，“土特产”选品376个，开设供销“土特产”销售中心（直营店）8个，昆明市6家企业34种“土特产”进入上海市松江区农产品销售中心等4家一线城市企业销售。

三、念好“推”字诀，扩大“土特产”品牌知名度

昆明市供销社突出抓好“土特产”展会经济，定期举办“土特产”专场推介展销会，邀请市级行政中心各单位工会主席出席参观，邀请市民共品时令“土特产”。利用“消博会”和“餐博会”等展会平台，通过补助展位搭建费和场地租用费用等方式，牵头组织农民合作社和农业企业参展，并“借船出海”宣传推介昆明市“土特产”。瞄准一线城市品牌生鲜农副产品销售企业，主动拜访推介，合作共建高原特色农副产品生产基地和产地仓库，“以销促产”推动昆明市“土特产”走出去。2023年以来，昆明市供销社在市级行政中心、昆明饭店等地牵头举办“土特产”推介展销会3场次，70余家生产主体现场展销农副产品146.3万元，组织24家农民合作社、农业企业参展“消博会”等展会4场次，拜访对接“明康汇”“麦德龙”等知名销

售企业6家,签订农产品销售合作协议3份。

四、念好“拓”字诀,提高“土特产”市场竞争力

昆明市供销社加强与螺蛳湾等大型商圈对接联系,以供销社农产品销售体系为依托,以特色商贸文旅融合为载体,谋划培育云南高原优质特色农副产品交易集散中心,吸引全省“土特产”生产主体入驻展销,“一站式”提供云南“土特产”选购体验服务。主动运用电商直播新业态,出台《加快推进供销电子商务发展助推乡村振兴的实施意见》,细化农副产品电商销售3年行动计划,完善激励扶持举措,群策群力打通农副产品电商上行渠道。建设运营好农副产品电商销售平台,用心用情服务好“832平台”,在“抖音”等平台开设供销“土特产”网店,办好供销社区团购群,“一键畅买”把“土特产”送到社区居民手中。2023年1月至11月,昆明市供销社系统完成农副产品电商销售额3.7亿元,同比增长64.7%;“832平台”销售额累计完成10019.7万元,其中2023年销售额3869.7万元,同比上年增长8.5%。新增供销社电商公司3家,运营社区农产品团购群4个,仅市级行政中心“土特产”团购群就服务干部职工800余人。

五、念好“育”字诀,建强“土特产”营销队伍

昆明市供销社把“土特产”营销人才队伍的培育作为促进昆明市农副产品销售的“重头戏”,持续抓好农产品经纪人培训,连续组织培训机构开展农产品“快供快销”专业培训,近3年来培训农产品经纪人62期5885人。试行“股权引才”激励机制,在新组建的供销社电商公司中,以固定比例的农副产品销售利润,吸引网络直播达人等加入供销社电商公司,培育供销电商直播专业团队,增强“土特产”网络营销竞争力。加强农副产品电商营销人才选拔培育,拓宽“土特产”营销人才“进口”,会同昆明学院举办首届“大学生网红乡村CEO”供销“土特产”电商直播大赛,407名大学生、153支团队参与大赛“选才”,遴选10支“土特产”优秀主播团队,为昆明市“土特产”电商直播储备了专业人才队伍。

抖音"甘肃 DOU 是好风光"活动 帮销助农 提升消费帮扶工作实效*

案例单位：字节跳动有限公司

抖音公益、抖音生活服务联合发起的"甘肃 DOU 是好风光"乡村旅游数字提升行动，以促进乡村旅游产品供需对接为目标，整合甘肃省优质乡村旅游资源和抖音平台能力，通过培训扶持、助销活动、宣传推广、目的地打造等举措，推广乡村旅游新产品、新场景、新体验，助力甘肃乡村旅游持续发展，提升消费帮扶工作时效。活动期间，超 459 个乡村文旅经营主体参与，累计交易额超 1.2 亿元，通过抖音直接带来的乡村游客数量约 69 万人次。

一、开展经营主体公益培训

"甘肃 DOU 是好风光"乡村文旅经营主体公益培训会在兰州举办，兰州市文旅局领导、抖音相关负责人以及 85 名乡村文旅经营主体负责人出席。此次公益培训会面向乡村文旅经营主体，针对其实操运营经验不足、缺少流量等问题，给予相应的理论指导、运营方案、公益流量资源等帮助。

二、实施文旅产品助销活动

"甘肃 DOU 是好风光"结合甘肃文旅资源特点，面向甘肃全域乡村地区开展

* 推荐单位：甘肃省发展改革委。

“短视频+直播+产品销售”的营销活动。抖音为各类乡村文旅经营主体提供绿色通道服务，由专人支持平台入驻、商品上线、经营咨询。

“甘肃 DOU 是好风光”通过整合全省文旅商家、达人优质直播场次，以风光类沉浸式直播、专业团品直播等方式，为用户呈现不同特色的乡村文旅场景，宣传推介乡村旅游民宿、酒店、景区景点、休闲体验等特色乡村旅游产品和线路，吸引广大游客走进乡村，体验乡村文化生活，促进乡村旅游消费。营销活动期间，累计帮扶酒店、民宿、景区景点等各类乡村文旅经营主体 320 个，覆盖全省 14 个地市 62 个区县，总交易额超 4000 万元。

三、持续帮扶经营主体成长

针对甘肃景区、景点、民宿、酒店等类型的中小微乡村文旅经营主体，抖音分层次、分阶段、分领域给予流量扶持，充分挖掘乡村文旅经营主体潜力，用市场的手段引导商家优化营销策略，用公益的方法降低商家营销成本，帮助商家实现经营能力的跃迁，激发乡村商家的市场主体活力，增加更多就业机会，从而发挥文旅产业的综合带动作用，释放“一业兴、百业旺”的乘数效应，更好地服务社会经济发展。累计扶持各类乡村文旅经营主体 139 个，其中有 102 个经营主体实现经营能力跃迁，总交易额约 8000 万元。

四、宣传推广乡村文旅资源

以甘肃自然地理和人文景观空间分布为依托，结合抖音数字新媒体平台的特点，发起“甘肃 DOU 是好风光”线上宣传推广活动，鼓励话题投稿，支持经营主体、内容创作者通过短视频、直播等形式，全面展示甘肃乡村旅游资源。

（一）1 个抖音话题

在线上搭建“甘肃 DOU 是好风光”抖音话题，发起话题挑战赛和热点活动，用短视频的方式全面立体展示甘肃乡村旅游产品、线路、文化、生态等内容。

抖音为优质短视频内容提供流量支持，达成良好传播效果。截至 2023 年年底，“甘肃 DOU 是好风光”抖音话题投稿量超 8300 篇，话题播放量超 4.4 亿次。

（二）1 批内容达人

项目联动抖音头部达人（总粉丝量超过 5000 万）为甘肃“代言”。同时配合省厅官方抖音账号和抖音官方媒体账号，借助头部达人影响力，增加话题投稿效果，实现线上“种草”引流线下体验，扩大项目传播面。其中，部分抖音头部达人作为甘肃项目路线体验官，用短视频带游客到敦煌、扎尕那等多个目的地，拍摄宣传海报大片，用丰富的视频内容及新奇的视角展示大美甘肃。

（三）1 组热点打造

结合甘肃乡村特色，通过定向邀约抖音头部达人投稿，在抖音平台打造了 8 个热点话题，在为甘肃带来更多曝光的同时，也吸引带动众多抖音用户前往甘肃乡村旅游打卡。

抖音宣传推广甘肃乡村旅游资源

图片来源：字节跳动有限公司供图。

五、助力乡村旅游目的地“出圈成名”

综合考虑产业基础、地理区位、用户偏好等因素，围绕“建设四大文化旅游经济区”的工作要求，“甘肃 DOU 是好风光”集中资源助力甘南、陇南打造乡村旅游目的地。

（一）陇南文化体验目的地

结合甘肃陇南乞巧女儿节，项目组联合中国铁路兰州局集团，开展“乞巧故乡水，七夕陇南行”乡村旅游专列系列活动。在兰州—陇南“南环线”列车上，组织车厢乘客“唱巧”、开展抖音达人探访推荐、特色文旅线路售卖等活动，传播陇南乞巧节的秦人古老遗风，展示陇南独特的文化名片。抖音针对民俗文化传播、特色商品销售提供公益流量扶持，吸引更多游客走进陇南体验特色民俗，助力乞巧文化与旅游深度融合，打造陇南文化旅游体验目的地。

（二）甘南扎尕那乡村旅游目的地

结合甘南绚丽民族风特色，项目组在甘南扎尕那打造乡村旅游目的地。抖音通过头部达人探访拍摄、视频内容传播、线上线下培训、专人跟踪扶持、流量资源倾斜等方式，增强扎尕那民宿商家的旅游接待能力和服务能力，整体提升了扎尕那乡村旅游目的地的热度，展示了甘南藏区秀丽奇幻的风光。

六、经验总结

2023 年，乡村旅游消费持续恢复。“甘肃 DOU 是好风光”在暑期、“双十一”、“双十二”等重要营销节点，通过短视频宣传“种草”、抖音达人直播带货、应季品类大促、公益流量扶持等方式，提升了甘肃乡村文旅资源在抖音上的曝光度，特色乡村文旅产品通过短视频、直播等途径精准直达特定消费群体，有效挖掘了消费潜力，实现乡村文旅资源从“种草”到消费的交易闭环，最终促成甘肃乡村旅游经营主体交易额突破 1. 2 亿元，展示了短视频直播平台对激发甘肃乡村旅游巨大消费潜力的积极作用。

2024 年，抖音将继续坚持走创新引领的乡村旅游发展之路，持续开展系列活动，加大资源投入，推动经营主体数字化转型升级，用数字新媒体的力量帮销助农，提升消费帮扶工作实效，促进消费持续恢复，为乡村旅游目的地“出圈成名”贡献抖音力量。

发挥龙头企业“联农、带农、益农”作用促进林果产业提质增效*

案例单位：新疆阿拉尔聚天红果业有限责任公司

新疆阿拉尔聚天红果业有限责任公司（以下简称“聚天红果业公司”）依托本地红枣资源优势，发挥龙头企业带动作用，以“订单农业”为抓手，联合举办农机农资展销会，依托“台阿年货节”，搭上“疆果东送”快车。农机农资展销会交易额达3000余万元。

一、以“订单农业”为抓手，构建“龙头企业+合作社+职工”的利益联结机制

一是为了带动本地红枣产业合作社（企业）、枣农增收致富，聚天红果业公司自2021年起，在师市红枣主栽区团镇重点实施红枣“订单农业”项目，带动师市500户枣农、5家红枣加工合作社（企业）增收，种植收购环节提供2万人次劳务用工，加工销售环节提供就业岗位200个以上；2023年在师市红枣主栽区团镇与农户签订红枣“订单农业”4万余亩，带动师市600户枣农增收，通过“订单农业”“期货+保险”等多种方式，筑牢“龙头企业+合作社+职工”的利益联结机制，帮助果农抵抗市场价格波动的风险。

二是通过创新商业模式，与银行机构合作，开展“仓单质押”业务，为师市红枣加工厂（合作社）灵活提供资金，缓解了“资金难”的问题，带动师市红枣加工企业

* 推荐单位：新疆生产建设兵团发展改革委。

（合作社）提升收购能力。

三是发挥红枣期货交割库资源优势，通过提供红枣期货仓单注册交割服务，增强师市红枣加工企业（合作社）的收购意愿和经营水平，营造建设师市红枣产业生态体系高质量健康发展环境。

四是加大加工设备升级改造力度，提升红枣就地加工转化率。通过红枣加工设备不断升级改造，红枣品质不断提高，红枣收购加工量快速增长，日加工量可达300吨，全年加工量可达5万余吨，100%实现就地加工，加工环节提供就业岗位400个以上。

五是2021年第一师阿拉尔市出台《第一师阿拉尔市促进农产品（红枣）流通专项资金补贴办法》，该奖补资金为师市本级财政资金，每年配套1500万—2000万元，对红枣从规模采购及就地加工、集中交易、“塔里木河”区域公共品牌应用推广方面进行政策支持，促进了师市农产品规模化销售，增强了师市农产品市场竞争力。

二、联合举办农机农资展销会，助推师市现代农业发展

为更好贯彻落实兵团及师市有关“三农”工作和乡村振兴战略的一系列决策部署，聚天红果业公司充分发挥所属南疆果品交易市场及聚天红物流园的平台优势，联合第一师供销（集团）有限公司主办了第一师阿拉尔市首届农机农资展销会，60余家农机农资企业参展，吸纳餐饮小吃、水果经销商等20余户，参展场地1万余平方米。展销会设有农资展区、农机展区、农业技术推广区、金融产品推介区、美食娱乐区等展位100余个，展销会当天农机具实现定机60台、提机15台，交易额达3000余万元；定购农资300余吨50余万元，餐饮小吃、水果经销商等参展商户都收益颇丰。

通过为师市农机农资企业、职工群众搭建更为全面的产需对接、信息交流、融合共享的市场平台，为职工群众搭建优质低价有保障的采购平台，进一步促进师市职工群众增收，展现兵团农业机械现代化水平，助推乡村振兴战略发展。

三、解决农产品销售难题，促进农民增收致富

为了更好地推进鲜果收购业务，公司与果农、专业合作社等合作伙伴建立了紧

密的联系，通过签订合同，确保了稳定的供货来源。公司在水果品种选择上，以市场需求为导向，因地制宜，充分发挥当地资源优势。在水果品质上，公司严格要求，确保消费者能够品尝到新鲜、美味的水果。

在鲜果收购过程中，公司注重水果的品质分级和包装标准化，以提高产品附加值。同时，通过与大型电商平台合作，如深圳鑫荣懋、盒马鲜生等，拓宽销售渠道，提高产品知名度。在物流配送方面，公司采用冷链运输，确保水果新鲜度，提升消费者满意度。

近两年聚天红果业公司与本地果农、专业合作社等开展合作，收购当地当季苹果、香梨、西梅、杏子等各类水果达1100吨以上，帮助更多的果农解决农产品销售问题，带动农民增收致富。

四、依托“台阿年货节”，搭上“疆果东送”快车

聚天红果业公司坚持以创新为动力，以市场为导向，以质量为核心的发展理念，发挥援疆优势，紧紧依托“台阿年货节”，打通新疆阿拉尔和浙江台州市场，公司与师市相关部门通力合作，成功承办了四届“台阿年货节”，通过搭建这一优质平台，为解决优质农产品“出疆贵”“出疆难”问题找到了一条有效途径。通过“台阿年货节”这一平台销售的农产品，已从第一届的300多吨增加到第三届的2200多吨，参与企业20多家，参展单品达100余种，这一成果充分展示了平台的影响力。不仅如此，年货节还拓宽了第一师阿拉尔市优质农产品的销售渠道。与此同时，借助“台阿年货节”这一载体，台阿两地的交流也日益密切。在年货节的推动下，两地间的广泛交往、全面交流、深度交融得到了进一步加强。

东西协作篇

全产业链贯彻落实消费帮扶助力内蒙古乡村振兴发展*

案例单位:京东集团

京东集团发挥线上线下全渠道营销、供应链、物流、科技等方面的优势,消费帮扶助力内蒙古。2023 年,全国在京东平台上销售内蒙古农产品交易总额(商品卖全国)超过 139 亿元。

一、京东"品牌化",加持农副产品上行销量提升

京东以品牌化为核心,改变农业产业长期徘徊于低附加值的现状,提升产品溢价,促进脱贫农民增收。针对内蒙古地区进行专门策划"年货节""京东 6·18"等方案营销,协调京东首页 TOPLOGO、营销日历、热搜榜、搜索直达等重量级专项营销资源支持加持,搭载地域特色会场资源,并进行了黄金位置的曝光打标,多方位提高曝光与销售转化,全面助力内蒙古牛羊肉等农产品销售,提升品牌影响力。

2023 年 9 月农特产购物节活动期间,京东将内蒙古羊肉作为主推的 9 大爆品之一,结合内蒙古羊肉 15 个地标品牌优势,联合内蒙古地方政府、商家、供应链企业开展京东内蒙古羊肉地标旗舰店多店齐开,形成以内蒙古羊肉地标旗舰店矩阵为核心,多企业多品牌在周围的头腰尾多层次商家共振的羊肉产地型商家梯队。

* 推荐单位:中央网信办、北京市发展改革委。

2023 年 7—8 月，京东联合央视导演组分别前往兴安盟科右中旗和锡林郭勒盟苏尼特右旗，围绕当地肉牛和肉羊产业，从地理环境、生产种植、品牌营销、流通等方面以纪录片的方式进行拍摄和传播，12 月相继在央视农业、经济等频道排期播出。纪录片播出后，极大地提升两地产业带农产品的品牌影响力。

二、京东“仓储+物流”，夯实区农副产品流通

京东助力内蒙古自治区物流网络全面升级，持续加快自治区内供应链、快递、冷链等业务的下沉，重点布局农业产业带，创新仓储模式，提升县、乡、村三级物流触达能力和服务时效，推动城乡物流普惠。在仓网建设方面，建筑面积 21 万平方米的智慧物流示范基地——“呼和浩特亚洲一号”已于 2020 年 4 月建成并投入运营，为当地提供了近 2000 个工作岗位，形成以和林格尔新区为核心，辐射带动内蒙古自治区整体区域的物流配送体系，对于降低农产品物流成本、带动当地就业、促进产业可持续发展具有重要意义。

2023 年，京东还与乌兰察布、赤峰、锡林郭勒、呼伦贝尔、包头等地共建京东云仓及数字化仓储设施 7 个，与兴安盟、鄂尔多斯等地共建中转站、应急接驳站/空港备品备件库等仓储设施 3 个，在保障品质安全、减少流通损耗、均衡农畜产品供应、稳定市场价格、提高物流效率等方面发挥了积极作用，极大促进了当地农业产业发展。其中，在北京经开区管委会和巴林右旗政府大力支持下，巴林右旗蒙东物流集配中心（京东云仓）项目已正式投入运营，预计每年可实现牛羊肉冷链鲜冻品交易 6. 5 亿元，跨区域商贸流通交易 3. 1 亿元、物流快递包裹分拨 3000 万件，将充分满足赤峰北部旗县、锡林郭勒盟电商云仓、快递包裹二次集散分拨、冷链仓储转运等综合物流仓储分拨转运服务需求，货物分发时间也将大幅缩减，为促进巴林旗商贸物流业发展和推进全面乡村振兴提供坚实支撑。

此外，从 2023 年 7 月 1 日起，京东物流开通呼和浩特—宿迁、呼和浩特—沈阳、乌海—银川 3 条新干线，并将呼和浩特—北京冷链大班班次由过去的一周两班升级为每日一班。本次升级后，呼和浩特发往全国 140 多个城市的快递快运业务整体提升 1 天时效。

三、京东"标准化",赋能农副产品品质提高

京东在内蒙古自治区采用长期订单模式,与种植/养殖户直接合作,利用京东的信誉为农副产品背书,大幅提高农副产品质量安全水平。在长期订单实施中,通过与当地协会及种植/养殖户共建标准,按照京东高品质要求进行生产,确保从源头上控制产品质量。京东通过原产地长期订单模式,每年采购兴安盟扎赉特旗草原五谷香大米、赤峰翁牛特旗恒都牛羊肉、通辽科尔沁牛羊肉、锡林郭勒盟锡林浩特锡领肴牛羊肉、苏尼特右旗羊肉、巴彦淖尔草原宏宝羊肉、兴安盟科右中旗鸿安肉牛等近 5 亿元。

"京东农特产购物节+消费帮扶　金秋行动"

图片来源:京东集团供图。

2023 年 9 月,按照国家发展改革委"消费帮扶金秋行动"的要求,京东集团结合第二届京东农特产购物节针对"三区三州"专门策划方案营销,搭载地域特色会场资源,将"三区三州"商品植入到年货节的地域特色会场中,并在京东 App 首页对活动进行了黄金位置的曝光打标,全面助力"三区三州"的商品销售。

下一步,京东集团将在国家发展改革委等相关部门以及北京市、内蒙古自治区

等地方政府的指导下，不断开放自身的供应链基础设施和技术，将京东数智化能力及农产品上行服务向内蒙古等消费帮扶地区倾斜，为消费者带来丰富的高质量商品，让当地优质的农产品运得出、卖得好的同时，也带动供应链生态企业降本增效，为推动消费帮扶助力乡村振兴以及区域经济高质量发展贡献力量。

积极作为　主动担当
江苏工会深化开展消费帮扶在行动*

案例单位：江苏省总工会

近年来，江苏省总工会聚焦发展大局、聚焦中心工作、聚焦职工需求，精准发力、认真谋划、精心组织开展消费帮扶工作，以更加集中的力量、更加有效的举措、更加过硬的作风，在助力消费帮扶中贡献工会力量。

一、注重全面推动，凝聚消费帮扶的整体合力

（一）加强领导，做好统筹部署

结合工作职责，研究制定江苏省总工会年度消费帮扶重点工作计划，各设区市总工会结合本地实际，制定相应措施推进消费帮扶工作。充分利用工会组织优势，广泛发动全省各级工会组织和广大工会会员积极投身消费帮扶行动。扎实组织开展"消费帮扶新春行动""消费帮扶助农增收集中行动""消费帮扶金秋行动"等，全力调动各方面的积极性。

（二）源头参与，突出政策引导

江苏省总工会积极转发省对口支援协作合作工作领导小组办公室、省财政厅等部门下发的《关于进一步做好消费帮扶工作的通知》和全国总工会相关文件，制

---

* 推荐单位：全国总工会。

定下发《关于江苏省工会实施消费帮扶、支持对口支援地区两年行动计划的通知》，明确基层工会可在《江苏省总工会关于贯彻落实全国总工会〈基层工会经费收支管理办法〉的实施细则》规定的逢年过节发放慰问品额度以外，每年额外增加500元/人标准用于购买发放本省东西部协作、对口支援地区消费帮扶产品。

（三）大力推介，拓展帮扶宽度

积极传播消费帮扶理念，积极转发消费帮扶信息，宣传推介对口支援协作地区产品，争做消费帮扶的爱心代言人。鼓励各基层工会在开展困难职工慰问等活动以及节假日发放工会职工福利时，按照有关规定同等条件下优先采购对口支援协作地区的农副产品作为慰问品。

二、用好网络平台，架起消费帮扶的数字桥梁

（一）搭建智慧平台，不断扩大消费帮扶影响力

江苏工会App普惠商城作为江苏省总工会数字普惠的官方平台，积极响应关于实施消费帮扶、支持对口支援地区的工作要求，架起消费帮扶产品供需对接桥梁。分别在江苏工会App和微信小程序上，开设“江苏工会消费帮扶专馆”线上平台，现阶段平台在“对口帮扶、消费助农”特色板块的宣传推广以及帮扶成果上已经形成有效的工作合力。截至目前，平台累计注册采购单位3863家，帮助销售新疆、西藏、陕西、青海等东西部84个县区119家企业、合作社的产品共计2.336亿元。

（二）拓展服务渠道，不断优化线上服务体验感

以工会主导、社会参与、赋能企业、惠及职工为基本原则，推动江苏工会消费帮扶工作可持续发展。完成网上商城入驻电商公开征集招标工作，80家单位入驻江苏工会App普惠商城。依托线上平台优势，提供商品自由选购、特惠套餐、指定套餐等多样服务，不断提升购物满意度，帮助对口帮扶地区上架80多项种类1万多件产品，累计吸引11万名会员（含单位工会）参与选购。2023年，江苏工会App普惠商城累计订单总数突破39万单，总访问量近4000万人次，服务职工800多万人次。

（三）强化监管运维，不断提升平台公开透明度

江苏省总工会作为平台监管方，始终坚持公平公正透明的原则，通过公开招标程序确定“消费帮扶专馆”入围商家，公布管理运行规则以及各入驻商家的投标承诺，接受广大会员群众监督。建立动态管理机制，对遵守规则和承诺的商家给予肯定和支持，对违反规则和承诺的商家将依规给予处理直至取消相关资格，形成良性竞争机制。

三、合理统筹资源，构建消费帮扶的框架格局

（一）实施产业帮扶，打开消费帮扶新局

产业帮扶是谋长远之策，只有提高产品供应链稳定性和竞争力，确保产品可靠、途径安全，才能让好产品走上好销路，让消费旺带动产业兴。泰州市总工会会同泰州广电传媒集团（台）与拉萨市当雄县、拉萨市商务局等，合作推出“泰有引力”7100 念青唐古拉山冰川弱碱性水产业援藏专项项目，授人以“渔”、打造产业振兴源头活水，推动可持续消费帮促，以实际行动践行产业帮扶、消费帮扶和文化帮扶。

（二）实施人才帮扶，把握消费帮扶大局

2023 年以来，江苏省总工会先后开展新疆、青海等受援地工会干部来苏专题培训，共 6 批次 177 人。组织农业、林业、畜牧、水产等行业方面的技术专家型劳模先进人物，搭建培训、实训、实习平台，开展特色种植养殖等实用技术培训和交流活动，推广先进技术。指导各地工会打造“劳模直播带货”平台，鼓励劳模为家乡代言、为特色农产品推广，实现线上线下互联互通，积极推销产品，助力消费帮扶。

（三）实施机制帮扶，谋划消费帮扶布局

江苏省总工会始终坚持“输血”与“造血”、对口支援与双向协作相结合的机制推动消费帮扶工作深入开展。2023 年，签订了促进伊犁薰衣草产业高质量发展战略合作框架协议，开展了江苏工会 App 商城“伊犁馆”上线活动，协助推动新疆克

州“阿合奇冰川羔羊”品牌推介，召开了2023“藏品入苏”拉萨好物推荐会。认真对照《江苏省东西部协作2023年重点工作任务清单》“文旅资源共享工程”关于组织江苏省劳动模范和先进工作者到对口支援协作地区疗养的有关要求，省总工会组织100名省部级以上劳动模范，各设区市总工会组织632名市级劳动模范赴甘肃、陕西、新疆开展疗休养活动，接收7个批次200余名新疆、西藏、青海等受援地劳模先进来苏疗休养，为工会助力消费帮扶注入新动力。

创新"首采网+"模式 消费帮扶助力乡村振兴*

案例单位:北京首旅集团

"首采网"是北京首旅集团下属首旅携同公司运营的集采电商平台。首采网在北京首旅集团的领导下,主动践行国企社会责任,发挥电商平台优势,陆续引进全国15个省(自治区、直辖市)脱贫县帮扶农产品超过2000余种,累计完成脱贫地区农副产品采购2亿元。

一、"首采网+渠道"搭建线上线下产销平台

消费帮扶旨在通过引导和激发消费需求,推动脱贫地区特色产品的生产和销售,促进脱贫地区产业升级,促进农民增收和农村经济发展的一种方式。"渠道"连接着脱贫地区农副产品生产供应和大城市市场销售,是实现消费帮扶"帮销"的重要基础。

首采网采取线上、线下联动方式,搭建了"2+1+N"的消费帮扶产销平台:"2"就是开通了2个线上购买帮扶产品渠道,分别是"爱心北京"电商平台、首采网消费帮扶小程序。集"零售与服务"功能于一体,实现帮扶地区特色产品的在线展示、网上交易、物流跟踪、在线支付、产品追溯与售后跟踪,具备集仓集配、网上订货、低起订量、价格优选、物流到户等优势,通过信息化技术建立了统一的帮扶产品供应链管理系统、优化了物流配送网络,实现了帮扶产品的信息共享、交易撮合和

* 推荐单位:北京市发展改革委。

快速配送，大大提升了帮扶产品采购销售的便利性。

“1”就是在新发地建立了“首采网乡村振兴帮扶产品集采中心”。占地面积约15000平方米，集展示、体验、物流配送功能于一体，同时兼具乡村振兴党建基地、研学基地的功能。目前已入驻内蒙古馆、赤城峰味馆、新疆馆、河北馆、海南馆等，实现帮扶产品集中展示，分馆体验品鉴、仓储、物流配送等一站式服务，并拥有500人的活动场所，每年举办多场帮扶产品集中采购推介会。

“N”就是赴N个脱贫地区实地对接、建成运营N个乡村振兴体验馆、举办N场品鉴推介活动，接脱贫地区产业和产品的“地气”、摸采购单位和广大市民采购需求的“百态”，让首采网消费帮扶成为连接脱贫地区和北京大市场的纽带。首采网专门赴西藏拉萨当雄县、尼木县、曲水县、达孜县、墨竹工卡县，内蒙古4个盟市，新疆和田地区和兵团第十四师团场实地对接；与中国企业联合会、北京前门建国饭店、北京牡丹集团、北京建工集团合作建成了4家乡村振兴体验馆，运用帮扶产品展销采买一体化模式，建立帮扶产品线下服务窗口。

二、“首采网+补链”提升帮扶产品市场竞争力

首采网坚持“以销促产”的帮扶思路，遵循市场规律，以消费推动帮扶产品标准化生产、规模化养殖、专业化配送、品牌化培植等，促进帮扶产品产业链的完善，提升产品的竞争力和影响力。

一是注重助力帮扶产品培育市场化品牌。首采网成立专门团队，深入北京市支援合作的新疆和田、内蒙古、西藏拉萨等地区，调研帮扶产品的生产企业、农民合作社等，从市场的角度提供加强品牌化、标准化建设的建议，并积极发掘、支持、培育特色农产品品牌。2023年，首采网深入内蒙古兴安盟、赤峰市、翁牛特旗、敖汉旗等地区，调研了荞麦、有机牛羊肉、杂粮、菌菇、野菜、食用油等各类生产企业，收集建议、讲解标准、对接供需、补齐短板，帮助帮扶产品销售出谋划策，助力一大批帮扶产品进入首采网。

二是注重助力市场营销提升市场影响力。首采网依托北京首旅集团的市场、品牌优势，针对帮扶产品跟进预算单位和市管国企优先采购，通过打造基本客户群开拓市场渠道，逐步助力一批帮扶产品提升市场影响力。开展帮扶产品工会集采，结合消费帮扶相关政策，动员工会会员购买，使得工会集采不仅成为产品销售的重

首采网消费帮扶产品采集中心

图片来源:北京首旅集团供图。

要渠道,更成为打响产品口碑的第一环。

三、"首采网+机制"促进消费帮扶可持续

一是实行联农带农机制,让脱贫农户受益。消费帮扶的初心是巩固拓展脱贫攻坚成果,首采网在消费帮扶中严格落实国家发展改革委、财政部、农业农村部等部门关于帮扶产品认定的要求,上架首采网体系销售的帮扶产品,必须是原已入驻"832平台"的832个脱贫县的、北京市支援合作地区及其他省(自治区、直辖市)相关部门出具相关证明的产品,让脱贫农户通过消费帮扶真受益、多受益。

二是实行质量管理机制,让消费者放心。依托首采网十余年的电商平台管理机制,对进入首采网的帮扶产品开展产品质量、安全认证、包装标识等相关检测检验,确保向参与消费帮扶的机关企事业单位、广大消费者提供经过严格筛选和检测的优质农产品,让每一位参与消费帮扶的消费者放心。

三是实行主动服务机制,让参与者满意。针对脱贫地区供应商、农民合作社帮扶产品销售期较长且不稳定,采购单位和个人选品组品困难、物流配送不及时、产品质量退换货烦琐等情况，首采网践行国企帮扶责任，在符合相关规定的前提下，第一时间足额兑付货款，助力减轻脱贫地区供应商、农民合作社资金压力并积极发展后续生产；主动对接北京市支援合作地区“找”产品，走访各类酒店、机关企事业单位“问”需求，多品种、多产品组织帮扶产品上架首采网；针对工会大宗采购、工会会员个人采购、单位食堂采购等不同场景，提供多种帮扶产品组合。

下一步，首采网将继续坚守消费帮扶初心，加大力度推动乡村振兴工作。我们将进一步拓展销售渠道，加强品牌建设，提高产品质量和安全标准，培育更多有竞争力的脱贫地区特色农产品品牌；将进一步完善采购数字化，构建高效、合规、阳光、透明的帮扶产品采购生态圈，充分发挥供应链优势，将更多的脱贫地区帮扶产品生产企业、农民合作社吸引至首采网平台进入北京市场，为实现脱贫地区产业可持续发展，让农民过上更加幸福美好的生活贡献更多的国企力量。

走进“甘味馆” 体验消费帮扶新气象*

案例单位：天津市甘肃商会

天津市甘肃商会打造“甘味馆”服务津甘两地对口帮扶协作平台渠道，积极对接承办大型活动，持续落实“百店千人”计划。近年来，实现消费帮扶超过3亿元，帮助甘肃籍困难人员就业1700多人次。

一、打造担当作为的“甘味馆”

一是打造服务津甘两地对口帮扶协作平台渠道。随着东西部协作工作深入开展，甘肃各地政府、企业高频次来津对接工作、洽谈项目、推销特产，普遍感到缺乏长期稳定的平台和渠道。商会凭借资源优势，在原有基础上提升改造大厦设施，无偿提供日常办公室、农产品特色展厅、洽谈会议室、报告厅以及餐饮、住宿等配套设施，满足来津人员日常办公、商务接待、展会宣传等商务需求。

二是积极对接承办大型活动。2023年以来，商会主办2023年东西部协作助力乡村振兴（津·陇）消费帮扶对接活动，承办“平凉市东西协作消费帮扶对接活动”“白银‘甘味’特色农产品展示展销活动”，参加“第二十九届兰洽会”“2023年津陇共同振兴合作交流洽谈活动”“天水特色优势产业推介会”；连续两届举办“甘肃美食文化节”，以生态绿色“甘味”，惠农助农促消费；连续4年参加“津诚所至协作同甘”东西部协作产业节，与天津女排合作，持续开展全国首创的“体育+消费帮扶”活动。随着一系列消费帮扶活动的成功举办，打响了“甘味馆”品牌，赢得津甘两地各级领导肯定和社会各界的广泛赞誉。

---

* 推荐单位：天津市商务局、天津市发展改革委。

二、打造消费帮扶的“甘味馆”

“甘味馆”积极申请入围天津市消费帮扶平台，面向全市党政机关、企事业单位、广大市民实行网上便捷销售和配送到家服务，真正实现市场化运营，公平比价，自愿购买。在“甘味馆”的带动下，商会完成甘肃农产品销售额达 3 亿元，成为消费帮扶的亮点工作。尤其是 2023 年面对甘肃家乡西瓜滞销难题，商会积极响应白银市“献爱心、解民忧，积极助农销售西瓜”的倡议，助力滞销西瓜打开销路，想尽办法把产品变商品、收成变收入。商会组织 10 多家会员企业承接消费帮扶任务，签署《天津市甘肃商会消费帮扶公约》，要求企业诚实守信，守法经营，公平交易，帮农、助农、惠农。

津甘两地党委政府主要领导多次莅临“甘味馆”指导工作，明确要求商会要持续发挥桥梁纽带作用，继续做好土特产文章，加强市场协作，持续推动甘味特色农产品进机关、进商超、进食堂、进校园、进社区，拓展消费市场，帮助农户实现增收。

三、打造线上线下的“甘味馆”

一是立足线上做品牌。2023 年，商会从畅通农副产品流通渠道、夯实人才基础育强电商人才、公益帮扶助力乡村振兴等三个方面开展东西部协作和支援合作工作。打造了“来陇去麦、关陇壹品、金凤泽普”等 22 个区域公共品牌，以甘肃农特产品销售为基础，打好消费帮扶牌和产品特色牌。

二是立足线下树形象。“甘味馆”深化分区突破、整合传播、精准营销、逐步发展的经营思路。设展点、树形象、建网络、推渠道、搞促销、重营销、拓市场、提销量、占份额、争多赢等多措并举；实行统一采购、统一布局、统一形象、统一收银、统一结算、统一管理、统一策划、统一运营的“八统一”经营管理模式。

四、打造增收就业的“甘味馆”

在“甘味馆”旗舰店的带动下，各区消费帮扶“甘味馆”也蓬勃发展起来，由单纯的商贸销售，深入到农产品的原产地，逐步发展到县域电商基地建设、农产品深加工、土地流转种植、劳动力就业等诸多方面，有效带动产业落地，实现脱贫地区农户增收就业。

一是持续落实“百店千人”计划。在天津市商务局和甘肃省商务厅的支持下，近几年商会牛肉面分会滚石上山、稳定发展，打造出“陇八味”“顶牛”“燕兰楼”“塞拉宫”“津兰海”“艾力弗”等兰州牛肉面品牌连锁店，覆盖全市，成为津门父老交口称赞的甘肃美味。

二是持续打通销售帮扶渠道。商会副会长单位伍创电商以消费帮扶为切入口，着手帮助甘肃脱贫地区提升生产的组织化、规模化、标准化程度，在此基础上打造了“来陇去麦、关陇壹品、金凤泽普”等 22 个区域公共品牌，在东部地区密集开展产销对接、电商直播助农等活动 825 场，推动建立长期稳定的农产品供销关系，打造三级物流体系并建设物流快递服务中心，解决农产品滞销问题等，累计销售农产品金额 2. 3 亿元，扩大西部产品在东部地区的销售份额。

三是持续打造区域特色产业。商会会员单位天津瑞农农业科技有限公司敏锐发现甘肃省宁县气候环境特别适合金银花药材的种植，在天津东西部协作资金的支持下，连续 4 年投资超亿元在宁县建设了有机肥厂、农产品加工厂、金银花种植基地、帮扶商品馆和面粉厂等多个实体企业，带动当地农户栽植金银花超过 10 万亩，年产干花 900 吨，累计用工约 12 万人次，支付劳务费用 960 余万元，带动农户 5600 户。

一个个“甘味馆”不仅带动家乡产业发展，更促进脱贫农户劳动力就业增收。下一步，天津市甘肃商会将继续深入贯彻落实消费帮扶工作部署，在津甘两地政府的领导和支持下，勇担重任，拼搏进取，充分发挥桥梁纽带作用，持续加强“甘味”农产品在天津的销售工作，在助力创建消费帮扶示范城市、促进两地经济社会高质量发展中作出新的更大贡献。

京蒙协作：帮助通辽市科左中旗农副产品向“京”一步走*

案例单位：内蒙古自治区通辽市人民政府

通辽市科左中旗乘借京蒙协作政策东风，大力开展消费帮扶工作，坚持“政府引导、市场主导，社会参与、互利共赢”的原则，以消费促进脱贫群众增收。在北京市支援合作办的协调下，科左中旗签约额度高达1.25亿元。

一、升级农副产品“动车组”

努力为绿色、有机、健康的科尔沁草原土特产品开辟进京通道。按照北京地区饮食特点，选择富有地域特色的富硒、弱碱、高钙农畜产品，线上线下、多措并举组织销往北京地区。

（一）电商销售

借助科左中旗“国家级电子商务进农村综合示范县”的优势，科尔沁商城电商平台与顺鑫电商、北京石门市场合作，对科左中旗优质农畜产品、特色民族商品进行线上、线下推广销售，并在石门市场设立农特产品销售专区，组织农副产品订单销售额达208万元。

（二）订单销售

积极收集符合条件的科左中旗农副产品企业，通过“脱贫地区农副产品销售

* 推荐单位：内蒙古自治区发展改革委。

网络平台”认定供应商达到14家。同时,开展“农校对接”,以北京化工大学、中国政法大学等定点帮扶为契机,积极组织本地设施农业龙头企业与高校签订订单,通过订单收购,把农牧民种植的农产品送进高校食堂。截至2023年年底,红绿蓝合作社、金家种植合作社、鹏程稻米等企业的小麦粉、血麦面、杂粮杂豆、牛羊肉等产品购销近2000万元。

(三) 赴京直销

利用京交会、北京鲜花国际展等活动,为科左中旗特色农产品直接打开销售渠道。在2023年10月17日“绿品出塞　北京有约”京蒙消费帮扶北京集采推介会上,科左中旗内蒙古粮行天下生态农业有限公司、通辽市东蒙肉业有限公司、内蒙古蒙深良牧生态农业发展有限公司等5家优质绿色农畜产品企业、50多种特色产品参展,在北京市支援合作办的协调下,科左中旗签约额达1.25亿元。

2023年京蒙消费帮扶集采推介会

图片来源:内蒙古自治区通辽市人民政府供图。

二、创新帮扶模式“助企行”

打造农畜产品产加销一体的“立体式”消费帮扶模式。依托北京地区相关企业自身农业产业化优势、农产品品牌优势、农业科技优势、资本优势以及首都市场的销售辐射优势，多措并举，构建产加销及其环节服务为一体的“立体式”产业帮扶模式。

（一）打造消费帮扶专馆2023年消费帮扶项目

投入协作资金55万元，建设消费帮扶产品专馆，包括展示销售区、直播销售区、销售办公区等，充分发挥科左中旗电商企业淘宝店、天猫旗舰店及其他网络电商服务平台网店作用，开辟多种销售渠道，方便个体人群、单位及企业采购下单。通过两个平台的实施建设，有力推动科左中旗品牌的农产品走出左中，进入千家万户的餐桌。

（二）创新产业合作模式

开发对口帮扶地区的特色优势资源，提高生产力、提升附加值，带动对口帮扶地区经济发展。加强与销售平台合作，在顺义区搭建受援地特色农副产品前置仓，有效缩短农产品的运输时间，目前已在石门市场、供销益家建立北京市消费帮扶双创中心顺义区分中心并投入运行。开展种植产业合作，搭建由顺鑫国际种业辅导科左中旗种植高氨基酸玉米、由鹏程食品事业部负责市场价回收成熟玉米用于制作猪饲料的合作模式，在市场价基础上每吨玉米增加50元。目前已收购玉米1568余吨（共326.6万元），受益群众2000余名。

三、拉动结对帮扶“大引擎”

倾情协助受援地区农畜产品加工企业持续健康发展。充分利用世园会、啤酒节、中国（北京）国际服务贸易交易会等平台，组织带领鹏程稻米、粮行天下、东蒙肉业等多家企业负责人进京对接，以品牌宣传和订单销售为主要内容，提高科左中旗产品在北京及周边地区的品牌知名度,宣传科左中旗产品天然绿色、品质优良的品牌特色,抢抓机遇,建立市场人脉圈,开拓广阔的销售平台。白酒、杂粮杂豆、牛肉干、奶制品、手工艺品等50余种农牧特优产品在京亮相,北京顺义区派驻挂职领导宣传推广来自孝庄故里的绿色、无公害特优产品。京蒙帮助推动我旗农畜产品打开北京市场的同时,也更加有力地促进了全旗乡村振兴产业的发展,近年来共销售产品6200万元,带动2538名脱贫人口增收。

四、完善仓储基地“保障场”

为进一步巩固拓展脱贫攻坚成果同乡村振兴有效衔接,推动乡村产业发展,落实好《2022年顺义区支援合作工作要点》中关于深化产业协作,打造“三品一标”基地,共建帮扶工厂的任务,切实解决科左中旗农副产品帮扶企业在产品进京中面临的仓储难、销路窄、物流成本高等问题,京蒙挂职团队积极与顺义区供销合作社等帮扶单位协调,协助科左中旗农产品企业在顺义区共建仓储及展销基地,并将产品纳入供销合作社销售体系,帮助科左中旗拓展农副产品销售渠道。科左中旗乡村振兴局组织旗内粮行天下农业发展有限公司、蒙深良牧生态农业发展有限公司、红绿蓝种植合作社等8家农副产品重点企业,先后2次赴顺义区开展消费帮扶对接活动。同时,顺义区供销社也赴科左中旗调研农副产品企业,洽谈合作事宜,经协商计划在顺义区建立科左中旗的“一亩园”,从以往的站在草原望北京模式转变为站在北京望草原,帮助科左中旗企业家走出去,把品牌打入北京市场。

对口合作再添新举措
消费帮扶牵引两地乡村振兴*

案例单位：黑龙江省七台河市

黑龙江省七台河市创新开展对口合作走深走实与特色农产品线下线上双线融合相结合的产销模式，助力七台河市特色农业高质量发展，拓宽特色农产品销售渠道，帮助农民增收致富。

一、专馆展销助力消费帮扶

（一）互设展销点，带动地区特色农产品产销

为加强农产品流通业务对接、提高特色优质农副产品贸易水平，两市供销社、农业农村局及江门市派驻七台河工作组共同制定了《江门市七台河市互设对方特色农产品及预制菜展销点方案》。由两地农业农村局制定展销产品清单，供销社协调已有线下展销点，为对方市入选企业免费提供1年展销摊位。为更好开展特色农产品产销工作，带动七台河市农业企业参与的积极性，工作组做了大量工作和市场调研，甄选七台河市优质且具有地方特色的农产品和预制菜产品，并积极协调两地有关部门和企业开展宣传推介。该项举措得到了江门市政府大力支持，最终江门市新供销侨润贸易公司以包销的方式，购置七台河市9家企业的16个产品在江门市三区的新供销侨润公司、亿田农业、荣恒超市、万胜馆等5处门店进行销售，

* 推荐单位：黑龙江省发展改革委。

并签订了长期供货协议，为两地特色农产品合作打开了新途径，也为下一步两地继续扩大互销范围、拓展产品种类奠定了良好的基础。

（二）加强市场合作，扩大节日消费

江门市新供销侨润贸易公司与七台河市北方超市、阿兰贸易有限公司、福沃家农贸市场达成意向，组织了11家企业、41种特色农产品，于2023年春节期间在七台河市大商新玛特及部分大型商超铺开售卖，七台河市市民以最优惠的价格品尝到了来自“侨乡”的陈皮、广式糕点、干海货等美食。

二、线下线上双线融合拓宽帮扶渠道

（一）入驻专馆助力消费帮扶

在两地特色农产品及预制菜互展互销的基础上，为推动两市商贸合作向纵深发展，宣传推介两地帮扶地区特色农产品。2023年10月27日，由两地发改、农业农村部门牵头，在江门市举行了七台河名特优农产品入驻江门座谈会暨七台河名特优农产品入驻“邑帮扶·消费帮扶馆”揭牌仪式。七台河市东北薇菜、黑木耳、野生大榛子等25种特色农产品、9家企业入驻江门“邑帮扶·消费帮扶馆”，进入大湾区广阔市场。

（二）搭建线上平台扩大实物消费

“邑帮扶·江门线上消费帮扶馆”也与七台河市相关企业达成合作。该馆是在江门市农业农村局指导下，由中科智锐邑帮扶（江门）科技有限公司自主经营建设的一站式助农产品消费帮扶平台，集展示宣传、平台推介、产销对接、线上线下交易于一体。

（三）双线融合拓宽销售渠道

2023年11月1日，江门邑帮扶线上销售平台正式开通七台河销售专区，七台河市蓝靛果系列饮品、鲜食玉米、牛肉酱等多个特色产品正式在该平台销售。通过建立电子商务联结机制，线上与线下相结合，及时对接农产品信息，加强农产品流

通。发动江门各级机关单位、工会、企业、社会团体等采购帮扶地区农副产品，市民可以通过线上线下的方式在展示展销馆购买包括蓝靛果汁、黑木耳等近 30 个品类的七台河市特色农产品，进一步拓宽销售渠道。

三、加强考察交流促进两地乡村振兴

（一）深入洽谈交流合作事项，推动两地合作发展

2023 年 10 月，在第三届粤港澳大湾区（江门）名特优新农产品推介活动期间，七台河市政府率市发展改革委、市农业农村局、市农投集团分管负责同志、各区（县）分管农业负责同志，以及哈里牛业、豆之源腐竹等 10 家企业代表参加赴江门市对接消费帮扶联盟，并召开对接座谈会，两地企业围绕农产品价格、规格、物流运输等具体事宜进行了洽谈，并达成合作销售意向。江门市与七台河市将持续开展两地农产品的互展互销，推动两地在预制菜产业的研发与合作，并加强冷链仓储物流领域的沟通交流，共同推动两地农业的合作与发展。

（二）签订战略合作，销售受众范围广的优质农产品

2023 年 12 月，江门市政企考察团到七台河市调研考察，受七台河市发展改革委邀请，中科智锐邑帮扶（江门）科技有限公司副总经理随团赴七台河市进一步对接两地名特优农产品销售事宜，先后考察了七台河市农投农业集团、黑龙江圣海奥斯健康产业有限公司、黑龙江哈里牛业有限公司、七台河榛玉糯食品有限公司等企业，重点筛选大湾区市场受欢迎的、符合广东地区消费者口味的优质农产品，并根据当地人习惯与七台河市企业研究制定更适合销售的产品规格和包装。同时，在两市对口合作座谈会上，江门"邑帮扶消费帮扶平台"与市农投农业集团签订了长期销售协议，市农投农业集团将统筹全市名特优农产品对接大湾区等主销市场进行销售。

（三）开展宣传推介，扩大地区品牌知名度

2023 年 12 月，七台河市勃利县政府招商考察团赴江门开展调研考察和农产品推介活动，积极推广七台河市、勃利县农副产品，依托七台河市、勃利县蓝靛果、

红松籽、鲜食玉米等代表性农副产品优势，在七台河专区扩大宣传推介“东北老勃”区域品牌，扩大品牌知名度。

七台河市将会同江门市，根据两地互设对方特色农产品展销情况，持续深入发掘两地农业产业契合点，共同推进务实合作，积极引导江门企业到七台河市产业投资，建设现代农业产业园，做大做强七台河市特色农产品品牌，全面推动乡村振兴。

助力特色产业发展
推动江孜氆氇走向世界*

案例单位：上海援藏工作组

“氆氇”两字源于藏语音译，指的是藏族地区所产的手工毛织品，主要用于缝制藏袍、藏帽、床毯等，与当地人民生产生活密不可分，具有重要的文化艺术价值，为有效保护和发展“江孜谐玛氆氇编织技艺”，沪藏两地通过引入上海企业和技术，帮助当地改善氆氇的现代商品属性，充分利用上海大市场优势加大宣传推广力度，让江孜氆氇重新焕发生机。

一、通过筑巢引凤，推动产品生产提质创新

氆氇工艺产品虽在西藏当地深受喜爱，但因品质、款式、技术与市场要求存在差距，始终难以将特色的资源优势转化为可观的经济效益。上海援藏干部在对当地氆氇产业发展进行充分论证的基础上，积极引入上海传统工艺企业和“上海市市长质量金奖个人奖”“上海工匠”称号获得者等行业带头人，帮助当地改进工艺、改良设计、提高品质，打造出一批符合大众审美、适宜保存的氆氇新品。

一是改良生产原料。通过将当地羊绒发至上海进行专业化加工和染色，再发回西藏用于产品生产，使产品质地更加光滑、更加细腻，符合现代人对简约舒适高品质产品的追求。

二是丰富产品种类。通过改变“氆氇就是用于生产藏衣、藏帽等藏品”的固定思

* 推荐单位：上海市政府合作交流办、上海市发展改革委。

路，从消费者需求出发，开发更多围巾、披肩、靠垫、抱枕等日用品，扩大氆氇用途。

三是提升设计理念。通过国际级别的设计师参与氆氇产品设计，在保持藏地传统元素不变的情况下，增加时尚和现代元素，赋予氆氇产品以现代设计理念，实现传统与现代的完美交融。

四是改进生产设备。通过改进传统纺织机，实现氆氇生产从固定尺寸到不定尺寸，满足不同产品制作需求，让现代科技手段融入传统工艺。

二、坚持"授人以渔"，推动产业发展赋能增效

上海援藏工作组通过把江孜氆氇产业"沉睡"的无形资产再度"唤醒"，在推动传统非遗文化技艺复兴的同时，有效解决了一大批劳动力的就业，切实增加了当地群众的收入，不断提升当地发展的自我"造血"能力。

一是成立工作室培育一批"江孜工匠"。根据当地藏族妇女普遍掌握氆氇编织技能的劳动力资源优势，在江孜县挂牌成立"上海工匠"高原示范工作室，2023年举办第一届"江孜工匠"评选活动，推广宣传工匠精神，挖掘储备一批有意愿、有实力的技能人才。

二是开展专业化培训提升工艺水平。实施"江孜县民族手工业技能培训"等援藏项目，2023 年分两批组织共 50 人在上海沙涓时装科技有限公司进行为期一个月的氆氇技能提升培训，按照毛毡技艺、氆氇设计、氆氇新设备使用、钩针等课程内容，在不失藏族传统编织技能的前提下，努力帮助当地工匠掌握新的设计理念、编织技能。

三是利用"订单式"生产带动群众增收。推动上海企业与江孜县江嘎岗卡尔孜手工业农民专业合作社签订围巾的订单合同，2023 年订单总价值达 15 万元；与江热乡残疾小姑娘次仁片多签订布娃娃的订单合同，2023 年订单额约 4 万元，是其 2022 年收入的两倍。

三、加大宣传推广，推动产品品牌做大做强

上海援藏工作组通过借助上海高端服饰品牌优势，进一步提升江孜氆氇的内

涵价值，帮助当地打造县域品牌，努力提升市场的认同度和知名度。

一是推动工艺展示。通过在江孜县乃钦康桑雪山下举办“雪域·回响——日喀则传统服饰工艺时尚秀”，向现场观众呈现了一场震撼的西藏氆氇手工艺大秀，并通过视频直播全球首发，展现了千年的高原非遗复兴。大会还邀请了100余名全国纺织行业的专家、全国时尚界领军人物、服装业及文旅行业资深从业者等齐聚江孜，举办西藏江孜氆氇发展论坛，共谋江孜氆氇发展大计。

二是加强产品展销。利用上海市对口地区特色商品展销会、上海市文博会、上海市“五五购物节”等平台，积极促成氆氇新品小样在展销会上频繁亮相。同时，借助上海企业的国际市场资源优势，推动江孜的氆氇产品和工匠前往法国巴黎参加家具时尚家居装饰展览会，向世界展示中国氆氇的独特之美，引发强烈反响。

三是用好销售渠道。通过用好线上线下各类销售渠道，江孜氆氇的市场经济效益已经初步显现，氆氇大秀当天通过直播平台销售“江孜系列产品”金额达15万元。2023年年底，西藏氆氇手工艺复兴的首店在日喀则市希尔顿酒店开业，江孜氆氇羊绒系列产品也已在巴黎LV集团下的Le Bon Marche百货商店开始展示销售。

发挥上海大市场、大平台、大流通作用加快推进消费帮扶由“输血”向“造血”转变*

案例单位:上海援疆工作组

近年来,上海援疆工作组持续推进“双线九进”消费帮扶系列活动,逐步打通从喀什田间地头到上海市民“菜篮子”“果盘子”的各个环节。新一轮上海援疆重点聚焦于进一步激发喀什自我“造血”内生动力,探索消费帮扶高质量发展的新模式新路径。

一、积极承接上海展销活动“溢出”效应,千方百计拓市场、抓订单

各类会展、节庆等展销活动是企业洽谈合作、获取订单的重要平台,上海援疆工作组充分用足用好各类展销活动举办契机,多措并举最大限度地支持喀什企业参展对接。从2023年上海市对口地区特色商品展销会喀什展商实现意向订单额超2500万元,到2023年新疆喀什水果干果节实现销售额超过1.2亿元,再到2023年新疆名优特农产品上海交易会喀什交易团签约销售和意向订单28.91亿元,喀什产品越来越受到市场的关注和认可。

一是加强展前动员排摸。在新疆名优特农产品上海交易会举办前,上海援疆工作组会同上海市商务委等部门认真梳理喀什展商和展品详细清单,同时组织50家左右的上海头部市场渠道召开动员沟通会,精准匹配和对接参展商与采购商需

* 推荐单位:上海市政府合作交流办、上海市发展改革委。

求，大幅提升现场采购效率和成功率。

二是加强展中对接推广。在上海市对口地区特色商品展销会期间，积极组织喀什歌舞团现场展现民族特色文化风俗，将喀什产品与喀什文旅特色融合，实现以文兴商、以旅促商，推动喀什产品成为全场亮点和焦点，4天吸引7万人次驻足喀什展位。第六届进博会期间，抓住万商云集契机，市援疆前方指挥部代表喀什地区作主旨推介，并积极对接特斯拉、麦德龙、雀巢、佳农等参展商，推动投资洽谈合作，喀什企业订单额超过8000万元。

三是加强展后跟踪落实。定期组织协调会议，跟踪推进签约订单落地转化，在生产端全力支持企业提升生产水平、保障货源供应，在渠道端全力支持企业营销推广、履约订单。

二、充分发挥上海市场渠道带动作用，凝心聚力定标准、打品牌

上海作为全国最大的消费中心城市，具有风向标引领作用，喀什产品在上海市场打出品牌不仅有利于提升自身附加值和定价权，也是出疆入沪、走进全国、走向世界的最佳途径之一。上海援疆工作组依托上海消费帮扶联盟等行业组织，积极促进上海需求端与喀什生产端无缝链接、高效传导。下面以2023年重点打造的泽普县现代富民产业园苹果产业为例。

一是加强调研选品。组织上海渠道专家多次赴喀考察，选定当地有种植基础和优势、上海市场有发展潜力和空间的品种——“泽普苹果”进行重点规划扶持培育。

二是规范生产管理。引进推广矮化密植生产方式和瑞雪、维纳斯、秦脆等新品种，配备先进的分拣和贮藏设备，建成具有全国领先水平且差异化品种优势的苹果基地，并结合上海市场需求特点，进行有机栽培管理。

三是统一产业标准。编制《泽普苹果流通销售标准与规范指南》，在技术、标准、质量、包装、渠道定位等五个方面予以明确和统一，确保品控优质稳定且符合上海市场特别是中高端市场需求。

四是凝聚渠道合力。启动“泽普苹果打响品牌行动”，发动上海批发零售、团餐配送、消费帮扶专区专柜、餐饮等不同领域业态近50家头部企业共推泽普苹果，

营造上海全市场全渠道齐推共进强大声势，特别是引导支持联华超市、盒马、叮咚买菜、佳农等代表性渠道发布泽普苹果推广计划，起到了示范带动效应，签约意向订单金额超过7亿元。

三、充分发挥上海创新发展先发优势，因地制宜输技术、强产业

“授人以鱼，不如授人以渔”，通过新技术新模式新业态赋能，为当地培育一批带不走的产业与队伍是上海消费帮扶始终秉持的重要理念和努力方向，近年来涌现出的巴楚留香瓜、藜麦等就是上海技术转移孵化的成果。针对喀什产品在电商产业链供应链中的弱势地位、难以实现真正带动发展等问题，上海援疆工作组积极推动当地电商生态圈建设，以产业升级促进消费帮扶升级。

一是建立合作机制。探索成立“沪喀电商合作联盟”，充分借助上海电商主体和产业集聚优势，聚焦政策研究、直播电商、丝路电商、标准建立等方面开展全方位合作。2023年以来，已先后依托“11直播月”“网上年货节”“数商兴农”等上海电商节庆活动，与抖音等知名电商渠道合作开设喀什专题页面、直播专场，取得良好反响与效果。

二是推动双向交流。组织上海电商平台、网红达人等赴喀考察交流，深入了解当地产品特性与文化内涵，推动喀什民俗风情与直播带货深度融合，讲好新时代新疆故事、喀什故事。支持当地提高直播电商运用和产品推广水平，成功举办首期沪喀“抖音运营与平台规则”培训会，培育孵化新媒体达人，得到当地100多家企业和从业人员的积极响应和参与。

三是深化产业联动。借鉴上海电商产业发展模式经验，联合上海相关机构共建“沪喀直播电商基地”，共同完善电商服务体系，培育孵化电商经营主体，支持当地积极创建自治区级、国家级电商示范企业、示范园区等，促进喀什地区电商产业升级。

组团式市场援藏新实践 实现藏品出藏新高度*

案例单位：江苏省对口支援西藏拉萨前方指挥部

2023年以来，江苏省对口支援西藏拉萨前方指挥部坚持市场运作、社会参与，打出消费帮扶“组合拳”，全力将拉萨农牧产品推向内地，有效带动了群众致富增收。

一、打造“拉萨好物”，强化提质促宣

一是组织“拉萨好物”产品评选，精选高原特色产品。通过线上线下等多种形式征集到78家企业400多种产品参与“拉萨好物”特色产品评选活动，包括青稞食品、牦牛肉产品、高原饮用水、牦牛奶制品、文创产品、汉藏融合服饰、文化旅游产品等，52家本土企业入选“拉萨好物”特色产品项目库企业。

二是成立“拉萨好物”协会，打造区域品牌。在“拉萨好物”评选的基础上，征求企业意愿，由重点企业牵头，发起成立“拉萨好物”协会，申请“拉萨好物”区域公共品牌，抱团参与各大展会，举办专题特色产品推介、项目集中签约等活动，集中开发渠道、拓展市场。

三是登录高铁传媒，扩大品牌影响。开行“圣洁拉萨 · 茉莉格桑共芬芳”高铁冠名列车，借助高铁传媒，在以长三角为核心的东部地区，打造拉萨“流动城市体验馆”，宣传拉萨城市整体形象，搭建起一条跨越时空、连接山海的团结线，架设起

* 推荐单位：江苏省发展改革委。

一条没有距离、助力发展的幸福线，在高铁高频次、广覆盖、强曝光、深串联等强势推动下，有效宣传拉萨城市形象和高原特色产品。

四是强化合作，设立“拉萨好物”江苏展馆。江苏省供销社与拉萨市供销社建立战略合作关系，在江苏省农展馆设立“拉萨好物”展示馆，进行集中展示，打造开拓江苏市场的桥头堡。中华全国供销合作总社领导赴展馆参观，对江苏开展组团式市场援藏模式给予充分肯定。

二、多措并举，做好销售文章

一是组织企业参展，促进产销对接。组织100余家企业400多种特色产品参加第二届江苏对口支援协作合作地区特色产品展、第五届中国（江苏）老字号博览会、全国脱贫地区农副产品产销对接会、北京供销展卖季、青海国际藏医药展交会等10余场展销活动，累计实现销售1000余万元，进一步提高“拉萨好物”区域品牌认可度和市场美誉度，加强产销对接合作交流。

二是加强渠道建设，促进产销对接。在南京多次举办“拉萨好物”“拉萨好水”推介会，委托第三方协助推进，帮助拉萨产品上线江苏省各大消费帮扶平台。通过开设“拉萨好物”特色产品直播专区和网上商城，地球第三极、奇正青稞、7100、高原之宝、布瑞藏蜜等高原特色产品企业先后上线江苏“交控商城”、“鲜丰汇”、“悦购钟山”、江苏工会“普惠商城”、江苏老字号专卖、苏宁易购、江苏苏商会等平台，累计销售额超千万元。

三是首次赴港参展，拓展国际市场。会同拉萨市组织10家“拉萨好物”食饮品企业亮相参展中国香港国际美食博览会，以“拉萨好物·全球共享”为主题，组织饮用水、虫草、蜂蜜、青稞、牦牛肉等优质特色产品展示展销。

四是拓展重点区域，设立线下销售点。在南京金鹰世界的金鹰超市开设“拉萨好物”首家线下专卖店，提供拉萨好水、高原牛奶、青稞产品、虫草、藏蜜等特色产品。后期还将在金鹰重点门店、苏果高端店等适合拉萨产品销售的门店开设一系列“拉萨好物”专卖店，积极拓展江苏市场。

五是举办“藏韵臻选·苏享好物暨圣洁拉萨文旅推介”活动。2023年9月24日，“藏韵臻选·苏享好物暨圣洁拉萨文旅推介”活动在南京市举行，推介拉萨产业发展情况和丰富旅游资源，推出“拉萨好物”特色品牌和“圣洁拉萨”数字旅游卡。开幕式现场直播间观看人次超40万，有效推动产销对接、提升品牌知名度。

三、协同发力，练好高原产品内功

一是设立前置仓，做好供应链。按照组团式市场援藏相关要求，委托第三方在南京设立拉萨产品前置仓，降低产品物流成本和配送时间，有效解决拉萨产品开拓区外市场所面临的物流难题，目前正在陆续沟通入驻前置仓的产品。

二是强化品质管理，做好产品认证。组织拉萨企业开展“三品一标”认证培训，为拉萨产品进入商超等流通渠道打下基础。计划组织拉萨重点出口企业开展出口商品检验检疫流程等培训，从生产源头帮助企业建立可追溯体系，提高品质管理能力。

三是促进交流，培养本地人才。组织拉萨企业赴内地，与内地优秀企业交流，与重点院校建立合作关系，嫁接区外先进理念和方法，规范本地企业管理，提升本地企业家市场意识、经营能力。

从“草原”到“餐桌”*

——创新消费帮扶模式　助力对口地区增收致富

案例单位：温州市对口工作领导小组办公室

2023年以来，温州市围绕消费帮扶模式创新升级这一命题打出“123”组合拳，创新“一个载体”、革新“两项技术”、搭建“三大平台”，以政策、产业、供销三大平台畅通东西部产品流通渠道。全市年均采购帮销对口地区农特产品近10亿元。

一、创新“一个载体”，提升消费帮扶综合效益

发挥温州餐饮行业优势，创新打造消费帮扶主题餐厅，推动对口地区农特产品扩销、农牧民增收。

一是扩大市场帮销渠道。鼓励温州全市餐饮企业研发“对口菜品”，温州市得尔乐消费帮扶餐厅推出牦牛麦饼、香煎牦牛排、红烩牦牛尾等20多种新菜色；瑞安市“云山会”消费帮扶主题餐厅推出牦牛火锅珍宴，吸引数以万计的食客，获得一致好评。引导餐饮龙头企业与对口地区签订合作协议，布设生产线，研发牦牛肉干、酱牦牛肉、酸汤牛腩、浓汤牛尾等休闲食品。

二是推动民族文化交流。在餐厅展陈、布置上融入结对双方独具特色的文化元素，让两地群众以“食”会友，深化交往交流交融。如温州铂尔曼酒店以“雅克文化（即牦牛文化）”为切入点，打造“雅克主题”消费帮扶餐厅，让温州消费者体验最纯正的草原文化。永嘉县狮子岩饭店找准红原、永嘉两地文化共通点，以红色大草原长征精神和永嘉工农红军第十三军红色历史为基底，将老村祠堂改造翻新，打造

* 推荐单位：浙江省发展改革委。

“红色文化”主题餐厅，推动两地文化交融、精神共鸣。

三是助力西部群众增收。搭建东西部劳动力流通新渠道，解决西部群众冬春季节就业难、收入低等难题。比如，温州铂尔曼酒店与红原县草原之心艺术团签订合作协议，艺术团每月轮换成员在酒店婚宴、宝宝宴上表演藏族风情歌舞，拓展增收渠道。打通四川阿坝县“伴云居”度假村与温州“云山会”消费帮扶餐厅之间的员工流动关卡，定期精选员工来温交流培训，提升劳务技能。

二、革新“两项技术”，助力对口产品增量扩能

针对部分高原物产品质不佳、规模不大等问题，汇聚东部“智技”，助力西部农牧产业转型升级。

一是以科学技术助力产品源头提质。牵线浙江农科院、四川农业大学、温商研发团队等，深入对口地区充分调研，结合当地自然资源和生态优势，引育优良品种、输出种养技术，助推打造区域特色品牌，提升农牧产品综合效益。现已在四川马尔康市成立高原李子研发中心，将澳大利亚“香香李”与高海拔野桃嫁接，成功推出“雪域芬芳李”，还让果农收益提升 2—3 倍。指导温商团队向四川理县引入西门塔尔、夏洛莱等优良牛种，配套研发“白酒”饲料、发酵“床垫”、生态牛场等新型饲养方法。

二是以数字改革助力产业转型升级。发挥温州智慧农业优势，向对口地区输出畜牧物联网、科学种养等技术，帮助四川阿坝州搭建数字畜牧业大数据平台，借助数字化手段指导当地推广冷季分层补饲、冷季适应性训练等牦牛养殖技术，避免牦牛冷季掉膘减重，实现草原减负增绿。在四川红原县建成智慧畜牧“云上牦牛”试点平台和农畜产品质量安全追溯体系，实现“政府能监管、产品可溯源、质量有保障”。协助四川南部县、仪陇县建立集种植、生产、销售、认证、售后服务为一体的晚熟柑橘全过程品控体系，切实提升晚熟柑橘市场附加值。

三、搭建“三大平台”，畅通东西部产品流通渠道

按照“政府搭台、企业唱戏、社会参与”的原则，全方位护航东西部产品流通，助力西部好物出山入海。

一是搭好政策支持平台。出台《温州市对口办关于打造消费帮扶“金名片”巩固拓展脱贫攻坚成果的实施意见》等政策文件，在全市形成合力，为脱贫地区产品走出大山、走进浙江搭桥铺路。推出梯度补助政策，按照“多销多补”的原则对销售对口产品的温商温企给予资金补助，大大激发了社会各界参与热情，推动对口产品从“好卖”到“卖好”。启动消费帮扶餐厅建设，鼓励县（市、区）大胆探索、先行先试。如乐清市推出补助政策降低“西品东进”物流运输成本，为全市多家餐厅提供优质牦牛肉源。

二是建好产业发展平台。围绕“生产—加工—销售”等关键环节，整合援助资金和社会资本，推进对口地区农特产品规模化和规范化种植模式，全面提升前端生产供给品质。温州市在西藏嘉黎县援建牦牛养殖基地5个、保种基地1个，引导温企在四川理县新建“乐·理”雪牛基地，以标准化、闭环式养殖模式助力畜牧产业增量扩能。升级中端加工技术，推动农牧产品加工由“初”到“深”。温州援派干部协助新疆拜城县农产品加工小微园区引进食用油、干果等精深加工生产线设备5套，在四川红原县集中布局牦牛乳肉生产等三大车间，专研农畜产品“精加工”“新加工”，推出牦牛油火锅底料、牦牛奶手工皂、牦牛乳清洗发露等新产品，让“草原好货”身价倍增。线上线下同步拓宽对口产品后端销售渠道，扩大销售半径。比如，乐清市帮助四川壤塘县建设牦牛交易市场，为牧民提供一个公开、公平、便利的交易平台；在四川阿坝县共建温阿电商产业园，以现代物流体系和温州电商经验助力当地绿色有机农畜产品输出。

三是办好产品供销平台。借力温州国际时尚文化产业博览会、中国（温州）国际食品博览会等大型会展活动，架起东西部产销对接桥梁，提升对口地区农牧、药材、文创等特色产品知名度，促成更多商贸配对。联合举办川浙现代畜牧业高质量发展暨阿坝州牦牛产业发展大会，为东西部牦牛产业专业人士和企业代表打开一扇对话之窗，促成乐清市顺金肥牛饲养有限公司、温州市得尔乐餐饮有限公司等温州企业与阿坝州本土农投企业深度合作。

打好“品牌+销售+氛围”组合拳 助推四川果蔬销售*

案例单位：台州市对口工作领导小组办公室

台州市对口工作领导小组办公室以消费帮扶为切入点，借助“基地+加工+市场+电商+配送+体验+金融”七位一体的全产业链商业模式，实行多点联动、链上发力，打出“品牌+销售+氛围”组合拳，建立“品牌协作”“畅通销售”“平台助推”长效帮扶机制，助推当地“三农”发展。2023 年以来，市场共销售来自四川 15 类农副产品超 10000 吨，销售额超 4000 万元。

一、建标准，打响“东西协作”优质品牌

生产端，链接“基地+加工”，破解产地分散、种植混乱、采后管理粗糙，流通物流跟不上等问题。

一是紧密连接促品牌。深挖产业链上游资源，发动市场经营户与四川当地农户、专业合作社、加工工厂，采用包地种植、订单生产、合同销售等方式建立可持续的生产和批发销售渠道。对初级农产品集中采集、运输、深加工，提升四川果蔬品牌价值和美誉度。

二是选定产品推品牌。与台州援川工作组多次前往四川农产品产地开展考察交流，加强精准品牌对口合作。选定当地脱贫户种植的“羌地圣果”和县“农业金名片”青脆李为重点合作产品，签订战略合作协议。其中，青脆李种植面积占茂县

* 推荐单位：浙江省发展改革委。

水果种植面积的一半以上，切实与当地老百姓结下不解之缘。

三是打造标准助孵化。建立生产和批发销售的紧密型联合体，在基地管理、产品组织、订单处理环节实现标准化和流程化。成立农产品专家团队、智囊团队、经纪人团队，通过“专家坐诊”、技术指导培训会、种植分享会等形式，实现“技术培育、规范种植、运输包装、品牌打造”一条龙帮扶，助推品牌培育、孵化。

二、补短板，畅通“三位一体”流通渠道

流通端，通过“市场+电商+配送”渠道，解决四川果蔬“卖难”问题。

一是发挥市场集成力。依托大市场、大平台、大流通渠道优势，拓展对口地区农产品市场流通渠道。举办多场对口帮扶地区产品推介会，设置免费农民自产自销区，推广当地优质农产品。组织市场经营户“走出去”，赴产地参加农产品博览会、交易会、水果节等展销活动。

二是发挥线上推广力。市场搭建台州首个涉农电商产业园，入驻企业21家。重点培育龙头生鲜电商平台“厚米生活”，让四川果蔬搭上电商推广消费帮扶“顺风车”，通过线上App下单、线下生鲜配送服务，走进台州中小餐饮店，截至2023年年底，共覆盖超过20万个普通用户和5万家商户。

三是发挥配送支撑力。引进“乐禾配送”“窝里宅”“正斌超市”“华联”“顺记餐饮”等生鲜配送公司30余家，通过冷链物流、加工配送、中央厨房等方式，拓展四川农产品在台州地区的销售市场，将农产品保质保量地送到千家万户。据统计，市场内生鲜配送公司带动四川果蔬20%—30%的销量。

三、出实招，营造“政企合力”帮扶氛围

销售端，以“体验+金融”，将政府鼓励引导与市场机制相结合，线上线下“双驱动”。

一是多方联动强帮扶。整合各方资源，加大政企合作力度，充分借助全国城市农贸中心联合会、农民合作经济组织联合会、农产品经纪人协会、异地商会等力量，拓宽四川果蔬销售渠道。组织线下农产品展销会、农博会，推广四川果蔬，带动体

验式销售。

二是市场主体促帮扶。以氛围宣传增强农港城商户自发帮扶意识，培育出一大批以月林果业为代表的消费帮扶经营户。月林果业持续3年助销青脆李，被列为消费帮扶产品定点企业，市场化帮扶使消费帮扶之路走得更远更宽。

三是宣传媒介助帮扶。对接浙江日报、浙江新闻、浙江省万村联网、台州日报等媒体平台，加强农产品特色宣传、品牌宣传，打响四川优质果蔬在台州当地的知名度。通过微信公众号、网站、市场显示屏、宣传栏等渠道，宣传帮销产品、发布工作动态、讲好致富故事。

四是金融平台促帮扶。与浙江泰隆银行、路桥农商银行、邮储银行等开展深度合作，为商户争取4.5亿元贷款授信额度，破解资金瓶颈，以“金融杠杆”撬动“脱贫杠杆”，通过扶持商户，推动消费帮扶可持续发展。

促赋能　畅渠道　塑品牌
嘉兴南湖区三个聚焦打造消费帮扶升级版*

案例单位：嘉兴市南湖区发展和改革局

近年来，浙江嘉兴南湖区聚焦对口消费帮扶“帮销、促产、疏浚、解困”四大领域，结对帮扶四川若尔盖县，聚焦“产业赋能、畅通渠道、塑造品牌”，充分用活市场化机制，精准发力生产端、物流端、消费端，打造全链条消费帮扶升级版。截至2023年年底，若尔盖县已实现全域农牧养殖标准化，单位净收益提高1500—2000元。

一、聚焦产业赋能实施三大行动，提升高原农牧产品附加值

一是携手共建农牧示范园区。先后整合投入浙江省州园区培育、涉农、浙江援建、园区奖补等资金5850万元，与若尔盖县共同建设以“牦牛+牧草”为配套主导产业的“南湖—若尔盖”现代农牧科技示范产业园。截至2023年年底，园区已建设规模养殖场67个、智慧牧场40个，组建诺尔宗合作总社（分社）34家，招引曙光牧业、高原之宝等16家龙头企业，形成了“政府、园区、企业、合作社、家庭牧场”一体化协同发展利益联结机制。

二是协同推动农牧科技创新。围绕推动畜牧产业发展和生态保护并举，先后与浙江大学、浙江农林大学等高等院校达成合作协议，组织博导团队入驻农牧科创

* 推荐单位：浙江省发展改革委。

园，开展驻点帮扶，实施技术攻坚，因地制宜引入东部成熟的养殖技术、优质种源、市场理念，创新研发轮牧、圈养、补饲“三结合”顺势养殖技术。

三是协力促进全域示范带动。制定出台奖补政策，明确示范牧场标准、示范户评定程序、奖补标准，累计兑现奖补资金 2144 万元。联合县、乡、村三级畜牧技术人员组建 60 余人的技术指导服务队，分批分块向全县 9 个牧区 57 个村提供“三结合”养殖示范培训和牧业技术指导 20 余场，惠及牧民 11300 余人。依托对口援建资金，鼓励引导园区合作社采取“主体+基地+农户”的发展模式，优先吸纳低收入农户入社劳动，人均工资高出全县水平约 12%。

二、聚焦畅通渠道打通三个环节，拓展对口消费帮扶新路径

一是做优本地展销始发站。南湖区驻若尔盖县帮扶工作队与若尔盖县邮政分公司进行深入合作，结合当地农村群众用邮需求，迅速摸清若尔盖农特产品分布及现有销售模式。依托邮政物流网络和运输渠道，为农牧民提供“融资+运输+销售+配送”综合服务，打通农牧产品进城的“最后一公里”。以本地牦牛肉和藏绵羊肉等农特产品为重点，开展“云助农”直播带货活动，采取直播、团购、分销等方式助力农特产品出县、出川。协调县相关部门组织实施“川工带川货”活动，加强与当地农业合作社、家庭农场的合作，落实帮销补贴，增强农牧民参与消费帮扶的信心。2023 年以来，全县累计在邮政平台线上实现销售额 1013 万余元。

二是构建快速物流直通车。针对因若尔盖海拔高、与南湖区距离远导致的农产品运输时间长、成本高且保质期短等问题，采取“两地仓”的形式，引导辖区优质商贸物流企业赴若尔盖县投资，在两地同步搭建购销站点，构建东西双向循环格局，协助若尔盖开展高原牛羊肉采购、加工和包装等工作。发挥“基地建设+冷链物流+市场渠道”的作用，通过冷链车直接配送若尔盖优质农牧产品至南湖区市场销售，实现“点对点”直购直销，打通从田间地头到百姓餐桌的绿色通道。

三是实现市场对接零距离。采取政府支持与市场运作相结合的方式，在嘉兴市中心开设若尔盖“藏文化”农特产品展销中心，引入藏族创业青年管理运营，展销若尔盖藏香、青稞酒、牦牛肉等农特产品。依托历史街区节假日丰富的游客人气，开展藏系文化体验活动，扩大藏系产品文化的影响力和知名度。在大型企业、

商超综合体设置消费帮扶专柜，销售帮扶地区农特产品。2023年，创新联动嘉兴市新闻传媒中心推出智慧消费平台“点点饭卡”，通过绑定机关、企事业单位食堂饭卡，签约入驻对口消费帮扶企业的方式，拓宽公众参与消费帮扶渠道。

三、聚焦品牌塑造发挥三方作用，打响高原农牧产品知名度

一是发挥市场主导作用。增强市场主体信心，每年预留财政预算单位、国有企业单位食堂采购份额10%，优先采购若尔盖县消费帮扶产品，激励辖区企业发挥自身优势，赴若尔盖开展帮销。依托若尔盖县科创农牧园区，引入“高原之宝”“海拔三千”等第三方购销品牌，助力推动牧业标准化建设，提升当地农牧产品质量。在南湖区采取“单位采购+个人消费”相结合的方式，持续引导机关、企事业单位、社会组织和爱心人士积极参与消费帮扶。

二是发挥专题宣传作用。结合国家发展改革委组织开展的“消费帮扶新春行动”“消费帮扶金秋行动”等活动，每年组织对口帮扶公益展销、藏文化体验活动10余场次。2023年10月，嘉兴市南湖区与四川若尔盖县两地党委政府联合举办“嘉若一家亲，同心叙精彩”感恩走亲回访暨文旅招商推介会，携手开展情景剧串联表演，在活动现场搭建“若诗若画若尔盖”特色农牧产品体验专区，通过展示若尔盖非遗、文创、农特产品，让嘉兴市民深入领略高原藏区独特的风土人情。

三是发挥主题活动作用。集成“浙里来消费·南湖消费节”、南湖“3+X”系列主题消费节、南湖金秋购物节等系列节庆活动，结合嘉兴市民冬季饮食习惯，连续4年策划开展“南湖—若尔盖”羊肉节，引导辖区内餐饮协会等社会组织赴若尔盖县采购藏系羊肉，年采购额均超百万元。每年组织餐饮主体开展藏系菜谱“大比武”，吸引众多大厨参与、主流媒体宣传，营造了浓厚的社会帮扶氛围。

山东·重庆"双向奔赴+内延外拓"打造东西部消费帮扶新模式*

案例单位:山东省商务厅、重庆市商务委员会

近年来,山东省、重庆市积极推动巴渝好物进齐鲁、齐鲁好品进巴渝"双向奔赴",实现由单向"消费帮扶"向双向"消费协作"转变,并通过"鲁渝消费帮扶+",向内实现延展,向外实现拓展,全面、全域、双向拓宽农特产品销售渠道。2023 年 1—11 月,山东直接采购、帮助销售重庆农特产品 23.72 亿元,重庆直接采购山东水果、蔬菜、肉类、粮油等农产品 13.67 亿元。

一、推动"巴渝好物进齐鲁",拓展重庆农畜产品山东市场

(一)开展"帮扶直销"

充分利用财政预算采购脱贫地区农产品政策、"万企兴万村"消费帮扶政策,面向山东机关企事业单位、民营企业开展重庆脱贫地区农特产品展销活动,建立定向采购合作机制。

(二)开展"专柜专销"

利用山东 14 个地市结对帮扶重庆 14 个区县机制,在山东商超、市场等设立鲁

* 推荐单位:山东省发展改革委。

渝消费帮扶专区、专柜、专馆，扩大重庆脱贫地区农特产品知名度、销售面。潍坊市建立东西部协作精品特产馆、成立鲁渝人家商贸公司团购中心、设立亿家安市场协作专销区等多方式搭建对接平台的成功做法，鲁渝东西部消费协作培训班专门安排实地考察，进行推广学习。

（三）开展“展会助销”

先后在山东举办重庆柑橘进山东专场推介、鲁渝消费帮扶产销对接大会、“渝货进山东　共筑山海情”节庆展销活动，组织重庆企业到山东参加第二十届中国国际农产品交易会、中华老字号（山东）博览会、山东外贸优品展销会，有关区县相继组织企业到山东参展办展，不断开拓山东市场。

（四）开展“电商帮销”

引导鲁渝电商平台加强合作对接，推动重庆产品上线山东电商平台，邀请重庆企业参展山东（济南）电子商务产业博览会，协同打造了万州烤鱼、奉节脐橙、巫峡粉丝、城口腊肉、丰都麻辣鸡、酉阳茶油等30余款优质网货产品。

（五）开展“典型带销”

深入挖掘鲁渝两地政府机关、商贸企业、社会团体在鲁渝消费协作方面探索出来的好做法、好经验，进行通报表彰、复制推广。重庆市商务委、山东省商务厅、重庆市乡村振兴局、山东省协作重庆干部管理组联合发布2023年鲁渝消费协作案例。

（六）开展“文旅联销”

创新启动“十万山东人游重庆”“十万重庆人游山东”等“双十万”系列活动，开通济宁—万州、日照—黔江、青岛—黔江、济南—武隆、烟台—巫山5条旅游航线，开设“从沂蒙精神到红岩精神”鲁渝协作红色专列，游客数量突破200万人次、旅游收入达50亿元。

二、引导“齐鲁好品进巴渝”，实现鲁渝消费帮扶双向协作

（一）实行“重庆市场+山东基地”

发挥山东农业大省优势，借力重庆国际消费中心城市建设契机，挖掘重庆消费市场，积极引导双福农贸城、重百、永辉等企业在山东建立采购基地。2023年烟台海洋牧场优势产品宣传推介会在重庆举行，签订采购意向合同近2亿元。

（二）实行“重庆餐饮+山东食材”

重庆市主动将山东食材融入重庆餐饮产业链、供应链。山东济宁金乡、临沂兰陵大蒜每年在重庆销售数亿元，是重庆火锅的重要配料。将重庆市万州区烤鱼品牌优势与山东省微山湖四鼻鲤鱼国家地理标志产品优势进行深度融合，打造出集繁育、生产、加工、营销为一体的万州生态鲤鱼全产业链。

（三）实行“重庆展会+山东产品”

发挥重庆地处“一带一路”和长江经济带联结点及西部陆海新通道优势，支持山东参加第五届中国西部国际投资贸易洽谈会、第二十一届中国西部（重庆）国际农产品交易会，邀请山东参加川渝农批市场2023年川渝农批市场联盟产销对接大会，帮助山东产品进入重庆市场、开拓西南市场。

（四）实行“重庆直销+山东专馆”

创设巫山烟台馆、秀山德州馆、云阳威海馆等鲁渝消费协作专区、专柜、专馆，常年展销山东、重庆特色农产品近万种，推动双方农产品进超市、机关、学校、高速公路服务区，山东省烟台苹果、德州扒鸡、鲁花花生油等500余种商品及30万吨农产品在渝畅销。

（五）实行“重庆平台+山东产业”

国家生猪市场是2013年农业农村部批建的我国首个、迄今为止唯一一个国家

鲁渝协作 德州展馆

图片来源：山东省商务厅、重庆市商务委员会供图。

级畜禽产品大市场，在山东部署的唯一省级运营平台——国家生猪市场—山东交易市场于2023年6月11日在山东肥城开市，力争通过3—5年的努力，实现生猪年交易量400万头以上。

三、通过"鲁渝消费帮扶+"，创新全面全域消费帮扶模式

（一）创新"鲁渝消费帮扶+鲁渝全域"

打破山东14个地市与重庆14个脱贫区县"一对一"结对帮扶的局限，新增了"重庆+青岛""重庆+菏泽"，切实做到"山东+重庆"全域协作。重庆梁平区与山东菏泽市商务部门实施鲁渝电商"星火工程"，推动山东淘宝村与重庆乡村振兴重点帮扶镇、村对接。借助山东建设自贸试验区、中日韩地方经贸合作示范区和出海口的优势，山东济宁—重庆万州开通江河联运航线，山东泰安帮助重庆巫溪建智慧机场，创新形成"鲁渝+海外市场"的消费帮扶模式。

（二）创新“鲁渝消费帮扶+山东其他协作支援地区”

重庆牵头建立了西部地区 12 个省（自治区、直辖市）消费帮扶协同发展机制，重点对接山东支援协作的西藏日喀则、新疆喀什、青海海北州，以及甘肃临夏、定西、陇南等地，形成了以山东为纽带，消费帮扶“重庆+甘肃”“重庆+疆藏青”的西西协作模式。2023 年，邀请山东协作支援地区参加重庆商务援藏消费帮扶“五进”专场推介活动、2023 年川渝农批市场联盟产销对接大会、第五届中国西部国际投资贸易洽谈会等展会活动。

渝藏合作同筑梦　藏品入渝共发展

图片来源：山东省商务厅、重庆市商务委员会供图。

（三）创新“鲁渝消费帮扶+其他帮扶重庆机制”

发挥山东上连“京津冀”、下连“长三角”、外连东北、日韩等海外市场的独特优势，将东西部协作帮扶机制与中央单位定点帮扶、三峡库区对口支援等其他帮扶机制相结合，推动重庆脱贫地区农产品走进沿海、走向海外；重庆、山东、北京共同举办以“重庆甄选，礼见京鲁”为主题的“渝货进京”暨消费帮扶展销对接活动，共同参加在江苏举办的 2023 年全国农商互联暨乡村振兴产销对接大会，创新形成“鲁渝+京津冀+长三角”消费帮扶模式。

实施“一三七”帮扶举措 助力山东东西部消费协作提质升级*

案例单位：山东省济南市发展改革委

2023年以来，济南市和协作地区依托市场合作，突出重点领域，通过健全“一”整套协作机制，强化“三”大帮扶举措，拓展“七”大市场通道，持续扩大社会帮扶“朋友圈”，不断延展消费协作广度和深度，取得了积极成效。2023年，结对帮扶的甘肃临夏州、重庆武隆区农特产品累计实现销售金额10亿余元。

一、画好“同心圆”，健全“一”整套消费协作机制

市委常委会、市政府常务会将消费帮扶工作纳入议事日程，以市委、市政府正式文件的形式下达年度消费帮扶任务，明确工作重点，压实责任分工。统筹商务、农业、工会等13个部门直接参与消费协作工作，压紧压实11个结对区消费帮扶任务，建立起“13+11”的消费帮扶体系。围绕推动消费协作，多次召开专题会议进行研究部署，开展互访对接100余次，深入调研、全面摸清协作地区特色优势和所需所能。

依托协同高效的帮扶机制，济南市党政机关发挥出明显的带头作用。市总工会积极动员全市工会系统，将协作地农特产品纳入工会福利采购范畴；市机关事务服务中心采购临夏州牛羊肉、武隆区辣椒产品进入机关食堂；市财政局动员全市财政预算单位食堂，采购协作地区农特产品；市供销合作社动员济南茶叶市场，采购

* 推荐单位：山东省发展改革委。

武隆地区特色茶叶；市地方金融管理局积极组织驻济南各大金融机构开展消费帮扶活动。

二、铺就“高速路”，强化“三”大帮扶举措

一是锚定所需所能，搞好精准指引。深入挖掘帮扶地区量大质优的特色食品及种养加比较优势企业，编印《特色农产品及企业推介名录》，提供精准服务指引。搭建全市与支援协作地区企业家联络微信平台，260余家种养加企业、物流、批零、金融、融媒体、商务等行业部门、企业单位加入，累计提供消费帮扶政策信息咨询和商品、物流、金融供求信息服务2600多个（次）。

二是坚持问题导向，降低流通成本。物流难物流贵，是消费协作工作的主要难点堵点。为此，济南市会商临夏州出台《促进东西部协作产业发展若干政策措施（试行）》，明确了产品采购、物流运输补贴等消费帮扶政策，进一步强化政策支持。先后组织召开物流企业降本增效专题座谈会等相关会议4次，引进兰州陆康、山东百通等物流企业，招引普洛斯合作运营云仓配智慧冷链物流项目，积极推进临夏综合物流园、广河三甲集物流园、永靖商贸物流产业园等项目建设，有效弥补了物流短板弱项，济临物流单价比2021年前下降了近四成。

三是立足消费帮扶，增进民族团结交融。济南市帮扶地区多是我国少数民族聚居区。近年来，济南市注重在消费帮扶工作中落实民族政策，建立起稳定、紧密、互利的利益联结机制，努力提高少数民族群众在农产品生产和销售等环节中的参与度，民族特色食品、手工艺品、民族文化借力东西部协作与对口支援工作机制加速走向东部市场，带动数十万少数民族群众受益增收。依托消费协作和经贸往来，东西部人文交流日益紧密。

三、奏响“交响曲”，拓展“七”大市场通道

一是强化流通，厚植中心市场。在舜耕国际会展中心建成济南市东西部消费协作展销中心（总馆），在加大总馆集散能力的同时，在各区设置消费帮扶门店10余个，协调临夏州有关部门和企业，在省内济宁、德州、青岛、潍坊等周边城市布局

农特产品消费专馆、专区近20个，吸引近百家支援协作地区企业的产品入驻。

舜耕国际会展中心的济南市东西部消费帮扶展销中心

图片来源：山东省济南市发展改革委供图。

二是品牌赋能，撬动高端市场。借助济南现代农业产业优势，向支援协作地区引进大棚蔬菜种植、鲁中肉羊、莱芜生姜、花叶苔菜、章丘大葱等优特农牧品种40余个，提升了帮扶地区优质农产品供给能力。帮助临夏州认证甘味品牌6个、地理标志农产品3个、无公害农产品30个、绿色食品66个，有机认证28家。

三是借力借势，强化会展营销。依托济南会展优势，组织帮扶地区供货商常态化参加济南市地产品交易会、电商博览会、北方消博会、山东糖酒会等展会近30个。连续3年成功举办济南市东西部协作与对口支援地区农特产品展销周系列活动，帮扶地区参展企业现场成交额达2000余万元。

四是电商带动，开拓新兴市场。在济南槐荫区、商河县电商基地设立帮扶地区实训基地和电商直播间，在山东自贸试验区济南片区建成出口商品集结中心、跨境电商孵化基地。临夏消费帮扶App嵌入齐鲁工惠App，临夏道地药材被纳入山东省互联网医保大健康服务平台和山东扁鹊中医药健康产业集团采购名录，在抖音、快手等10多个平台开设帮扶地区农特产品专馆专店。

五是全面布局，深耕美食市场。定期开展帮扶地区美食节等特色活动，在全市建成帮扶地区美食餐厅600多家，带动当地群众就业3000余人，在济餐厅每年在原产地采购原材料过亿元。在临夏州投资设立穆聚斋清真食品、惠发食品、乐羊羊等食品加工企业，助力帮扶地区打造提升美食产业链。

六是党政带头，巩固集采渠道。近年来，全市各级预算单位食堂食材采购预留脱贫地区产品份额 5490 万元，实际完成 7525 万元，完成比例为 137%。驻济各级党政机关、事业国企工会采取“以购代捐”“以买代帮”等方式，在食堂采购、节日慰问品采购、各类活动奖品发放时优先使用协作地产品，集中采购基本盘得到巩固提升。

七是加强协作，拓展旅游市场。济南市文旅部门与帮扶地区签订《共建共享旅游资源市场合作协议》，助力“花儿临夏”“天地大美武隆”旅游品牌建设。多个旅行社之间达成送团协议。出台门票互免政策，国有景区双向免费开放。财政补贴开通济南遥墙—武隆仙女山机场直飞航线，2023 年利用新媒体矩阵推送帮扶地区文旅图文 76 篇，济南籍游客赴支援协作地区旅游达 20 余万人次。

聚力“六个一”产业布局 打造鲁渝消费帮扶“济宁模式”*

案例单位：山东省济宁市发展改革委

近年来，济宁市与重庆市万州区密切协作，在持续深耕三大特色协作产业的基础上，依托两地农特产品、文化旅游、港航物流等资源禀赋，拓展打造三大新优势协作产业，着力推动形成“六个一”的协作产业布局。2019 年以来，助销特色产品累计达到 3.8 亿元。

一、做强“一只鸡”

投入鲁渝援助资金 2330 万元，引入山东金秋农牧科技股份有限公司携手万州本地企业注册成立鲁渝农牧科技重庆有限公司，在万州区建成汶上芦花鸡国家级保种场、500 亩数字化养殖示范园，以及产品研发生产中心，引进中国农业大学在万州龙驹镇建成重庆首个家禽产业教授工作站，开发芦花椒椒鸡、卤香鸡、椒麻鸡等 9 款系列食品，链接京东、美团、盒马鲜生等销售渠道，助力健全完善芦花鸡产业链、供应链、价值链、利益链，形成了年产 3000 万枚鸡蛋、500 万只出壳苗、年出栏 50 万只、年加工 30 万只山地芦花鸡的产能规模，年产值达到 1 亿元以上。创新推出托管代养、消费领养、社会认养、区域联养、分户散养“五养新模式”，健全农户利益联结机制，带动 2000 余户养殖户年均增收 1 万元。2019 年以来，助销芦花鸡白条鸡、出壳苗、脱温苗、芦花鸡蛋、芦花椒椒鸡等特色产品，累计达到 3.8 亿元。入选全国东西部协作典型案例。

* 推荐单位：山东省发展改革委。

二、做大“一条鱼”

立足万州“中国烤鱼之乡”的巨大市场需求，协助引进济宁“微山湖四鼻鲤鱼”，投入援助资金 1380 万元在万州长滩镇建立生态渔业示范基地，加速生态养殖规模化、标准化发展。引进“江来好”（重庆）食品公司在微山县合作建设“万州烤鱼飞地园区”，形成了集育苗、养殖、加工、销售、培训为一体的生态渔业全产业链条，共同开发北方销售市场。在万州创建“万州烤鱼师傅”国家级劳务品牌，培训济宁餐饮人才 50 余人，在济宁开办“万州烤鱼师傅”品牌示范店 5 家，推广“重庆风味”，丰富济宁百姓的“舌尖文化”，拉动内需消费。2022 年实现年繁育微山湖四鼻鲤鱼 300 万尾、年加工烤鱼产值近 8000 万元，培训烤鱼技师 320 人。

三、做优“一包药”

围绕打通济宁和万州两地中药材产业合作链条，研究制定《济宁市加强东西部中药材产业合作实施方案》，形成供需“两张清单”，确保精准对接。加强市场主

在万州区建成鲁渝协作中药材（柑橘）加工产业园

图片来源：山东省济宁市发展改革委供图。

体培育，推动山东鲁抗三叶集团、山东康源堂药业等企业在万州投资兴业，建设鲁渝协作中药材（柑橘）加工产业园、兽药中间体、中药饮品加工厂等援建项目，发展“中药材+”多业态融合模式，助力打造三峡地区道地中药材“种植、检测、销售、深加工、院内制剂”等五大中心。截至2023年年底，累计投入中药材领域援助资金达600万元，协助发展中药材示范基地6处。截至2023年10月，助销中药材193.8吨，金额达1077.15万元。

四、丰富“一盒农产品”

坚持在“土特产”上做足文章，累计安排鲁渝消费帮扶补助资金350万元，举办济宁、万州商务对口协作暨万州农特产品展销会、万州区农特产品（济宁）推介会、“鲁渝一家亲”万州农特产品展销会等展销推介活动7场，万州农特产品达成购销协议500余万元。举办“山海同心·济万同行”直播带货活动，投资在济宁设置万州区消费帮扶专馆3个、消费帮扶专柜2个。截至2023年年底，互销农特产品达到50余种，2023年万州区累计销往山东农特产品8715万元。

在济宁建成东西部协作消费帮扶专馆、专区

图片来源：山东省济宁市发展改革委供图。

五、拓宽“一条文旅线”

开通济宁—万州直飞航班，举办“儒风巴水渝见济宁”旅游推介会，打造“来济宁品读三孔·到万州畅游三峡”精品旅游线路，在景点开发、线路推广、游客推送、产品开发等方面，有针对性地研究制定双向文旅优惠政策，两地年往来游客达2万人次。在重庆万州区打造“乡村旅游+”示范村，在万州挂牌山东省外第一家“孟子学堂”，相互举办“政德教育”“三峡移民红色基因”培训，2023年培训万州干部7期771人，培训济宁干部4期210人。在万州电视台设立“济万联线”、济宁电视台设立“东西协作、情系万州”专栏，两地电视台、公众号免费互播两地文旅宣传片，以“济宁美食美景”“万州好吃好玩”共促文旅发展。

六、开通“一艘商贸船”

抢抓济宁内河航运上升为省级重大战略机遇，发挥济宁万州临河滨江优势，聚焦“亿吨大港、百万标箱、千亿产业”，推动济宁能源集团深入对接合作大宗物流贸易，找货源、通贸易、畅路径，制定“航线、货物品种、联运方式”三张清单，着力打造以粮食运输为主、煤炭运输为辅的特色精品航线，构建长江—京杭大运河“江河联运”物流大通道。2023年10月15日，山东省委书记率团赴万州出席济宁—万州江河联运航线通航仪式，实现每年互相发运货物1.2万标箱以上、沿线运输货物30万吨以上的，相比铁路运输，节约20%—30%的运输费用，开辟了鲁渝商贸合作新空间，拓展了鲁渝消费帮扶的新通道。中央电视台进行专题报道。

消费帮扶暖人心　助农增收促振兴*

案例单位：河南省中原双创实业发展有限公司

河南省发展改革委借鉴北京消费帮扶双创中心的模式，搭建河南省对口援疆、豫京对口协作成果展示窗口和消费帮扶平台，不断深化"1+3+N"的运营模式，形成"电商+龙头企业+品牌"的全新帮扶生态。目前，河南展厅已入驻企业108家，入驻产品710余种，涉及28大类86小类，总计销售额达8.6亿元。

一、饮水思源情系丹江，北京消费帮扶河南

2019年1月，河南省发展改革委推动北京双创中心河南展厅建设，由河南渠首印象贸易有限公司具体负责河南展厅的运营。河南展厅以"爱心北京·消费帮扶"为主题，不断拓宽帮扶产品营销渠道，帮助贫困户增收脱贫，有效推进乡村振兴。

（一）联合推出"消费帮扶爱心卡"活动

在北京支援合作办的指导帮助下，会同北京银行开通工会会员互助服务卡消费帮扶功能，积极探索银企合作助推消费帮扶新模式。

（二）开展"吃水不忘挖井人"主题活动

筛选具有代表性的河南产品，先后进入北京市委、人大、政协、财政、发改等机关食堂，以及丰台花园、方庄、卢沟桥等86个社区展示展销水源区特色产品，组织

* 推荐单位：河南省发展改革委。

活动120余场，得到了广大干部群众的认可。

（三）开展“饮水思源、情系丹江”主题月活动

持续组织水源地六县开展主题月展销活动，为各县参展企业在京推广品牌提供助力，为六县特色产品进京建立稳定平台。

（四）为南水北调水源区特色农产品设立展柜

以“印象渠首、老家河南”为主题，集中展示展销南水北调水源地六县优质特色农产品。

（五）参与组织宣讲“南水北调精神”党建活动

把党建与消费帮扶相结合，形成“党建+消费帮扶”的模式，并且还充分结合了北京市金融优势，形成了“金融+消费帮扶”的模式。引导党员干部采用“以购代捐”“以买代帮”的方式参与消费帮扶，党建活动受到各级领导和社会各界的关注、支持。

二、河南双创中心应运而生，豫京豫新消费帮扶再创佳绩

河南双创中心借鉴北京双创中心的成功运营模式，以“消费帮扶 · 产业双创”为主题，通过传统产销对接、双创拓展、市场培育，不断深化“1+3+N”的运营模式，形成“电商+龙头企业+品牌”的全新帮扶生态。2023年10月建成试运营以来，入驻企业226家，上架产品900余种，累计采购销售消费帮扶产品价值突破600万元，有效推进了支援受援地区乡村振兴。

河南双创中心消费帮扶展览展销大厅以“爱心帮扶 · 情暖中原”为服务宗旨，是以支援受援地区特色产品营销为服务主题的综合性展览展销中心，是开展特色产品专项展销会、品牌推广活动、新品发布会、好物推介沙龙、网络直播带货活动、网络直播技能培训，培育孵化支援受援地区知名企业产品品牌的基地。

（一）展馆展销和多媒体宣传推广活动

利用展厅LED大屏幕、微信公众号、微博、抖音、小红书、视频号、快手等新媒

体宣传方式进行宣传推广哈密的特色产品和文旅，通过文字、图像、视频、直播等形式更直观、更立体地宣传推广帮扶地区的特色产品与自然风光。

（二）特色产品进社区活动

组织开展“帮扶地区特色产品和文旅宣讲进社区”活动，不断提升帮扶地区产品品牌影响力，让郑州市民便利购买优质物美的特色产品。

（三）特色产品进食堂活动

组织开展“帮扶地区特色产品进食堂”活动，以现场展销推介、食材上餐桌、窗口特色展供三种主要方式推进帮扶地区特色产品进机关国有企业食堂、进学校食堂、进医院食堂。

（四）大篷车全省巡展活动

组织开展“帮扶地区特色产品大篷车进市县”活动，以现场布展及民俗表演等方式开展帮扶地区成果和当地文旅等消费帮扶活动，以文旅融合的方式开展特色产品展示展销，不断提升帮扶地区产品和帮扶地区企业在河南省域的知名度。全年巡展市、县 50 个以上，巡展天数累计 500 天以上。

消费帮扶豫见金叶便利示范店

图片来源：河南省中原双创实业发展有限公司供图。

（五）金叶便利店帮扶地区特色产品专柜

与河南省烟草强强联合，建立长效合作机制。计划在河南省内 30 多万家金叶便利店设立消费帮扶特色产品专柜，用于销售帮扶地区特色产品。首期计划在郑州市设立 30000 家金叶便利专柜。

河南双创中心坚持以消费帮扶、政策帮扶、人才帮扶、技术帮扶、资本帮扶为手段，通过结对共建、资源共享、优势互补等方式，充分发挥豫京豫新消费帮扶双创中心作为省级消费帮扶平台的优势，组织帮扶地区特色产品在河南省开展展示展销活动，为帮扶企业在河南省推广品牌提供助力，走出一条政府搭台、企业唱戏、群众受益的全面推进乡村振兴发展之路，为支援受援地区导入创新资源，实现商品增值、市场拓宽、产业赋能、发展提质增效。从摆脱贫困到全面推进乡村振兴，从全面建成小康社会到全面建设社会主义现代化国家，走过千山万水，仍需跋山涉水。新征程上，河南双创中心将继续踔厉奋发、笃行不怠，用实际行动助力受援地区巩固脱贫攻坚成果，用奋斗的激情书写乡村全面振兴新篇章！

一枚小鸡蛋撬动一个大产业*

案例单位:广州市协作办公室

近年来,广州市先后与贵州黔南州、毕节市、安顺市建立东西部协作关系,组成数百个企业、千名骨干、万人团队的消费帮扶联盟队伍,打造“一站、十批、百馆、千店”联盟力量体系,广泛开展“千万市民助消费”“百万老广游贵州”活动。

2021 年以来,累计销售帮扶产品超 700 亿元。目前贵州鸡蛋抢占了广州市场的 1/5,在广东市场年销量超 10 亿元。

一、整合资源、拓展销路,以销促产破解价贵难题

一是整合资源强保障。整合对口协作两地政府、消费帮扶联盟企业等相关资源,收集产供销产业链存在问题,定期组织毕节、黔南、安顺驻广州办事,前方工作组,联盟企业召开碰头会,从产能、运输到仓储、销售逐个环节打通,逐个问题解决,集中力量确保稳定优质的鸡蛋货源到广州及大湾区市场。同时,通过聚约资源促成规模化效应,通过市场稳定的订单倒逼生产,通过产销直通降低中间环节的成本。

二是多位一体促推广。线上电商、线下商超、专馆专柜专区、银行、媒体、政府等优势资源同步开展推广活动,形成多位一体的帮扶格局。建设银行把“龙支付”的推广使用与贵州鸡蛋的销售最优结合,启动 200 多个营业网点推广,第一个月就推出贵州鸡蛋超 10 万盒;农业银行推出消费帮扶爱心卡,开展买 600 元送 300 元优惠活动;市总工会组织了系列“工惠行”活动,引领广州 300 多万工会会员购买

---

* 推荐单位:广东省发展改革委。

经济 10 2023年11月29日 星期三 人民日报

从一枚鸡蛋看消费帮扶

广东广州探索东西部协作新机制，助力贵州农产品走进大湾区市场

便民办税“实时在线、随身随行”

湖南澧县积极发展装配式建筑

济南长清区推动产学研融合

《人民日报》专设报道（图）

图片来源：广州市协作办公室供图。

帮扶产品尤其是贵州鸡蛋；专馆专柜、各大商超开展促销推广，进一步积攒群众口碑，扭转贵州鸡蛋“虽好却贵”的刻板印象。

三是线上线下齐发力。线下，钱大妈、华润万家、广东胜佳、西亚兴安、小鲜驿站、掌鲜等上千家连锁门店上架贵州鸡蛋；线上，京东、淘宝、拼多多、唯品会、建行善融电商平台、各专馆等电商平台上线贵州鸡蛋。各单位工会优先采购贵州鸡蛋，广州消费帮扶构建的大分销体系全线展开、全面保障，销量快速提升，推动贵州鸡蛋迅速占领广州市场。

二、创新模式、构建体系，提升市场的核心竞争力

一是加强重点扶持。广州市先后与贵州黔南州、毕节市、安顺市建立东西部（扶贫）协作关系以来，共投入东西部协作财政资金7160万元用于支持蛋鸡养殖项目28个，扶持企业16家。如黔南州长顺县绿壳鸡蛋成为“长顺四宝”之一，中国国家地理标志产品——长顺绿壳鸡蛋产业已成为亿元产业，带动新增就业1000余人、养殖农户年人均增收6000余元；独山县在鸡蛋产业上投入资金1230万元，建设5个项目，扶持2个企业。

二是壮大生产规模。贵州金西生态农业有限公司在赫章县修建了养殖规模为70万羽的水塘马圈岩蛋鸡养殖场、养殖规模为120万羽的平山蛋鸡养殖场、养殖规模为150万羽的双坪蛋鸡养殖场，养殖场均采用行业先进成套全自动化蛋鸡养殖设备进行养殖。黔南州长顺县抓住当地特色绿壳蛋鸡种源，发展林下蛋鸡繁育养殖，打造长顺绿壳鸡蛋国家地理标志保护产品特色品牌。如今，该县建成了规范化的种鸡养殖、孵化、育苗的扩繁生产线，年产500万枚种蛋、400万羽鸡苗，绿壳蛋鸡养殖达100万羽，年产绿壳鸡蛋5000万枚，综合效益达1.5亿元，实现了从特色资源到优势产业的转变。

以公益广告形式大力开展贵州鸡蛋品牌推广

图片来源：广州市协作办公室供图。

三是创新运营模式。毕节市赫章县采取“国有企业+技术团队+脱贫群众”的运营模式，通过国有平台公司购买技术管理服务的方式，委托技术企业在养殖、管理、销售及成本控制等方面全程提供服务，引进柳江畜禽、海雀生态优秀养殖技术团队，实行统一供料、统一防疫管理、统一喂养。毕节纳雍县沙包镇蛋鸡养殖基地在贵州纳雍黔湖农牧有限公司管理运营下，对选种、防疫、进料等生产环节严格把控，通过智能化养殖系统科学饲养，确保产量和质量，热销粤港澳大湾区市场。

四是品牌引领市场。毕节市赫章县以提升产品质量、打造品牌文化为目标，开拓的“海雀”“阿西里西”等品牌，因其“品质佳、口感上乘”获得了广大消费者的青睐。与钱大妈强强联手，开展深度合作，从饲料搭配、科学管理、标准化生产、严格检测等源头品控开始，打造72小时内送达门店的物流仓储保障体系，用心用情打造一款食五谷杂粮、饮高原山泉的“贵州五谷蛋”，讲好一颗好蛋的背后故事。

三、政府主导、群众参与，助农惠民强企协同发展

一是示范引领百亿产业发展。贵州省蛋鸡起步于2004年，由于缺乏龙头企业的支撑带动，从2017年起，便将生态家禽产业列为全省主要特色优势产业来抓，先后研究出台了支持家禽产业发展的三年行动方案和产业发展规划，制定了产销对接、银行贷款、保险期货等一系列的政策措施，有力地促进了生态家禽产业的持续快速发展，引进培育家禽养殖龙头企业984家，其中国家级龙头企业2家、省级龙头企业65家，发展合作社1100多家。

二是就近带动十万农户致富。贵州毕节七星关区撒拉溪镇兴隆村兴联蛋鸡养殖场，50岁的村民顾怀竹每月工资有3000元，同时还是养鸡场的股东。一年前，她家日子还过得很艰难，丈夫患重病，两个孩子在外务工。养鸡场场长张永健劝她入股养鸡场，帮她贷了5万元入股，并到养鸡场务工。2023年年底，顾怀竹从养鸡场拿到了3万元分红，加上工资，年收入近7万元。

三是倒逼全产业链健康发展。小小的鸡蛋不仅引领了百亿元产业发展，还带动了稻谷、玉米、杂粮、蔬菜等周边农业的结构性发展，形成“产品带动产业、产业带动帮扶”的助农新模式（当前存栏近3000万羽的饲料需求）。同时，蛋鸡养殖带动包装服务、蔬菜种植、家禽屠宰、鸡蛋深加工、物流仓储等产业链得到有效延伸。

政企社“三位一体”激发消费帮扶新动能*

案例单位：四川省广安市

浙江南浔结对四川广安以来，始终坚持政府引导、社会参与、市场运作和机制创新，聚力“西货东送、川货入浙”，打造特色农产品品牌，延伸农业产业链条，全面拓展线上线下销售渠道，推动形成以市场机制为主导，政府、社会联动协同“三位一体”的消费帮扶新模式。销售特色农产品约8亿元，带动新增就业8300余人次，促进农民增收5000余元。

一、做好消费帮扶的具体做法及成效

（一）做实协作载体，构建消费帮扶体系

一是建立会商协作机制。南浔与广安商务部门搭建沟通桥梁，并建立与商务部的央地纵向协作关系，做到思路方案早谋划、目标任务早分解、工作内容早策划、发现问题早沟通，帮助解决广安消费瓶颈，构建顺畅的交流合作平台。

二是打造全产业链条。投入东西部协作资金3457万元，围绕龙安柚深加工，建成带式榨汁、铝瓶罐饮料生产线等8条和冷藏库2间、气调库3间，对龙安柚柚花、柚枳实、柚树枝条、叶片、柚果皮、柚囊进行烘干、粉碎等初加工，开发龙安柚精油、龙安柚饮料、龙安柚酱菜、柚子饼等深加工产品，深度挖掘农产品最大价值，提

* 推荐单位：四川省发展改革委。

升产品市场竞争力。

三是强化保障措施。制定电商销售扶持政策，引导区内电商企业、个体网商积极利用电商平台、新媒体等销售产品，争取南浔等地电商平台给予流量支持。建立双方消费协作机制，主动对接南浔等地农产品需求，依托广安特色资源，提升农产品质量。鼓励农产品生产、加工企业或专合社开展“三品一标”认证，引导区内企业积极申请商标，构建全链条农产品质量安全追溯体系和信用体系，提升产品竞争力。

（二）做优线上平台，拓展完善销售路径

一是培养电商人才。依托广安电商产业园培训基地，采用递进式人才培养方法，为广安电商产业发展培育专业人才。目前，两地联合组织开展专题培训56期，培训电商人才1600余人次，孵化优秀电商创业人才300余名，培育电商主体50余家，带动就业420余人。

二是做大电商平台。参与做好对口地区湖州消费帮扶馆开办，2023年6月开通政采云乡村振兴馆湖州消费帮扶采购馆，龙安柚果汁、良信小榨菜籽油等广安农副产品上线销售，收效良好。创新开展“国家商务帮扶+东西部协作”模式，依托国家级电子商务进农村综合示范县项目实施，建成村级电商服务点93个、依托邮政以及其他社会快递，乡村两级物流配送实现全辐射，实现脱贫村电商全覆盖。

三是推动直播带货。培育“四川金瑞智慧网络科技有限公司”直播账号，粉丝量31.3万人，该公司2023年网销农产品3000余万元。出台销售农产品物流补贴政策，以广安区电商产业园为载体，引进专业团队运营管理。引导农民、土专家、本地网红等到龙安柚、李子、杨梅、湖羊等基地开展直播营销，提升消费者对产品消费兴趣。

（三）做深线下通道，全面挖掘消费潜力

一是积极举办或参加展销会。利用东西部协作平台，组织特色产品赴浙江、上海等地参加展会活动，邀请广安区企业参加浙北超市招商会，帮助对接贝店、浙北超市等电商平台和商贸流通企业，打通对外销售渠道。2022年11月，在湖州举办“天府乡村”公益品牌产品推荐销售周暨2022年长三角地区农产品产销对接洽谈会，广安市携1000余件特色农产品参展，向湖州客商及市民展示推介。南浔区多渠道、多途径代销、帮销、包销广安区龙安柚等特色农产品70余款，通过浙江商贸

平台将广安区特色农产品销往全国各地,实现收益2000余万元。

二是构建产销“两地仓”。在广安和湖州两地分设产地仓和销地仓。依托广安市农发集团、广安鑫农公司等,建立直采直供的产地仓基地;依托浙江麦巴夫、湖州对口地区消费帮扶馆和南浔知味等,建立集中展示、集中销售的销地仓。引导广安龙头企业到浙江开设特产馆,把“金广安”(金广安酒、金色柚子、金色柠檬、金色皮蛋等)“金字”产品销往全国。向南浔等地的大型商超、农产品流通企业等主体积极推荐广安产品,将广安纳入其直供基地,建立长期稳定的直供关系。

三是定向采购帮销。借助端午节、国庆节等传统节日,采取“以购代捐”“以买代帮”等方式,主动向南浔等地的机关、国有企事业单位、金融机构、大专院校、社会组织,在同等条件下优先采购广安区农产品用于单位食堂和工会慰问,持续巩固消费帮扶成效。目前,南浔区累计定向采购广安区特色农产品850余万元。

二、做好消费帮扶的经验与启示

(一)品牌质量是核心

消费帮扶要长久发挥作用,不仅要有可靠的销售渠道,还要有满意的消费体验。广安建立农产品标准化体系,持续加强对产品质量监管,用制度保障产品的安全和品质,引导群众树立品牌意识,进一步提升消费者购买体验,把消费潜力变成乡村振兴推动力,增加消费帮扶的可持续性。

(二)龙头带动是关键

龙头企业在消费帮扶中发挥了中央处理器的作用,实现了“小农户”与“大市场”的迅速接轨、高效流通,是构建产销双赢消费帮扶机制重要的一环。充分发挥农产品生产加工和经营龙头企业的辐射带动作用,通过企业带办、能人领办、农户联办等方式培育产业化经营组织,组织农户全程参与生产、管理、销售各环节,将农户、农村更好地纳入消费体系。

(三)广泛动员是基础

南浔和广安两地各级党委和政府搭建社会参与平台,健全组织动员机制,充分发挥帮扶单位、联户干部的作用，广泛动员网络直播平台、企业、农户、干部积极参与，形成多元主体参与、多种形式推进的强大合力，共同推进协作消费帮扶，让更多群众享受协作帮扶红利。

“贵荟馆”汇聚力量 开启东西部协作新征程*

案例单位：贵州省商务厅

贵州省商务厅通过粤黔东西部协作助力，已在广东省布局建设广州、深圳以及对口帮扶协作城市东莞、惠州、佛山、中山6个贵荟馆。通过资金支持、产业帮扶、教育和技能培训、生态保护、融合发展等多方面的措施，在大湾区对接对口帮扶城市，建立贵荟馆并利用西部资源助推贵荟馆运营。截至2023年年底，各馆积极开展各类产销对接、招商撮合等线上线下活动，达成订单25770余万元，直接销售及带动贵州产品销售金额超8550余万元。

一、创新工作举措

（一）新模式，推动贵荟馆“标准化”建设

一是突出重点布局。围绕一线城市，东莞、中山等对口协作城市按照“一城一馆”进行谋划布局，项目均落地在当地繁华商业地段和业态成熟商圈。

二是突出功能定位。贵荟馆设形象馆展示厅、商务馆交易厅、投洽馆对接厅、协作馆合力厅、多彩馆国际厅，以“五馆五厅”为载体打造贵州珍品“大观园”、商贸往来“会客厅”、消费协作“帮扶地”、引资入黔“桥头堡”。

三是突出形象提升。省商务厅征集采购了“贵荟馆”统一设计方案，从整体风

* 推荐单位：贵州省发展改革委。

格和内部装修设计均体现时尚高端化，让人耳目一新，彰显了新时代开放包容的多彩贵州特色。

四是突出企业担当。通过竞争比选，遴选了一批有意愿、有资源、有实力的国有企业和个别民营企业作为贵荟馆项目建设运营主体，通过少量政府引导资金，撬动 3 倍以上的社会资金投入。

（二）新机制，推动贵荟馆“制度化”管理

省商务厅出台《贵荟馆省外仓项目管理办法》，按照“四个统一”，确保贵荟馆供应链、展示面、市场端及管理的科学性。

一是统一调度。政府层面，采取政策引导、绩效考核、激励扶持等方式，构建政府引导、市场主导、省市共抓、全社会参与的调度管理机制。企业层面，以贵州电商协会为主导建立经营主体协调机制，对贵荟馆的运营管理、质量标准等进行规范和约束，提高整体运营效率。

二是统一平台。选择电商云公司在广东承建的 4 个馆试行“线上贵荟馆”统一平台，根据自身业务需求进行定制和优化，完善服务，并逐步扩大到整个大湾区及全国的贵荟馆，掌控用户体验和数据。

三是统一选品。制定统一选品标准，建立贵荟馆品类目录库和供应链体系，定期进行市场调研，确保不同地区贵荟馆所选择商品符合统一标准和要求。

四是统一宣推。制定整体宣传方案，明确宣传目标、渠道、内容、时间，利用政府网站、政务微博、政务微信等官方渠道进行全方位宣传推广，提高贵荟馆的知名度和影响力。

（三）新业态，推动贵荟馆“市场化”运营

贵荟馆坚持以市场需求为导向，最大限度地贴近消费者，通过“四方联动”丰富了销售渠道，提高了商品销售量。

一是馆馆联动。建立贵荟馆品牌运营联盟，9 个贵荟馆共享产品供应和市场渠道，相互补台、相互借力在各大城市开展产销对接活动。

二是网地联动。依托“一码贵州”搭建线上贵荟馆，同步开展线上直播，邀请网红主播助力产品销售，实现目标顾客群通过线上平台将贵州产品“一网打尽”。目前 9 个贵荟馆线上馆已全部开始运营，合计上架商品 SKU 数量 2000 余个，销售额达 1900 万元。

三是三仓联动。统筹协调省内黔货云仓、贵荟馆省外仓、跨境电商海外仓联动发展，共享平台信息，支持建设 61 个海外仓，实现贵州出口商品在贵荟馆直发海外，构建贵品出山出海的省内、省外、海外三级供应链服务体系。

四是渠道联动。通过在贵荟馆开展招商引资、商务洽谈活动，集聚各方资源，放大渠道效益。对接央联超市等省外大型商超，实现贵州企业和产品的集团化营销、省内产品订单式生产。推动贵荟馆参与省内外促销活动，积极打造面向 B 端、C 端的全方位服务平台。

二、两地协作更稳定

贵荟馆·贵粤荟（广州馆）作为东西部协作桥头堡、粤港澳大湾区商贸往来的贵州会客厅和贵州珍品大观园，贵荟馆·贵粤荟（广州馆）开馆之日便迎来了贵州省党政代表团。

贵荟馆·贵粤荟（深圳馆）以西邦红酒培训基地为媒介，通过培训会、品鉴会、发布会展示旅游文化资源和风土人情，对接供港、供澳产品资源把贵州特色健康产品带出去，拓展海外市场以调味料和茶为主的外贸出口业务取得阶段性进展。积极宣传推介贵州中高端产品以及“贵字号”系列产品，打通上下游流通渠道，搭建多层次、全方位的基地生产和销售网络，逐步扩大市场份额，助推黔货出山出海。

三、消费帮扶更精准

贵荟馆·贵粤荟（惠州馆）以黔猪入粤为业务切入点，前期与惠州日日新农产品公司开展合作，已有共计 7227 头活猪进入惠州市场，实现营业收入 1377.92 万元。为拓展业务体量，由惠州中亿供应链管理有限公司作为销售主体，通过多种风控措施防控业务风险，推动各项业务开展，每天可销售 10 车约 20 万头活猪。

贵荟馆·贵粤荟（中山馆）依托西部资源，入驻企业达 150 余家，商品数达 2000 余个，其中包括非遗传承的工艺品，打破大湾区客户对传统贵州农特产品的认知度,其中刺梨系列产品、猕猴桃、贵茶、酱酒受到大湾区客户的青睐。

四、投资贸易更多元

贵荟馆·贵粤荟(佛山馆)在省商务厅和黔东南州商务局的指导下,通过东西部消费协作实现黔东南州农特产品销售93.17亿元,大大促进了当地社会经济的发展。佛山市商务局表示,希望通过推介会,积极推动双方特色产品贸易与交流。“让更多贵州优质农产品走进佛山、留在佛山。”

小玩具助力大消费*

案例单位：陕西省安康市

陕西省安康市借力苏陕协作，发挥人力资源优势，承接东部产业转移，倾力发展毛绒玩具产业，变扶资金为扶项目、引企业为兴产业。截至2023年12月底，全市在营毛绒玩具（织袜）企业共计807家（点），吸纳就业1.98万人，其中脱贫人口4429人，实现产值61.05亿元，全年消费帮扶13.64亿元。

一、做好消费帮扶工作的主要做法

（一）借船出海，组团促销

充分利用上海玩具展、广交会等各类会展平台广泛宣传推介，采取聘请组团上门拜访、举行合作恳谈会等方式，由市级领导带队，组成小分队，实施精准产销对接。先后在河北雄安、江苏扬州、广东东莞、浙江义乌等举行毛绒玩具专场活动，以不同方式宣传推介安康发展毛绒玩具产业支持政策和名优特产品。成功引进了扬州安贝斯玩具、东莞伟高、义乌超其特、宁波和帆、浙江海利、韩国德林国际等一批业内领军企业落户安康。与一批知名电商企业和文创公司达成合作，成为国内毛绒玩具产业荟萃之地，安康基本形成了产业链闭环。

在"毛绒玩具+文创"方面，积极开拓国内国际两个市场，北京冬奥会、成都大运会、杭州亚运会等重大赛事活动中的毛绒玩具吉祥物安康均有生产。安康市毛绒玩具企业与中国建设银行总行、中国航天、中国邮政、中国揽月工程达成合作，设

* 推荐单位：陕西省发展改革委。

计生产各具特色的毛绒玩具吉祥物。与央视联合开发 2024 年文创龙年吉祥物，并取得全球独家生产权、销售权。在“毛绒玩具+文旅”方面，推动毛绒玩具产业与生态旅游产业融合发展，开发设计了独具安康特色的形象 IP，探索实施了全国首家毛绒玩具主题机场建设，改造培育了两条毛绒玩具主题街区，组织编排了毛绒玩具主题巡游巡演系列节目，恒口示范区毛玩工业旅游基地成功入选国家工业旅游示范基地。在“毛绒玩具+科技”方面，以汉芯电子为代表的电动毛绒玩具在国内市场十分畅销，与西安交通大学合作开发人机智能交互毛绒玩具。“毛绒玩具+潮流”加快实施，米小点公司研发生产的毛绒潮玩盲盒一经推出，市场反应强烈。

（二）整链推进，全面保障

为保障毛绒玩具企业生产要素供给，紧扣毛绒玩具文创设计、IP 赋能、渠道拓展、打样转化、生产出口，在恒口示范区建设毛绒玩具文创设计中心、电商服务中心、产品发布展示中心、原辅料批发交易中心和物流中心“五大中心”，打造产业服务集成平台。规划建设陕西省安贝斯毛绒玩具产业链孵化园。招商引进 PP 棉和毛绒玩具面料生产基地，填补了安康及周边地区行业空白。坚持把品牌建设作为促进毛绒玩具（织袜）产业销售的重要抓手，进一步擦亮“安康——中国毛绒玩具产业新都”名片，安康市已连续举办三届中国陕西安康毛绒玩具创意设计国际大赛暨产业发展峰会，联合中国玩具与婴童用品协会共同举办中国毛绒玩具产业新都品牌大会。截至 2023 年年底，全市 800 余家毛绒玩具企业实现了毛绒玩具日产能 100 万只，成为全国重要的毛绒玩具加工和销售基地。

（三）优化配套，补齐短板

为畅通消费渠道，在物流方面，与上海港、西安铁路局等单位合作，联合打造“安康无水港”，开通了公铁海多式联运直达上海羊山港和“安西欧”中欧班列。与顺丰速运深度合作，建成安康新社区工厂物流分拨集散中心，开通安康至上海、扬州等地专线班车，实现“点对点”“门到门”的高效运转服务，力促物流成本大幅下降。开通常州至安康直航航班，打通直通长三角的“空中走廊”，为来安康投资发展的毛绒玩具企业家提供快捷通道。

（四）精准施策，靶向扶持

安康市对毛绒玩具产业从资金补贴、融资贷款、税收优惠、就业扶持、人才支持等方面给予大力支持。市政府设立了 1 亿元毛绒玩具文创产业发展专项资金,对前 100 家在安康注册企业法人证照,且符合一定标准的,给予每户企业一次性项目资金奖补 100 万元;连续 3 年每年安排 1000 万元,每年奖励前 30 户重点毛绒玩具企业;对企业生产经营场地租赁费、水电费按实际支出全额补贴,补贴期限为 3 年;配套建设"儿童之家""老人日间照料中心"等,切实解决员工的老人照料、小孩接送等问题,解决就业群众后顾之忧。6 年多来,整合各类资金超 5 亿元用于毛绒玩具企业厂房建设和装修,筹集 2.5 亿元用于毛绒玩具企业发展及各类补贴。

二、做好消费帮扶的工作经验和启示

第一,特色是促进消费帮扶的重要基础。安康承接毛绒玩具产业,不是济一时之困,而是解一世之贫,通过发展产业促进消费,是顺应新发展格局的应变之举,也是完成"输血帮扶"到"造血帮扶"的有益尝试。

第二,协作是推动消费帮扶的重要媒介。安康借力苏陕协作,发挥人力资源优势,承接东部产业转移,倾力发展毛绒玩具产业,变扶资金为扶项目、引企业为兴产业,促进了东部市场、技术、品牌资源与安康人力、生态资源优势互补和优化配置,实现了产业错位、共同发展、互利双赢,体现了"你中有我、我中有你"的东西部产业协作新机制。

第三,品牌是维系消费帮扶的重要保障。随着"中国毛绒玩具产业新都"称号的命名,央视吉祥物龙辰辰、冰墩墩等网红吉祥物安康造,安康毛绒玩具的知名度和影响力越来越大,依靠品牌影响力和过硬的生产质量,获得市场长久认可,获取了消费帮扶的信任。

"一只欧拉羊带你去旅行"*

案例单位：天津援青团队

天津援青团队帮扶青海省黄南州河南蒙古族自治县（以下简称"河南县"），着重打造了"一只欧拉羊带你去旅行"天津援建乡村振兴信息化富民项目，挖掘"产业+互联网""产业+文旅"潜力，通过数字化平台开发运营，打造地区产业发展IP，拓宽河南县有机农畜产品销售渠道。

一、技术破局地区发展瓶颈，科技赋能传统产业创新

天津援青团队立足区域和产业特点，推动河南县与天津科技大学共建绿色有机畜产品研究院，形成吸纳各方资金的平台、聚合人才技术的平台、研发孵化产品平台、制定标准体系平台、人才引进培养平台、服务企业发展平台，针对产业发展需求和破解关键技术瓶颈，做好产业技术支撑。同时从援青资金中设立专项引导资金支持项目研发，并建立了"河南县雪多牦牛、欧拉羊高档冰鲜品和调理品科研实验室"，由专家团队全面负责实验室建设和技术指导，为辖区企业提供实验和研发基地。绿色有机畜产品研究院的成立，填补了青南地区这个全国最大的有机养殖区域相关科研院所的空白，为地区绿色有机产业发展探索出更多新路径、新模式，有力促进了生态保护与绿色有机食品产业发展的高度融合。

二、产研融合挖掘产业价值，成果转化推动品牌建设

针对河南县畜牧产品企业产品单一、附加值不高的状况，建立专家团队与龙头

---

* 推荐单位：青海省发展改革委。

企业合作机制,着力解决科研和生产"两张皮"的问题,全面提升畜牧业科技服务和成果转化水平。由青海启龙牧业有限公司承接牦牛乳系列功能性蛋白粉及原制乳粉、钙片等科研产品孵化,进一步挖掘牦牛乳制品特色挖掘与高值化利用,为不同群体的消费者提供丰富多样的高营养的牦牛乳制品。目前开发出的三种蛋白粉产品已经由该公司生产并上市销售;由三江牧场承接"雪多牦牛、欧拉羊高档精细分割产品和熟食制品的开发"等技术,完成精细分割、活性包装等技术的开发与应用,开发高品质精分割牛羊肉产品,为打造河南绿色有机牦牛肉"鲜"品牌助力。通过产研结合,加快成果转化,取得了良好的市场效果。同时,结合特色农牧以及其他特有生物资源,天津科技大学专家团队还陆续研发出牦牛胶原蛋白肽粉、黄菇蛋白粉、红黑青稞啤酒、风味牦牛奶片和黄南州特色抗高原缺氧损伤饮料等 15 种新产品,为衍生有机产业产品链奠定了坚实基础。青海启龙牧业有限公司根据市场定位,主动对接转化天津科技大学牦牛奶粉研发成果,与县政府合作投资新建了牦牛奶粉塔项目,项目能够年均处理 3100 吨牦牛鲜奶,实现产值 1350 万元,并为当地提供 15 个就业岗位,带动项目区牧户 350 户受益,企业辐射带动周边农牧户能力进一步增强。

三、示范推广产品技术助农,资金扶持产业合作惠农

以畜产品增值增效为导向,把实验室搬到乡镇(村),请专家走进牧户,进入农民合作社,送去牧民最欢迎、最渴望的畜牧业增值的实用技术,通过专家传授技术、现场指导、技术培训等一系列活动,示范推广一批新产品、新技术。支持农牧民专业合作社、家庭农牧场等进行畜牧产品精深加工,天津科技大学专家团队针对性研发了三种口味的产品,并持续开展技术指导,以增强其自我发展能力,得到当地群众的一致认可。在产业引导资金和援青资金的支持下,村养殖产业合作社已提升加工设备和厂房建设,待投产后将进一步提高产品市场竞争力,带动牧民群众持续增收。

四、加强校企合作搭建平台,践行产教融合孵化人才

依托天津科技大学打造畜牧人才孵化实训基地,培养一批"田秀才""土专

家”。先后为启龙牧场、三江牧场两家企业培训 6 名技术骨干带头人。主要培训内容分别包括乳制品产品加工技术（乳粉、酸奶、奶酪、冰激凌）以及乳制品品质检测（脂肪、乳糖、蛋白质、灰分、水分及微生物指标等），对肉和肉制品的概念种类、屠宰分割、储存保藏、加工包装、检测技术、标准法规等进行全方位的理论培训与技术指导。校企间合作进一步深入，线上指导和线下培训交流进一步密切，企业技术工人相关基础知识和技术水平与动手实践能力显著提高，培育了一批熟悉绿色有机认证、指标检测、生产、管理的人才队伍，为企业的发展和输出地建设提供了强有力的人才支撑。

五、扎实开展消费帮扶工作，积极拓展渠道帮销助销

2023 年以来，在州委州政府的坚强领导下，河南县在全县范围内扎实开展消费帮扶工作，在生产、流通、消费各环节打通制约消费帮扶瓶颈，积极为企业拓宽线上线下销售渠道。目前，通过“832 平台”、电商平台、定向采购、商超对接、展会推介、社会力量帮销等销售方式，全县 8 家带贫企业实现农畜产品销售总额 4977 万元，其中电商帮扶农畜产品销售额 763. 9 万元、“832 平台”帮扶销售额 68 万元、省内各单位直接采购 185 万元，帮助消费 15 万元、对口支援省市直接采购 136 万元，帮助销售 2 万元、中央单位直接采购 68 万元、专区专柜销售 255. 5 万元、其他线下销售 3483. 6 万元。

依托展会优势　动员社会力量 推动消费帮扶提质增效*

案例单位：大连市人民政府经济合作交流办公室

大连市将本市会展经济优势与消费帮扶需求有效结合，连续多年举办大连进出口商品交易会、大连市对口帮扶地区农特产品展销会等消费帮扶特色展会，形成了对口地区广泛参与、滨城百姓热情选购的良好局面，宣传了对口地区特色产品，打响了消费帮扶展会品牌。

一、发挥会展经济优势，打响消费帮扶展会品牌

大连市高度重视消费帮扶工作，每年年初都制定并印发《大连市对口支援（帮扶）地区重点任务及项目清单》，将对口支援（帮扶）年度任务进行分解落实，并对举办消费帮扶展会、推动商超对接、建立对口地区农特产品展销中心等一系列消费帮扶工作进行谋划部署。按照工作计划，2023年以来先后举办了两场较大规模的消费帮扶特色展会，得到了大连市对口地区广大企业和滨城市民的热烈响应，消费帮扶展会的品牌效应进一步凸显。

2023年6月，大连进出口商品交易会在大连世界博览广场举办。大连市对口支援的新疆八师石河子市、湖北省兴山县，对口帮扶的辽宁省朝阳市以及建立新型合作关系的贵州六盘水市等4个地区55家企业来大连参展。其中，新疆八师石河子市组织32家企业携400余款新疆地区特产好物参展，展销产品全部售罄。展会

* 推荐单位：大连市发展改革委。

期间，八师石河子市代表团还开展了区域公用品牌“军垦 1949”宣传推介、八师石河子市招商推介和文旅产业推介 3 场主题推介会；签约了石河子总商会与辽宁新疆商会合作框架协议、石河子餐饮行业协会与大连市预制菜行业协会合作框架协议等 6 个合作项目；实地考察了林家铺子、七顶山樱桃园等 4 个产业项目；实现 4 家“新疆好物”实体店落地揭牌，展场内外成果丰硕。

第三十六届大连进出口商品交易会

图片来源：大连市人民政府经济合作交流办公室供图。

2023 年 10 月 12 日至 16 日，大连市对口支援（帮扶）地区农特产品展销会在大连星海会展中心一期举办。大连市对口支援的西藏那曲市索县、新疆八师石河子市、湖北省兴山县，对口帮扶的辽宁省朝阳市以及建立新型合作关系的贵州省六盘水市等 5 个地区 130 家企业来大连参展，参展商品 2000 多种，现场实现销售额 680 余万元，达成合作意向金额 1.2 亿元。展会现场广大市民热情高涨，部分产品在展会首日就被抢购一空，商家们不得不紧急补货。展会期间，新疆八师石河子市还举办了经贸洽谈会和项目签约活动，大连市、八师石河子市两地 14 家企业签订合作协议，达成合作意向 32 个。

二、多渠道宣传推广，扩大消费帮扶展会影响力

为进一步扩大消费帮扶展会的影响力和对口支援（帮扶）地区农特产品的知

名度，大连市通过广播、车载电视、纸媒、微信、微博、网站等端口广泛宣传。中国日报网、中国新闻网、澎湃新闻、东北新闻网、大连日报、大连新闻、大连交通广播、大连晚报、半岛晨报、新浪、腾讯等多家媒体对展会进行宣传报道；原创7个短视频，从援疆援藏挂职干部、对口支援地区参展企业、逛展市民多角度全方位进行展会跟踪报道，在车载电视、新媒体端、微信朋友圈传播；原创12张海报，向广大市民展示对口支援地区“产业兴旺迎丰收，乡村振兴启新程”的美好发展场景；连续7天通过全市600余台公交车上的移动频道每天40次进行宣传播放；设计制作3200个环保购物袋，发放到每个参展商柜台，既方便展商和市民使用，又起到很好的宣传效果。大连市直机关工委鼓励各机关单位发动干部职工广泛宣传、踊跃购买对口地区农特产品，参加展销会的机关事业单位干部职工达5000余人。通过这些举措，在全市形成了人人参与消费帮扶的良好氛围，将质量兴农、绿色助农、品牌强农的理念落到实处，有力地推动了对口支援（帮扶）地区农特产品在连销售。

三、印发消费协作产品目录，动员社会力量广泛参与

大连市主动与西藏那曲市索县、新疆八师石河子市、湖北省兴山县、辽宁省朝阳市4个对口地区协作对接，结合当地产品特点和供销体系编制各对口地区农特产品目录，2023年以来面向全市印发了《2023年西藏索县消费协作产品目录（第1、2期）》《2023年新疆八师石河子市消费协作产品目录（第1期）》《2023年湖北兴山县消费协作产品目录（第1、2、3期）》《2023年朝阳市消费协作产品目录（第1、2期）》。进一步加强对4个对口地区农特产品的宣传力度，并通过“88云仓”“一农商城”等消费帮扶电商平台，采取“线上平台下单、线下门店自提”的方式，方便广大市民在家门口选购对口地区农特产品，通过消费帮扶有效助力对口支援（帮扶）地区乡村振兴发展和农民就业增收。

创新打造“保税飞仓”拓展消费帮扶产品海外市场*

案例单位：宁波市北仑区

宁波市北仑区在传统保税物流模式的基础上，叠加浙江自贸区试验区宁波片区和青田华侨经济文化合作试验区功能政策，以结对地区为重点，创新打造消费帮扶“保税飞仓”模式，实现消费帮扶产品“销全球”。截至 2023 年 11 月底，已累计完成对口地区消费帮扶逾 1.7 亿元，农产品出口超 1800 万美元，销往 100 多个国家和地区。

一、打造消费帮扶“保税飞仓”模式的做法成效

（一）优势互补，政府统筹，联合制定扶持政策

为解决进出口商品物流通关时间长、运输效率低、物流成本高等制约难题，两地政府高度重视模式探索，充分发挥宁波经开区“港口+自贸区+保税区”的功能政策和青田海外华侨万家中餐馆联盟资源的乘数效应，创新打造“报关在当地，货物通北仑”的“保税飞仓”模式。一方面，坚持“引进来”战略，在宁波保税区和梅山综保区内设立“保税仓”，实现进口消费品保税，拉动国内消费，扩大进口业务；另一方面，实施“走出去”战略，优化国内对口地区的展销平台建设，把结对地区优质农产品集中展示展销，打开帮扶产品国内国际市场，扩大跨境贸易规模。同时，为实

* 推荐单位：宁波市对口支援和区域合作局。

现"飞仓"惠及更多企业,两地政府联合制定专项扶持政策,各支持50%用于支付前期仓库租金并对进出口箱量给予1:1的配套补助,吸引更多青田客商和商贸企业利用"飞仓"开展业务,形成规模效应。

(二)降本增效,多方受惠,共同提升产品竞争力

"报关在当地,货物通北仓"的模式将农产品从生产地运输到宁波进行集聚,通过异地分拨配送业务,打造农产品出口海外前置仓;开展特殊商品进口、保税商品进口和出口商品集拼业务,实现从国外进入到综保区的货物保税,缓交关税和进口环节增值税;从国内进入综保区的货物视同出口,国内出口商可以即刻申请退税,降低成本。同时,在综保区仓库里的各种货物可以自由配送,装船出口国外时向海关备案后,即可提供海关放行绿色通道,平均可缩短物流时间5天,降低运输成本每标箱4000元,有力扭转了对口地区物流仓储配套不足、企业物流成本高等劣势,大幅提高农产品出口的时效性,显著提升产品竞争力,成功打造"一仓多用、全域开花"的"双循环"消费帮扶新格局。

(三)抢抓机遇,东西联动,助力促进消费帮扶

2022年11月,四川美姑县特产山核桃仁也搭上了这趟"顺风车",通过"保税飞仓"出口海外,帮助东西部协作地区农特产品打开海外销路,实现该县外贸零的突破。北仑区向"仓"借力,大力推进消费帮扶专馆、专柜、专区"三专"建设,充分发挥北仑区对口地区农特产品集中展销中心和美姑县农业产品宁波运营中心两大线下展销馆的辐射带动作用,通过借助"保税飞仓"运营机制,采取"农户+合作社+企业+市场"的产销模式,构建线上线下相结合的立体化消费格局,真正实现消费全链条、一张网。同时,北仑区积极鼓励引导经销企业到对口地区投资,大力发展订单农业,加快农特产品标准化体系建设,促进优质农特产品提升质量、提高产量、扩大销量,打开海外销路,有效带动对口地区农业经济发展,提高农民收入。

二、相关经验启示

(一)坚持扩大优势,创新合作模式

充分发挥北仑区国际港口口岸优势、自贸区综保区优势和青田海外华侨的国

际贸易优势，两地政府高度重视模式创新，华侨试验区牵头设立工作专班，各部门通力合作推进建设，创新构建“保税飞仓”合作模式，形成优势互补新格局。

（二）深挖痛点堵点，集成展销平台

通过聚焦难点问题，分析消费市场需求，充分挖掘对口地区优质农特产品，打造帮扶品牌，借助基地和直销中心平台，充分利用各类展会，集中展示展销消费帮扶产品，构建一体化产销体系，形成产业协同效应，争取在国内大循环中通过消费帮扶创造双向拉动、相互促进的发展格局。

（三）坚持互利共赢，实现“双循环”

充分利用位于北仑梅山片区的浙江中拉物流有限公司仓库，设立进口保税仓，实现红酒、咖啡、西班牙火腿等海外食品进口保税。同时，利用“飞仓”资源构建便利化物流体系，进一步扩大出口销售，支持相关企业开展保税仓储和跨境电商业务，发挥项目效益。通过一进一出的“双循环”，有力提升消费帮扶的深度和广度。在优势互补中创造更多合作机遇，在开放合作中实现异地“飞仓”的成功创举。

从雪域高原到厨房餐桌 推动打通西藏产品消费帮扶全链条*

案例单位：厦门市对口支援工作办公室

自2016年起，厦门市定点帮扶西藏昌都市左贡县，充分发挥本市国企优势，首创“国企援藏”组团新模式，发动建发、国贸等世界500强前列企业参与消费帮扶。厦门市全力支持左贡县建设厦门（夯达）产业园，预计年销售额达2000万元以上。

一、精选拳头产品，推动现代产业园区建设

西藏左贡县农牧产品、林下资源等物产具备一定的高原特色，但产量和规模没有整合，加工技术低、物流成本高，在生产（种养殖）、加工、储存、运输、销售各环节产业链上都亟待提升。厦门援藏工作队通过深入调研，会同当地党委政府精选核桃油、葡萄酒两大产品倾力打造。

为推进藏东产业走向规模化、集约化，打造农牧民种养殖、加工、销售全产业链，促进第一、二、三产业融合发展，助力乡村振兴，厦门市全力支持左贡县建设厦门（夯达）产业园。夯达产业园位于左贡县旺达镇夯达村，距离左贡县县城约30公里，项目累计投资6135万元，其中4915万元由厦门市支援，产业园占地面积77.6亩。夯达产业园还成功引进了红天麓酒庄入驻，天麓酒庄是世界上海拔最高的酒庄，生产的天麓干红葡萄酒与高原山核桃油成为左贡县供应的两大主力消费帮扶产品。

* 推荐单位：厦门市发展改革委。

二、创新国企援藏，壮大高原特色产业发展

厦门市充分发挥本市国企优势，首创“国企援藏”组团新模式，发动建发、国贸等世界500强前列企业参与消费帮扶。

一是组团支援，迅速提升左贡企业经营管理水平。2018年9月，厦门夏商集团有限公司等4家市属国企在左贡县设立厦康经济发展有限公司，派出6名国企援藏人才常驻当地，开展产业帮扶，为左贡产业发展和企业管理输送培养了大量人才。2021年10月，由厦门援藏工作队及左贡县委、县政府联合决策，厦门轻工集团有限公司等3家厦门市属国企在左贡县设立左贡旺达食品有限公司，全面负责夯达产业园的运营管理工作，并派出3名国企援藏人才常驻企业经营管理。厦门市级国企直接参与产业援藏的模式，短期内迅速帮助重组县属国企和直接参与经营管理，有效解决了左贡县国企市场经营管理经验不足、人才短缺等问题。

二是顺应市场，精心打造龙头产业推动乡村振兴。左贡县高原野生核桃富含维生素和不饱和脂肪酸，具有独特的健康营养价值，但在未开发前就像一个个蒙尘的金元宝躺在高原雪山中。厦门市扶持的旺达食品公司不断培植拳头产品，根据市场需求梳理提炼产品内涵，打造左贡特色品牌，注册商标“玉曲鹭”，供全县集体经济使用，逐步扩大“山海一鹭”品牌核桃油生产规模。左贡核桃油产业的发展大大提高了农产品附加值，在解决核桃滞销问题，整合农特产品、林下产品原料资源的同时，带动当地受益群众增收，核桃树真正成为致富树，有力推动了左贡县乡村振兴，夯达村也因此成为远近闻名的乡村振兴示范村。

三是整合供应链，全面建设左贡产品物流服务网络。左贡县地处西藏高原，平均海拔3750米，路途遥远，道路崎岖危险，每年大雪封山长达3个月，产品生产出来如何运输出去是长期困扰左贡县产业发展的难题。厦门市选派在供应链领域全球领先的世界500强企业建发集团参与左贡县消费帮扶产品设计开发、销售运营及物流、客服、售后体系搭建等工作，厦门建发恒融供应链有限公司与左贡县旺达食品有限公司签订厦门区域总经销协议，运用自身供应链运营优势，在厦门建立产品组装及仓储配送体系，配备专属物流团队审核跟踪订单并建立服务监管机制，搭建和优化线上、线下销售平台并积极服务分销渠道，带动一件件左贡产品走入厦门千家万户。

三、汇集全市合力，拓宽消费帮扶市场空间

厦门市将消费帮扶纳入年度对口支援工作方案协同部署，统筹全市力量抓好帮扶协作地区产品采购销售。

一是加强政策支持，研究制定消费帮扶补贴政策，鼓励企业调运帮扶地区农副产品，对达量企业下达补贴资金，减轻企业物流成本压力。2023 年将左贡县核桃油、葡萄酒等产品纳入厦门市各级工会福利采购推荐目录，安排 3000 万元以上的工会消费帮扶额度，确保高原产品兜底销售。

建发“万福千家消费帮扶”平台

图片来源：厦门市对口支援工作办公室供图。

二是做好展销推介，做大做强消费帮扶产品专馆、专区、专柜，提升市场化管理运营水平，积极引导“三专”企业与西藏、新疆、宁夏等帮扶协作地区加强产销衔接，推动展览展销、线上线下促销活动资源向“三专”企业倾斜，目前全市已建成专馆 11 个、专区 50 个、专柜 100 个，构建起体系完整的消费帮扶产品“三专”展销网络。

三是丰富销售渠道，厦门市各单位各显所能开发消费帮扶产品销售渠道，集美区成立乡村振兴协作交易中心，与西藏左贡县、新疆吉木萨尔县及周边省市近 80 家企业、合作社合作，形成游、吃、用一体化综合服务销售平台。

四是优化智慧服务，厦门建发恒融供应链有限公司发挥数字赋能优势，搭建物流、客服、售后生态体系，定制开发 RPA 机器人流程自动化软件，与西藏左

贡县、新疆吉木萨尔县、宁夏"两县一镇"等帮扶协作地区建立实时采销需求与进度互联，使物流接口、订单实时查询管理、数据统计、开票结算等方面流程更便捷顺畅；同时设立帮扶产品专属客服团队，快速响应顾客需求，有效提升消费者及分销渠道的体验感。

创新“消费+产业”帮扶联动模式 助推协作地花椒全产业链提质增效*

案例单位：利和味道（青岛）食品产业股份有限公司

利和味道（青岛）食品产业股份有限公司（以下简称“利和味道”）创新实施“消费+产业”帮扶联动模式，将青岛食品科技产业链与陇南特色农产品资源深度融合，助力协作地打造花椒“全产业链”；建立健全“企业+产地合作社+精深加工+新应用”的产业帮扶新模式。年均收购花椒3000余吨，覆盖花椒种植面积约16万亩，带动周边5万多户农民增收，120余名农民实现就地就近就业。

一、做好消费帮扶的主要做法

（一）坚持精准帮扶，变“输血”为“造血”，创新实施“企业+产地合作社+精深加工+新应用”的产业帮扶新模式

2018年7月，利和味道与成县签订投资协议，建设陇南利和萃取项目，该项目结合当地资源禀赋和花椒种植方式，开拓出“企业+产地合作社+精深加工+新应用”的产业帮扶新模式，通过就业、用工、农产品收购方式与几十家合作社及企业签订收购协议，累计收购甘肃花椒约5000余吨，价值5亿多元，吸纳成县当地120余人务工，在帮助当地农民通过务工取得稳定收入的同时，通过采购花椒等农产品，带动5万余农户增收。

* 推荐单位：青岛市乡村振兴局。

利和萃取继面向餐饮、食品加工企业的B端产品之后，推出面向消费者的一系列C端花椒产品，发挥产地及利和味道在全国线下线上多方位销售渠道优势，构建起完整闭环的陇南花椒全产业链。

下一步，利和萃取将利用陇南当地丰富的农特产品资源，增加协作地其他特色农产品的深加工生产线，实现从花椒到核桃、当归等其他农特产业的延伸，带动更多农户稳定增收。

（二）坚持科技创新，以绿色技术支持高品质产品研发，创新实施“供给侧改革支持消费升级”的良性发展模式

超临界流体萃取技术是目前为止国际上公认的最为绿色环保安全的天然产物提取技术之一，属于常温纯物理提取。

由雄厚的技术力量做支撑，对接优质原料主产区，就地取材，原产地加工，可以大大节省原材料的运输成本，减少运输风险，减少农产品运输浪费，解决运输导致的农产品品质下降问题，从而提升产成品的品质。同时，也能解决农户因为运输不及时，导致丰产不丰收的问题。公司坚持研发引领市场的供给侧改革，主动创新消费者有需求的产品，创新出“番时番”番茄汁原汁饮料、“辛禧”花椒芽脆酱、“朕宅”惠林顿牛排、“应物”有机调味品等系列新品，让中国消费者足不出户品鉴到全球星级美味。

（三）坚持人才帮扶，以好产业吸引好人才、好人才助力好产业，创新实施“产业发展+人才振兴”的互惠共赢模式

人才振兴是乡村振兴和产业发展的重要引擎，利和味道将具有自主知识产权的设备和技术、管理模式及质控模式，复制到陇南利和萃取的同时，将现代化企业管理理念、标准带到成县，带动成县当地生产经营观念提升。派驻技术骨干指导协作地建厂和运行，联合中国海洋大学及青陇两地科技部门，建设“减抗替康专家工作站——成县站”，对花椒全植株进行高质化利用研究，对当地花椒种植户和农业科技推广人员开展培训。

利和萃取高度重视员工知识技能培训，从当地招聘的员工，不仅要进行专业的技术学习，还要到青岛总公司与其他员工一起进行半年的实地培训，通过技能提升培训、技术交流等形式提升业务技能和工作效率及工作技能。目前，陇南利和实现吸纳本地就业120余人，仅培养的当地管理人员就有26人，技术人员有30余人，

未来可提供300多个就业岗位。

二、相关经验启示

（一）顶格推动是保障

青岛市出台鼓励消费帮扶、支持企业赴协作地投资兴业等扶持政策，有效提升了各方参与消费帮扶、产业帮扶的积极性。利和味道作为有责任担当的民营企业，主动作为，发挥自身技术和产业发展优势，积极投身东西部协作，助力协作地巩固拓展脱贫攻坚成果，全面推进乡村振兴。

（二）产业帮扶是关键

乡村振兴，产业振兴是关键，有了产业振兴，农民收入就有了保证。利和味道紧紧抓住产业帮扶这个“牛鼻子”，精准对接协作地资源禀赋和产业发展需求，创新实施“消费+产业”的帮扶联动模式，以产业为根进行企业精准帮扶，助力打造花椒“全产业链”推动联农强村富民。

（三）科技创新是动力

利和味道坚持科技创新，构建起“以味道为核心”的食品产业链，设有超5000平方米的研发中心，获得ISEE全球食品创新奖，利用具有自主知识产权的超临界二氧化碳流体萃取技术，萃取协作地特色农产品的精华，极大地增加了农产品附加值，依托科技创新推进为共同富裕“造血”。

千里同好，山海同心。下一步，利和味道将持续发挥在资金、技术、人才、理念等方面的优势，进一步加大“消费+产业”的帮扶联动力度，坚持社会公益和产业公益协同发展，以现代企业的责任与担当，助力协作地巩固拓展脱贫攻坚成果全面推进乡村振兴，为青岛、陇南跨区域协同高质量发展作出新的贡献。

粤桂协作持续多维赋能
助推广西大化县七百弄鸡全产业链提质升级*

案例单位：粤桂协作工作队

粤桂协作工作队创新全产业链帮扶模式，多措并举助推广西大化县七百弄鸡"土特产"品牌化、规模化、产业化、市场化发展，打造"七百弄鸡"全产业链，创建七百弄鸡现代农业产业园。

一、坚持品牌化引领，圳品赋能增动力

一是技术扶持打造"圳品"。粤桂协作工作队通过引入深圳标准促进会对广西汇君农牧有限公司、大化县农投公司等龙头企业进行技术指导，帮助企业健全标准体系，强化源头把控，确保七百弄鸡品种纯正、品质从优、产品可溯源，推动大化七百弄鸡逐步实现绿色、标准、规模养殖。2023 年，大化工作组安排粤桂财政资金实施七百弄鸡养殖技术培训项目，引进广东省农村科技特派员团队开展七百弄鸡饲料配方技术研究。2022 年 11 月，七百弄鸡产业园获评广西首批粤桂协作现代农业产业园。汇君农牧有限公司两年累计销售到大湾区的营业额超过 1100 万元，带动 9 个乡 33 个村 731 户脱贫户 1210 人增收。

二是立法护航"金鸡"产业。大化县政府部门与粤桂协作工作队协同研究，出台《七百弄鸡养殖技术规程》《七百弄鸡质量控制规范》等一系列文件，构筑七百弄鸡从生产养殖到销售的"全覆盖、全方位、全环节、可追溯"动态综合监管体系。

---

* 推荐单位：深圳市乡村振兴和协作交流局。

三是强化宣传打响“招牌”。粤桂协作工作队参与建设建成七百弄鸡文化展示厅，科普、传播七百弄鸡文化；利用各种媒介宣传推介，提升七百弄鸡的魅力和美誉度。2020—2021 年，七百弄鸡连续两度登上全国两会餐桌。

二、坚持规模化壮大，联建联养添活力

一是考察学习取“鸡经”。在宝安对口办的牵头组织下，粤桂协作工作队大化工作组到广东龙川、英德三黄鸡养殖示范场等地参观考察，学习广东“温氏模式”，推广广东规模化养殖降低成本的经验，进一步扩大七百弄鸡养殖规模。

二是资金支持扩“鸡场”。2023 年投入粤桂资金 785 万元援建七百弄鸡养殖场 3 个，可养殖 25 万羽，资产收益归村集体，由龙头企业承租运营，第一年按照投入帮扶资金的 3%，第二年按照投入帮扶资金的 4%，第三年起按照投入帮扶资金的 4.5%收益兑现给到受益村。3 年来，粤桂协作工作队累计投入广东帮扶资金 2000 多万元，援建七百弄鸡种鸡场、养殖场、繁育场以及其他产业配套设施。

三是联建联养挣“鸡钱”。大化县探索“党建引领 · 联建联养”的发展模式，以乡村组织联引、多户合作联建、共管轮值联养、效益分配联享等方式推广七百弄鸡产业。采取“企业+基地+合作社+农户”的发展模式，通过保底收益、土地流转、务工酬劳、入股分红、技术指导、帮助销售、带动发展等“大场带小场、小场带农户”的方式，建立联农带农机制。全县 16 个乡（镇）共有 104 个党（总）支部、173 名农村党员带头参与发展七百弄鸡产业，组建“联建联养”七百弄鸡养殖场 158 个。

三、坚持产业化发展，补链强链激潜力

一是推动产业升级改造。2021 年投入广东财政帮扶资金 80 万元，用于大化县冷链物流有限公司改造，按照“圳品”仓储运输品控要求，对七百弄鸡屠宰、速冻、冷藏、加工、包装、物流各环节不断进行升级完善，提升优化技术服务，屠宰生产线日可宰杀 3 万羽活鸡，满足采购商的需求。

二是拓展延伸全产业链。利用广东财政帮扶资金援建大化县冷链物流有限公司七百弄鸡熟食加工厂房，推出七百弄盐焗鸡、七百弄鸡丝月饼、七百弄鸡香草灰

水粽等深加工产品，延伸了七百弄鸡产业链条，助推产业做大做强。在县域内构建从苗种繁育、生态养殖、屠宰加工、冷链物流到电子商务、品牌打造、文化展示、品种保护的全产业链。

四、坚持市场化带动，政企携手聚合力

一是政策扶持产品销售。深圳市乡村振兴和协作交流局、深圳市消费帮扶专班将七百弄鸡全产业链发展作为典型进行培育和扶持，召开多场线上线下调研交流会，研究发展路径，帮助解决销售和全产业链发展过程中的实际困难。

二是搭建平台拓宽市场。粤桂协作工作队组织企业参加东盟博览会、广交会、深博会、食博会、宝博会等各类展销会，宣传推介大化农畜产品，在 2023 年粤桂协作消费对接活动暨第 23 届广西名特优农产品交易会上，大化先后与广东深圳 5 家企业现场签约采购名特优农产品，签约总额达 1.5 亿元；宝安区开设 64 家消费帮扶专馆、专柜、专区，帮助企业营销人员拓展粤港澳大湾区市场。

“七百弄鸡”品牌产品

图片来源：粤桂协作工作队供图。

三是加强产销精准对接。粤桂协作工作队积极推动“盒马村标杆村”落地化，实现订单农业，七百弄冰冻鸡成功进入盒马东莞大仓，在23个深圳盒马门店上架销售，打通从农场到餐桌的供应链，进一步拓宽了市场销售渠道。2年来，粤桂协作助力大化县七百弄鸡销售达3亿元，带动1.07万户脱贫户增收。在此带动下，2023年粤桂协作帮助大化县销售各类农特产品1.06亿元，带动脱贫人口5000人以上增收。

“一只鸡”铺就一个产业。七百弄鸡已形成了从种苗繁育、生态养殖、品牌打造、品质控制、文化展示、屠宰加工、冷链物流、电商到餐桌的全产业链，先后入选首届广西好食材“十大好吃鸡”榜单、“广西好嘢”第二批广西农业品牌目录、广西首批优质农产品“圳品”认定，并两度登上全国两会餐桌，“七百弄鸡”品牌享誉区内外。

定点帮扶篇

以“九争”为工作着力点 全链条开展消费帮扶*

案例单位：中央网信办

自2016年以来，中央网信办定点帮扶陕西省汉中市佛坪县，充分发挥网信工作优势，立足佛坪资源禀赋，以“九争”为工作着力点，多措并举开展消费帮扶，助力佛坪群众增收致富。

一、开发优质网货，争创优品

一是充分发挥阿里巴巴集团平台优势，协调阿里公益设计师团队助力将农产品向农商品改造，升级产品包装文案，改变农特产品“土”的传统认知形象，使其更具网销产品属性，更符合市场需求。

二是帮助本地企业与域外实力企业开拓“原材料供应+代加工”的合作模式，开发出“南山老爹”蜜烤核桃、“力箭”食药同源山茱萸植物气泡饮、“完食尚”魔芋爆肚等十余种产品，逐渐丰富佛坪网销产品种类。

三是重点培育和发展了销售效果明显、供应链稳定、带富能力强的香菇、土蜂蜜、魔芋制品、手工挂面等产品，打造了菌汤包、蕨根粉、老树核桃、秦岭神蜜、魔芋爆肚等5款月均销售6000单以上的网销爆款产品。

---

* 推荐单位：中央网信办。

二、立足地标产品，争树品牌

一是依托佛坪土蜂蜜、佛坪山茱萸两个农产品地理标志产品，加强品牌注册、宣传推广服务，打造出“农小甄”“熊猫村”“爱尚菇粮”“秦岭神蜜”等县域农特产品知名品牌。

二是支持农产品加工企业、合作社等新型经营主体积极申报“两品一标”和食品 SC 认证，整合产品供应链体系，发掘农特产品文化内涵，加快“F 坪臻品”农产品区域公共品牌的宣传应用，开发运营“F 坪臻品”微信小程序商城，整合县域优质网销产品入驻，设置提货卡优惠套餐专区，促进消费帮扶带动农产品销售。

三、开展电商培训，争育人才

一是创新启动“电商陪跑”计划，协调阿里巴巴集团选派电子商务专家在佛坪常驻半年，手把手指导县域电商企业的营销运营和活动策划，扶持电商产业发展，同时举办电商直播技能大赛，以赛促训巩固深化培训效果。

二是把经验丰富的电商讲师请进来，开展技能培训，邀请带货主播带领本地商家进行实战演练。

三是把佛坪电商从业人员和相关行业干部送出去，到江苏南通、浙江杭州等电商产业发达地区开展数字经济学习培训，有力地调动企业数字化转型，提高群众运用电商直播创业就业技能。

四、打通数字渠道，争扩产销

一是通过阿里巴巴公益协调支付宝芭芭农场、淘宝直播、盒马鲜生等线上线下新零售渠道，上架佛坪网销产品，拓展销售渠道，提升网销单量。

二是通过淘宝直播、抖音直播等知名网络平台开展助农助企直播带货活动，2023 年组织企业参加“双品购物节”“乡村振兴星光行动直播活动佛坪站”“村村有电商、佛坪好网货”等7场大型直播带货活动，累计销售额257.8万元，对全县特色网销产品进行推介，促进农产品销售。

三是佛坪县品牌直播基地建成投用，新建10个标准化直播间引进“海天”“怡宝”“太太乐”“沈大成”“六个核桃”等20个知名品牌店播业务落地佛坪，为本地企业与全国一线品牌对标竞技创造机遇，激发更多企业开展直播带货新业态。

五、开展产销对接，争促销售

以电商企业为主渠道，积极组织并参与多场产销对接活动。先后组织或参加“2023第十二届（杭州）全球新电商博览会”等9场促消费扩内需提影响的产销对接活动，累计销售额181万元。同时通过产销对接活动，使佛坪农产品区域品牌得到营销宣传，品牌价值得到提升，在拓展农产品销售渠道、助推消费帮扶、带动农户增收等方面起到了良好的示范作用。

六、发展统仓共配，争降资费

一是立足电商服务站点叠加物流快递收发功能，由县、镇、村三级物流配送中心统一分拣、统一配送，通过数字智慧物流管理系统实时调度定位配送车辆，全县月均下行配送量达12万件，上行发件9万件，配送效率提高50%，实现县到村快递当天送达，快递费用降低30%，打通农村物流“最后一公里”，逐步构建起县、镇、村三级物流配送体系。

二是对比周边县区上行快递价格，实行全县快递企业竞争性磋商机制，小企业合并发货，上行快递价格每单由4元以上降到了3元以下，电商企业协议价首次实现了首重3公斤以内2.3—2.5元/单发全国，1公斤以内轻量化包裹1.9元/单（除北京、新疆、西藏、内蒙古、海南等地区），进一步增加上行单量提升快递企业与上级公司的议价权，降低了快递费用。

七、出台政策支持，争促发展

指导佛坪县出台了网络销售、直播带货、产品开发、物流配送等方面的电商奖补政策，根据网销额、上行发件单量等条件，兑付 2022 年度县级电商物流企业高质量发展激励资金 25.16 万元，将进一步激发企业干事创业积极性，优化电子商务发展环境。

八、做好宣传报道，争提影响

2023 年佛坪电商产业发展情况被媒体争相报道，佛坪县电商产业发展案例被央视《焦点访谈》“打通最后 1 公里”栏目专题报道，成为农村电商产业发展的先进典型。在电商促进农产品销售、快递物流提速降费、活动开展等方面，省市县平台累计上稿 50 余篇，进一步提高了佛坪电商影响力。

九、组织干部购买，争作贡献

开展消费帮扶新春行动、金秋行动，组织中央网信办干部职工自愿购买脱贫地区农副产品，协调机关食堂、下属单位食堂、机关工会积极采购脱贫地区农副产品，组织了 2 次佛坪农特产品进机关活动，鼓励干部职工自发到佛坪旅游消费。2023 年共采购脱贫地区农副产品 91.2 万元。

念好消费帮扶“三字诀”
打造高质量发展“强引擎”*

案例单位：司法部

2023年是司法部定点帮扶四川省平昌县第20周年。司法部以消费帮扶为着力点，念好“破、优、稳”三字诀，打造平昌县高质量发展“强引擎”。

一、“破”字打头，坚持问题导向，破解发展困局

一是公益宣传擦亮文旅招牌。旅游业是平昌县推动乡村振兴的主导产业，事关经济发展和群众增收。然而拥有丰厚历史文化底蕴和优美自然风光的平昌景区却因知名度不够常年“养在深闺”，不为外界熟知。为助力平昌县乡村旅游产业发展，司法部积极协调国铁集团，在全国各高铁站及25万个高铁视频终端免费播放平昌乡村振兴宣传短视频一个月，覆盖人群流量达3个多亿，真正让平昌开启霸屏模式，打开平昌知名度，充分挖掘旅游产业消费潜力。

二是招商引资助力工业强县。2023年以来，围绕定点帮扶目标任务和平昌发展中心工作，扭住招商引资这个“牛鼻子”，为平昌加快建设全省工业强县示范县，奋力谱写中国式现代化平昌篇章，贡献司法行政力量。以参加各类大型会议为契机，大力宣传推介平昌资源优势、投资环境、优惠政策，竭智尽力跟踪对接，积极引进和推动高质高效项目。目前，已就平昌县野生动物园项目和平昌县研学项目达成投资意向，投资额达8亿元，将为平昌旅游产业发展注入新动能。带领平昌5家

* 推荐单位：中央和国家机关工委。

“平昌青芽茶”代表企业亮相北京国际茶叶展，搭建以茶为媒、以茶联谊、共谋发展的产销对接平台。

三是三产融合壮大集体经济。为解决传统农业附加值低、市场波动大、抗御自然灾害能力差等问题和不足，进一步提升村集体经济长效增收的能力，增强内生动力，强化“造血”功能，结合平昌县优质农业产业资源，采购国际先进加工设备，建设村域地标性粮油加工中心，形成农业产业化、品牌化，建设工农商、农文旅融合发展，村企协作集体经济发展新路径。项目预计年加工菜籽油15000公斤，可实现村集体年收入达30万元。

二、“优”字为要，探索电商赋能，夯实利益联结

立足消费需求的新变化，运用互联网、物联网等现代信息技术，在加强产品销售和产业发展上，补短板、强弱项、增优势，推动线上线下融合发展、协同发力，实现无中生有、有中生优、优中做强。

一是电商赋能产业发展新动力。为拓展平昌县农特产品销路，扩大农特产品影响力，司法部积极对接整合资源，扶持县属国企搭建原产地商品天猫旗舰店，汇聚县域20余个特色品牌、50多个单品，涵盖调味品、休闲食品、茶叶饮品、腌腊制品、知名酒品和特色果蔬，每年销售额达上百万元，使平昌县的优质产品走出县区，走向全国，打造平昌电商“扛把子”，商务“新窗口”和“增长极”，为促进产业发展和群众增收注入新生动力。为大力宣介平昌优质农副产品，司法部定点帮扶工作领导小组办公室、法治日报社共同举办“乡村振兴年货节”直播带货活动，邀请法学教授罗翔等知名人士助阵，直播累计观看人数达5.6万人次。

二是利益联结夯实产业发展之基。为确保当地群众获得长期稳定的收益，建立健全农业产业全产业链利益联结机制，采取“党支部+企业+村集体+农户+帮扶单位+电商”的产业发展模式，以基层党组织为轴心，在企业、村集体、农户、帮扶单位和市场之间架起桥梁，建立起农副产品种植、加工、运输、销售闭合的供应链体系，提高农户积极性，实现产业增值、企业增效、农户增收。以平昌县磴子社区为例，在司法部定点帮扶支持下，村集体建起近百亩的电商产品直供基地，基地由农户承包，每年种植的瓜果蔬菜都能足不出户销往全国各地和大小餐桌，老百姓的钱袋子鼓了起来，集体经济也实现了增收，社区抱团发展，产业规模生产，成本共担，

利益共享。

三、“稳”字为基，整合系统优势，强化法治保障

一是以购代扶解民生之忧。对接平昌县消费帮扶需求，整合四川省司法厅、四川省监狱管理局、四川省戒毒管理局、浙川两省多家监狱和戒毒单位等司法行政力量，发挥司法行政“多级联动”效能，建立健全消费帮扶机制，与平昌县建立农副产品长期销售合作关系，通过食堂采购、员工购买、工会采购等方式，着力拓宽消费帮扶渠道，挖掘消费帮扶潜力，深化消费帮扶成效。新鲜的米面粮油、蔬菜、瓜果送到了司法部机关食堂和监狱的餐桌上，每年销售额达上百万元。

二是法治护航产业发展。实现乡村振兴，加强和改进乡村治理既是重要内容，也是重要基础和保障。突出需求导向，聚焦能力建设，创新乡村治理新模式，探索乡村善治新路径。线下高标准打造法治文化阵地，线上开发法律服务微信群、微信小程序等功能，满足老百姓一站式法治需求，打通基层治理末梢神经。扎实开展“法律明白人”培训，建立依法治理骨干体系，织密法治网格，深入开展“法律进社区”和“法律进校园”等活动，创新开展积分制，持续深入推进基层法治建设。发挥“法治+”效能，为企业、农业合作社、产业业主等，开展法律咨询、法律援助、公证、“法治体检”等活动，加强人民调解、合法性审查、行政复议与应诉等工作，以法治促进产业发展，以法治推进人居环境改善，以法治推动乡风文明建设，为地方经济社会发展保驾护航。

多措并举促进产销对接
消费帮扶助力乡村振兴*

案例单位：审计署

审计署按照“山上建基地、山下建市场、山外找销路、科技创高效”的发展思路，协调帮助当地政府将林果种植作为山区群众增收的重要产业，多措并举促进产销对接，消费帮扶助力乡村振兴。

一、“桃王争霸”促销售

顺平县桃产业经济潜力巨大，又有国家地标认证，但品牌知名度还不够响亮，销路还不够畅通。针对顺平县销售难点堵点问题，审计署帮扶干部在充分调研市场预期的基础上，决定选在每年七八月份桃成熟采摘旺季举办桃王争霸赛，通过这一活动载体不仅帮助宣传推广顺平桃的知名度、美誉度和品牌影响力，更是实实在在帮助脱贫群众增收。自 2020 年举办第一届顺平县河口乡“桃王争霸赛”以来，已经成功举办三届。2023 年 7 月，审计署挂职干部协调资金 5 万元，指导举办第三届“桃王争霸赛”。顺平县坛山村李俊良种植的久宝鲜桃以品相好、含糖量高、品质优脱颖而出，一举夺得“桃王”奖项。

为畅通农特产品上行渠道，还邀请保定市直播团队、抖音网红线上直播销售，并促成县供销社、河口乡政府与京东快递达成合作，使物流成本下降 65%左右，鲜桃溢价 15%。活动现场还设置企业展销区，邀请 20 余家县域内优秀助农企业、合

* 推荐单位：中央和国家机关工委。

作组织，对小米、玉米糁、辣椒段、粉条、手工布鞋、鲜花等当地农特产品进行销售推介。销售渠道更加宽广，进一步促进果农增收，有效提振了农民种植士气。

二、产销对接惠民生

围绕顺平农特产品产销对接，充分利用中央单位优势资源与帮扶职能，协助完善“农户+企业+产销对接活动”的消费帮扶机制，有效带动当地百姓增收，助力涉农企业、合作社等企业产业化升级，激发产业经济新动能。

审计署挂职干部带队参加2023年石家庄农特产品产销对接会暨消费帮扶产销对接会和签约会。组织顺平“三优”富士红苹果、磨盘柿子、土蜂蜜、富硒小米、果冻玉米糁、五谷杂粮系列农产品，以及5家农特产品企业10余款消费帮扶产品“亮相”对接会。活动中，带领县供销社与河北瑞天经贸有限公司达成合作并现场签约。

“十四五”以来，审计署多位挂职干部秉持“开拓思维、立足长远”的帮扶理念，坚信“消费帮扶是巩固拓展脱贫攻坚成果同乡村振兴有效衔接的重要举措”，组织县供销社、县文旅局、各乡镇等多个单位开展产销对接活动27次，应对疫情、汛灾带来的销售难题，畅通销售渠道。同时，支持企业开拓线上销售模式，组织县供销社建设电商直播基地服务电商发展，主动带领县内企业、合作社对接抖音、淘宝、美团、脱贫“832平台”等多个电商平台，鲜桃、苹果、草莓、鲜花、手工布鞋在各电商平台销售逐步提升。

三、延链补链助疏浚

2023年，审计署挂职干部邀请中国乡村发展基金会到顺平县，围绕产业发展开展考察调研，推动顺平供应链建设，提升顺平县林果创新网络销售规模。经充分调研，确定了三步走的发展战略。一是推动县供销社申报神路苹果专业合作社富士苹果产业助农项目，打造顺平“三优”红富士苹果供应链，建设冷库解决苹果供应链末端储存问题，拍摄宣传片，设计包装，完善品牌，配置运输车辆，在省会城市举办“三优”红富士苹果品牌产销对接会等；二是以点带面，在以上项目成功实施的基础上，再追加鲜桃供应链建设项目；三是依托中国乡村发展基金会“善品公社”，打造顺平县特色农产品板块，扩大销售渠道。

四、基地直采帮解困

在组织产销对接活动、大力宣传顺平林果的同时，审计署还采用直接购买的形式，为农民增收。“十四五”以来，审计署通过“832平台”下单、食堂集采、计步软件销售等多种形式，直接采购顺平县农产品116万元。推动70余家在京单位通过消费帮扶、以买代帮等形式，采购了“三优”富士苹果、蜜薯、纯粉条、石磨富硒面粉、九九红颜草莓等本地特色农产品。

五、富硒产业赋“硒”望

消费帮扶是一个宽广的课题，产销对接活动正如火如荼之时，审计署挂职干部已经踏上了新的征程——锚定富硒产业发展。2021年8月，在审计署大力支持下，经中国地质学会认定，顺平县8470万亩土地为全国首批天然富硒地块。顺平县委、县政府高度重视，就用好硒资源、发展硒产业作为推进都市型农业的突破口，积极打造顺平“尧帝故里 · 中华硒谷”城市新名片，实施“富硒+产业”新模式，通过建园区、创品牌、强招商、育龙头，发展富硒功能农业产业。目前，富硒科技园内占地5500平方米，总投资6500万元的富硒科技馆主体建设已完成，同步推进富硒高标准示范区建设。已建设草莓高标准育苗、种植大棚36个，建设玻璃联动温室大棚1个，种植各类富硒果蔬300余亩。

审计署挂职干部带着大家紧密对接北京、石家庄超市，努力打造线下销售渠道，同时也将通过与京东、盒马鲜生等平台对接线上销售渠道，整合全县富硒产业资源，统一打造富硒品牌，统一包装销售，提高农产品附加值，着力推动一二三产融合发展。

聚合资源强产业　消费帮扶结硕果*

案例单位：新华社

新华社在定点帮扶河北新河县过程中充分发挥自身优势，找准发力点，创新帮扶方式，助力新河珍稀菌菇产业发展，探索出一条符合新河实际的产业帮扶路径。

一、聚合资源优势，培育特色优势产业

新华社在定点帮扶新河过程中，将珍稀食用菌作为特色优势产业培育，积极引导村民发展食用菌特色种植产业，因人施策、因地施策，助力新河珍稀菌菇产业发展。目前，新河县食用菌种植面积约800亩，年产各种食用菌鲜品约700余吨。

金耳是新河县重点发展的特色食用菌项目之一，具有巨大的产业带动和产业协同作用，种植周期短、产量高、产值大，与其他农业品类协同互补效应明显，是新河特色农业的招牌产品。为进一步扩大金耳产业规模，新华社驻新河帮扶工作队对接联系腾讯英雄联盟“守护者”公益项目，向新河县投入500万元，用于采购可移动“5G智慧食用菌方舱”，促进产业向智能化、高端化、高效化发展。“5G智慧食用菌方舱”运用现代生物、信息等先进技术对菌菇生长进行精密监测与数字化管理，实现食用菌标准化、稳产、高产、优质的目标。智慧方舱可放置在村民的房前屋后、村头村尾，有效利用农村闲散空间和劳动力，让农户足不出村就能实现产业发展，巩固脱贫成果。同时，土地不用硬化，不破坏耕作层，还可以设置光伏发电，既保证方舱电力供应稳定性，又可以创收。据测算，1个智慧方舱每年采收6—8次，年产值约20万元，为3—5名农户提供就业岗位，年增收约6000元。

---

* 推荐单位：中央和国家机关工委。

为促进新河食用菌产业高质量发展，新华社充分发挥高端智库优势，组织经济分析师赴新河县，围绕珍稀食用菌产业发展采写经济分析报告，为新河县食用菌产业发展决策提供参考。新华社驻新河帮扶工作队主动对接高等院校、科研院所等开展产学研合作，在新河设立食用菌创新驿站，开展食用菌栽培技术培训和示范推广，不断攻克珍稀食用菌种植技术难关，为种植户提供技术服务和支撑。

此外，新华社驻新河帮扶工作队积极与爱心企业联系对接，为新河县东董村、南马庄村食用菌合作社捐建乡村会客厅，改善合作社运营条件；新华社与江淮汽车举办共建美丽乡村公益活动，为新河县捐赠5台价值50万元的农用汽车，用于乡村合作社农特产品运输。

二、强化平台推介，打造食用菌特色品牌

新华社深化新闻帮扶，讲好新河产业发展故事，围绕新河食用菌产业进行新闻选题策划、深度调研采访，统筹网上网下、对内对外、公开内参，多矩阵传播。新华网、河北分社等单位先后到新河县多家食用菌专业合作社调研采访，采写了《千城百县看中国|河北新河：发展珍稀食用菌产业助力乡村振兴》《珍稀食用菌菌棒培育出乡村振兴帮扶之“花”》《河北新河：小小羊肚菌撑起致富“伞”》等多篇稿件，广泛、深入宣传新河特色食用菌。河北分社总编室在新华网河北频道、新华社客户端河北频道为新河县开设产业振兴专栏，持续提升新河珍稀食用菌的知名度和影响力。

2023年12月，新河县参加由新华社主办的“2023中国企业家博鳌论坛”，新河县委书记参加了多场新河珍稀食用菌专题推介活动，河北省品牌建设研究院在论坛上发布了新河金耳品牌战略和新河金耳公用品牌IP形象，打出“新河金耳　菌中黄金”的响亮名片。论坛取得良好推介效果，目前已有多家企业赴新河县洽谈食用菌投资与合作项目。

新华社主办的2023世界品牌莫干山峰会、中国财富农业品牌计划特色农产品推介等大型活动，均特邀新河食用菌企业参加，并在场地显著位置设置展位，给予重点展示推介，打造良好的品牌形象。

三、发挥集团优势，扩展食用菌销售规模

为持续提升消费帮扶力度，新华社选定新河县众乐种植专业合作社作为“新华社消费帮扶基地”，新华社驻新河帮扶工作队积极与总社各单位和国内各分社对接农特产品采购事宜，推介金耳、羊肚菌等优质新河食用菌，积极探索“食堂集中采购，职工刷卡购买”的新模式。

2023 年汛期期间，工作队通过入村走访调研了解到，新河农特产品销售出现困难，工作队通过报请社帮扶办统筹协调，新华社充分发挥集团优势，推动各单位加大直接消费帮促力度，采取“集体采购+个人消费”的方式，不断扩大购买规模。工作队积极对接腾讯集团、医联集团等社外企业采购新河食用菌等农特产品；积极联系腾讯技术团队，为新河食用菌等农特产品研发设计微信小程序电子商城，进一步拓展销售渠道。

新华社通过新华每日电讯抖音平台、新华网公益网络直播带货等渠道，带动菌菇销售。依托新华网溯源中国平台，联动生态合作伙伴销售菌菇，帮助打造品牌、扩大销量、增加收入。2023 年 10 月，邀请新华网网红主播到新河县推介菌类产品，播发视频《XuXu 道来|新河新气象》引发热议并登上热搜词条。

此外，新华社积极推动北京新发地农产品批发市场万亩农产品生产基地落户新河，促成新河县政府与北京新发地公司签署战略合作协议，打造河北高端农业产业基地。

据统计，2019 年以来，新华社累计购买和帮助销售新河农特产品超 500 万元。其中，2023 年度购买新河农特产品 130 余万元，帮助销售农特产品 55 万元。

消费帮扶促进砀山产业升级*

案例单位：国家药监局

2023年，国家药监局扎实做好针对砀山县的定点帮扶工作，从帮销、促产、升级三方面精准发力，促进砀山县农副产品依托质量、特色优势形成持续消费效应，由"输血式"帮扶向"造血式"帮扶升级，为当地农副产品走出砀山、走向全国提供了强大助力。

一、打造电商品牌，帮助销售农产品

消费帮扶可持续发展，需要牢固树立品牌意识、建立农产品标准化体系、健全质量把控机制。在国家药监局帮扶推动下，砀山县大力打造品牌，涌现出20余家知名电商，逐渐形成直播经济、电商营销、数字农业等领域的新模式新业态，有效引导激发了全民触网、万众创业、蓬勃发展的新动能，形成全域、全民、全品类、全渠道、全产业链的电商发展新格局。全县共有电商企业3200多家、网店微商6万多家，10多万人从事相关行业，在京东、阿里、苏宁等电商交易平台上开设砀山特产馆、旗舰店等，鲜果和加工产品销往20多个国家和地区，年销售额突破66亿元。积极发展直播带货、跨境电商等新业态，培育鲜果时光、龙润堂记、梨花猫、菌之家等知名电商品牌20余个，培养年网络销售千万元以上的电商企业8家。针对农产品销售电商从业人员，挂职干部协调天猫、京东、拼多多等头部互联网企业对砀山县从业人员进行定制化培训。围绕直播、拍摄、店铺运营及跨境电商等知识，先后举办玩转抖音主播短视频带货训练营，跨境电商、抖音运营等多期培训班，为砀山

* 推荐单位：中央和国家机关工委。

县培训电商人才5860余人次，培训讲师50名，使一个直播架和一部手机成为砀山县乡村振兴的“新农具”。

同时，国家药监局直接采购并协调企业采购砀山县农特产品，最大限度开发市场潜力，拓展砀山县农副产品销路。国家药监局各司局、各直属单位以食堂需求、工会福利和慰问品为抓手，优先选购砀山县农特产品，并积极倡导广大干部职工基于生活需要参与购买。广泛发动社会力量，鼓励和引导爱心企业、爱心团体和爱心人士基于自身需求积极参与针对砀山县农副产品的消费帮扶。2023年，国家药监局各司局及各直属单位购买和帮助销售砀山县农产品606万元。

二、开发深加工产品，提高水果收入

砀山县酥梨鲜果不易长距离运输，极容易因一时滞销而造成积压腐烂，再加上包装保鲜不善造成的储运损耗，造成了农副产品资源的极大浪费。因此，大力开发水果深加工，推广罐头、梨膏等深加工技术新成果，既可以缓解水果上市出现的产销矛盾，又可以提高水果的附加值，满足人们不同层次的需求。

国家药监局选派砀山县挂职干部创新方式方法，帮助砀山县发展梨膏等深加工产品，提升农副产品效益。帮助成立安徽龙润堂生物科技有限公司，集酥梨种植、生产研发、精深加工、市场营销于一体的国家高新技术企业。主营产品包括砀山酥梨、砀山梨膏、梨膏糖、小吊梨汤、梨膏水果片、梨膏果冻等30余款，年产梨膏等酥梨深加工产品5000吨，年投入使用砀山酥梨12.5万吨，产值达2亿余元，带动就业3000人，户均增收1.5万元。

三、开发药用梨膏，促进产业转型升级

国家药监局充分发挥专业技术优势，一方面指导砀山县梨膏生产企业安徽梨多宝生物科技股份有限公司获批SC生产许可证及十万级GMP无菌车间认证。在国家药监局挂职干部推动下，该公司致力于打造药品生产企业，建成了中药前处理、提取车间，大大提高了酥梨的产品附加值，基于砀山原材料充足以及产业链配套完善，砀山县有望成为全国最大的药用梨膏供应地。另一方面，国家药监局促成

山东润中药业有限公司与安徽梨多宝生物科技股份有限公司达成合作框架协议，通过技术转移成立制药企业安徽祥隆药业有限公司，生产OTC药品润肺膏。安徽祥隆药业有限公司建设总投资5亿元，综合车间建筑面积设计达1.3万平方米，实现砀山酥梨由水果深加工产品向OTC药品的质变。2023年生产润肺膏850万瓶以上，产值超过2.7亿元。目前，安徽祥隆药业有限公司致力于挖掘砀山酥梨其他药用价值，研发以砀山酥梨维生素、有机酸等成分为主要原料的酥梨保健品。

国家药监局通过引导砀山酥梨产品升级促进消费升级，目前，砀山县已初步建立了从生产到储藏、从罐头加工到浓缩果汁、梨膏、果渣综合利用等一整套水果生产加工产业体系，逐渐向果胶、养生产品、中医药、美容化妆品中间体延伸，基本形成了种、加、产、供、销一条龙融合发展，砀山酥梨附加值大幅提高，积累了宝贵的“酥梨经验”。

打好消费帮扶"三张牌" 跑出乡村振兴"加速度"*

案例单位:中国延安干部学院

中国延安干部学院坚持多措并举、多管齐下加大对四川省凉山彝族自治州越西县的消费帮扶力度,累计购买农副产品 1124 万元,帮助销售 2.89 亿元,并助力越西夯实产业基础、打通销售渠道、加大宣传力度,相继建设现代农业产业园、生态牛养殖产业园以及智慧物流园区等,为县域经济发展注入了新活力,为群众稳岗增收拓展了新渠道。

一、打好"产品牌",夯实消费帮扶产业基础

一是培育"龙头产品"。近年来,学院借助陕西苹果产业发展的成功经验,在有关方面支持帮助下,与越西县农业和文化旅游投资有限责任公司共同投资 532 万元建成华阳村苹果产业示范园,投资 300 万元建成 200 亩苗木繁育基地,指导建成 5600 亩苹果种植的现代农业产业园,苹果已经成为越西农副业的支柱产品。同时,为延伸产业链,协调引进中国大凉山食品产业园项目,推进农副产品深加工,有效提升了产业附加值。

二是注重"多点开花"。引进宁波强项农业科技有限公司建设生态牛养殖基地,学院直接投资 200 万元用于购买养殖牛,销售收入由村民分红。依托大凉山食品产业园,引进泡菜加工项目,合作进行蔬菜原料种植。与德阳市签订助力越西全

* 推荐单位:中央和国家机关工委。

面推进乡村振兴合作备忘录，积极助推特色农副业提质增效。

三是强化技术支撑。邀请陕果集团选派专家常驻越西指导苹果种植，与西北农林科技大学、越西县签订三方合作协议，共建农业产业专家工作站，聘请苹果、花椒、核桃、畜牧等方面4位专家，弥补技术短板，提高产品质量，帮助越西积极融入"中国农业硅谷"绿色产业体系。充分发挥学院优势，与越西共建"彝区乡村振兴越西职业技能实训基地"，成为全国首家由国家级培训机构与定点帮扶县发起成立的新型人才培训基地。几年来，学院先后为越西培训技术人员4万多人次，为越西产业振兴提供了人才支撑。

二、打好"销售牌"，疏通消费帮扶市场渠道

一是发出帮助销售"动员书"。成立学院消费帮扶工作组及行动办公室，通过后勤食材采购、工会福利采购、党支部对口采购、教职工个人购买等方式，直接采购越西农副产品。充分发挥学员作用，在各类班次开班式上介绍定点帮扶工作、发出消费帮扶倡议，并联系澳门校友会、澳门延菁社等爱国爱港爱澳团体，推动产品销售。同时，与培训合作单位加强沟通，先后与三峡集团、国电投集团等建立消费帮扶共建机制，帮助越西蛋鸡等产品进入永辉、华润万家等大型商超，构建了产品销售"绿色通道"。

二是开通在线销售"云平台"。围绕"听红色故事，促消费帮扶"等主题，开展越西农副产品直播带货，并联合中国电信集团对越西电子商务从业人员开展专业培训，建强脱贫地区电商销售"网军"。与中国建设银行、西部机场集团签订帮助销售合作协议，与"832平台"、中国电信天虎云商平台、中国银行公益中国平台、中国农业银行E管家平台等合作，设立学院定点帮扶推荐专区。

三是打造商贸销售"物流园"。针对越西物流配送体系滞后、线路单一、成本极高的问题，以建设"凉山北部综合交通枢纽"为目标，组织研究论证，向四川省政府有关领导同志专项汇报，启动了智慧物流园建设。该项目规划占地62.3亩、总投资1.22亿元，一期工程占地13亩、投资3790万元，建成后将有效解决物流企业集中入驻、农副产品高效集散等问题，并辐射带动周边县，打通物流运输的"最后一公里"，实现"货通四方"。

三、打好“宣传牌”,培育消费帮扶品牌效应

一是发挥学院“平台优势”。在院内设立“消费帮扶超市”,推动越西农副产品上架销售,同步覆盖20多个脱贫区县近200款产品。在学院官方网站开设“定点帮扶专栏”,并与“脱贫地区农副产品网络销售平台”等实现一键链接,在更多渠道、更大范围推介越西农副产品。

二是推动建设“文旅越西”。引进华侨城集团,帮助越西制定旅游产业发展规划,策划开展越西县国家4A级旅游景区“文昌故里”宣传推介活动,帮助制作专题旅游宣传片。

三是联袂打造“引流品牌”。以培育品牌为目标,在学院召开“弘扬延安精神,助力消费帮扶”越西产品专场推介会,向来自全国有关部委、省市的学员广泛宣传。持续开展越西“消费帮扶月”活动,组织越西与四川有关企业签订消费帮扶合作备忘录,达成彝绣采购等协议,努力把产品变成商品、把收成变成收入。

小门店　大市场*

——华南理工大学消费帮扶智慧体验馆纪实

案例单位:华南理工大学

华南理工大学通过线上与线下、办公消费和个人购买、集中采购与文创定制相结合等多种方式,在校园内形成了“一馆一店一中心”的布局,采用“文创+长尾+平台+共创”的商业模式,带动直接和间接产业投资收益过千万元。

一、助力消费帮扶的五大举措

“大农品盛”团队以华南理工大学的近10万在校师生以及70万毕业校友的市场为基础,全面开展农产品“五化”策略,即产品礼品化、礼品品牌化、品牌市场化、市场社群化、社群生态化,找准发展定位,结合校园文创及礼品需求,并与外部线下与线上市场对接,拓展帮扶农产品的常态化销售渠道,在打造“帮”“产”“销”协同发展的高能效链条、助力帮扶地区产业升级的同时,探索出了一条消费帮扶的新路径。

(一)校园文创,构建产品礼品化差异

体验馆从顾客需求入手,针对在校大学生、教职工、海内外校友等顾客群体对学校怀有真挚情感这一特点,将农产品礼品化。例如2022年毕业季,“大农品盛”团队以校园地标之一——日晷为包装图案,以云县国汉古树普洱茶为内容,打造赋予“养心守正、珍惜光阴”勉励之意的毕业季礼品。

---

* 推荐单位:教育部。

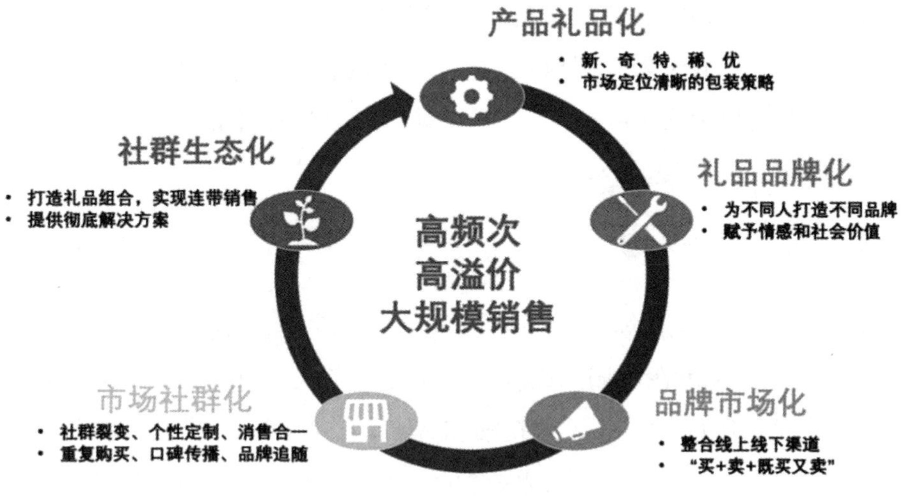

农产品"五化"策略

图片来源：华南理工大学供图。

（二）细分市场，打造礼品品牌化偏好

"大农品盛"团队基于校内校外的不同市场，有针对性地进行品牌化包装，开展情感化营销。例如，针对退休教师礼品市场，团队开发了以"百年树人"为品牌的系列农产品礼品装，赋予产品"尊师"的含义，以产品品牌化实现农产业溢价。

（三）双渠营销，创造品牌市场化价值

为彻底摆脱农产品"卖不好，卖不贵"的"裸奔"困境，体验馆将品牌化的礼品打造成迎合市场的形象，例如以文创礼品"盲盒"的形式出现的"华园有礼真好""执子之手""师恩难忘""平行世界""丰盈于心"等产品，并借助校园歌手大赛、挑战杯、创青春创业大赛以及迎新展销和校园社团的"百团大战"等活动，走出店门开展场景化推广。此外，体验馆还联合各社交媒体，通过线上渠道运营"乡村品牌""孔美优选"等公众号和小程序产品销售平台、在馆内直播间进行直播，整合校内校外多方资源，为品牌化的礼品拓展"买+卖+既买又卖"双向互通的市场渠道。

（四）组合裂变，实现市场社群化效益

体验馆整合线上线下客户资源，以大数据和云计算技术为途径构建客户画像、创造客户黏性，进一步提升了社交化媒体所特有的重复购买、口碑传播以及品牌追随三大"圈层"效益，为帮扶地区农产品的销售赋能。例如，"大农品盛"团队开展

了“灯塔慧”读书交友群、云南小粒咖啡师培训群、农产品品牌创意创业群、直播技能提升兴趣群以及“我来做一天馆长”等社群活动，加强与热心帮扶事业的师生的密切交流，把育人与帮扶深度捆绑，提升了体验馆在师生中的口碑和亲和力，产品复购率和口碑介绍率均达到 80%以上。

（五）场景方案，解决社群生态化问题

基于场景化的营销理念，针对社群内共性的需求，消费需求的个性化带来了源源不断的产品创意和潜在市场。体验馆在学校老年大学开设分馆，针对学校 4000 多名退休老教师，引进结合 FI 光谱扫描和 AI 人工智能算法的健康监测手表，结合医院提供的体检报告和医生建议，邀请食品学院的专家指导，为老教师们进行个性化的食养产品搭配，将云县特有的滇龙胆、滇黄精、石斛、葛根粉、野生菌、木瓜酒、古树茶等，组合成针对高血压、糖尿病等常见病症的保健食疗礼品套装，推荐给老师们并建立健康管理档案，有效带动了产品销售。

此外，结合帮扶地区资源特点，基于师生们对特色饮品的刚性需求，“大农品盛”团队创造性地提出咖啡消费的生态化帮扶模式，团队把以云县栗树乡咖啡豆为原料开发的咖啡产品创建为“我的云华”品牌。“来一杯我的云华，品不尽云县美味”，系列产品一推出市场，深受师生欢迎。

截至 2023 年 9 月，消费帮扶智慧体验馆内的 SKU 数量已达 1200 多种，合作渠道和组织资源近 50 多家，惠及师生及校外客户达 3 万人。

二、继续做好消费帮扶的工作计划

未来，“大农品盛”团队计划打造体验馆品牌联动运营模式，在云县当地启动体验馆连锁品牌试点运营，以“培训+创业+品牌输出”的形式，孵化当地创业者，促进在当地创业就业，形成商业闭环。通过“五化”模式对当地的名优新特产品进行品牌赋能、文化赋能，用文、商、旅新模式带动产业发展。此外，也建议依托高校消费帮扶联盟，将消费帮扶智慧体验馆以连锁经营的模式开到全国各地高校，各学校资源互补、渠道共享，并利用“五化”策略对各学校的特色帮扶产品进行品牌化改造。在扩大消费群体规模的同时，用第三产业带动第二产业，为第一产业增益，从而实现全国高校消费帮扶的整体价值提升。

创新多元帮扶举措 全面助力“黔货出山”*

案例单位：南京农业大学

2023年，南京农业大学深入结合麻江县实际情况，通过开展推介展销、合作洽谈、直播带货等多种方式广聚帮扶资源，积极实施“以购代捐”帮扶方式，充分挖掘消费潜力。学校共计向麻江县投入直接帮扶资金300余万元，帮助麻江县引进帮扶资金1000余万元，购买脱贫地区农产品近300万元，帮助销售脱贫地区农特产品500余万元。

一、助力消费帮扶的七大举措

（一）举办定点帮扶麻江蓝莓展销会

2023年6月，南京农业大学举办“‘蓝’色盛宴，共享‘莓’味——南农大定点帮扶蓝莓展销会”。在学校官网、官微、师生微信群等多渠道广泛宣传，通过线上预订取货及线下现场展销，累计销售蓝莓鲜果4500斤，蓝莓果干、蓝莓果酱、红酸汤、枫香印染和扎染工艺品等各类优质农特产品1000余件。

（二）汇聚校友力量，构建消费帮扶合作链条

2023年4月，学校校友总会协同江苏楷益智能科技有限公司和青岛华琨生物

---

* 推荐单位：教育部。

科技有限公司等校友企业赴麻江县贤昌镇贤昌村蓝莓冷库、麻江县电商中心进行实地考察，了解麻江蓝莓产业发展情况，重点围绕深化校地双方资源优势共商合作与发展。通过实地考察，南京农业大学校友企业与麻江蓝莓集团成功签署了蓝莓的销售协议，累计帮助销售蓝莓鲜果及加工产品 360 余万元。学校坚持通过做好联系、服务校友企业的桥梁和纽带作用，推动校友企业与麻江开展持续深度合作。

（三）开展直播带货，为麻江“土特产”代言

2023 年 6 月初，人文与社会发展学院与江苏文艺台在麻江县第七届蓝莓文化旅游节开幕式现场联袂直播麻江蓝莓，更广更好地宣传推广麻江蓝莓与“麻小莓”文创品牌，让广大网民更加深入直观地了解麻江文化和蓝莓产业。11 月，人文学院的师生开展“黔货出山”的专场直播带货，获赞超过 6 万次，帮助销售产品包括蓝莓系列产品、酸汤系列产品、枫香印染系列、菊花茶、锌硒大米等 20 余个品类的麻江县本地特产。

（四）参与定点帮扶部属高校联合活动

2023 年 4 月，南京农业大学参加在宁部属高校帮扶农产品联合展销会，并组

2023 年南京农业大学在宁部属高校帮扶农产品联合展销会直播活动

图片来源：南京农业大学供图。

织学生参加现场农产品直播活动，为麻江蓝莓产品品牌加大宣传力度。5月，组织麻江县在南京农业大学2023年校友代表大会暨校友经济发展论坛上作农特产品推介，此外还参加川渝及在黔帮扶部属高校组团服务乡村振兴工作研讨会，开展组团式帮扶模式的深入探讨。11月，参加川渝及在黔帮扶部属高校助农产品包装设计大赛，南京农业大学师生积极参与并提交多个原创设计作品。

（五）开展“消费帮扶新春行动”

南京农业大学号召全体教职员工、学生和广大校友通过“e帮扶”消费帮扶平台、“832平台”脱贫地区农副产品网络销售平台、“云淘麻江”电商帮扶网店、“南农易农”App等多个网络平台选购脱贫地区农特产品。

（六）强化品牌打造，设立“麻小莓”专卖店

南京农业大学通过深入调研麻江蓝莓产业、非遗文化等实际情况帮助设计的“麻小莓”文创品牌，在麻江县内主要公共场所树立了多个形象标识。通过开设的“麻小莓”微信公众号、视频号等广泛宣传，陆续在贵阳、杭州等地设立“麻小莓”专卖店，采用“线上+线下”的组合方式进一步加强麻江农产品全产业链帮扶力度，进一步推进麻江农产品产业化、品牌化、商业化。

（七）稳步定向采购，统筹推进“黔货出山”

南京农业大学积极推介麻江锌硒米、蓝莓及加工产品、草鸡蛋等优质特色农产品进校园、进超市、进食堂、进社区，持续推进3台校内消费帮扶专柜的宣传和使用，2023年直接购买麻江等脱贫地区农特产品280余万元。南京农业大学120周年校庆期间，在成就展厅设立定点帮扶展台，张贴消费帮扶宣传单，动员广大师生和校友助力消费帮扶。在“e帮扶”线上平台，专门设计高校消费帮扶南京农业大学专区（麻江县）和宣传海报。

二、相关经验总结

全面动员校内与校外力量通过对脱贫地区和脱贫群众产品和服务的消费帮扶，鼓励教职员工优先购买帮扶地区的农产品，带动爱心企业、爱心人士等社会力

量参与消费帮扶，带动脱贫地区传统产业转型升级和新型产业培育发展。通过线上大力发展农村电商，线下开展形式多样的农产品产销对接通道，进一步推动参与消费帮扶各类主体的需求与脱贫地区特色产品和服务信息的精准对接。

三、继续做好消费帮扶的工作计划

一是发挥脱贫地区龙头企业、农产品加工厂、农民合作社对当地农户的辐射带动作用。通过拥有自身营销渠道的企业、合作社等开展和完善当地农产品的外销渠道和模式，建立“电商+企业+脱贫户+市场”的直销途径。引导并推动特色传统农产品、精深加工农产品与旅游景点、景区建立帮扶产品购买驻点，打造消费帮扶与旅游帮扶的一体化产业链格局。

二是提高当地特色农产品的质量与竞争水平。重点围绕麻江特色优势产业，大力加强质量高标准化的体系建设，加强全程技术指导，推广标准技术和管理方法，拓展麻江开展标准化生产示范区域，加快绿色、有机农产品基地的建设。进一步利用各类媒体着力打造“麻小莓”、枫香印染等区域特色产品品牌，将农产品更好融入社会市场的大环境中，提高当地农特产品的适应能力和竞争水平。

三是进一步拓展消费帮扶渠道。进一步加强校友资源和友好合作企业助力消费帮扶的力度，通过成立“校友之家”进一步拓展消费帮扶渠道，通过“订单式”生产进一步增强产业发展，增加农民收入，提升消费帮扶力度。

打造“戏剧+”特色文化助推消费帮扶新模式*

案例单位：中央戏剧学院

中央戏剧学院着力推动长顺县文旅产业融合、雷坝村产业升级，逐步形成“以美育促文化，以文化促发展”为共识的乡村振兴帮扶路线，打造“戏剧+”特色文化助推消费帮扶新模式。2023 年全年学院帮销 206.5 万元，4 年累计帮销金额 493.75 万元。

一、实施进展和实际成效

（一）以政策引领，加强组织领导

中央戏剧学院党委提高政治站位，强化“一把手”责任，主要领导指挥推动定点帮扶工作，分管领导聚焦消费帮扶具体措施，着力推动长顺县文旅产业融合、雷坝村产业升级等。党委书记和院长每年赴长顺县开展帮扶工作调研督导，与长顺县委县政府加强沟通交流，参加、参观学院出资帮扶的贵州乡村戏剧节、秋坡文化节等文旅融合项目，以及农文旅一体化产业园、黄金百香果种植基地等精品农业项目，积极深化资金、消费、文化等帮扶合作。

（二）举全院之力，助力消费帮扶

利用“e 帮扶”“农品台”等平台，帮扶干部做好脱贫地区农副产品产销对接，

---

* 推荐单位：教育部。

中央戏剧学院食堂、工会、离退休工作部等部门积极采购，工会每年“三节”为教职工发放的福利品 100%采购自脱贫地区，4 年学院共直接购买脱贫地区农副产品 804.71 万元。积极组织全院 500 余名教职工每年购买脱贫地区农特产品，平均每人购买近 6000 元，4 年共计 287.25 万元。2023 年举办食堂“贵州美食节”活动，推广内部零售销路；发挥高校“G10 协助工作组”组团帮扶力量，扩大外部销售帮扶渠道，协调电子科技大学以及其他企业采购长顺农特产品。

（三）拓引资渠道，提振产业升级

坚定走“戏剧+”特色文化助推消费帮扶新模式。2023 年，中央戏剧学院通过主办的“长顺乡村戏剧节”引入贵州省文演山榛文化投资 173 万元，为雷坝村引进百香果种植、销售额达 70 万元，解决当地村民 20 余人在家门口就业；同步积极发展小型农机租赁、苗绣等产业，助推雷坝产业升级，本年度共为长顺县引资 243 万元。

（四）铸坚实保障，培育人才队伍

在长顺县设立“中央戏剧学院教学实践基地”和“艺术人才培训中心”，充分发挥教育和文化资源优势，开展内容涵盖文旅、宣传、舞蹈、表演、地戏、国画、摄影等培训，助力长顺县文艺创作、美育、戏剧教育、文化产业等人才队伍建设，稳定人才培养数量，确保人才培养质量。4 年累计培训乡村振兴管理干部、技术人才和带头人 2615 人次，为当地留下一支“带不走”的专业化人才队伍。

（五）讲乡村故事，树立文化品牌

中央戏剧学院依托专业优势，不断强化“戏剧+文旅”特色文化助推消费帮扶新模式发展，辐射带动文旅项目深度开发，扩大品牌影响力，搭建文旅融合产业链条，从文旅融合发展、文化创意孵化、大型活动举办、文艺作品创作、文化遗产保护与传承等多方面聚焦消费帮扶发展，形成消费特色热点，激发带动消费活力。

（六）以艺术赋能，深化文旅融合

每年组织“文化振兴　艺术赋能”暑期社会实践团活动，赴长顺县开展多项交流内容，发挥中戏学子专业所能，以文化助力乡村振兴、用艺术赋能乡村建设。举办“第二届长顺乡村戏剧节”，持续落实“以美育促文化，以文化促发展”的乡村振兴路线，引入贵州省文演山榛文化投资公司投入活动173万元。

二、助推消费帮扶的工作经验总结

（一）建立机制保障，加强校地沟通

自开展消费帮扶以来，学院党委做好顶层设计，加强校地沟通，建立定点帮扶领导小组牵头抓总、学院各部门齐心配合、小组办公室与帮扶干部协同落实、校友积极参与的消费帮扶工作机制。注重政采同行，强化定向采购帮扶、加强区域协作帮扶、鼓励社会力量参与，统筹调动各方资源，搭建平台，拓宽渠道。通过“以销代帮”“以购代扶”，不断创新消费帮扶模式，积极拓展消费帮扶领域，促进消费帮扶工作高效开展。

（二）发挥特色优势，精准产业帮扶

中央戏剧学院发挥学科优势，持续打造“戏剧+”和“顺文化”等品牌IP，加强文旅产业资金引进，推动特色精品农业发展。以消费帮扶为重要抓手，持续深化产业合作、消费合作、劳务协作和社会帮扶，建好产销协作平台、加快推动雷坝村产业升级，深度开发秋坡、梅花鹿等文旅价值，开发特色苗绣资源，推动长顺县特色产业发展。

三、助推消费帮扶的工作计划

（一）力度不减，强化促销帮销

今后，中央戏剧学院将继续从全局谋划一域、以一域服务全局，从内而外、自上而下，深化校内与校外、线上与线下、学院与社会相结合的消费帮扶模式，通过组团帮扶、电商带动、以节促销、以游带销、文旅融合等方式，精准对接市场，精心服务需求，打造全院上下、齐心协力的消费帮扶大格局。

（二）持续创新，擦亮文旅名片

中央戏剧学院将持续依托特色优势，积极创新消费帮扶发展模式，坚持文艺作品创作、举办乡村戏剧节，非遗文化开发与保护、文旅产业融合发展等全方位发展，抓好主线、凝聚合力。

“三健全两助力”织起帮扶网
研产销一体打通致富路*

案例单位：重庆大学

重庆大学立足绿春县产业基础，推进乡村振兴育人助力消费帮扶的“三健全两助力”消费帮扶模式，打通绿春农特产品研产销正循环，激发“造血”功能，动员社会力量和合作单位，近3年帮助销售帮扶地区农产品9300余万元。

一、三机制与两成效

（一）健全“科技下乡”机制

依托重庆大学乡村振兴研究院、功能农业中心绿春分中心和乡村振兴专家工作站，以智力帮扶助推绿春特色产业提质增效。为绿春建立茶叶发酵实验室提供资金和技术支持，进一步优化茶叶种植和发酵工艺，提升茶叶风味和品质。利用中央高校基本科研业务费设立“茶叶绿色防控技术建立与应用”“茶叶提质增效关键技术集成与应用”“绿春农产品保鲜物流关键技术示范应用研究”等科研项目，以科技助力绿春茶叶进一步提升市场竞争力。

推广功能种植技术和生物农药技术，建成应用示范茶园1000亩，较传统种植增产5%以上，直接增加经济效益120万元。重点指导的3家企业在“首届红河州茶叶评比”中荣获一等奖、二等奖各2项，在绿春县第一届全县斗茶大赛暨区域公

* 推荐单位：教育部。

共品牌“绿春四季”茶叶选品会中共获得9个奖项，包揽了红茶类、普洱茶类前3名。

（二）健全联农带农机制

帮助完善龙头企业绑定合作社、合作社绑定农户的“双绑定”利益联结机制，推动企业、合作社“双绑定”结对12对，联结带动农户4007户。扶持梯田红米合作社，通过“农户+合作社+企业”的发展模式，覆盖梯田红米种植面积8534亩，带动农户3110户，实现农户生产与合作社纽带作用的有效对接和融合。

帮助绿春探索出“强组织、建基地、育能人、扶大户、带农户”的党建引领乡村振兴新路子，组建一支“永不走的工作队”，累计培养农村致富带头人435名。帮助村集体合作社新建传统茶叶加工作坊和实施循环农业项目，建设茶地套养山地鸡和休闲循环农业两个示范点。

（三）健全常态化消费帮扶机制

抓好单位采购预算，通过学校工会福利、后勤食堂采购等方式，近3年直接购买脱贫地区农产品1170余万元。打造绿春县“哈尼山泉”品牌矿泉水，并引入重庆市场，作为学校办公、会务和酒店指定用水，并积极向校友企业、合作单位推介，两年累计在渝销售50余万瓶。动员教职员工、二级单位开展消费帮扶活动，在校区内布局消费帮扶智能柜，在食堂设立绿色农产品“农校对接示范窗口”13个，组织团购、农特产品展销会等。

在西部消费协作中心设立“重庆大学消费帮扶馆·云南省绿春县农特产品展销馆”，打造成消费协作的样板窗口。

（四）协同社会力量助力消费帮扶

联合重庆市食品批发业协会，帮助搭建符合市场规律的销售链条，指导申请地理标志证明商标，进一步加快绿春农特产品市场化进程。组织协会有关专家赴绿春调研香辛料产业发展情况，指导绿春成立香辛料协会，以仓库前移、产销联动等方式，助力绿春香辛料走进重庆市场。

举办重庆市食品行业产销对接会，帮助销售绿春农特产品30多吨，打通绿春农特产品大宗销售渠道。举办“高校消费帮扶联盟与重庆市食品行业（商）协会联盟产销对接交流会”，共有19所高校帮扶县的34家农特产品企业参展，推动重庆企业与帮扶县企业签订战略合作协议。开展"生态绿春进重庆活动",将绿春农特产品引入重庆市场,并协调多家知名餐饮企业与绿春企业建立稳定的战略合作关系,长期采购香辛料等特色农产品。

(五)推进乡村振兴育人助力消费帮扶

成立重庆大学学生服务乡村振兴志愿者协会,在校内打造"乡约文化广场"和"创新创业实践基地",与重庆食品批发业协会副会长单位共创哈尼民族特色茶饮"白鹇·小间茶",对绿春的红米、茶叶等原材料进行品牌打造和销售。为拓宽助农产品销售渠道,组织"青春助农"产品推广大赛,面向全校同学们征集创意营销方案,并举办线下展销会。组织"橙心橙意·请你喝茶"推广活动,推广帮扶地区脐橙和茶叶。组建"牛魔王"乡村振兴学生创业团队,帮助打造绿春县域特色品牌。组织重庆市第三届电商直播大赛金奖队伍进行直播带货活动,助力特色农产品扩大销路。

二、经验与总结

一是发挥专业优势,提升产品质量。提高产业帮扶的科技含量,发挥学科优势,特别是与农业相关的交叉学科,在农特产品生产加工、产品赋值等方面持续用力,进一步增强科技扶农在产业帮扶中的分量和作用。

二是突出市场导向,注重品牌提升。支持打造带有地域标志的公共品牌,实现地域特色、民族文化和现代风尚的有机融合。用绿色优质促进持续消费,真正将生态优势转化为产品优势,实现生产到消费的良性循环。

三是完善平台搭建,帮助渠道畅通。引导电商平台、商贸流通企业、餐饮企业等市场主体与帮扶地区优质产品精准对接,打造产地与消费地有效联结的产销对接链,不断提升优质特色农产品的市场化水平,解决滞销卖难问题。

四是注重宣传引导,创新展示方式。拓展消费帮扶传播路径,促进流量资源转化为经济效益。深度挖掘社会购买力,推动形成政府引导、市场主导、社会参与的可持续消费帮扶模式。

发挥行业优势 做好黑土硒都“土特产”大文章*

案例单位：自然资源部

自然资源部在定向消费帮扶的基础上，充分发挥行业优势，通过极地考察农副产品保障、富硒土地认定、培育地质+文旅产业、发挥电商聚集效应等赋能海伦乡村特色产业发展，提升海伦市农副产品的知名度和影响力，提升了消费帮扶水平。

一、海伦农副产品登上“雪龙”号，保障南极科考

大力支持中国极地考察事业，层层把关，精选海伦市相关农业科技企业的海伦地标产品海伦大豆、海伦大米、富硒鲜食玉米、富硒杂粮、豆粉、大豆油等 8 大类 57 款富硒农副产品，保障第 39 次、第 40 次中国南极科考。

中国极地研究中心与海伦市开展乡村振兴框架合作，授予海伦市“极地科考农副产品供应保障海伦基地”称号，市商务局为高标准规范化用好“极地科考农副产品供应保障海伦基地”这块金字招牌，起草《“极地科考农副产品供应保障海伦基地”标识管理办法（试行）》，将授权和引导市域内富硒农副产品生产企业进一步规范使用专用标识，进一步提高“极地科考专用标识”的社会信誉和影响力。

二、打造寒地黑土硒都品牌，提升海伦农副产品附加值

发挥专业优势助力天然富硒土地权威认证。争取沈阳地调中心、中国地质学

* 推荐单位：自然资源部。

会等专业力量支持，对海伦市申报的全国天然富硒地块进行专业认定，打出海伦天然富硒的品牌优势，推动海伦市“中国黑土硒都”称号实至名归，在东北地区乃至全国树立具有较强影响力的天然富硒黑土区。协调沈阳地调中心、黑龙江省自然资源厅为海伦市申报第三批富硒土地提供技术支撑，经认证天然富硒土地面积达76071亩，用“硒都”二字为酒店命名、城市道路命名，强化全市人民的硒都概念，强化往来游客的硒都印象。

三、发掘奇石资源多元价值，培育“地质+文旅”产业新亮点

立足海伦大峡谷国家森林公园白垩纪蕨类植物化石“桫椤玉”的潜在价值优势，举办奇石文化旅游节和新闻发布会，弘扬大峡谷奇石文化。邀请中国地质博物馆专家教授团队及中国古生物化石保护基金会科普桫椤玉相关知识。中国古生物化石保护基金会正式把海伦桫椤玉纳入《科普观赏石类》名录，授予海伦市“中国桫椤玉之乡”称号，助力海伦桫椤玉由地方小石种走向全国，打造海伦文旅新名片。筹备海伦大峡谷旅游开发，提升桫椤玉市场价值，探索桫椤玉保护开发利用新方式。

四、发挥电商聚集效应，拓展农产品销售渠道

指导海伦市做好电商助农工作，借助电商优势，为农产品销售插上“云”翅膀。开展“电商+脱贫地区企业+农特产品”消费帮扶，搭建电商营销平台，以直播电商为突破口，助力农民稳定增收。帮助引进海北镇西安村电商文旅项目，通过“旅游+电商+特色产业”融合发展新路径，打造以农带旅、以旅促农、农旅结合的农旅电商融合发展模式。

在京东商城开设“中国特产·海伦馆”，在哈尔滨数字贸易产业园区设立海伦专区、开展“唐薇大舞台、有才你就来”中国大豆名城——海伦助农产品推介活动，向全国粉丝和网民展现了中国大豆名城——海伦的真诚与热情。

指导海伦市与“832平台”签订协议，共同建立检测监管和产业帮扶机制，实施“产品认定”，加强对申请认定企业和农产品的审核，研究完善消费帮扶同脱贫户利益联结机制成效。目前，海伦市已在“832平台”完成认定65家供应商合计上架

3748 种帮扶农产品，实现年销售额 3.11 亿元。

五、指导加强宣传推介，提升黑土粮仓农副产品知名度

助力优质农产品企业参加“海伦市 2023 年五谷杂粮下江南”活动。将 10 余种品类、30 多款产品送到多个大城市及周边城市展销，开展体验式推广实现线上线下共生发展，产区与销区无缝对接。邀请当地对口单位、商会企业家、经销商、采购商、社区平台等嘉宾参加；开办当地社区、农批市场、校园活动地推；举行大型品鉴活动，现场网红主播、扫码关注赠送试吃品；邀请各大网站、电视台、宣传部门等对海伦市产品签约现场作报道。

在中国自然资源报及相关新媒体上开设定点帮扶县农产品展示专栏，向社会推介，扩大消费帮扶舆论宣传。组织海伦市企业参加全国脱贫地区优质特色粮油产品展销会、人民网“乡村振兴　地方优品”集中选品会等定点帮扶县农副产品产销对接会，共有 7 大类 95 个品种的海伦富硒农产品参展。

六、小产业项目示范带动，助力群众增收致富

自然资源部每年投入帮扶资金，因地制宜，以小而精的产业项目示范带动脱贫地区群众增收致富。

一是帮扶扩大农机合作社，提高生产效能。2023 年自然资源部投入资金 150 万元帮扶海伦市长发镇长发村扩大农机服务，自然资源系统定点帮扶的 3 个村累计投入 584 万元购入农机 65 台套，帮助提高农产品生产能力和效率，增加村集体经济收益 13.6 万余元。

二是发展农副产品深加工，提升农产品附加值。自然资源部投入 150 万元新建黏豆包加工厂，省自然资源厅投入 1 万元改造重启大米加工厂，有效提高海伦市自产糯米、黄米、红豆、大米等的附加值，黑龙江测绘地理信息局拟招商投资在海伦市新建鲜食玉米加工厂，可将当地所产玉米销售价格提升 60%—100%。

三是代养助销。采取“农户+合作社+企业”的合作模式，与脱贫户签订农产品代销合作协议，以订单种植、托管代养、直销代理、自建帮扶“小农场”等方式，倡议单位及干部职工定向采买，带动建档立卡脱贫户户均增收 1000 元以上。

多措并举　打造“琼中好味”*

案例单位：自然资源部

近年来，自然资源部坚持把消费帮扶作为助力琼中县巩固拓展脱贫攻坚成果，全面推进乡村振兴的重要抓手，充分发挥部门优势，着力在树品牌、提技能、育产业、畅销路等方面精准发力，年度安排 250 万元无偿帮扶资金。近 3 年来，琼中县在“832 平台”累计销售额近 800 万元。

一、认富硒树品牌助产业提升

自 2019 年以来，根据自然资源部中国地质调查局总体部署，中国地质科学院地球物理地球化学勘查研究所率先在自然资源部定点帮扶县琼中开展“海南岛热带特色农业区生态地质调查”工作。

在琼中的山水林田地里，在烈日下在风雨中，都会看到头戴草帽，或是拿着或是背着测量仪器的中国地质科学院地球物理地球化学勘查研究所的工程师，对琼中的水土进行调查。

调查结果表明富硒土壤 22.6 万亩（绿色富硒土地 14.73 万亩、无公害富硒土地 6.17 万亩），并在此基础上编制了《海南省琼中黎族苗族自治县富硒土地报告》《海南省琼中县农业产业布局、特色农产品开发规划建议报告》，分批进行天然富硒土地申报认证，赋予提升农特产品生态价值。

2021 年湾岭镇 43000 亩土地，2023 年黎母山镇 5342 亩土地，经中国地质学会审查，认定为天然富硒土地，赋予所在地区种植的琼中绿橙、葡萄柚、燕窝果等农产

* 推荐单位：自然资源部。

品生态认证，提高品牌价值。

二、订单定向培训提技能强增收

“这次培训班的课程设计非常用心，让我们学习到了许多先进经验，回去以后我们要将这次的见闻都转化为实践。为乡村振兴助力”，琼中乡村振兴局副局长在参加完2023年6月自然资源部乡村振兴办在福建泉州举办的定点帮扶县基层干部培训班后有感而发。他告诉记者，参加这次培训班的学员还有村党支部书记、乡镇干部、乡村振兴工作相关部门负责人以及自然资源部挂职帮扶干部。

自然资源部为琼中干部“充电”“造血”的培训不仅如此，还以需求、产业、问题为导向，结合琼中县实际，在琼中举办了2023年定点帮扶乡村振兴带头人培训班和实用技术人才培训班等。

“干什么专什么”“缺什么补什么”是自然资源部制定培训内容的原则。例如，乡村振兴带头人培训班就采用了现场教学、场景再现等特色教学方式进行，对30名有较强本领、深厚乡土情怀的乡村振兴带头人科学组训，加深他们对党的二十大报告关于乡村振兴的重要论述的领悟理解，提高经营合作社和运营管理公司的能力，深化互联网+农业、林下经济特色产业发展思路。而实用技术人才培训班则是以集中授课和实践教学的方式，对200名山栏稻产业发展“关键人”精准施训，强化种植养护技能；培养一批能够引领一方、带动一片的乡村振兴带头人和农业技术人才，夯实农产品增产促销基础。

三、专项资金投入育产业强引领

在琼中红毛镇，“新伟·山有”文旅项目以现代化眼光，为茶文化塑造一个诗意空间。该项目将原新伟农场老旧的职工活动中心、礼堂和茶厂闲置厂房加以现代化改造，成为自带“流量”的茶旅体验庄园。

其中，“新伟茶业”在2023年时就获得了自然资源部投入的50万元帮扶资金支持，启动“新伟茶业”海南大叶茶手工制茶示范基地项目，延伸定点帮扶打造的琼中新伟茶旅融合发展森林康养示范基地产业链。用这笔资金提升改造茶厂厂房，修建“大师工坊”、茶文化体验品鉴展示区，完成琼中县第一家海南十大省级农副产品之一“新伟茶叶”的品牌打造，茶叶年均产量复合增长率超4%，年均业绩复合增长率超6%，带动周边就业70余人。

据介绍，自然资源部充分利用帮扶资金和发挥自然资源要素保障政策支持指导优势，年度安排250万元无偿帮扶资金，整合琼中县资源，实施“自然资源部定点帮扶乡村振兴项目”，打造联农带农特色产业。

四、加强政企联动促消费引产业

自然资源部不仅帮扶政策是“真金白银”，在“促消费”上更是“见真章”的帮扶。充分发挥定点帮扶挂职机制优势，通过挂职干部积极与琼中县招商引资企业对接，争取将琼中农产品纳入企业员工节假日采购礼品清单，达成长期采购意向，推销农产品。

其中，华能海南发电股份有限公司年采购琼中农产品不低于150万元；争取将新伟茶叶、石斛、咖啡等琼中农产品纳入中石化海南分公司“线上商城和线下VIP主线活动”进行推广，同时洽谈在琼中投资打造石斛深加工产业项目，破除县内石斛二产规模化加工壁垒。

积极协助邀请在京企业参加海南琼中产业招商推介会、琼中绿橙北京专场推介会、“琼中好味”区域公用品牌发布会，并指派相关司局参加，协助招商引资推介促销琼中绿橙；筹备参加海南乡村振兴北京馆开馆活动，推介新伟茶叶、山栏紫米等14种农产品入馆长期展销，并与北京首旅集团洽谈促销农产品事宜，拟进一步对接达成采购协议。

聚焦传统村落保护利用助力乡村全面振兴*

案例单位：住房城乡建设部

2021年以来，住房城乡建设部定点帮扶福建省连城县，聚焦传统村落保护利用，支持指导连城县按照“望得见山、看得见水、记得住乡愁”的要求，带动发展“客家文化+红色文化”文旅产业。

一、突出党建引领，打造党建品牌

运用“美好环境与幸福生活共同缔造”的方法理念，指导培田村开展“红领培田·耕读传家”党建品牌创建，围绕景区发展要素，实施“五项景区党建工作机制”，确保景区高效运行，文旅深度融合。深化全域服务机制，将古村落划分为14个服务网格，成立5支“古村”服务队，在53处国家级和省级重点文物保护单位实现服务全覆盖。深化金融扶持机制，针对景区企业、个体户规模小、信贷难等问题，发挥党组织优势，实施“党建+金融助理+多社融合”的服务模式，发放“古村落金融贷”118户1080万元，支持古村业态发展。深化文化传承机制，深入挖掘“崇文重教、耕读传家”的文化内涵，串联南山书院、容膝居、永旭堂等文化传承载体，打造综合型党员服务驿站，形成“古民居旁”“万安桥下说事”等红土初心讲堂品牌，2021年培田村被列为市级党性教育现场教学示范点。

* 推荐单位：住房城乡建设部。

二、坚持规划先行，优化结构布局

组织协调中国城市规划设计研究院等知名规划编制单位，支持指导连城县先后完成《宣和乡培田村村庄规划（2020—2035 年）》《连城县域传统村落集中连片保护利用规划》等编制工作，进一步明确发展思路和目标任务，着力打造以明清客家建筑遗存和客家文化为特色，具有文化交流与休闲功能的国家级历史文化名村，努力实现中国明清客家文化第一村、5A 级旅游景区、世界文化遗产地的发展目标。在文旅产业布局方面，村庄产业发展规划总体形成了古村落核心旅游区、综合服务区、田园观光区、滨水休闲带的“一带三区”产业布局结构。

三、加强保护利用，推进非遗传承

坚持将文物保护利用作为培田村保护利用的第一工程，支持指导培田村完成文物保护修缮工程 3 个，完成耕读传家陈列馆、农耕农具陈列馆、粮食印记陈列馆、红色记忆陈列馆、客家婴童服饰馆等 5 个特色展馆布馆工作，全面展示培田儒家思想“文墨之乡”兴教立教、崇文尚武、耕读传家之风。注重客家、红色文化挖掘保护利用，支持指导培田村培育省级非物质文化遗产代表性项目 1 项（客家“九厅十八井”建筑营造技艺）、市级非物质文化遗产代表性项目 5 项，培养市级非遗代表性传承人 1 名、县级非遗代表性传承人 4 名。

四、发展文旅业态，促进文旅融合

围绕耕读传家主题，支持指导培田村策划实施培田恩典荣光、荷塘悦色、古墙夜话、万安祈福、廊桥听古、官厅水秀、醉美转角、十番古戏“夜八景”等沉浸式夜游项目，不断丰富产品供给，促进夜间文旅经济发展。支持指导培田村充分利用染织、剪纸、十番音乐、山歌童谣等客家原生态非物质文化遗产资源，建立特色工坊、组建十番音乐队，建设农耕体验园 2 处。

五、强化宣传推广，树立品牌形象

一是力促培田村上线“中国传统村落数字博物馆”，内容涵盖概述、全景展示、历史文化、环境格局、传统建筑、民俗文化、美食物产和旅游导览八大板块，通过视频、图片等形式，从物质文化遗产到民俗文化特色等全方位展示培田村“客家庄园”“民间故宫”的文化价值。

二是联合中央网信办，组织中央新闻媒体记者、骨干网评员走进培田村等安徽、福建两省13个传统村落，开展“传统村落万里行”网评品牌活动，并在新浪微博、今日头条、抖音等平台同步开设“发现最美、你评我论”和“相约传统村落”话题，中央与地方媒体通过相关平台推出图文和短视频稿件累计800余篇，中央网信办将优秀稿件给予全网置顶，网络阅读传播量突破5亿，活动整体互动量超过10万人次，多个作品单条播放量达百万以上。

三是联合NBA中国，在培田村建设了NBA75周年纪念球场，并举办NBA关怀行动“新春贺岁乡村嘉年华”活动，将民俗风情、地域特色与篮球精神相融合，开展了NBA篮球互动游戏、非遗民俗表演、NBA乡村嘉年华篮球互动游戏、新春篮球赛、青少年篮球训练营等活动，让篮球文化、体育文化融入百姓生活当中。

四是推动选定培田村作为央视纪录片《记住乡愁》的第一集拍摄地，取得良好反响。指导制作《民间“故宫”——培田古村落》短视频，并在中宣部、中央网信办、住建部、新华社联合发起的“谁不说俺家乡好”短视频征集活动中获得75万点赞量。以上活动的开展，切实提升了培田村的知名度和影响力，有力促进了乡村旅游发展。

扬交通优势　促产业融合　塑乡村品牌*

案例单位：交通运输部

交通运输部针对定点帮扶的四川省阿坝州小金县、黑水县、壤塘县和甘孜州色达县等4个高原涉藏县（以下简称“四县”），充分发挥交通行业优势，深入推进“交通+”融合发展，塑造当地特色产品品牌，不断推动群众就业增收。

一、聚焦“三大融合”，拓展增收新路径

（一）聚焦“交通+旅游”融合发展

一是深入实施交通旅游融合发展强国建设试点，编制形成包括四县在内的大九寨交旅融合示范区建设方案，打造“快进慢游”交旅融合交通体系，支撑服务建设世界重要旅游目的地。

二是大力开展路域环境整治，打造干线公路“一路多景”、农村公路“一村一景”，形成“畅、安、舒、美”的公路旅游环境。

三是邀请中国旅游研究院专家现场指导，编制宅垄镇旅游发展规划，提出“一县一特色”的发展目标，积极鼓励小金县在“交旅+产业”融合、黑水县和色达县在交旅融合、壤塘县在城乡交通运输一体化发展方面深入探索，助力放大旅游资源优势。2023年，四县依托日益便利的交通运输条件，累计接待游客599.9万人次，实现旅游收入50.1亿元。

* 推荐单位：交通运输部。

（二）聚焦“交通+邮政”融合发展

一是推动综合运输服务站建设，以交通、邮政为主题，与其他民营快递物流企业在相关业务上进行深度融合，推动客运场站与快递驿站进行深度融合。

二是指导四县在持续巩固拓展“两通”成果的基础上，深入实施“交邮合作”，实现由县城发往乡镇、乡镇发往部分村级的快递统一配送，降低总体运输成本、提高运输效率，基本实现了县、乡、村三级物流网络全覆盖，推动“客货并举、运邮融合”。

（三）推动“交通+产业”融合发展

一是依托资源路、旅游路、产业路提档升级，发展壮大生态蔬菜、特色水果、酿酒葡萄、牦牛养殖、乡村旅游等产业，促进农牧民“以路带产”实现增收。

二是加强交通运输基础设施建设，提升交通运输服务水平，助力各县引进符合当地发展实际的农牧业、旅游业、服务业、城镇基础设施建设、电子商务、交通运输等方向的项目或企业，因地制宜建立帮扶车间，支持各县推进乡村产业发展。

二、锚定“三大抓手”，激活发展新动能

（一）加强招商引资，筑牢产业发展基础

一是高质量开展招商引资。帮助引进小金县夹金村乡村民宿生态旅游，黑水县河口水电站厂房、藏香猪养殖车间、管道天然气入户，壤塘县沥青拌合站及商混搅拌站、生态能源牧光互补式光伏发电，色达县三旺集团、喜心古民宿等16个帮扶项目（企业），共计3.3亿元。

二是充分发挥交通行业优势。各部属单位发挥自身优势，帮助提升产业发展潜能。结合色达县特色旅游资源，提出打造建设格萨尔艺术文化旅游体验线。加快推进黑水县旅游区新能源汽车充电桩建设。协调有关公司捐赠200万元支持壤塘县青稞产业发展。

三是壮大农村经营主体和集体经济。购买价值10万元的设备支持壤塘县、小金县生产车间及特色产业发展，支持四县13家龙头企业和15家农村合作社发展。

（二）加强宣传引导，着力打造优势品牌

一是加大行业宣传。协调汽保协会录制短视频推广壤塘县蜂蜜，利用“四明网”宣传推介小金县苹果，积极推动将优质农产品引入“832 平台”、“本来生活网”、阿里巴巴“一村一品”等平台，进一步拓宽四县农产品销售渠道。协调北京、天津、上海等 19 个经济发展较好的省（自治区、直辖市）交通运输主管部门，在公交、地铁等交通场站播放四县公益传播视频，推介四县旅游产业等资源，累计播放超 800 多万次，宣传成效显著。

二是全力打造文化品牌。帮助小金县完成马尔锅“三个一”（一本书、一个视频、一部舞台剧）制作，实景演出 20 天，推动嘉绒锅庄非遗舞蹈有效传承。支持壤塘壤巴拉非遗传习协会装修升级。成功推荐壤塘县获评“全球减贫案例征集活动”案例。黑水县芦花镇获评“阿坝州第三批特色文化旅游名镇”，将沙石多镇杨柳村打造成乡村振兴示范村，以示范带动品牌建设提档升级。

（三）做好消费帮扶，深挖产品销售潜力

一是每年组织部机关司局和部属单位全面参与消费帮扶，2023 年直接购买四县农产品 478 万元，帮助四县销售农产品 1913 万元。直接购买其他脱贫地区农产品 1718 万元，帮助其他脱贫地区销售农产品 2374 万元。

二是挂职干部倾心倾力。黑水县热拉村驻村第一书记在持续发展好现有种植和养殖产业的基础上，发掘芦花会议会址红色历史资源，助力旅游资源的开发，通过以购代捐平台实现牦牛肉、藏香猪肉等农产品销售额近 200 万元。挂职色达县委副书记协调中国船级社质量认证有限公司帮助色达县农特产品企业开展质量体系认证和产品品牌认证，打造色达农特产品品牌。

创新做好产销对接　促进产业结构优化带动群众就业增收*

案例单位：交通运输部规划研究院

交通运输部规划研究院（以下简称“规划院”）紧贴院实际和壤塘县发展需求，围绕消费帮扶“帮销、促产、疏浚、解困”四大领域，继续大力实施消费帮扶。

一、提高政治站位，抓实抓细消费帮扶工作

规划院党委坚决贯彻落实党中央、交通运输部党组关于全面推进乡村振兴、继续大力实施消费帮扶的重大决策部署，始终把帮扶工作作为重要政治任务严格落实，主要领导亲自挂帅，多方调动力量，多次专题研究，系统部署年度帮扶任务。规划院牵头部门坚决落实院党委要求，多次与壤塘县相关部门沟通交流，摸清当地巩固拓展脱贫成果和乡村振兴有效衔接工作中急需解决的实际困难，紧密结合院自身特点，制定并印发了《2023年定点帮扶壤塘县工作计划》，包括专题调研、技术帮扶、人才振兴、资金帮扶、消费帮扶等6项具体任务，并细化形成帮扶清单，明确了任务分工、完成时限、责任部门、具体负责人，落实领导责任，强化压力传导，层层压实责任，确保定点帮扶工作落到实处。

二、深入一线摸实情，扎实推进帮扶工作成效

根据年度工作计划，规划院院长亲自部署专题调研工作，牵头部门与壤塘县相

* 推荐单位：交通运输部。

关部门密切沟通协调，制订详细调研计划，于7月5日至6日带队赴壤塘县开展专题调研。在蒲西乡斯跃武村，通过实地查看、参观展板，现场了解壤塘县交通帮扶总体情况、交通运输发展、交通“3个创建”、交通带动旅游及附属产业发展情况等。

三、建立长效机制，加大采购助农帮销解困

主动对接壤塘县相关部门，与交通运输部驻阿坝州帮扶联络组挂职干部建立长期联系，在资金帮扶方面精准发力，继续加大定向采购帮扶力度。年初制订20万元的年度采购计划，年底抢抓元旦消费旺季契机，采购当地特色牦牛肉、蜂蜜等农产品供用于发放节日慰问品，缓解壤塘县农产品销售困境。积极组织开展2024年“消费帮扶新春行动”，印发通知、发出倡议，组织干部职工踊跃参与消费帮扶，扩大节日消费。工会采购当地菜籽油、青稞制品等农产品作为春节节日慰问，让广大职工品尝到新鲜、绿色的有机农产品，帮当地农户打开销路、扩大宣传，动员更多的消费者定向采购。

四、精准发力办实事，积极助力民生福祉改善

坚持以消费促生产，支持脱贫地区产品和服务优化结构、提质增效，切实推动脱贫地区供给侧结构性改革，促进乡村产业振兴。2023年7月，规划院向四川省阿坝州壤塘县红十字会捐赠了30万元资金，积极支持当地经济发展，为当地居民创造更多就业机会，助力乡村振兴。

五、充分发挥专业优势，服务县乡村物流体系建设

切实发挥院技术优势，为壤塘县交通运输发展办实事，解决技术难题。2023年6月5日至9日，规划院“壤塘县城乡交通运输一体化创建”课题组赴壤塘县开展进一步技术帮扶，跟踪指导壤塘县开展城乡交通运输一体化示范县创建，全面做好示范验收准备工作。通过座谈交流、现场调研，深入了解了壤塘示范县创建工作

的推进情况，逐个梳理创建任务、重点项目的完成情况、存在问题，对创建工作提出了整改建议，并就相关政策进行解读，强化业务指导，助力人才振兴，提升壤塘县交通系统干部、专业技术人才的业务能力。助力壤塘县县乡村物流体系建设，提升农产品流通服务水平，畅通疏浚渠道，进一步解决脱贫地区产品上行外销的痛点难点堵点。

聚焦“帮销、促产、疏浚、解困”助推乡村特色产业提质增效*

案例单位：江西省信丰县

近年来，农业农村部定点帮扶江西省信丰县，紧扣“帮销、促产、疏浚、解困”四大领域，创新工作举措，健全带动机制，积极调动消费帮扶主体积极性，助推乡村特色产业提质提效、农民增产增收。2023 年，全县累计销售帮扶产品 4.28 亿元，直接或间接带动脱贫人口 8000 多人，户均增收 4800 元以上。

一、凝聚各方力量，“帮销”有温度

（一）“六进三专”促销

大力推进帮扶产品进机关、进学校、进医院、进企业、进社区、进交易市场活动，鼓励干部职工采取“以购代帮”“以购代捐”的形式参与消费帮扶，各乡镇、各县直单位预留一定比例采购帮扶产品或服务，建立台账实施动态管理，并对落实情况予以通报。开展信丰特色农副产品进行“三专”整合，设立信丰消费帮扶专馆、帮扶产品销售专区，在学校、医院、企业等重点区域设立 38 个专柜促销。

（二）社会各界推销

积极争取企业和社会各界支持，深入推进“万企兴万村”，全县 100 多家规上企业和 102 家社会组织参与“一对一”结对帮扶，采取实地购买、订单采购、直播带

* 推荐单位：农业农村部。

货等形式帮销农产品近亿元。47家爱心企业化身帮扶产品经销商，帮销脐橙、蔬菜、蜂蜜等农特产品50个、超2亿元。

（三）驻村工作队助销

各村定期邀请驻村分管领导、第一书记、帮扶干部等召开座谈会，参与消费帮扶。104个驻村工作队主动靠前，积极动员干部职工对帮扶对象的农产品销售需求进行摸底，利用微信等平台发布、分享、代言，大力发展熟人销售。

二、培优特色品牌，“促产”有深度

（一）出台帮扶政策助推产业发展

结合县域实际，每年制定出台产业帮扶政策，重点在政策、资金项目、信贷保险等方面支持脱贫人口和监测对象发展水稻、脐橙、萝卜、烟叶等特色产业。对脐橙、蔬菜等农业主导产业，出台单项产业发展意见，每年财政预算激励资金1亿元以上。2023年，累计发放产业奖补资金1870.02万元，“财农信贷通”发放贷款5665万元，“产业振兴贷”发放贷款1.67亿元。

（二）聚焦优势产业培育特色品牌

以建设全省富硒功能农业重点县为契机，充分发挥赣南蔬菜配套产业园、全国蔬菜质量标准中心（赣州）分中心、粤港澳大湾区“菜篮子”产品赣州配送分中心等平台作用，大力发展甜玉米、萝卜、中药材、红瓜子、草菇、水产养殖等区域特色产业。全县培育规模以上农产品加工企业41家，累计认证富硒农产品8个，培育富硒功能农业省级龙头企业5家。

（三）借助科技赋能扩大品牌影响

利用互联网、物联网、云计算、大数据等新一代信息技术在农业生产、加工、销售中的应用。以脐橙产业为例，创新应用区块链、大数据等先进技术，建立信丰脐橙区块链和脐橙大数据平台，实行“建档到户、入链到园、认证到果、服务到点、监管到位”的全过程管理，搭建“App+、龙头企业+、村级经济+、全网+”等立体营销平台,全面稳固了脐橙品质和市场价值。

三、打通壁垒堵点,"疏浚"有维度

(一)畅通乡村物流网络

大力推进"四好农村路"建设,实现了所有乡镇通三级及以上等级公路,自然村通水泥路全覆盖。持续健全"互联网+第四方物流"供销集配体系,有效整合运力资源,规划建设物流超市等平台,县乡村物流网点设置率达100%,为消费帮扶插上了翅膀。江西供销(信丰)冷链物流园2023年12月新入库脐橙果汁原浆2万吨,助力赣南脐橙转化超1亿斤,为延长产业链提供强大支撑。

(二)加大产销对接力度

善用载体促销售,先后组织或承办中国信丰(土耳其伊斯坦布尔)赣南脐橙产业推介会、赣南脐橙国际博览会(产销对接大会)、赣南脐橙(北京、深圳)推介会等活动,签销信丰脐橙超2000万斤。打造"地方特色节"促销售,按照农产品产出节点举办文旅活动,利用"三月三"畲族乌饭节、艾米果文化节、豆腐文化节等地方节日,通过"旅游文化+产品展销"的方式,宣传推介信丰特色农产品,以节聚人、以节促销,形成本地产品文化价值,提升产品知名度和销售量。

(三)创新电商服务平台

注重在培育网络销售品牌和创新电商帮扶模式上下功夫,充分发挥电商平台优势。通过线上与线下相结合,全力推广"网红直播+企业直播+乡村直播+农户直播"等方式,开展县、乡、村、组、户各层次的直播带货活动,将信丰县的优质农特产品推向全国。

四、有效应对滞销,"解困"有精度

(一)坚持高位推动

信丰县委、县政府高度重视,将消费帮扶列入年度高质量发展考核重要指标。

出台用好工会经费支持消费帮扶文件，针对脐橙等农产品因市场和气候导致滞销问题，出台应对农产品滞销的若干措施，组建工作专班，县、乡、村一体化推进，拓宽各领域渠道开展消费帮扶，为有效应对滞销问题提供了组织保障。

（二）强化多方联动

组织发改、农业农村、乡村振兴、果业、商务、文旅、工商联等部门，积极发动当地企业家、爱心人士、在外乡贤等各界力量优先采购信丰农产品。抓住深圳与赣州对口合作有利时机，争取深圳市支持帮助信丰脐橙及其他帮扶产品购销。2023年12月，信丰农商银行举办了“情系橙乡　真橙问候”活动，集中采购脐橙12万斤。

（三）严格监测驱动

建立农产品滞销监测预警机制，健全农特产品质量溯源保障体系，组建500余人的县、乡、村三级监管队伍，形成横向到边、纵向到底的监管格局，实现了农产品质量安全监管员、检测员培训全覆盖。推行数字智能监管，将全县239家农产品生产经营主体纳入江西省农产品质量安全大数据智慧监管平台，建设“物联网+”示范基地，对种养基地生产、管理、经营、流通、服务等进行数字化设计、可视化表达和智能化控制，为消费帮扶产品质量提供全链条保障。

做好消费帮扶　助力乡村振兴*

案例单位：北京协和医院

北京协和医院深入贯彻落实党中央、国务院关于全面推进乡村振兴的决策部署以及国家卫生健康委党组定点帮扶工作要求，积极开展消费帮扶工作，彰显“国家队”的责任和担当。

一、强化组织领导，着力高位推动

为切实做好消费帮扶工作，北京协和医院党委常委会组织召开专题会议，学习讨论政策文件，研究部署相关工作。医院成立工作组，协调全院资源、明确部门职责，统筹推进各项工作落实。

医院将帮扶工作纳入年度党建工作，指导各党总支、支部落实帮扶任务。2024年2月，医院党委召开帮扶工作指导联席会，将消费帮扶相关工作进一步细化，压实各党总支和各党支部帮扶责任。工会、饮食中心等有关部门要继续将消费帮扶放在部门重点工作上推进，将职工福利与帮扶工作紧密结合起来，按时按质做好消费帮扶工作的同时，提升职工对消费帮扶的了解和支持，让职工乐意购买、主动购买，甚至可以带动身边的人一起购买，让帮扶地区的优质产品通过协和人的大力推荐，触达更多消费者。

在预算执行过程中，工会、法务、财务、工会经审委员会等多个部门对支出经费进行严格审查执行，不断细化完善职工消费帮扶额度与活动奖品采购相关流程，将消费帮扶前期工作落实到位。

---

* 推荐单位：国家卫生健康委。

二、畅通采购渠道，增强帮扶力度

医院采用消费帮扶与职工福利及奖品采购相结合的方法，增加职工获得感。分配元旦、春节、中秋、国庆职工福利的采购份额，用于购买定点地区农副产品；采购定点帮扶地区农特产品作为三八妇女节、护士节、医师节等节日活动的职工福利。

多渠道联系帮扶地区，分季节引入时令产品、特色产品，增加职工满意度。2021—2023年，医院多次采购来自大宁县、清涧县、永和县、子洲县四个定点帮扶地区的农产品，引入了一批有特色、有品质、有口碑的“明星产品”。2024年上半年，医院再次拓展帮扶区域，新引入青海省杂多县和江西省于都县的特色农特产品，形成了涵盖米面杂粮、干果坚果、药材、蔬果肉类等35个消费品类的完整产品链，更好满足职工多样化的生活需求。同时，医院积极开通线上平台，使职工可以24小时在线选择产品或与家人共同进行挑选，提供更便捷、更多元化的消费场景。

医院的消费帮扶工作得到了职工的热烈响应。“我最喜欢帮扶平台上的小米，颗粒饱满、色泽金黄，营养价值也高。”“我母亲最喜欢子洲的玉露香梨，酥脆爽口，又香又甜。”职工们积极投入消费活动，也与同事们分享交流适宜季节养生食补的农产品心得。其中，野生黄芪、香梨、各式各样的粗粮等产品，因其优良的品质和独特的口感，赢得了医院职工们的一致好评和高度认可。有些职工带动亲朋好友一起购买这些产品，有些职工在用完帮扶额度后，自费继续购买。协和人对产品质量的认可和对消费帮扶工作的支持，也使部分帮扶产品在市场口碑和销量上都得到了提升。

食堂采购一头连着脱贫户的“钱袋子”，一头连着机关干部的“菜篮子”，既实现了消费帮扶“刷卡自由”，又拓展了消费帮扶途径，给脱贫户带来了实实在在的帮助。医院饮食中心专门成立了帮扶产品采购小组，基于医院实际需求，在脱贫地区农副产品网络销售平台（“832平台”）上遴选出大名县、延寿县、丰宁县、蔚县等优质商户及产品，建立起长效稳定的采购合作。通过“食材进食堂”等方式，仅2023年医院饮食中心就完成帮扶产品采购份额359万元。

为了进一步扩大产品的消费，医院食堂还举办了一系列的帮扶地区特色美食节。这些美食节极大地丰富了职工的味蕾，让他们不出单位就能品尝到全国各地的独特风味；也让职工们学习了绿色健康农产品的烹饪技巧，增加了购买的热情。对于食堂独具匠心的“美食节”，职工们赞不绝口，非常喜爱。

三、广泛宣传动员，营造浓厚氛围

以买代帮是解决脱贫户农产品销售难题、增加脱贫户经营性收入、助力乡村振兴的有效举措。医院充分发挥各级基层工会组织动员作用，持续鼓励消费帮扶；创新宣传方式，以“北京协和医院工会”WeLink 公众号+短信的双重通知模式，让全院职工更为快速便捷地了解消费帮扶产品特点，加大激励引导力度，营造浓厚的消费帮扶氛围；以工会小组为单位，工会干部牵头，向身边的小组成员进行宣传，发放消费帮扶产品宣传册，让职工进一步了解消费帮扶工作的意义与价值。

北京协和医院将严格按照国家卫生健康委党组工作部署和要求，加强组织领导，强化责任落实，坚定不移地推进消费帮扶工作，在全院范围内营造“人人参与、人人奉献”的浓厚氛围，为巩固拓展脱贫攻坚成果、全面推进乡村振兴贡献协和力量。

驻村助农办实事　真情帮扶促振兴*

案例单位：健康报社有限公司

健康报社党委定点帮扶山西省永和县，全面了解山西索驼村甜瓜种植产业，本着"以服务促发展，以帮扶促振兴"的原则，联合国家卫生健康委直属机关党委共同指导当地甜瓜销售。

一、做好消费帮扶的主要做法

（一）领导重视，帮扶责任明确

自2021年5月起，根据国家卫生健康委党组的统一安排，健康报社选派记者任索驼村驻村第一书记。两年多以来，在挂职干部的联系和推动下，加大对口支援和帮扶力度，健康报社先后为索驼村兴建一处健康活动场所（"健康小屋"前身）、打一口水井、修缮3座水窖，推动玉菇甜瓜种植项目实现了200多万元的销售额，让脱贫攻坚基础更加稳固、成效更可持续。健康报社党委书记、董事长参加了"健康小屋"的启动仪式，强调将持续加大宣传力度，积极引导村民形成良好的卫生习惯和健康的生活方式；创新帮扶形式，将优质农产品引入全国"脱贫地区农副产品网络销售平台"，增强村民产业发展信心，提升消费帮扶成效。

（二）结合实际，技术投入加持

按照"谋细、求实、做精"的工作要求，驻村第一书记结合产业实际，制订甜瓜

* 推荐单位：国家卫生健康委。

种植计划。因技术应用不足以及种植、管理、销售等各环节面临困境，驻村第一书记主动与山东省潍坊市瓜果大棚种植专家取得联系，对索驼村甜瓜种植进行全程技术指导。

（三）深度调研，精准施策帮扶

健康报社一直以来以消费帮扶为抓手，持续加大消费帮扶力度，除年节采购外，连续两年在安全生产和保密教育等岗位练兵活动中，将山西索驼村玉茹甜瓜和玉露香梨作为参与活动纪念品，以实际行动助力乡村振兴。

2023 年 8 月，索驼瓜园近 8 万斤玉菇甜瓜喜获丰收，全部通过此前确定消费帮扶渠道，以礼盒包装的形式销往北京，最终销售额实现近 110 万元，为当地村集体经济和农户增收约 40 万元，有力地支持了当地巩固脱贫攻坚成果同乡村振兴的有效衔接工作，支持了相关产业帮扶项目的健康可持续发展。

二、相关工作成效

健康报社党委始终将消费帮扶作为助力乡村振兴的重要举措和定点帮扶工作的重要内容，通过线上线下多渠道、多举措深化消费帮扶工作。

一是加强组织，强化宣传力度。通过《健康报》行业主流媒体微信矩阵、报社工会等途径，大力宣传定点帮扶地区农产品，把消费帮扶成效作为巩固拓展脱贫攻坚成果宣传的重要组成部分，加大消费引导力度，努力营造浓厚的消费帮扶氛围。

二是主动出击，加强产销对接。2022 年，面对索驼村农产品出现滞销情况，驻村第一书记第一时间向报社汇报，党委书记亲自带队，多方奔走宣传，独力推动多家市属医院将干部职工福利保障与消费帮扶紧密结合，集中采购索驼村玉茹甜瓜。不断创新消费帮扶模式，加大协同和资源优势共享，打造玉茹甜瓜优质品牌。

三是精准帮扶，制订销售方案。2023 年，持续推动索驼村甜瓜种植产业稳步发展，由委直属机关党委牵头，共同指导拓展销售渠道。委直属机关工会给予政策支持，鼓励当地产业发展，完成销售额 108 万元，确保索驼村玉茹甜瓜产得出、卖得掉、有效益。

三、继续推动消费帮扶的工作计划

健康报社党委将继续巩固帮扶成效，推动消费帮扶提质扩量增效，助力乡村产业加快高质量发展步伐。

一是与委直属机关党委协调委党校加强对帮扶地区基层干部工作水平和领导能力的提升，推动“扶志+扶智”的理念不断完善，使村民树立正确的思想观，主动作为，靠自己的双手创造财富。

二是联合委直属机关党委和人口文化中心继续大力实施消费帮扶，持续加大购买农产品力度，激发内生发展动力，促进村民稳定增收。

三是继续协调人口出版社做好“健康小屋”建设工作，以“永和”为模板，最大限度发挥好“健康小屋”在健康科普方面的作用。丰富健康管理设备和健康科普图书品类，全面运用形式多样的健康科普方式，普及各类卫生健康保健知识。

做好“采购”当好“顾问” 消费帮扶与健康帮扶两手抓*

案例单位：中国疾病预防控制中心工会

中国疾病预防控制中心工会（以下简称“中心工会”）动员中心11个直属单位工会组织，以高度的责任感、使命感、紧迫感投身到消费帮扶工作中，定点帮扶多县，努力做好消费帮扶和健康帮扶，发挥志愿精神。

一、健全定点地区优质农产品消费帮扶机制，做好“采购”动员

中心总部和直属各单位工会主席负总责，多次召开会议研究部署，积极推动中心直属各单位工会落实中心决策要求，发放职工节日福利优先考虑帮扶产品，确保帮扶产品在全年采购中占有一定比例，预留元旦、春节和中秋、国庆职工福利的50%采购份额。积极畅通个人日常购买农特产品渠道，并号召广大干部职工积极参与农特产品的购买。2023年，中心直属单位工会共采购定点帮扶县农副产品150余万元。

二、选派帮扶干部，多渠道助力乡村振兴

选派干部到国家卫生健康委定点帮扶县清涧县担任副县长，深入田间地头，了

* 推荐单位：国家卫生健康委。

解消费帮扶农副产品在销售定位、包装运输、售后服务等环节中的具体情况，形成优质农特产品清单，为帮扶地区农特产品生产、销售提供指引，研究帮助农户减少产品物流成本、提高产品市场竞争力、拓宽产品销路的具体举措；带队赴北京参加人民网组织乡村振兴大会，推荐清涧特色农产品入选“人民优选馆”线上销售平台，扩大帮扶农产品知名度；邀请专家团队多次到清涧开展调研和帮扶工作，举办专题培训，并深入田间地头进行指导中草药种植养护工；以“委挂职干部+阿里特派员”的形式，通过互联网思维带动相关产业发展，推动通过订单农业的形式激活清涧蔬菜大棚，将“农产品”提升为“农商品”，借助电商思维，为地方特色农副产品插上互联网的翅膀，仅2023年“双十一”期间累计销售800余万元。

三、发挥疾控行业优势实现帮扶增点扩面，做好健康“顾问”

支持协调营养健康、传染病防控等业务单元，结合疾控专业特点开展帮扶活动。组织开展糖尿病救助、老年跌倒、儿童营养不良等帮扶项目，认真落实对偏远乡村的健康教育、健康体检，针对不同地区设计调研问卷、开展入户走访、不良生活方式筛查和各类义诊活动，增强了高风险人群健康管理意识，规范了各类随访工作实施程序，切实保障健康帮扶政策精准落实。在国家卫生健康委定点帮扶县清涧县等地投入儿童营养不良评估项目工作经费30万元，实施儿童营养不良干预措施。组织专业技术师资力量，支援山西、海南、西藏、陕西、宁夏、新疆等技术薄弱省份开展省级疾控专业人员培训，提升当地防病防疫工作水平；建立贵州、云南、西藏、甘肃、新疆等地10余个监测点，实现对重点地区疾控业务支持长效化、制度化。2023年9月，协调中国牙病防治基金会与清涧县人民政府签订战略合作协议，以“山中雏菊　筑梦同行”关爱儿童口腔健康公益项目为切入点，组织专家志愿者团队，捐赠口腔护理用品，指导开展口腔健康科普宣教活动。同时，立足实际需求，重点培训和传授口腔专业知识和操作技能，扶持口腔医疗专业人才发展，推动清涧县医疗机构口腔专科能力建设，提高县域医疗卫生机构口腔专科服务能力。预计在未来3年，通过实施一批帮扶合作项目，资助一批公益服务用品，培养一批实用技能人才，累计投入100万元助力帮扶地区口腔健康服务能力，多渠道提高居民口腔健康水平。

四、将志愿精神融入消费帮扶和健康帮扶中，架好公益“桥梁”

中心秉持着“奉献、友爱、互助、进步”的志愿精神，以疾控和健康宣传为主题，结合帮助脱贫地区儿童完成心愿的形式，连续开展“青年专家走基层”活动，先后组织200余人次青年志愿者来到山西省永和县、陕西省子洲县、陕西省清涧县、河北省阳原县，以“健康帮扶”为目标，深入村镇和学校开展健康宣教，为当地疾控中心提供技术培训，把健康知识面对面地传授给居民和广大学生，切实做到将疾病防控知识进农村、进学校、进家庭。持续开展晋陕四县营养健康帮扶项目，积极开展对孕妇及老年人等营养干预人群的营养健康状况监测评估工作，每年为项目合作县拨付10万元用于组织实施现场调查等工作，以群众喜闻乐见的参与方式开展科普宣传，并对目标人群进行持续5年的跟踪调查，初步调查结果显示干预取得了良好的效果。

下一步，中心工会充分发挥桥梁纽带作用，团结广大干部职工进一步做好新形势下消费帮扶和健康帮扶工作，发挥疾控专业特色优势，帮助脱贫地区群众持续增产增收、改善健康状况，在推进乡村振兴战略中积极带领老乡奔向幸福好生活。

一片小叶子撬动乡村振兴大产业*

案例单位：中国建设银行

中国建设银行围绕紫阳富硒茶产业长期存在的痛点堵点问题，分类疏导、对症下药，通过引入龙头企业、整合上游茶企、打造拳头产品、拓宽销售渠道等方式，以茶产业链整合升级为抓手，助力紫阳县域经济高质量发展。

一、引入茶业龙头，开创产业帮扶先河

2019年，通过中国建设银行积极引荐，中粮集团旗下茶企“国家队”——中茶公司对紫阳县茶产业进行全面调研考察，并于7月与中国建设银行、紫阳县政府签订三方合作协议，定期派出专家对紫阳县茶企进行技术指导，采购紫阳当地原材料，研发“中茶牌紫阳富硒茶”系列产品；中国建设银行开发“惠农富硒贷”，解决茶企融资难融资贵的问题，并通过流量帮扶和消费帮扶帮助紫阳茶增产增收。

2022年1月，中茶公司、中国建设银行、紫阳县政府三方以4∶3∶3的比例出资2000万元，注册成立中茶紫阳茶叶公司。中国建设银行出资设立“紫阳茶叶产业振兴慈善信托”，享有的分红收益永久用于支持紫阳县茶产业发展。

2022年7月1日，通过中国建设银行三届帮扶干部持续5年的不懈努力，中茶紫阳茶叶公司厂房正式建设完工并投产，开创了“央企行业龙头+国有金融机构+地方政府”携手合作以“造血”为主导的乡村振兴新模式。

* 推荐单位：中国人民银行。

二、加强上游合作，提升源头产品质量

为促进紫阳县茶产业链整合升级，中国建设银行协调中茶紫阳茶叶公司与紫阳县茶企建立合作伙伴关系，推动将紫阳茶纳入中茶供应链、产品开发、品牌推广等体系，为当地茶企打开了销售渠道。截至2023年年末，中茶紫阳茶叶公司已与紫阳县关南春茶叶公司、鑫昌现代农业开发公司等12家县域茶企签署供应采购协议，年采购额达2700万元，带动约1万名茶农增收，户均增收超过1万元。同时，中国建设银行挂职帮扶干部与中茶紫阳负责人联合调研，确定紫阳县富农茶业农民专业合作社、紫阳县科宏茶业公司为“中国茶叶茶园基地规范化园区”，共同打造规范化茶园建设项目，建立起标准化生产茶叶园区，从源头上提升产量和质量。

三、定制拳头产品，提升市场认可水平

为有效提升紫阳茶的品牌形象，中国建设银行挂职帮扶干部与中茶紫阳茶叶公司启动紫阳茶核心产品反向定制及精准营销方案，联合推出“紫阳的茶”联名款系列茶饮。根据主流电商数据分析，绿茶细分品类已经进入高质量竞争阶段，紫阳茶想要占据一席之地，必须高质量发展；而白茶是目前增速最高的品类。基于市场分析和紫阳茶产业基础，确定了“紫阳绿茶作为传统优势品类、紫阳白茶作为后续增长发力突破点”的工作思路。中茶紫阳茶叶公司围绕绿茶和白茶重点发力，定制出“藏品级”“生态级”“网红级”“定制级”等四款九类不同价位的茶品，最大限度地满足市场差异化需求。其中，“藏品级——云中的甘露”系列绿茶被确定为2023年中国—中亚峰会指定用茶。通过打造一系列高标准、高质量、高流量的产品，打破了消费者对紫阳茶良莠不齐的认知，提升了市场对紫阳茶的认可度。

四、创新品牌推广，打造立体销售体系

中国建设银行和中茶公司携手合作，也吸引了京东集团深度参与到紫阳乡

村振兴工作。在中国建设银行的穿针引线下，2022年2月京东集团与紫阳县政府签订《战略合作协议》。借助京东的线上营销能力，发挥中茶公司在陕西的50个店面、1000多个销售点的线下营销作用，“央企+政府+数字科技”的模式已经初见成效。中国建设银行帮扶模式放大了中茶、京东的品牌效应，借助两大头部企业广阔的销售市场和丰富的渠道资源，弥补了紫阳茶产业的短板，让兴业富民更具广泛性和持久性。

为进一步加大帮扶力度，中国建设银行为紫阳茶量身定做专属“一棵茶树”流量帮扶活动。中国建设银行员工和客户可通过线上认领虚拟茶树，参与游戏互动积攒爱心能量值，线下委托茶农日常代为管护茶树，增加脱贫茶农劳务收益，进而实现精准帮扶。“一棵茶树”产品由中茶紫阳茶叶公司负责生产、销售，全过程完全按中茶标准进行茶园维护、茶叶加工，确保消费者拿到品质有保证的产品。2023年全年，中茶紫阳茶叶公司“一棵茶树·紫阳的茶”系列品牌产品销售额超过1000万元。

五、科技赋能产业，助力高质量发展

中国建设银行还将自建的农牧平台与京东数字茶园管理系统进行对接，农牧平台通过收集、分析茶园种植、茶叶收购等数据对茶企、茶农进行增信，从而提供更加精准的金融解决方案，让金融“活水”润泽产业发展。预计未来3年紫阳县将陆续建成智慧茶园30个左右，充分发挥新兴数字产业对农业现代化发展的支撑作用，推动信息技术与农业农村全面深度融合，为茶叶产业高质量发展和乡村全面振兴夯实了基础。

六、获得的成效

在新的运作模式和框架下，紫阳富硒茶呈现出前所未有的产销两旺势头。在2023年明前春茶季开园活动中，中茶紫阳茶叶公司带动紫阳富硒茶整体销售茶产品5500吨，实现销售额13亿元，特别是中茶打造的藏品级“云中的甘露”系列顶级茶，吸引了来自全国各地茶商们的眼球，拉升了紫阳富硒茶的品位和价值。与此同时，京东紫阳茶产品的运输量也从过去的10万单猛增至现在的24万单。中茶紫阳项目实施一年多来，共带动17个村集体增收3000万元。其中，肖家沟801.5亩的坡地茶园在不到一年的时间内生产干茶16吨多，年收益750万元，带动周边农户56户220人增收致富，人均收入3.4万元。

发挥军队院校优势
以“三购三销”助力乡村振兴*

案例单位：陆军工程大学军械士官学校

学校推进消费帮扶，发挥优势主动作为，强化领导健全机制，联动各方凝聚合力，探索具有院校特色的“三购三销”模式，将革命老区优质农副产品送出大山、引入军营、推向市场。

一、“网络E购”，让消费帮扶零距离

紧跟信息网络时代“电商模式”新特点，帮助帮扶村建设线上销售、线下供货渠道，安排学校帮扶书记担任“大别山好物推荐官”，定期进村与村干部一起汇总分类农副产品，监督产品质量，向广大官兵及家属发出消费帮扶倡议书，印发《大别山货进军校——消费帮扶宣传手册》，发布产品推介目录，积极帮助“带货”。用好官方定点采购App平台，构建“情系红安、反哺老区”微信群，采取App平台下单、微信群接龙、电话预约等方式，线上下单认购，线下送货上门。在保证良好消费体验的同时，村民还可以根据需求调整生产。

二、“爱心嗨购”，让消费帮扶心连心

积极发挥院校育人优势，教育引导官兵积极传播爱心助农消费帮扶理念，鼓励

* 推荐单位：中央军委政治工作部。

广大教职员工“以购代捐”“以买代帮”，不断激发助力村民增收致富的参与感、自豪感，让爱传递、让心相连。2019 年以来，连续 4 年举办校园年货节活动，每逢毕业、春节等节点，安排专人集中收购定点帮扶村农副产品，在人员聚集区域摆摊设点进行线下展销，并提供真空打包、现场邮寄等便捷服务，离校学员争相采购，将农副产品带回家乡、带往全国各地，一度成为开展消费帮扶新风尚，一些学员毕业回到单位后，还打电话购买农副产品分享给家人和战友。

三、“定向采购”，让消费帮扶兜住底

每年拿出不高于 10%的伙食费，协调食堂与帮扶村签订农副产品采购协议，明确供应范围、标准等，采用订单式生产采购模式，建立长期稳定的产供销关系，让帮扶村群众吃下“定心丸”。会同地方市场监督管理部门严格做好食品安全监管，协调地方有关部门为帮扶村农副产品出具质检报告、检验检疫合格证明等材料，确保产品卫生安全可靠。目前，学校食堂开辟的消费帮扶特色美食窗口，专门售卖使用红安农副产品加工的菜品，瓦罐炖土鸡、红烧土猪肉、酸菜红薯粉等当地特色美食深受欢迎，广大官兵切身体悟到了“餐桌上的情怀”，有的表示“找到了家乡的味道”。

四、“专区专销”，让消费帮扶稳增长

学校 5 个食堂和 2 个超市均按照不低于总面积 15%的标准，开设销售专区专柜，采取免收柜台租金、管理费等举措，降低入驻门槛，节省经营成本。遴选上架山茶油、手工油面、红薯粉丝、红皮花生、蔬菜、大米等特色农副产品，价格均不高于“832 平台”同品种商品，保证官兵及周边居民以优惠价格买到优质产品。采购办公用茶、饮用水、慰问品等用品时，优先采购专区帮扶产品，很多国家地理标志产品深受官兵青睐，“食帮扶米、饮帮扶水、品帮扶茶”逐渐成为学校广大官兵日常习惯，大家在选购消费中进一步了解帮扶产品、信任帮扶产品、爱上帮扶产品。

五、“平台代销”，让消费帮扶有市场

协调中商超市与红安县政府成功结对共建，签署1000万元红安农副产品采购协议，与帮扶村签订50万元农副产品包销协议，并在旗下100多家大型商超中无偿开设红安消费帮扶专柜，零利润售卖农副产品，将帮扶村及周边地区优质农产品推向大市场。积极推广先进种养技术和生产标准，全面提升农副产品品质，邀请农技专家进村开展小龙虾养殖、草莓栽培、水稻种植培训，推送水稻种植、肉鸡养殖、农药配药、不动土栽培等网上课程和学习资料，组织村民赴生态渔业示范基地参观学习，确保产品质量符合大型商超要求，创造了群众增收致富新的增长点。

六、“品牌促销”，让消费帮扶上层次

坚持走精品化、品牌化发展路线，按照“一村一品一产业”的思路，以有机绿茶、天然山泉等优质自然资源为原材料，包装推出“木兰滴翠”牌绿茶和“别山驿水”牌饮用水，指导注册“圆梦”系列品牌商标，协调开通“绿色通道”，1个月内完成品牌注册、质量检测、经营许可证办理等手续。帮助抓好“产前源头控制、产中过程监管、产后宣传推介”三大环节，提升产品供给质量和市场竞争力，“木兰滴翠”牌绿茶和“别山驿水”牌饮用水成为名副其实的“黄金搭档”，累计销售额达到70余万元，将“绿水青山”变成了实实在在的“金山银山”。注重用好帮扶村红色资源，资助修缮周纯全将军故居，每年组织学员到红安革命老区开展现地教学，将帮扶村实现脱贫走向振兴的生动实践作为思政教育课堂的“活教材”，为消费帮扶产品赋予更多的“红色底蕴”和“爱民情怀”，进一步扩大产品影响力和知名度。

以订单消费帮扶　赋能静宁苹果产业*

案例单位：全联农业产业商会

全联农业产业商会作为全国工商联直属商会，始终把促进乡村振兴作为商会工作的重中之重。在全国工商联的指导下，商会创新帮扶模式，充分发挥平台优势，依托产业发展优势，为产品企业、地方政府系统搭建产销合作平台，并融入产业链资源合作，助推农业企业拓展市场。特别是在“三区三州”等地区开展的产业帮扶、消费帮扶与公益活动中，组织产业链上下游企业形成产业集群，直接带动项目规模超百亿，订单帮扶贵州、静宁、江西等地农产品销售额达到几十亿元。其中，在甘肃省静宁县这一苹果“黄金生产带”，商会通过一系列创新举措，不仅推动了当地苹果产业的发展，更为乡村振兴探索出了一条可行之路。

一、做好消费帮扶工作的主要做法与措施

商会号召产业链上下游会员企业购买静宁苹果；组织流通企业参与到静宁县消费帮扶工作中来，对接静宁苹果销售订单；与甘肃省工商联发动北上广深等地商会会员助力甘肃农产品销售，多措并举助力静宁县实现乡村振兴。

（一）建立乡村振兴产业联合体

商会充分发挥桥梁纽带作用，组织产业链上下游企业形成产业集群，建立乡村振兴产业联合体。通过政府引导、企业主体、市场运作的方式，构建了一个集种植、加工、销售、物流于一体的全产业链条。在这个联合体中，企业之间优势互补、资源

* 推荐单位：全国工商联。

共享，共同推动静宁苹果产业的转型升级。

（二）多维施策，精准助力静宁苹果腾飞

商会带动以深圳点筹农业为首的渠道企业与静宁县达成产销对接合作，充分发挥"三农"产业供应链共享服务平台优势，设计了一套完整解决方案，有效解决了当地农产品的销售问题。为渠道企业产业链上下游，尤其是分销方面提供助力。商会开放所有采购渠道，组织渠道企业对接"160个帮扶县"产品，重点推介静宁苹果。集合线上、线下、批发、零售等多业态销售渠道，定向采购静宁苹果。通过线上与线下相结合的方式举办直播专场、产销对接周、基地直采、渠道见面会等多种形式的对接活动百余场。同时配合秒杀、团购、直播带货等营销活动，将线上渠道优势发挥到最大化。

（三）运用大数据技术实现订单农业

商会通过引入深圳点筹农业开发的"味蕾大数据系统"从需求端深度抓取消费大数据，精准画像目标客群，反向溯源上游基地生产、分拣、运输等全产业链过程，实现生产数字化、产品标准化，赋能农企实现订单农业。

（四）共建品牌，提升品牌知名度

商会组织红六福果业等品牌企业，联合建立了"静宁苹果"直供的共建品牌，助推静宁苹果的市场知名度。在"DC严选"中特设线上"静宁特产馆"，甄选静宁当地特色产品与静宁苹果联合展示，一键购买。近半年数据显示，静宁苹果在特产馆中日均浏览量达1.3万次以上。

（五）技术引领，推动苹果产业标准化建设

商会围绕静宁县苹果产业，组织苹果种植领域有代表性的企业及专家进行深入研讨，发布了《环境友好型四良工作法—苹果》团体标准，把苹果种植产前、产中、产后纳入标准化管理轨道，不断提升产销精准化、标准化、信息化水平，为静宁苹果产业标准化升级提供了有效支持。

二、取得的实际成效与影响

（一）带动静宁县苹果种植户脱贫

商会促成静宁苹果订单2021年1.04亿元、2022年1.27亿元、2023年1.64亿元，累计销售额达到了3.95亿元。通过商会搭建的农商会播平台，邀请网红主播为静宁苹果举办了32场专场或联合直播，平台互动参与人数达到了325万余人。此外，商会还邀请专家对静宁企业进行电商培训，累计举办了11场线上培训，培训人次近1000人。

（二）构建静宁县苹果长效产销对接机制

商会利用多渠道销售模式，通过会员企业深圳点筹农业全面建立大数据分析系统，锁定需求市场，指导苹果生产，多环节着手构建长效产销对接机制，持续帮扶，提升静宁县农业综合经济效益。

（三）项目落地，产业筑基

商会推动苹果交易中心项目落地静宁，进一步完善苹果产业链条，强化生产、加工、销售各环节的有效衔接，为产业可持续发展奠定坚实基础。

随着《全国性社会组织、东部省（直辖市）社会组织与160个国家乡村振兴重点帮扶县结对帮扶名单》的发布，全联农业产业商会与甘肃省静宁县正式确立结对帮扶关系，商会与静宁县达成结对帮扶协议，将持续深化帮扶举措，继续吸纳更多资源帮扶静宁县苹果产业，强化苹果种植技术、加工能力、品牌建设和供应链金融服务，促进产业链上下游企业紧密合作，构建更加稳固的发展共同体，推动生产端、流通端和消费端的有效链接，为静宁县乡村振兴添砖加瓦。

发挥优势　多点发力
天津教育系统消费帮扶出实招见实效*

案例单位：天津市委教育工委、市教委

天津市教育“两委”通过强化“三项举措+三项优势+三项任务”的工作机制，多举措促进帮扶地区农（副）产品提质增效、农业产业优化升级、农民群众增收致富，全年累计购买帮扶地区特色产品9931.4万元。

一、强化三项举措，切实加强消费帮扶工作领导

（一）激发参与活力

天津市教育两委始终高度重视消费帮扶，与教育工作同部署、同推进、同检查。出台《天津市高校落实〈科教兴市人才强市行动方案〉考核办法（试行）》，把消费帮扶作为考核指标，高位推动。各区教育局、各高校、各直属单位主动进位、精心谋划，确保将消费帮扶工作摆上重要位置。

（二）从严落实责任

每个单位明确一名分管领导抓此项工作，细化采购任务和工作计划，形成全覆盖工作格局。天津市教育两委成立消费帮扶工作专班，协作处负责统筹推进，财务处负责“832平台”检查，基建后勤处负责食堂集中采购，形成工作合力。各单位结

* 推荐单位：天津市商务局、天津市发展改革委。

合自身实际,针对性购买帮扶产品,准确把握消费帮扶基本要求、工作目标和消费任务,实现责任到位。

(三) 注重宣传引导

教育系统各单位通过条幅、微信公众号、倡议书等渠道积极宣传消费帮扶,营造良好社会氛围。市教委领导受邀参加第四届“津诚所至　协作同甘”东西部协作女排明星公益赛暨消费帮扶电商直播活动,干部职工和广大师生积极参与,线上累计观看 20 万人次。此外,线下组织 30 批 2500 余人次参加“新疆是个好地方 2023 年‘和田优品’天津消费节”活动,持续提升消费帮扶影响力。

二、发挥三项优势,切实推动消费帮扶产品提质增效

(一) 发挥兴农优势,提高产品产量

组织农业专家,通过实地考察、座谈交流、现场培训等方式,推动提升农产品产量。比如,以天津科技大学为主的 20 名优秀教职工参加国家乡村振兴科技特派团,深入重庆巫溪县,服务县域农业增产和农民增收,完成马铃薯原种生产水肥一体化自动化喷淋技术攻关,实现巫溪地区 35. 6 万亩马铃薯年总产量 50 万吨以上,收益 5. 6 亿元。

(二) 发挥爱农优势,提高产品质量

从产业源头把控产品质量,不断推广新品种、新技术,让小产业托起致富梦。比如,天津农学院针对菇农需求,引进优质菌株,示范推广的香菇品种生长速度更快,出菇期提早 30 天,生物转化率达 110%,优质菇率 96%以上,亩增产 3600 公斤,赢得市场好评。此外,指导脱贫地区企业采用先进理念,形成菌种培育、规模生产、保鲜加工、产品销售等较完整的产业流程,有力促进当地食用菌产业发展。

(三) 发挥助农优势,提高产品附加值

立足脱贫地区自然条件,坚持选准产业方向,提高产品附加值。比如,天津农学院科学制定发展规划,将技术优势与资源优势相结合,以甘南州本土公司为基

地，利用中药材初加工产生的边角料，研发畜禽水产养殖用中药动保产品，提高中药材加工业附加值，目前已建成3000平方米中药材晾晒场，完成投资1500万元，积极带动周边农户致富增收。

三、聚焦三项任务，切实加大消费帮扶采购力度

（一）聚焦政府采购

天津市教育两委指导各单位积极注册“832平台”，利用1个月时间逐一查纠整改。指导直属预算单位完成“832平台”预留采购份额，全年交易额累计582.8万元。指导各单位做好诚信经营“三专”运营企业续约和后期管理工作，继续发挥124台消费帮扶柜展销优势。

（二）聚焦工会优势

天津市教育两委机关工会组织职工参与天津农行爱心帮扶产品展销和帮扶产品“一元购”等活动，购买17.4万元农（副）产品，充分发挥模范带头作用，积极推广天津消费帮扶平台注册开卡。各级工会加大采购力度，引导教职工主动购买消费帮扶产品，在同等条件下优先采购帮扶地区产品，通过招标采购等方式，较好地完成了采购任务。

（三）聚焦消费活动

天津市教育两委及时将帮扶企业联系方式转发给各高校、直属单位，方便工作沟通。各单位精心制作采购指南，开展微信社区团购、帮扶产品进食堂、直播带货销售等消费帮扶新春活动，共计购买帮扶产品267.7万元。组织各单位积极参加2023年“消费帮扶金秋行动”，通过举办助农集市、帮扶产品专场展销展卖、购买提货券等方式，进一步提高帮扶产品知名度，打开消费市场。

展国企担当　促消费帮扶　助乡村振兴*

案例单位：本钢集团

本钢集团定点帮扶本溪市桓仁县石虎子村，通过在本钢集团新事业超市销售，联系华联超市、综合市场等帮助销售等方式，彻底解决了石虎子村蓝莓滞销问题，并帮助石虎子村建立了“滞销保障、分销保利、批发应急、社会力量补充”的保障机制。

一、做好消费帮扶相关工作的总体情况

本钢集团始终牢记国企的职责与使命，积极承担社会责任，开展“消费帮扶迎春行动”“消费帮扶金秋行动”“央企消费帮扶兴农周”等活动，有效带动帮扶点经济社会发展，带动百姓增收致富。

2022—2023 年，消费帮扶额度累计达 2368. 58 万元，其中 2022 年 1200 万元，2023 年 1168. 58 万元，涉及贵州盘州、新疆塔县、本溪桓仁等多个地区。

本钢集团 2022—2023 年消费帮扶明细表　　（单位：万元）

序号	帮扶地区	2022 年	2023 年	合计
1	贵州	458	241	699
2	新疆	165	374	539
3	四川木里		0. 58	0. 58
4	本溪桓仁	577	551	1128
5	其他地区		2	2
合计		1200	1168. 58	2368. 58

* 推荐单位：辽宁省发展改革委。

二、相关主要措施

（一）加强组织领导

1. 成立本钢集团定点帮扶工作领导机构

本钢集团坚持党委统筹负总责、部门单位细化抓落实的工作机制，压实定点帮扶主体责任，成立了以党委书记、总经理任双组长的定点帮扶工作领导小组，领导小组下设办公室，办公室设在本钢集团战略规划部。同时，建立健全工作机制，加强监督考核，将消费帮扶工作纳入各子企业年度绩效考核体系，确保工作落到实处。

2. 高位谋划部署，统筹推进本钢集团消费帮扶工作

本钢集团党委高度重视定点帮扶和消费帮扶工作，本钢集团党委书记、董事长主持召开本钢集团定点帮扶领导小组会议，审议消费帮扶工作计划，对 2023 年定点帮扶工作及消费帮扶工作进行全面系统安排部署。

3. 稳固工作机制，督导高质量推进定点帮扶工作

本钢集团主要领导和定点帮扶分管领导分别带队对定点帮扶点开展了实地调研，现场考察产业帮扶项目情况，与村“两委”和驻村工作队成员召开座谈会，共商乡村振兴良策。集团公司每季度召开专题工作会议，听取帮扶工作进展情况，帮助协调解决相关问题，研究部署下一阶段重点工作，确保帮扶村集体经济和村民收入稳步提升。

（二）系统有序推进

1. 坚持一张蓝图绘到底，一以贯之抓落实

按照国务院国资委、辽宁省委省政府、鞍钢集团总体工作部署，结合本钢集团帮扶工作实际，按照年初制订的消费帮扶工作计划，明确目标任务、责任分工和时间节点，建立消费帮扶工作台账，确保消费帮扶工作落实到位。

2. 搭建消费帮扶平台，确保活动有序开展

指定本钢集团所属新事业公司作为本钢消费帮扶工作平台，全面承接本钢集团消费帮扶工作，主要负责消费帮扶产品的采购、存储、销售、派送等相关工作。多

次赴鞍山区域开展对标学习，不断完善本钢集团消费帮扶工作体系，建立严格的商品筛选和质量把关机制，保证物流运输时效，确保商品及时送达，提高售后服务质量，保证活动有序开展。

3. 加大宣传力度，拓宽消费渠道

一是对接江浙两省全国乡村振兴示范村，帮助本溪市桓仁县消费帮扶产品进驻到鲁家村、余村的消费帮扶产品展销馆，加大了地方特色产品宣传力度，拓宽了消费帮扶渠道，提高帮扶效果。同时注重激发帮扶地区内生发展动力，变“输血”为“造血”。

桓仁县产品在余村展馆展销

图片来源：本钢集团供图。

二是在本钢换购超市、食堂、机关楼大屏幕上播放消费帮扶宣传片，在换购超市设置消费帮扶品鉴区，对消费帮扶产品进行推广、宣传。

三是利用本钢内部师资力量在定点帮扶村开展抖音电商（孵化）培训，帮助部分村民学会网店经营、直播带货，借助“新媒体”力量推广当地稻米、蓝莓等特色农产品，拓展营销新渠道。

（三）及时帮助解决难题

2022 年，本钢集团定点帮扶村桓仁县石虎子村的蓝莓受疫情影响，出现了滞销问题。本钢集团高度重视，集团公司主要领导和主管领导亲自部署，通过在本钢新事业超市销售，联系华联超市、综合市场等帮助销售等方式，彻底解决了石虎子村蓝莓滞销问题，并帮助石虎子村建立了“滞销保障、分销保利、批发应急、社会力量补充”的保障机制，克服疫情影响，助力石虎子村巩固拓展脱贫攻坚成果，稳步提升老百姓收入。

2023 年，本钢集团通过食堂采购、以购代捐采购等方式，帮助石虎子村招商引资企业解决了土鸡销售难题，有效地促进产业发展带动农户就业的可持续性。

三、继续做好消费帮扶的工作计划

本钢集团将深入贯彻落实习近平总书记关于乡村振兴重要讲话和重要指示精神，持续开展消费帮扶活动，积极动员集团内部各级工会、党委等组织，动员广大干部职工等，积极开展以购代捐活动，促进农民增收。进一步加大定点帮扶宣传工作的广度和深度，充分利用微信公众号、报刊等媒体阵地，及时发布定点帮扶工作好的经验做法，宣传乡村振兴取得的积极成效，营造良好的社会氛围。

亮品牌　讲故事　拓渠道
助力云南孟连牛油果打开上海市场*

案例单位:上海市黄浦区

上海市黄浦区聚焦孟连牛油果特色产业发展,在资金投入、信息引导、技术引入、市场搭建、农户扶持、产业链拓展等方面接续发力,发挥杠杆撬动和示范引领作用,助力打造“中国牛油果之乡”。

一、单品“造节”,擦亮孟连牛油果闪亮名片

近年来随着我国人民生活水平提高,对健康型水果需求增加,牛油果的优点已逐渐被市场和消费者接纳认可。但消费者广为熟知的都是来自墨西哥、秘鲁的进口果,认知上始终是进口果优于国产果。在上海市场推广云南孟连牛油果,第一步就是让上海的消费者了解到国产牛油果的优势。为此,上海市首次尝试为单品“造节”,举全市各大平台之力,发起举办上海“云南孟连牛油果节”,让消费者了解国产牛油果发展历史,体验国产牛油果的营养健康和美味品质,形成“人人参与”的绿色风潮。一是上海地标官宣。“云南孟连牛油果节”选址上海地标场所——豫园,日均人流量 8 万—10 万人,新客人群占比 60%左右,是品牌进行展示的绝佳场所。上海“云南孟连牛油果节”落户豫园的 3 天内,前来展台参观打卡近 10 万人次。二是“国牛”体验之旅。围绕孟连牛油果的特点和卖点,围绕“国牛”这一概念,通过与国潮、国货、非遗等内容的跨界联合,解锁牛油果在上海市场的更多可能

* 推荐单位:上海市政府合作交流办、上海市发展改革委。

性。例如"国牛实验室"，解锁云南牛油果与便捷料理、燕麦奶、咖啡、国潮手作的神奇反应。"国牛知多少"通过现场的互动打卡，宣传孟连牛油果的卖点。三是"国牛"跨界之旅。通过牛油果摆盘比赛、牛油果饮品搭配比赛、牛油果与本帮菜的美味研发、牛油果点心研发等形式，解锁牛油果的N种吃法，让牛油果成为市民生活中的"常客"。

二、媒体"种草"，讲好孟连牛油果内核故事

为扩大上海市民对云南孟连牛油果的知晓率和认可度，上海市发挥媒体的力量，通过时下流行的"种草"文化，讲好云南牛油果的内核故事。

一是打造故事。以"孟连牛油果成长记"、牛油果代言人、照片展等形式，挖掘牛油果落户云南、与当地农户之间的感人故事，通过展板、单页、宣传视频、新闻稿等形式，宣传国产牛油果的卖点和优势。

二是达人种草。"种草"文化是当下新媒体的趋势，也是品牌和产品推广的有效途径。云南孟连牛油果在上海市场的推广中，邀请了来自小红书、抖音的知名美食博主，打造各种有趣的与牛油果相关的跨界吃法，拍摄了妙趣横生的宣传短视频，收获了小红书平台、短视频平台的关注，为网友们科普了国产牛油果的优势。

三是跨界推广。助力云南孟连牛油果亮相陆家嘴咖啡节，打造"万油引力，啡你不可"主题活动。在摩登时尚的陆家嘴咖啡节上，宣传推广孟连牛油果。现场邀请云南咖啡品牌、非遗手艺人进行互动，打造牛油果咖啡特饮，通过别具一格的亮相，跨界推广云南牛油果，收获了大量的关注和打卡。

三、渠道"开花"，广铺孟连牛油果销售通路

孟连牛油果进入上海市场，在打造品牌、加深认知的同时，也需要销售的加成。上海市依托各渠道的联合发力，为孟连牛油果打开了全面的销售通路。

一是线上线下联动。盒马作为最先与孟连合作将国产牛油果推向市场的渠道，成功打造盒马树上熟系列的特色商品，并在上海盒马各门店举办云南孟连牛油果节分会场，宣传推广售卖云南孟连牛油果。拼多多平台集合云南孟连当地的优

质牛油果农户，打造专题推广宣传页面，开设云南孟连牛油果节专题入口，帮助孟连当地的牛油果农户获得更多的曝光量和订单。

二是打造直营模式。由上海市消费帮扶工作平台打造孟连牛油果“百柜十店”乐惠购，在全市“百县百品”直营店、生活馆、专店专柜进行现场推广，让孟连牛油果走进菜场、商超和社区。同步通过上海市消费帮扶平台微官网和直播平台进行主题推介。

三是打通福利市场。举办“孟连牛油果相遇福利市场”主题活动，参与上海礼赠品行业新势力展会，打造孟连牛油果专属展台，帮助其走入企业福利采购、行业礼品采购渠道，打开消费合作新赛道。

四、农民“丰收”，创新利益联结机制

将孟连牛油果作为当地新兴产业和特色产业重点培育，助力当地发展牛油果产业。

一是助力建立农业产业化联合体。国资公司负责产业规划、标准制定和资金筹措，龙头企业负责管理、提供种苗和技术指导，基层党组织领办农民专业合作社负责土地流转和基地管护，农户以土地入股并通过务工参与种植管理，利益紧密联结，发展深度捆绑的长效机制。

二是创新利益联结分享机制。促进脱贫群众普遍增收，支持孟连县牛油果发展，帮扶资产建立“334”利益分配模式，农户以土地入股占30%，龙头企业以苗木和技术入股占30%，县属国有公司及合作社、村集体占40%，让农民以及合作社、村集体都有了参与度和好收益。

三是推进农民就地就近就业。当地与省农科院合作，建立7个实训基地，人社、农业等部门整合各类培训资源，对农户开展全覆盖基地管护技能培训，合作社与农户签订基地管护协议，优先吸纳脱贫劳动力就业。目前，每年可稳定吸纳7000人以上就地就近就业。

赋能争优　赋智争先　赋值争效*

——深挖高校禀赋　打造消费帮扶“金”字招牌

案例单位:厦门大学

厦门大学始终把消费帮扶作为促进乡村振兴的重要举措,充分发挥高校科技、人才和品牌优势,积极从供给端“原点”把好产品质量,以厦大“金”字招牌助推供给端和消费端有效衔接,积极助力闽宁协作。

一、资源到牛舍,黄牛变“金牛”

(一) 建强产业“新阵地”,聚力资源整合,提升产销“凝聚力”

采取“村党支部+龙头企业+合作社+养殖户”的模式,高质量发展肉牛养殖产业。

一是整合人力、财力资源。牵头引进和整合资金1000万元成立养牛合作社和村首个经济股份农业综合发展有限公司,建起了可容纳500余头牛的养殖园区,带动张树村67户农户入股。

二是引进种源、企业资源。帮助村集体引进安格斯、西门塔尔等优质肉牛品种,从“种源”上改良肉牛供给质量。

三是贯通全产业链资源。投入和引进帮扶资金100余万元成立牛羊肉加工车间,实现村肉牛养殖产业由生产到加工再到销售的全产业链贯通,有效提升肉牛养殖效益。

---

* 推荐单位:福建省发展改革委。

（二）研制养牛“新方子”，聚焦品质改良，提升产业“硬实力”

一是饲料改良降成本。经微生物改良后的青贮饲料霉变损失率由10%下降到3%，每年每户平均减少损失5吨，节约生产成本4000余元，养殖年收入增加800余万元。

二是健康养殖重生态。改良的青贮饲料富含更多的有益菌群，牛食用后可在肠道中建立微生态平衡，形成化学和生物屏障，有效避免肉牛致病，几乎无须使用抗生素，为肉牛打上了“绿色牛”“健康牛”“生态牛”的标签，有效提升市场竞争力。

三是科技立项树品牌。组织专家团队围绕青贮饲料霉变问题申报科技项目，争取所在地科技厅重点研发计划90万元立项经费支持。该科技项目的成立为张树村肉牛树起了“厦大科技牛”的品牌，极大提升其在行业的口碑和层次。

（三）拓展销售“新渠道”，聚集帮扶力量，提升产品“影响力”

一是线上线下推介展销。依托学校“精准帮扶特色产品直营中心”门店、“精准帮扶特色产品”食堂窗口、农产品广场展销会，常态化开展张树村黄牛肉体验活动，3年来累计销售牛肉16万余斤，销售额超600万元。

二是校内单位倾情采购。形成以工会、后勤集团、离退休工作部为中坚力量，各机关部门、教学单位、师生团体多点支持的消费帮扶体系，重点采购张树村黄牛肉作为教职工福利，2021年以来采购额近700万元。

三是校友企业考察合作。引进校友企业建设帮扶产业园，加强产业园企业与张树村养牛合作社联系，优先采购张树村黄牛肉作为原料进行深加工。

二、科技到田头，土豆变“金豆”

（一）平台搭在当地，建立科研“站点”，为产品销售提供数据支持

一是打造示范基地探索最优工艺，助力宣传推广。建立“厦门大学—宁夏大学—隆德县人民政府农业科技研发示范基地”，吸引人才推进科研，为产品推广提供丰富的数据支撑。

二是成立检测中心遴选优质原料，促进品质提升。捐赠价值逾600万元的气相/液相色谱质谱仪、便携式食品安全拉曼检测仪等仪器设备，遴选10余名食品药品分析领域的专家教授组建专委会，成立质量安全控制实验室和食品药品检测中心。

（二）新品重在升级，打造特色“亮点”，为产品推广注入新鲜活力

一是新型低升糖马铃薯淀粉制备技术。对马铃薯淀粉进行加工修饰，制备出能够显著降低食物血糖生成指数，且可增强食物的饱腹感，具有预防肠道疾病、控制体重、调节血糖等功效的马铃薯淀粉，继而开发出适合糖尿病和肥胖症患者食用的产品，增强市场竞争优势和应用潜力。

二是结合当地中药材制备低升糖淀粉技术。以马铃薯淀粉为核心，搭配当地药材黄芪和枸杞子，制备出低血糖指数的枸杞粉丝等复方食品，进一步打开糖尿病、肥胖症人群市场。

三、服务到茶山，树叶变“金叶”

（一）严把产品质量，打造优质茶品，让消费者“舒心”

一是签订绿色生产承诺书。选派团队与合作社签订绿色生产承诺书，茶叶全部由手工方式采摘，以标准化生产工艺制备，确保茶叶在种植、管理、采摘、加工、销售的过程中不添加任何食品添加剂，保证其天然口感和优质品质。

二是提供免费检测服务。联系学校环境与生态学院检测平台、厦门海关技术中心，免费为茶农的茶叶开展392项农药残留等检测，通过数据帮助茶农改良土壤条件和施肥策略，通过认证报告帮助茶叶得到市场认可。

（二）瞄准市场需求，开展创新设计，让购买者“倾心”

一是自主设计带茶环保泡杯实现“一杯升值”。采用杯茶一体的设计，推出一款杯身可定制、杯体可回收，杯茶分离、即冲即饮的带茶泡杯，极大提升了茶叶的附加值，一经推出便得到青年消费市场关注。

二是创新融入乡村茶文化推动“双向充值”。推出“一村一茶一味道”品牌项

目，组织团队深入省内外27个县乡走访调研，深入挖掘当地茶产业背后的文化底蕴和发展历史，并将其融入后续设计的茶杯包装图案元素及二维码中，在消费茶的同时了解茶产地文化，助推乡村文化传播，让茶香更具文化韵味。

（三）协同产销对接，构建高效机制，让合作者“放心”

一是建立拉式“农业订单”供应链。按照客户个性化需求进行定制，整合客户订单情况，第一时间对接茶农合作社采购相应数量茶叶，减少了茶农端茶叶供应和包装的浪费，规避库存风险。

二是坚持“公益助农”发展模式。坚持公益助农初心，将产品收益的60%设为帮扶资金，激励当地茶农改良原茶品质；将产品收益的40%用于团队开展外观设计、产品研发、商标申请、知识产权保护等方面工作，进一步从“里子”帮助茶农迎合市场需求，提升产品附加值。

坚持创新驱动　凝聚多方合力　不断推动消费帮扶更上新台阶*

案例单位：东航云南有限公司

近年来，东方航空云南有限公司（以下简称"东航云南公司"）不断创新产业帮扶、消费帮扶、教育帮扶、就业帮扶举措，结合迪庆州农特产品特点，在消费帮扶上持续发力，强化组织领导、坚持创新驱动，深挖内部潜力、拓展外部资源、凝聚帮扶合力。借助物流平台将高原土豆直达东航云南公司员工餐桌，共销售 814 份，为农户实现净增收 10582 元。

一、高度重视、精心谋划，抓好消费帮扶谋篇布局

东航云南公司高度重视消费帮扶工作，加强组织领导、强化统筹协调，持续健全完善工作沟通协调机制，确保消费帮扶工作有序开展。2021 年 6 月，东航云南公司与迪庆州人民政府签订了《深入实施"乡村振兴"定点帮扶战略合作框架协议》，按照"中央要求、地方所需、企业所能"的原则，明确了双方围绕乡村振兴战略，在党建帮扶、产业帮扶、文旅宣传和航线帮扶、教育帮扶、就业帮扶、消费帮扶、干部选派、差旅服务、纪律监督等方面开展帮扶合作。每年年初，东航云南公司领导都专程同迪庆州委、州政府领导座谈研讨，共同制订发布当年乡村振兴定点帮扶工作实施方案。在历年的工作方案中，消费帮扶都是一项极为重要的工作，由双方领导牵头成立工作专班，明确具体任务，逐项推进落实。

* 推荐单位：云南省发展改革委。

二、创新模式、内挖潜力，激发消费帮扶发展活力

在消费帮扶工作中，东航云南公司广大干部职工始终是最强有力的中坚力量。公司通过多种方式创新帮扶模式、拓展消费途径，持续激发职工参与消费帮扶的积极性。从 2023 年 4 月开始，公司创造性地建立了定期“线上+线下”消费帮扶长效机制，在着力扩大高原特色小众产品宣传推广力度的基础上，进一步促进消费帮扶活动升级。在迪庆州商务局的支持推荐下，公司与香格里拉云商汇、森吉尼达两家公司形成长期合作关系，两家企业建立专门的线上消费平台推广迪庆州特色产品，由公司通过内部渠道向广大员工宣传推广。在建立线上平台的同时，公司也重视线下直观的购物体验，利用公司现有场地，每月组织迪庆州商家开展现场展销活动，消费帮扶成绩斐然。2023 年春节展销 1 天，销售金额约 16 万元；端午节展销 2 天，销售金额约 10 万元。除发动员工自主购买外，公司在员工节日慰问品选购时提升了消费帮扶产品占比，公司工会系统组织的各类知识竞赛也优先选购迪庆消费帮扶产品作为奖品发放给员工。

三、聚焦优势、外拓资源，搭建广阔的消费帮扶平台

如何将迪庆州的优质帮扶产品推广到更加广阔的平台，让世界更好地了解香格里拉，始终是东航云南公司关注的课题。根据香格里拉产品特点，公司借助中国东航优势，积极向总部争取政策，将 4 家香格里拉企业纳入了中国东航消费帮扶名单，特别是 2023 年将香格里拉酒业的青稞酒和葡萄酒也加入了东航消费帮扶产品目录，目前共有 9 个品类、数十种商品进入了东航消费帮扶采购渠道。

四、联农助农、主动作为，丰富消费帮扶深刻内涵

东航云南公司派出的驻村工作队覆盖香格里拉市小中甸镇的 3 个行政村。驻村队员们长期扎根基层，深入了解老百姓的需求和困难，对于农产品滞销问题也引

起了东航云南公司的高度重视。作为老百姓的贴心人，公司派出的驻村队员急民之所急，积极思考、主动作为、勇于探索，通过前期实地考察、多方对接、科学评估，把老百姓滞销的农产品送到了东航云南公司员工的餐桌上，把公司员工助力乡村振兴的一份爱心带到了老百姓家里。

近年来，在东航云南公司的高度重视、精心组织下，公司消费帮扶的成绩逐年提升。2021 年、2022 年消费帮扶金额均过百万元，2023 年 1—11 月，消费帮扶金额已达到 174 万元。乡村振兴定点帮扶工作是党中央交给东航云南公司的光荣政治任务。东航云南公司将一如既往高度重视定点帮扶工作，凝聚公司 6000 多名干部员工力量，接力东航 10 万员工，持续奋斗创新、共同形成合力，全面落实完成好乡村振兴定点帮扶任务。

石化消费帮扶　助力乡村振兴*

案例单位：中国石化

近年来，中国石化全力推进定点帮扶县、挂点村乡村振兴援青项目落地见效，通过消费帮扶助力青海省乡村高质量振兴。对口帮扶泽库县，创新打造“联标帮扶产品、销售青海特色产品”。中国石化在全国2.8万家易捷便利店帮助销售西北骄牛肉干、小西牛酸奶、青稞酒、枸杞等青海特色商品3159万元。

一、全力助推青海特色产业振兴

中国石化党组在“十四五”期间，明确了要统筹资源优势，在定点帮扶的泽库县推进“一县一链”产业，助力泽库打造泽库牦牛、泽库羊养殖、加工、存储、销售、品牌打造全产业链，推动泽库牛羊产业高质量发展，真正实现由“输血”变“造血”的转变，切实巩固帮扶成果。

在养殖端，积极推动藏羊牦牛产业发展规划以及泽库牦牛良种繁育基地建设项目进展，2023年落实投入资金900万元，新建牦牛、藏羊良种选育基地各1个，全面提高泽库县牦牛、藏羊繁育水平，同时新增1个村进行集体收益分红。

在加工端，依托产业园区雅稞、西北宏、叶堂等当地加工企业，加大对合作社牲畜、农副产品购买力度。同时，协调引进先进科技手段对畜产品进行深加工、精加工，提升产品的附加值。

在储存中转端，2021年投资1500万元与泽库县政府共同建成泽库县冷链基地，将全县的畜产品及副产品集中到冷链物流中心，全部冠以“泽优牧品”品牌进行统一

* 推荐单位：青海省发展改革委。

销售，通过高效打造，以泽库县冷链集散基地为中心的农畜产品市场已初见规模。

在品牌打造端，2023年投入资金50万元用于“泽优牧品”打造宣传。同时，借助中国石化国际国内影响力和上中下游全产业链优势，大力宣传泽库县优质农牧产品，走进中石化易捷便利店、员工食堂，助力泽库县探索打造“泽优牧品”销售品牌，培育品牌价值，实现可持续发展。

在销售端，利用中国石化庞大的销售网络，通过“易捷商城”“石化团购网”等平台进行销售。同时，通过公司内部挖潜，将泽库牛羊肉等产品直供员工餐桌，已为胜利油田等多家单位供应，实现销售150余万元。

二、全力实施青海特色产品“走出去”战略

针对青海省重点帮扶产品西北骄牛肉干、新鲜牛羊肉、小西牛奶制品、易臻选天佑德“山”系列青稞酒、菜籽油等产品，通过“石化团购网”“易捷商城”等线上平台和全国2.8万家中国石化易捷便利店渠道向全国售卖。组织青海省帮扶产品商

易捷公司与中国石化定点帮扶县签订乡村振兴产品采购协议

图片来源：中国石化供图。

家参与中国石化组织的帮扶产品推介会、展销会、洽谈会，扩大青海特色产品知名度和影响力，实现扩销增量。2023 年 5 月 16 日，由青海省商务厅主办、中国石化青海石油分公司协办的“青字号走出去”活动之青海石油“首战江苏”易捷选品对接会召开，26 家青海本地推荐企业参加活动，最终选定 3 家青海供应商，涉及肉制品、水饮料、食品、粮油、酒类等共计 11 款青海特色产品。2023 年 5 月 21 日，中国石化邀请黄南州及泽库县参加由中国石化集团公司主办、岳西县人民政府承办的“心手相连 · 消费助农”2023 年央企消费帮扶聚力行动——乡村振兴产品展览推介会。黄南州和泽库县进行了专题文旅及畜牧业产品推介，与来自全国 18 个省份 287 家企业和中国石化销售有限公司系统内的 31 个省（自治区、直辖市）以及香港石油、合资公司代表进行了交流推介。

三、全力创新打造联标帮扶产品

2023 年 3 月 27 日，中国石化青海石油分公司联合青海互助天佑德青稞酒股

易捷消费帮扶专柜

图片来源：中国石化供图。

份有限公司举办中石化易臻选天佑德“山”系列青稞酒产品上市发布会，邀请青海省政府、青海省商务厅、海东市政府、中石化易捷公司、中石化销售系统各单位、新闻媒体等 150 余名代表参加，共同助力青稞产业振兴。活动现场签约 12 家，销售产品 5000 件。累计在全国 2300 家易捷门店上架青稞酒系列产品，销售青稞酒 650 万元，其中易臻选联标青稞酒 108 万元。

四、全力帮扶销售青海特色产品

发挥中国石化易捷渠道销售优势，在青海省内的 164 家易捷便利店上架青海特色产品，并设有易捷帮扶商品销售专柜，实现销售 1850 万元。在青海省外，利用团购、推介会、易捷商城等平台扩大省外销售，在全国 2. 8 万家易捷便利店帮助销售西北骄牛肉干、小西牛酸奶、青稞酒、枸杞等青海特色商品 3159 万元。同时，在中国石化青海石油高速服务区和旅游沿线加油站代销青海特色手工艺品，销售藏服、藏药香包、羊毛袜和石雕产品 1. 8 万元。

下一步，中国石化将在国家乡村振兴和共同富裕的重大战略下，认真贯彻落实国家发展改革委、国务院国资委、农业农村部以及青海省消费帮扶工作指示精神，紧紧围绕中国石化集团公司“产业、消费”帮扶策略，在消费帮扶上持续发力，以消费帮扶助力青海省乡村振兴。

责任编辑：张　燕
封面设计：胡欣欣

图书在版编目(CIP)数据

消费帮扶助力乡村振兴典型案例. 2023 年 / 中国国际工程咨询有限公司编写. -- 北京 ：人民出版社，2025. 3. -- ISBN 978－7－01－027118－7

Ⅰ. F320. 3

中国国家版本馆 CIP 数据核字第 20254AR213 号

消费帮扶助力乡村振兴典型案例（2023 年）

XIAOFEI BANGFU ZHULI XIANGCUN ZHENXING DIANXING ANLI（2023 NIAN）

国家发展改革委地区振兴司　指导
中国国际工程咨询有限公司　编写

人民出版社 出版发行
（100706　北京市东城区隆福寺街 99 号）

中煤(北京)印务有限公司印刷　新华书店经销

2025 年 3 月第 1 版　2025 年 3 月北京第 1 次印刷
开本:710 毫米×1000 毫米 1/16　印张:32. 75
字数:500 千字

ISBN 978－7－01－027118－7　定价:139.00 元

邮购地址 100706　北京市东城区隆福寺街 99 号
人民东方图书销售中心　电话（010）65250042　65289539